Geistiges Eigentum und Wettbewerbsrecht

herausgegeben von

Peter Heermann, Diethelm Klippel,
Ansgar Ohly und Olaf Sosnitza

167

Ricarda Lotte

# Urheberrechtliche Herausforderungen digitalen Lehrens und Lernens

## Konzeption eines kommunikationsformoffenen Urheberrechts

Mohr Siebeck

*Ricarda Lotte*, geboren 1986; Studium der Rechtswissenschaften mit wirtschaftswissenschaftlicher Zusatzausbildung in Bayreuth; 2013 Erste Juristische Prüfung; wissenschaftliche Mitarbeiterin an der Universität Bayreuth; Mitglied des DFG-Graduiertenkollegs „Geistiges Eigentum und Gemeinfreiheit"; Stipendiatin und wissenschaftliche Mitarbeiterin am Max-Planck-Institut für Innovation und Wettbewerb in München; Referendariat am OLG Bamberg mit Station in Yangon (Myanmar); 2019 Zweite Juristische Staatsprüfung; seit 2019 Notarassessorin in Bayern.
orcid.org/0000-0002-3088-5351

ISBN 978-3-16-160192-7 / eISBN 978-3-16-160193-4
DOI 10.1628/978-3-16-160193-4

ISSN 1860-7306 / eISSN 2569-3956 (Geistiges Eigentum und Wettbewerbsrecht)

Die Deutsche Nationalbibliothek verzeichnet diese Publikation in der Deutschen Nationalbibliographie; detaillierte bibliographische Daten sind über *http://dnb.dnb.de* abrufbar.



Das Buch wurde von Gulde Druck in Tübingen auf alterungsbeständiges Werkdruckpapier gedruckt und von der Buchbinderei Spinner in Ottersweier gebunden.

Printed in Germany.

*Für Sigrid und Reinhard*

# Vorwort

Die vorliegende Arbeit wurde im Sommersemester 2020 von der Rechts- und Wirtschaftswissenschaftlichen Fakultät der Universität Bayreuth als Dissertation angenommen. Literatur, Rechtsprechung und für die Untersuchung relevante Entwicklungen konnten bis Mai 2021 berücksichtigt werden.

Mein besonderer Dank gilt meinem Doktorvater, Herrn Prof. Dr. *Michael Grünberger,* LL.M. (NYU), für die wissenschaftliche Betreuung der Arbeit, seine stete Bereitschaft zum fachlichen Austausch und die äußerst zügige Erstellung des Erstgutachtens. Danken möchte ich ihm zudem für die lehrreiche und spannende Zeit an seinem Lehrstuhl. Frau Prof. Dr. *Gunda Dreyer* danke ich für die freundliche Übernahme und rasche Erstellung des Zweitgutachtens.

Die Entstehung dieser Arbeit wurde ideell und finanziell durch das *DFG-Graduiertenkolleg „Geistiges Eigentum und Gemeinfreiheit"* und das *Max-Planck-Institut für Innovation und Wettbewerb* gefördert. Für die optimalen Forschungsbedingungen und die Erfahrungen, die ich in diesem Rahmen machen durfte, empfinde ich tiefe Dankbarkeit.

Bei den Herausgebern Prof. Dr. *Peter W. Heermann,* LL.M. (University of Wisconsin), Prof. Dr. *Diethelm Klippel,* Prof. Dr. *Ansgar Ohly,* LL.M. (Cambridge) und Prof. Dr. *Olaf Sosnitza* bedanke ich mich für die Aufnahme der Arbeit in die Schriftenreihe „Geistiges Eigentum und Wettbewerbsrecht".

Mein herzlicher Dank gebührt auch meinen Kollegen und Freunden, die mich während der Entstehung dieser Arbeit begleitet und meinen Schaffensprozess unterstützt haben. Hervorheben möchte ich insbesondere *Eduard Buzila, Melanie Dietrich, Rebecca Schuster, Cathrin Silberzahn* und *Kathrin Zabel.* Großen Dank empfinde ich auch gegenüber *Holger Henfling,* der mir Rückhalt gab und stets liebevoll zur Seite stand.

Meine größte Dankbarkeit gilt aber *Sigrid* und *Reinhard Gsänger,* die mir auch während meiner Promotion ihre Zuneigung und Unterstützung zuteilwerden ließen. Ich könnte mir meinen Weg ohne sie nicht vorstellen. Ihnen ist diese Arbeit gewidmet.

Sennfeld, September 2021 *Ricarda Lotte*

# Inhaltsverzeichnis

# Einleitung

## *I. Formen digitalen Lehrens und Lernens*

Germanistikseminare an Universitäten, Mathematikunterricht an Grundschulen und Elektrotechnikvorlesungen an Fachhochschulen hatten in weiten Teilen der Jahre 2020 und 2021 eines gemeinsam: Sie fanden ausschließlich digital statt. Aufgrund der Corona-Pandemie war digitales Lehren und Lernen oft die einzige Möglichkeit, wie Wissensvermittlung überhaupt erfolgen konnte. Die Bedeutung digitaler Medien für Unterricht und Lehre war aber bereits zuvor stetig gewachsen. In den Schulen hatten Whiteboards allmählich klassische Tafeln ersetzt,[1] es existierten sog. iPad-Klassen und Smartphones wurden in wachsendem Maße in den Unterricht einbezogen.[2] Darüber hinaus verwendeten bereits 2016 etwa 96 % der Studierenden zumindest einzelne digitale Lehr- und Lernelemente.[3] Die digitalen Angebote sind teilweise für die Studierenden verpflichtend,[4] lassen sich jedoch auch für eine flexiblere Zeitgestaltung und eine effektivere Prüfungsvorbereitung nutzen.[5] Zudem verfügt seit 2015 fast ausnahmslos jede Hochschule über eine E-Learning-Plattform.[6] Über die Hochschulgrenzen hinweg entwickelten sich darüber hinaus mit den sog. Massive Open Online Courses (MOOCs) Lehrveranstaltungen, die von Anfang an auf analogen Unterricht völlig verzichteten. Zahlreiche Hochschulen – wie etwa die Universität Bayreuth[7] – wiesen daher während der Corona-Pandemie auf diese Kurse als Möglichkeit hin, sich Wissen in den Zeiten anzueignen, in denen Präsenzveranstaltungen nicht möglich waren. Als Grundstein der

---

[1] Bei einer Umfrage unter 1.200 Jugendlichen im Jahr 2017 gaben 52 % von ihnen an, dass im Unterricht ein Whiteboard zumindest selten genutzt werde, bei 31 % sogar mehrmals pro Woche, s. Medienpädagogischer Forschungsverband Südwest (Hrsg.), JIM-Studie 2017 (2017), S. 54.

[2] 2017 bejahten 42 % der 1.200 befragten Jugendlichen eine zumindest seltene Nutzung von Smartphones für den Unterricht, s. Medienpädagogischer Forschungsverband Südwest (Hrsg.), JIM-Studie 2017 (2017), S. 54.

[3] Dies ergab eine Umfrage unter 4.400 Studierenden, s. *Willige,* Auslandsmobilität und Digitale Medien (2016), S. 27, Abb. 7.

[4] *Kleimann/Özkilic/Göcks,* Studieren im Web 2.0 (2008), S. 12.

[5] *König,* Unvorhergesehene Nutzung von neuen Lehr-Lern-Medien, in: Bergamin, Offene Bildungsinhalte (2009), S. 73, 77 f.

[6] *Henning,* HMD Praxis der Wirtschafsinformatik 2015, 132, 135.

[7] Vgl. https://www.uni-bayreuth.de/de/studium/digitale-lehre/online-kurse/index.html, zuletzt abgerufen am 13.5.2021.

MOOCs gilt die MIT OpenCourseWare.[8] Der erste als MOOC einzuordnende Kurs war der wiki-basierte Kurs „Open Ed Syllabus“ von David Wiley im Jahr 2007.[9] Bekanntheit erlangten die MOOCs im darauffolgenden Jahr mit dem von George Siemens und Stephen Downes an der Universität Manitoba durchgeführten Kurs „Connectivism & Connective Knowledge“,[10] der ungefähr 2.300 Teilnehmer[11] hatte.[12] 2012 begannen sogar fast im Wochentakt MOOCs,[13] so dass die New York Times es als Jahr der MOOCs bezeichnete.[14] Im Jahr 2017 hatten bereits über 700 Universitäten weltweit MOOCs angeboten.[15] Die Resonanz auf die Entwicklung der MOOCs ist jedoch geteilt. Einige sehen hierin eine Demokratisierung der Bildung,[16] andere befürchten, dass die Kurse die Diversität des wissenschaftlichen Diskurses gefährden.[17] Die Entwicklung von MOOCs bedeutete aber nicht das Ende klassischer E-Learning-Kurse. Vielmehr bieten viele Hochschulen – darunter auch immer mehr deutsche[18] – beide Formen digitalen Lehrens und Lernens an.

### *1. E-Learning*

Die mit Abstand am weitesten verbreitete E-Learning-Plattform ist die auf Open Source-Basis[19] arbeitende Plattform „Moodle“.[20] Weltweit sind dort über

---

[8] *Yen,* Aufbau und Attraktivität einer virtuellen Universität (2008), S. 25.

[9] *Bremer,* Open Online Courses als Kursformat? Konzept und Ergebnisse des Kurses „Zukunft des Lernens“ 2011, in: Apostolopoulos/Mußmann/Coy/Schwill, Grundfragen Multimedialen Lehrens und Lernens (2012), S. 18.

[10] *Bremer,* Open Online Courses als Kursformat? Konzept und Ergebnisse des Kurses „Zukunft des Lernens“ 2011, in: Apostolopoulos/Mußmann/Coy/Schwill, Grundfragen Multimedialen Lehrens und Lernens (2012), S. 18.

[11] Aus Gründen der besseren Lesbarkeit wird im Text nur die männliche Form verwendet. Gemeint ist stets sowohl die weibliche als auch die männliche Form.

[12] *Haug/Wedekind,* cMOOC – ein alternatives Lehr-/Lernszenarium?, in: Schulmeister, MOOCs (2013), S. 161.

[13] *Robes,* Massive Open Online Courses: Das Potenzial des offenen und vernetzten Lernens, in: Handbuch E-Learning, 42. Erg.-Lfg. 2012, S. 1, 17.

[14] *Pappano,* The Year of the MOOC, The New York Times v. 2.11.2012.

[15] *Ionica,* 700 Universitäten weltweit bieten MOOCs an (2017).

[16] *Lewin,* Instruction for Masses Knocks Down Campus Walls, The New York Times v. 4.3.2012.

[17] *Spoun/Keller/Grünberg-Bochard,* Global Learning in Teams, in: Schulmeister, MOOCs (2013), S. 127, 130.

[18] So etwa neben der RTH Aachen, s. Einl. I. 2. a), und der Universität Frankfurt, s. Einl. I. 2. b), auch die Universität Bayreuth, vgl. https://www.mooc.uni-bayreuth.de/en/index.html, zuletzt abgerufen am 13.5.2021.

[19] *Borgwardt,* Grundlagen des E-Learnings, in: Borgwardt, Von Moodle bis MOOC (2014), S. 19.

[20] *Borgwardt,* E-Learning an Hochschulen, in: Borgwardt, Von Moodle bis MOOC (2014), S. 27, 41.

180.000 Seiten registriert, davon über 9.000 in Deutschland.[21] Auch an der Universität Bayreuth finden die E-Learning-Kurse auf dieser Plattform statt.[22] Die Kurse sind nach Semester, Fakultät und Fachbereich untergliedert und nach Auswahl des Fachbereichs anhand der Eingabe eines Suchbegriffs auffindbar. Zugänglich sind die Inhalte dabei ausschließlich für Studierende und Mitarbeiter der Universität, da auf sie nur nach einem Login zugegriffen werden kann, der eine Benutzerkennung voraussetzt.[23] Für die Teilnahme an einem Kurs ist darüber hinaus meist ein sog. „Einschreibeschlüssel" in Form eines Passworts einzugeben. Diesen können die Dozenten den Teilnehmern etwa in einer Präsenzveranstaltung oder per E-Mail mitteilen. Nach Eingabe des Einschreibeschlüssels können die Nutzer auf die Arbeitsmaterialien im Kursbereich zugreifen. Vor der Corona-Pandemie bezogen sich die Inhalte zumeist auf die in den Präsenzkursen besprochenen Themen,[24] indem sie diese wiederholten, vertieften oder ergänzten. Für die reine Online-Lehre lässt sich die E-Learning-Plattform aber ebenso nutzen.

Inhalte auf die E-Learning-Plattform hochladen können ausschließlich die Dozenten und andere Administratoren, während die übrigen Nutzer diese zwar einsehen, typischerweise aber weder ändern noch ergänzen können. Interaktive Elemente lassen sich dennoch in den Kurs integrieren. Zur Auswahl stehen hierbei Abstimmungen, Umfragen, Feedback, Glossars und Wikis.[25] Auch für Aufgaben[26] oder Tests[27] kann die Plattform Moodle eingesetzt werden. Ein Austausch der Kursteilnehmer untereinander ist im Rahmen des Chats[28] und des Forums[29] möglich. In der Praxis kam diesen Tools in der Vergangenheit

---

[21] S. https://stats.moodle.org/sites/index.php?country=DE, zuletzt abgerufen am 13.5.2021; 2020 waren es noch knapp 150.000 Seiten weltweit und knapp 7.000 Seiten in Deutschland, https://moodle.net/stats/?lang=de, abgerufen am 24.3.2020.

[22] S. https://elearning.uni-bayreuth.de, zuletzt abgerufen am 13.5.2021.

[23] S. https://www.its.uni-bayreuth.de/de/dienste-und-zugaenge, zuletzt abgerufen am 13.5.2021; generell zielen die Hochschulangebote insbesondere auf die an der jeweiligen Hochschule eingeschriebenen Studierenden ab, vgl. *Cleuvers,* Bestandsanalyse der eLearning-Angebote der Hochschulen, in: Dohmen/Lutz, Marktpotenziale und Geschäftsmodelle für eLearning-Angebote deutscher Hochschulen (2003), S. 29, 72.

[24] Die Kombination mit Präsenzveranstaltungen (sog. Blended Learning) als wichtigstes Konzept von E-Learning bezeichnend *Holten/Nittel,* Auf dem Weg zu einer interdisziplinären Forschungskultur?, in: Holten/Nittel, E-Learning in Hochschule und Weiterbildung (2010), S. 9, 14; vgl. auch Europäische Kommission/EACEA/Eurydice (Hrsg.), Modernisierung der Hochschulbildung in Europa: Zugang, Studienerfolg und Beschäftigungsfähigkeit (2014), S. 59; *Kleimann/Wannemacher,* E-Learning an deutschen Hochschulen (2004), S. 69.

[25] S. https://docs.moodle.org/310/de/Aktivitäten, zuletzt abgerufen am 13.5.2021.

[26] S. https://docs.moodle.org/38/de/Aufgabe, zuletzt abgerufen am 13.5.2021.

[27] S. https://docs.moodle.org/38/de/Test, zuletzt abgerufen am 13.5.2021.

[28] S. https://docs.moodle.org/38/de/Chat, zuletzt abgerufen am 13.5.2021.

[29] S. https://docs.moodle.org/38/de/Forum, zuletzt abgerufen am 13.5.2021.

jedoch nur eine sehr untergeordnete Bedeutung zu, da die Teilnehmer sie kaum nutzten.[30] Allgemein findet auf Lehr- und Lernplattformen häufig nur wenig Aktivität, Kommunikation und Diskussion zwischen Studierenden und Lehrenden statt.[31] Zumeist handelt es sich um traditionelle Lehrmethoden in einem digitalen Format,[32] da typischerweise didaktische Erwägungen für die Einführung von E-Learning nur eine geringe Rolle spielen.[33] Die Gründe hierfür sind – abgesehen vom Infektionsschutz – vielmehr regelmäßig die damit verbundene zeitliche und örtliche Flexibilität.[34]

### 2. *MOOCs*

Den Begriff „MOOC“ prägte Dave Cormier im Jahr 2008.[35] Dabei weist die Bezeichnung der Kurse als „Massive” darauf hin, dass es bei MOOCs keine Teilnehmerbeschränkungen gibt[36] und die Teilnehmerzahl somit potentiell unbegrenzt ist.[37] Es fanden daher bereits MOOCs mit über 200.000 Teilnehmern statt,[38] was alle zuvor bekannten Ausmaße der Teilnahme an einzelnen Lehrveranstaltungen weit überschreitet.[39] Auch Zugangsbeschränkungen existieren bei MOOCs nicht, wie ihre Umschreibung als „Open“ verdeutlicht.[40] Der Begriff „Open“ deutet zudem auf das Absehen von der Erhebung von Kostenbeiträgen[41] sowie die fehlende Zugehörigkeit zu einer Institution hin.[42] Die meisten MOOCs werden deshalb nicht von Universitäten angeboten, sondern finden

---

[30] *Rohr,* Lernstrategien im Fernstudium (2014), S. 51.

[31] *Kerres/Stratmann/Ojstersek/Preußler,* Digitale Lernwelten in der Hochschule, in: Hugger/Walber, Digitale Lernwelten (2010), S. 141, 145.

[32] Sechster Zwischenbericht der Enquete-Kommission „Internet und digitale Gesellschaft“ v. 8.11.2013, BT-Drs. 17/12029, S. 24.

[33] So das Ergebnis von vierzehn Interviews an elf Universitäten bzw. Fachhochschulen, s. *Kreidl,* Akzeptanz und Nutzung von E-Learning-Elementen an Hochschulen (2011), S. 88.

[34] So das Ergebnis von vierzehn Interviews an elf Universitäten bzw. Fachhochschulen, s. *Kreidl,* Akzeptanz und Nutzung von E-Learning-Elementen an Hochschulen (2011), S. 88.

[35] *Haug/Wedekind,* cMOOC – ein alternatives Lehr-/Lernszenarium?, in: Schulmeister, MOOCs (2013), S. 161.

[36] *Schulmeister,* Der Beginn und das Ende von Open, in: Schulmeister, MOOCs (2013), S. 17, 22.

[37] *Robes,* Massive Open Online Courses: Das Potenzial des offenen und vernetzten Lernens (2012), S. 1, 3.

[38] So etwa der MOOC „Fundamentals of Project Planning and Management“ auf der Plattform Coursera, abrufbar unter https://de.coursera.org/learn/uva-darden-project-management, zuletzt abgerufen am 13.5.2021.

[39] *Lehmann,* MOOCs – Versuch einer Annäherung, in: Schulmeister, MOOCs (2013), S. 209, 215.

[40] *Meinel/Willems,* openHPI (2013), S. 3; *Robes,* Offenes und selbstorganisiertes Lernen im Netz, in: Blaschitz/Brandhofer/Nosko/Schwed, Zukunft des Lernens (2012), S. 219, 226.

[41] *Meinel/Willems,* openHPI (2013), S. 3.

[42] *Meinel/Willems,* openHPI (2013), S. 3.

auf sog. MOOC-Plattformen statt. Interessierte suchen daher vorrangig auf diesen Plattformen nach MOOCs.[43] Die größte MOOC-Plattform war 2020 Coursera[44] mit 76 Millionen Teilnehmern,[45] während edX[46] und FutureLearn[47] den zweiten und dritten Platz belegten.[48] Zu den weiteren MOOC-Plattformen zählen etwa Udacity,[49] Kadenze,[50] Canvas Network[51] sowie die beiden deutschen Firmenableger[52] OpenSAP[53] und iversity[54].

Für die überwiegende Zahl der Teilnehmer sind MOOCs dabei Teil ihrer non-formalen Bildung.[55] Finden dennoch Prüfungen statt, sind aufgrund der hohen Teilnehmerzahlen ausschließlich Multiple-Choice-Fragen und Peer Assessment möglich.[56] Zudem findet das Verfahren des „Self-Grading"– also der Selbstbewertung – Anwendung.[57] Zum Teil können durch MOOCs auch Leistungsnachweise erworben werden, wie etwa Badges[58], Zertifikate[59] und seltener Credit-Points[60]. An der Georgia State University konnte sogar ein

---

[43] Hochschulrektorenkonferenz (Hrsg.), Potenziale und Probleme von MOOCs (2014), S. 1.

[44] Https://de.coursera.org, zuletzt abgerufen am 13.5.2021.

[45] *Shaw/Packard,* Massive List of MOOC Providers Around The World (2021); 2017 waren es erst 17 Millionen Teilnehmer, s. *ICEF Monitor,* MOOC enrolment surpassed 35 million in 2015 (2016).

[46] Https://www.edx.org, zuletzt abgerufen am 13.5.2021.

[47] Https://www.futurelearn.com, zuletzt abgerufen am 13.5.2021.

[48] *Shaw/Packard,* Massive List of MOOC Providers Around The World (2021).

[49] Https://www.udacity.com, zuletzt abgerufen am 13.5.2021.

[50] Https://www.kadenze.com, zuletzt abgerufen am 13.5.2021.

[51] Https://www.canvas.net, zuletzt abgerufen am 13.5.2021.

[52] *Schulmeister,* Der Beginn und das Ende von Open, in: Schulmeister, MOOCs (2013), S. 17, 19.

[53] Https://open.sap.com/?locale=de, zuletzt abgerufen am 13.5.2021.

[54] Https://iversity.org/de, zuletzt abgerufen am 13.5.2021.

[55] Hochschulrektorenkonferenz (Hrsg.), Potenziale und Probleme von MOOCs (2014), S. 21.

[56] *Bershadskyy/Bremer/Gaus,* Bildungsfreiheit als Geschäftsmodell: MOOCs fordern die Hochschulen heraus, in: Bremer/Krömker, E-Learning zwischen Vision und Alltag (2013), S. 33, 39.

[57] Hochschulrektorenkonferenz (Hrsg.), Potenziale und Probleme von MOOCs (2014), S. 19.

[58] Vgl. *Bremer/Thillosen,* Der deutschsprachige Open Online Course OPCO12, in: Bremer/Krömker, E-Learning zwischen Vision und Alltag (2013), S. 15, 19.

[59] Z. B. bei VLC, s. *Handke/Franke,* xMOOCs im Virtual Linguistics Campus, in: Schulmeister, MOOCs (2013), S. 101, 117, Tab. 5.

[60] *Decker,* MOOCology 1.0, in: Krause/Lowe, Invasion of the MOOCs (2014), S. 3, 8 ff.; *Korn/Levitz,* Open Courses Look for a Business Model, The Wall Street Journal v. 1.1.2013; *Uvalić-Trumbić/Daniel,* Making Sense of MOOCs: The Evolution of Online Learning in Higher Education, in: Hernández-Leo/Ley/Klamma/Harrer, Scaling up Learning for Sustained Impact (2013), S. 1, 4; für Beispiele eines solchen Angebots von deutschen

Master in Computer Science durch MOOCs erlangt werden.[61] Von einem typischen MOOC unterschied er sich jedoch dadurch, dass für die Teilnahme an ihm die gleichen Voraussetzungen wie für die Aufnahme eines Masterstudiums in Präsenz erfüllt werden mussten und eine Gebühr in Höhe von 7.000 US-Dollar anfiel.[62]

### *a) cMOOC oder xMOOC?*

Ungeachtet der Gemeinsamkeiten aller MOOCs unterscheiden sich extended (x)MOOCs und connectivist (c)MOOCs stark voneinander, da ihre Lehr- und Lernprozesse sehr verschieden sind. Die als xMOOCs bezeichneten Kurse weisen den klassischen Stil der akademischen Ausbildung auf[63] und ähneln konventionellen Vorlesungen.[64] Ihr vorrangiges Ziel ist die Vermittlung von Wissen.[65] Für xMOOCs ist daher charakteristisch, dass im wöchentlichen Rhythmus neue Lehrmaterialien zur Verfügung gestellt werden,[66] es einen relativ geschlossenen vordefinierten Stundenplan gibt[67] und die Lernziele eindeutig festgelegt sind.[68] Die Teilnehmerzahlen sind dabei in xMOOCs höher als in cMOOCs.[69] Letztere beruhen in pädagogischer Hinsicht auf der Lerntheorie des Konnektivismus.[70] Dieser versteht Lernen als einen Prozess, fachliche Knoten oder Informationsquellen zu verknüpfen.[71] Für den Konnektivismus sind die Verbindungen, die uns ermöglichen, Neues zu lernen, wichtiger

---

Universitäten s. Hochschulrektorenkonferenz (Hrsg.), Potenziale und Probleme von MOOCs (2014), S. 68.

[61] *Decker,* MOOCology 1.0, in: Krause/Lowe, Invasion of the MOOCs (2014), S. 3, 11.

[62] *Decker,* MOOCology 1.0, in: Krause/Lowe, Invasion of the MOOCs (2014), S. 3, 11.

[63] *Lehmann,* MOOCs – Versuch einer Annäherung, in: Schulmeister, MOOCs (2013), S. 209, 210.

[64] Hochschulrektorenkonferenz (Hrsg.), Potenziale und Probleme von MOOCs (2014), S. 14; *Lehmann,* MOOCs – Versuch einer Annäherung, in: Schulmeister, MOOCs (2013), S. 209, 210.

[65] *Lehmann,* MOOCs – Versuch einer Annäherung, in: Schulmeister, MOOCs (2013), S. 209, 210.

[66] *Meinel/Willems,* openHPI (2013), S. 3.

[67] *Grünewald/Meinel/Totschnig/Willems,* Designing MOOCs for the Support of Multiple Learning Styles, in: Hernández-Leo/Ley/Klamma/Harrer, Scaling up Learning for Sustained Impact (2013), S. 371, 372.

[68] *Spoun/Keller/Grünberg-Bochard,* Global Learning in Teams, in: Schulmeister, MOOCs (2013), S. 127, 139.

[69] *Haug/Wedekind,* cMOOC – ein alternatives Lehr-/Lernszenarium?, in: Schulmeister, MOOCs (2013), S. 161, 168, Tab. 1.

[70] Grundlegend zum Konnektivismus *Siemens*, Connectivism: A Learning Theory for the Digital Age, International Journal of Instructional Technology and Distance Learning, Vol. 2, No. 1 (2005).

[71] *Siemens,* Connectivism: A Learning Theory for the Digital Age, International Journal of Instructional Technology and Distance Learning, Vol. 2, No. 1 (2005).

als der aktuelle Wissenstand,[72] da er die Pflege und Erhaltung dieser Verbindungen als Voraussetzung für stetiges Lernen ansieht.[73] Der Konnektivismus versteht Lernen daher als einen Netzwerkbildungsprozess.[74] Damit geht etwa einher, dass cMOOCs typischerweise sowohl auf die Vorgabe von Lernzielen als auch auf die Definition von Lernerfolgen seitens der Lehrenden verzichten.[75]

### *b) Der xMOOC „Cultural Heritage in Transformation"*

Der Begriff „xMOOC" ist auf die Plattform edX zurückzuführen.[76] Auf dieser bot die RTH Aachen im Frühjahr 2021 bereits zum vierten Mal den xMOOC „Cultural Heritage in Transformation" an.[77] Der fünfwöchige Kurs war in Einheiten unterteilt, die unterschiedliche Aspekte des Kursthemas – z. B. der Definition und den Möglichkeiten der Erhaltung des kulturellen Erbes – zum Gegenstand hatten. Jede Einheit gliederte sich dabei wiederum in mehrere Unterthemen, die in zehn- bis zwanzigminütigen Lehrvideos erläutert wurden. Darüber hinaus stellten die Dozenten jede Woche eine dem Thema der jeweiligen Einheit entsprechende Frage zur Diskussion. Bei der Einheit, die sich der Definition kulturellen Erbes widmete, war dies etwa die Frage, welches Kriterium für die Einordnung eines Bauwerks als kulturelles Erbe entscheidend sein sollte. Die Teilnehmer diskutierten diese Fragen über Posts im Forum. Die Antworten der Teilnehmer waren für alle anderen Nutzer des Kurses sichtbar, die hierauf direkt reagieren können. Zudem bot der Kurs die Möglichkeit, ein Zertifikat zu erwerben. Hierfür mussten die Teilnehmer Fragen zu den Lehrvideos beantworten und eine Fallstudie bearbeiten. Die Bewertung erfolgte im sog. peer-review Verfahren, so dass die Teilnehmer ihre Leistungen gegenseitig beurteilten.

---

[72] *Siemens,* Connectivism: A Learning Theory for the Digital Age, International Journal of Instructional Technology and Distance Learning, Vol. 2, No. 1 (2005).

[73] *Siemens,* Connectivism: A Learning Theory for the Digital Age, International Journal of Instructional Technology and Distance Learning, Vol. 2, No. 1 (2005).

[74] *Bernhardt/Kirchner*, E-Learning 2.0 im Einsatz (2007), S. 49.

[75] *Robes,* Offenes und selbstorganisiertes Lernen im Netz, in: Blaschitz/Brandhofer/Nosko/Schwed, Zukunft des Lernens (2012), S. 219, 226.

[76] *Grünewald/Meinel/Totschnig/Willems,* Designing MOOCs for the Support of Multiple Learning Styles, in: Hernández-Leo/Ley/Klamma/Harrer, Scaling up Learning for Sustained Impact (2013), S. 371, 372.

[77] S. https://www.edx.org/course/cultural-heritage-in-transformation, zuletzt abgerufen am 13.5.2021.

### *c) Der cMOOC „Zukunft des Lernens"*

Der cMOOC[78] „Zukunft des Lernens" war der erste[79] deutschsprachige MOOC und fand vom 26. April bis 17. Juli 2011[80] an der Universität Frankfurt mit etwa 900 Teilnehmern statt.[81] Dem Kurs lag ein fester wöchentlicher Ablauf zugrunde. Montags leiteten die Veranstalter das wöchentliche Thema ein und veröffentlichten ihre Aktivitäten auf der Kursseite. Mittwochs legten wechselnde Experten in einer Online-Live-Session ihre Sicht auf das Wochenthema dar. Anschließend diskutierten sie hierüber mit den Teilnehmern, die über einen Chat, Audio Connect und Twitter Fragen stellen konnten. Ein Newsletter, der die Ereignisse der Woche zusammenfasste und die Blog- und Twitter-Beiträge aggregierte, folgte am Freitag. Insgesamt entstanden in dem Kurs über 350 Blog- und rund 4.000 Twitter-Beiträge. Zudem verwendeten die Teilnehmer den webbasierten Editor „Etherpad", um gleichzeitig Texte zu bearbeiten. Durch farbliche Kennzeichnungen ließen sich die Änderungen den einzelnen Nutzer zuordnen und waren für alle Teilnehmer sofort sichtbar. Parallel zur Textbearbeitung konnten sich die Teilnehmer in einem Chat untereinander austauschen. Fast wöchentlich begannen die Teilnehmer ein eigenes Etherpad. Darüber hinaus schufen sie 33 Podcasts, die im Kursbereich zugänglich waren und meist Reflexionen zu einem Wochenthema enthielten. Zu dem Social-Bookmarking-Tool „diigo", mit dem sich interessante Links sichern lassen, fügten sie 84 Items hinzu. Ebenso entstanden eine Kurszeitung und 24 Fotos bzw. Videos auf Flickr. Inhaltliche oder organisatorische Vorgaben für die Erstellung der Inhalte gab es dabei – abgesehen von dem durch die Veranstalter festgelegten Wochenthema – nicht.

## *II. Die Veränderung der Kommunikation des Lehrens und Lernens als Herausforderung an das Urheberrecht*

Während E-Learning klassischen Lehrformaten im analogen Bereich ähnelt, wurde mit MOOCs nicht nur hinsichtlich der Teilnehmerzahl Neuland im

---

[78] Vgl. *Haug/Wedekind,* cMOOC – ein alternatives Lehr-/Lernszenarium?, in: Schulmeister, MOOCs (2013), S. 161, 170, Tab. 2.

[79] *Bremer,* Open Online Courses als Kursformat? Konzept und Ergebnisse des Kurses „Zukunft des Lernens" 2011, in: Apostolopoulos/Mußmann/Coy/Schwill, Grundfragen Multimedialen Lehrens und Lernens (2012), S. 18; *Haug/Wedekind,* cMOOC – ein alternatives Lehr-/Lernszenarium?, in: Schulmeister, MOOCs (2013), S. 161, 175, Bsp. 3; *Robes,* Offenes und selbstorganisiertes Lernen im Netz, in: Blaschitz/Brandhofer/Nosko/Schwed, Zukunft des Lernens (2012), S. 219.

[80] *Haug/Wedekind,* cMOOC – ein alternatives Lehr-/Lernszenarium?, in: Schulmeister, MOOCs (2013), S. 161, 174, Bsp. 3.

[81] Die folgenden Ausführungen beziehen sich auf *Robes,* Offenes und selbstorganisiertes Lernen im Netz, in: Blaschitz/Brandhofer/Nosko/Schwed, Zukunft des Lernens (2012), S. 219 ff.

Bereich des digitalen Lehrens und Lernens betreten.[82] Auch die Kommunikationsstruktur des Lehrens und Lernens ist zumindest in cMOOCs[83] eine völlig neue. Bei traditionellen Lehrformaten erfolgt die Kommunikation der Lerninhalte regelmäßig einseitig von den Lehrenden hin zu den Lernenden, die als bloße Rezipienten auftreten. In cMOOCs generieren hingegen die Lernenden selbst Inhalte und kommunizieren diese sowohl untereinander als auch gegenüber den Lehrenden. Auf diese Weise wandelt sich die ehemals unidirektionale Kommunikation zu einem komplexen und mehrdimensionalen Kommunikationsgeflecht. Zudem öffnet sich bei cMOOCs die im klassischen Unterricht geschlossene Kommunikation des Lehrens und Lernens. Deutlich wird dies insbesondere bei der Erstellung eigener Inhalte durch die cMOOC-Teilnehmer. So entscheiden anstelle eines vorgegebenen Lehrplans die Teilnehmer selbst im Rahmen eines festgelegten Themas über die konkreten Fragestellungen, die sie im Kurs behandeln möchten.

Für das Recht bedeutet eine solche Veränderung stets eine Herausforderung, da es sich der veränderten Realität anpassen und Regelungen treffen muss, die den neuartigen Konstellationen ebenfalls gerecht werden. Dies gilt aufgrund seiner engen Verzahnung mit dem kulturellen und gesellschaftlichen Raum insbesondere für das Urheberrecht. Der Fokus der Diskussion in Literatur und Rechtsprechung liegt dabei bislang auf dem technischen Wandel.[84] Gefordert wird daher, dass Normen „technologieneutral“[85] und „technikoffen“[86] formuliert werden. Die vorliegende Arbeit nimmt hingegen einen anderen Blickwinkel ein: Ihr liegt die Hypothese zugrunde, dass die Herausforderungen an das Urheberrecht durch den technologischen Fortschritt insbesondere auf der Veränderung der Kommunikation beruhen. Wie das Beispiel der MOOCs zeigt, können neue Technologien nicht nur zu einer intensiveren Nutzung geschützter Inhalte führen und neue Verwertungshandlungen ermöglichen,[87] sondern auch klassische Kommunikationsformen verdrängen oder verändern.[88] Im Internet

---

[82] Zu den Charakteristika von E-Learning und MOOCs s. Einl. I.

[83] Für die Differenzierung zwischen cMOOCs und xMOOCs s. Einl. I. 2. a).

[84] Vgl. Enquete Kommission „Zukunft der Medien in Wirtschaft und Gesellschaft“ (Hrsg.), Neue Medien und Urheberrecht, S. 19; *Sucker,* Digitaler Werkgenuss (2014), S. 8 ff.

[85] *De la Durantaye,* Allgemeine Bildungs- und Wissenschaftsschranke (2014), S. 192; *Raue,* GRUR 2017, 11, 17; *Spindler,* NJW 2014, 2550; *Wandtke,* GRUR 2015, 221, 224; das Ziel der Wahrung einer „Technologieneutralität“ betonend auch Gesetzentwurf der Bundesregierung. Entwurf eines Gesetzes zur Anpassung des Urheberrechts an die Erfordernisse des digitalen Binnenmarkts v. 9.3.2021, BT-Drs. 19/27426, S. 106.

[86] *Schack,* ZUM 2017, 802, 804.

[87] Vgl. EuGH, Urt. v. 24.11.2011 – C-283/10, GRUR Int. 2012, 150, Rn. 38 – *Circul Globus Bucureşti;* EuGH, Urt. v. 27.6.2013 – C-457/11, C- 458/11, C-459/11, GRUR 2013, 812, Rn. 71 – *VG Wort/Kyocera.*

[88] *Hoffmann-Riem,* Innovation, Recht und öffentliche Kommunikation, in: Eifert/Hoffmann-Riem, Innovation, Recht und öffentliche Kommunikation (2011), S. 9, 15.

kann aber jeder Kommunikationsvorgang urheberrechtlich relevant sein.[89] Von dem so zunehmend in die Lebenswelt vordringenden Urheberrecht[90] ist auch der Bildungsbereich nicht ausgenommen. Digitale Lehr- und Lernprozesse sind in weitaus höherem Maße mit dem Urheberrecht verknüpft als Unterricht und Lehre im analogen Raum.[91] Das Urheberrecht hat dabei auf digitales Lehren und Lernen in gleich zweifacher Weise Einfluss: Zum einen begrenzt es die Einbeziehung geschützter Inhalte Dritter und zum anderen sind im Rahmen der Lehr- und Lernprozesse entstehende Inhalte selbst durch das Urheberrecht geschützt.

Ist das Urheberrecht nicht zur Adaption an die neuen Kommunikationsformen des Lehrens und Lernens fähig, erschwert es deren Entwicklung und führt zu Rechtsunsicherheiten, da das Recht und seine Umwelt nicht isoliert nebeneinanderstehen. Vielmehr wirkt es sich auf die Operationsbedingungen anderer sozialer Systeme aus, dass die Ausschließlichkeitsrechte den Rechtsinhabern die Kontrolle über die Nutzung der geschützten Inhalte zuordnen.[92] Das Urheberrecht beeinflusst damit unmittelbar das Kommunikationsverhalten des einzelnen Nutzers[93] und somit auch die Möglichkeiten digitalen Lehrens und Lernens. Diese Wirkung für die Umwelt muss das Recht im Recht selbst reflektieren[94] und die Bedürfnisse der verschiedenen kommunikativen Prozesse einbeziehen, deren Teilnahme es erlaubt oder verhindert.[95] Nur ein umweltsensibles[96] Urheberrecht kann daher auch bei neuen Kommunikationsformen seinem Verständnis als „Schutz qualifizierter menschlicher Kommunikation“[97] gerecht werden.

---

[89] Vgl. *Rehbinder/Peukert,* Urheberrecht, 18. Aufl. (2018), Rn. 486.

[90] *Wielsch,* Relationales Urheberrecht, in: Grünberger/Leible, Die Kollision von Urheberrecht und Nutzerverhalten (2014), S. 61, 72.

[91] Eine Zunahme urheberrechtlich bedeutsamer Handlungen durch die Digitalisierung der Materialien für Unterricht und Wissenschaft feststellend auch Gesetzentwurf der Bundesregierung. Entwurf eines Gesetzes zur Angleichung des Urheberrechts an die Erfordernisse der Wissensgesellschaft (Urheberrechts-Wissensgesellschafts-Gesetz – UrhWissG) v. 15.5.2017, BT-Drs. 18/12329, S. 19.

[92] *Grünberger,* Aspekte eines umweltsensiblen Urheberrechts, in: Grünberger/Leible, Die Kollision von Urheberrecht und Nutzerverhalten (2014), S. 1, 10.

[93] *Grünberger,* Aspekte eines umweltsensiblen Urheberrechts, in: Grünberger/Leible, Die Kollision von Urheberrecht und Nutzerverhalten (2014), S. 1, 2.

[94] *Wielsch,* Relationales Urheberrecht, in: Grünberger/Leible, Die Kollision von Urheberrecht und Nutzerverhalten (2014), S. 61, 91.

[95] *Grünberger,* Aspekte eines umweltsensiblen Urheberrechts, in: Grünberger/Leible, Die Kollision von Urheberrecht und Nutzerverhalten (2014), S. 1, 10.

[96] Grundlegend dazu *Grünberger,* Aspekte eines umweltsensiblen Urheberrechts, in: Grünberger/Leible, Die Kollision von Urheberrecht und Nutzerverhalten (2014), S. 1, 1 ff.

[97] *Loewenheim,* in: Schricker/Loewenheim/Leistner/Ohly, UrhG, 6. Aufl. (2020), Einl., Rn. 7; *Schulze,* in: Dreier/Schulze, UrhG, 6. Aufl. (2018), Einl., Rn. 1; *Strömholm,* GRUR Int. 1989, 15, 16.

### III. Zielsetzung und Gegenstand der Arbeit

Der Arbeit liegt eine dreifache Zielsetzung zugrunde: Sie soll erstens die urheberrechtlichen Probleme identifizieren, denen die Praxis bei E-Learning und MOOCs begegnet und konkrete Lösungsmöglichkeiten hierfür entwickeln. Zweitens soll sie durch den Vergleich dieser beiden Formen digitalen Lehrens und Lernens mit unterschiedlicher Kommunikationsstruktur veranschaulichen, dass die Ursache urheberrechtlicher Herausforderungen eine Veränderung der Kommunikation in der Praxis sein kann. Die urheberrechtliche Analyse der neuen Kommunikationsformen des Lehrens und Lernens soll daher drittens Wege aufzeigen, wie sich das Urheberrecht auch über den Bildungsbereich hinaus kommunikationsformoffen ausgestalten lässt.

#### 1. Untersuchte Lehr- und Lernszenarien

Die Arbeit behandelt Lehr- und Lernszenarien bei E-Learning und MOOCs. Mit dem Begriff des E-Learnings bezeichnet sie dabei Kurse, die auf einer E-Learning-Plattform stattfinden und ausschließlich aus Content der Dozenten bestehen, den die Teilnehmer nicht verändern können. Die Möglichkeit, dass die Teilnehmer in Chats und Foren urheberrechtlich geschützte Inhalte erstellen können, soll angesichts ihrer geringen praktischen Relevanz[98] für die Untersuchung außer Betracht bleiben. Da E-Learning in der Praxis insbesondere im universitären Bereich Anwendung findet, fokussiert sich die Arbeit ausschließlich auf E-Learning an Hochschulen. Sie geht sowohl auf Präsenz- als auch auf Fernuniversitäten ein und berücksichtigt, dass E-Learning-Kurse als reine Online-Lehre oder in Kombination mit Präsenzveranstaltungen stattfinden können. Bei der Analyse der urheberrechtlichen Beurteilung der Lehr- und Lernprozesse bei MOOCs unterscheidet die Untersuchung zwischen cMOOCs und xMOOCs. Beide MOOC-Formen sind auf hochschulunabhängigen Plattformen entstanden, werden inzwischen aber auch von Hochschulen angeboten. Gegenstand der Arbeit sind somit vier verschiedene Varianten von MOOCs: xMOOCs an Hochschulen, xMOOCs auf externen Plattformen, cMOOCs an Hochschulen und cMOOCs auf externen Plattformen.

#### 2. Ausgewählte rechtliche Aspekte digitalen Lehrens und Lernens

In rechtlicher Hinsicht konzentriert sich die Untersuchung auf das Urheberrecht und die mit ihm verwandten Schutzrechte. Neben dem Urheberrecht sind daher auch die Leistungsschutzrechte der ausübenden Künstler, des Tonträgerherstellers, des Filmherstellers, des Presseverlegers, des Datenbankherstellers und das Leistungsschutzrecht am Lichtbild Gegenstand der Arbeit. Die Anwendbarkeit des deutschen Rechts soll dabei unterstellt werden. Andere

---

[98] Vgl. Einl. I. 1.

Immaterialgüterrechte – wie ein etwaiger Schutz durch das Patent-, Design oder Markenrecht sowie wettbewerbsrechtliche Aspekte – bleiben außer Betracht. Nicht berücksichtigt werden zudem die urheberrechtlichen Regelungen über Computersoftware, da ihnen für die Kursinhalte nur eine geringe praktische Relevanz zukommt und der Fokus der Untersuchung auf dem Content liegt. Auf den Schutz der Plattformen selbst soll ebenso wie auf ihre etwaige Haftung für Urheberrechtsverletzungen nicht eingegangen werden. Thematisiert wird jedoch, ob das Angebot einer digitalen Lehr- und Lernplattform selbst als Verwertungshandlung einzuordnen ist. Die Arbeit analysiert darüber hinaus die Konstellationen und den Umfang, in dem urheberrechtliche Schrankenregelungen die Nutzung geschützter Inhalte für E-Learning und MOOCs erlauben. Des Weiteren beantwortet sie die Frage nach dem urheberrechtlichen Schutz der Lehr- und Lerninhalte. Sie arbeitet heraus, wer originärer Schutzrechtsinhaber der eigenen Inhalte der Akteure digitalen Lehrens und Lernens ist, unter welchen Voraussetzungen und in welchem Umfang die Universität Nutzungsrechte an ihnen erhält und wie eine Nutzungsrechtseinräumung an Dozenten und Teilnehmer erfolgen kann.

### *IV. Forschungsstand*

Trotz der hohen praktischen Relevanz ist eine Untersuchung der Adaptionsfähigkeit und des Anpassungsbedarfs des Urheberrechts an die neuen Kommunikationsformen des Lehrens und Lernens bisher nicht vorhanden. Die inzwischen zahlreichen Beiträge über MOOCs[99] konzentrieren sich auf ihre

[99] Alman/Jumba (Hrsg.), MOOCs Now (2017); *Becker/Rojas,* MOOCs statt Hörsaal (2014); Bonk/Lee/Reeves/Reynolds (Hrsg.), MOOCs and Open Education Around the World (2015); *Borgwardt,* Von Moodle bis MOOC: Digitale Bildungsrevolution durch E-Learning? (2014); *Bremer,* Open Online Courses als Kursformat?, in: Apostolopoulos/ Mußmann/Coy/Schwill, Grundfragen Multimedialen Lehrens und Lernens (2012), 18-33; *Butler,* Massive Open Online Courses: Legal and Policy Issues for Research Libraries (2012); Calise/Delgados Kloos/Reich/Ruiperez-Valiente/Wirsing (Hrsg.), Digital Education (2019); *Cheverie,* Copyright Challenges in a MOOC Environment, EDUCAUSE Brief (2013); *Colbran/Gilding,* MOOCs and the Rise of Online Legal Education, Journal of Legal Education, Vol. 63 (2014), 405–428; de Corte/Engwall/Teichler (Hrsg.), From Books to MOOCs? (2016); *Courtney,* MOOCs and Libraries (2015); *Deimann/Friedl,* Machen MOOCs Karriere? (2020); *Head,* Disrupt This! MOOCs and the Promises of Technology (2017); Hernández-Leo/Ley/Klamma/Harrer (Hrsg.), Scaling up Learning for Sustained Impact (2013); *Hollands/Tirthali,* MOOCs in Higher Education. Institutional Goals and Paths forward (2015); Jemni/Kinshuk/Khribi (Hrsg.), Open Education: from OERs to MOOCs (2017); *Kaushik,* Library and information science in the age of MOOCs (2018); Krause/Lowe (Hrsg.), Invasion of the MOOCs (2014); *Littlejohn/Hood,* Reconceptualising Learning in the Digital Age (2018); *Losh,* MOOCs and Their Afterlives (2017); Mendoza-Gonzalez (Hrsg.), User-Centered Design Strategies for Massive Open Online Courses (MOOCs) (2016); Monske/Blair (Hrsg.), Handbook of research on writing and composing in the age of MOOCs (2017); *McKay/Lenarcic,* Macro-Level Learning through Massive

lernpsychologische Einordnung, ihre pädagogische Bewertung und ihre ökonomischen Aspekte oder sind Erfahrungsberichte über bereits durchgeführte Kurse. Fragestellungen des Urheberrechts beziehen sie dabei nicht ein. Analysen der urheberrechtlichen Rahmenbedingungen für die Verwendung neuer Medien in der Lehre[100] berücksichtigen MOOCs aufgrund der Aktualität ihrer Entwicklung nicht. Ebenso gehen Arbeiten über die urheberrechtlichen Herausforderungen bei User Generated Content[101] auf die nutzergenerierten Inhalte im Bildungsbereich bei MOOCs nicht ein. Verbindungslinien mit den offenen Prozessen des Lehrens und Lernens stellen auch weder die Arbeiten über Open Innovation[102] noch die sich auf Kommunikationskulturen beziehenden

---

Open Online Courses (MOOCs) (2015); *Pauschenwein,* „Sensemaking" in a MOOC (Massive Open Online Course), in: Csanyi/Reichl/Stein, Digitale Medien – Werkzeuge für exzellente Forschung und Lehre (2012), 75–86; Pomerol/Epelboin/Thoury (Hrsg.), MOOCs: Design, Use and Business Models (2015); *Porter,* To MOOC or Not to MOOC: How can Online Learning Help to Build the future of Higher Education? (2015); *Schrag,* MOOCs and Legal Education: Valuable Innovation or Looming Disaster?, Villanova Law Review, Vol. 59 (2014), 83–134; Schulmeister (Hrsg.), MOOCs (2013); *Toth,* Massive Open Online Courses im Kontext von Persönlichkeit und Prokrastination (2020); Uden/Sinclair/Tao/Liberona (Hrsg.), Learning Technology for Education in Cloud, MOOC and Big Data (2014); *Waks,* The Evolution and Evaluation of Massive Open Online Courses (2016).

[100] *Bajon,* Interessenausgleich im Wissenschaftsurheberrecht (2010); *Horn,* Urheberrecht beim Einsatz neuer Medien in der Hochschullehre (2007); *dies.,* Rechtliche Aspekte digitaler Medien an Hochschulen (2015); *Kreutzer/Hirche,* Rechtsfragen zur Digitalisierung in der Lehre (2017); *Sattler,* Der Status quo der urheberrechtlichen Schranken für Bildung und Wissenschaft (2009); *Schöwerling,* E-Learning und Urheberrecht an Universitäten in Österreich und Deutschland (2007); *Taeger/Horn,* Rechtsfragen des E-Learning (2004); *dies.,* Rechtsfragen der Nutzung neuer Medien und des Internets an Hochschulen (2008); *Veddern,* Multimediarecht für die Hochschulpraxis (2004).

[101] *Bauer,* User Generated Content (2011); *Grobe-Einsler,* User-Generated Content (2016); Große Ruse-Khan/Klass/v. Lewinski (Hrsg.), Nutzergenerierte Inhalte als Gegenstand des Privatrechts (2010); *Reinemann/Remmertz,* Urheberrechte an User-generated Content, ZUM 2012, 216–227.

[102] *Chesbrough,* Open Innovation Results: Going Beyond the Hype and Gettig Down to Business (2020); Chesbrough/Vanhaverbeke/West (Hrsg.), Open Innovation (2008); *Däubler,* Crowdworker – Schutz auch außerhalb des Arbeitsrechts?, in: Benner, Crowdwork – Zurück in die Zukunft? (2015); Garrigos-Simon/Gil-Pechuán/Estelles-Miguel (Hrsg.), Advances in Crowdsourcing (2015); Georgy (Hrsg.), Crowdsourcing. Ein Leitfaden für Bibliotheken (2015); *Hammon,* Crowdsourcing – Eine Analyse der Antriebskräfte innerhalb der Crowd (2013); *Kuhlen/Brüning,* Potenziale von Creative Commons-Lizenzen für Open Innovation, in: Stempfhuber, In die Zukunft publizieren (2006), 21–28; *Leopold,* Open Innovation und Crowdsourcing. Neue Perspektiven des Innovationsmanagements (2015); *Paasi/Rantala/Valkokari/Lee,* Knowledge and Intellectual Property in Customer-Supplier Relations, International Journal of Innovation Management, Vol. 14 (2010), 629–654; *Söbbing,* Open Innovation und Crowdsourcing, ITRB 2011, 206–208.

urheberrechtlichen Beiträge[103] her. Es fehlt somit eine Untersuchung, die das Phänomen der MOOCs zum Anlass nimmt, einen offenen Umgang des Urheberrechts mit neuen Kommunikationsformen zu entwickeln, indem sie die Adaptionsfähigkeit des Urheberrechts an die Veränderung der Kommunikation des Lehrens und Lernens analysiert und den daraus resultierenden Anpassungsbedarf des Urheberrechts ermittelt.

### *V. Gang der Untersuchung*

Das erste Kapitel der Arbeit befasst sich mit geschützten Inhalten Dritter und ermittelt die Möglichkeiten und Grenzen ihrer Einbeziehung in digitales Lehren und Lernen. Hierfür wird zunächst die urheberrechtliche Relevanz der Lehr- und Lernprozesse identifiziert. Das deutsche Urheberrecht knüpft an die Verwendung unveränderter Inhalte (§ 1) andere Voraussetzungen als an die Veränderung von Inhalten (§ 2), so dass zwischen diesen beiden Konstellationen zu differenzieren ist. Für die Nutzung unveränderter Inhalte im Rahmen digitalen Lehrens und Lernens sind insbesondere die Zitatschranke des § 51 UrhG und der eigens für die Online-Lehre geschaffene § 60a UrhG von Bedeutung. Aufgezeigt wird daher, in welchem Umfang und unter welchen Voraussetzungen diese Normen in ihrer gegenwärtigen Konkretisierung Nutzungen bei E-Learning und MOOCs gesetzlich erlauben. Treten hierbei Reibungspunkte auf, werden die Adaptionsmöglichkeiten des Urheberrechts analysiert und etwaige Grenzen der Adaptionsfähigkeit des Urheberrechts aufgezeigt. Bei einer Veränderung der Inhalte bestimmt insbesondere das Verhältnis zum ursprünglichen Content, ob dies urheberrechtlich relevant ist. Die zentrale Norm im deutschen Urheberrecht ist dabei § 23 UrhG. Die Maßstäbe des nationalen Rechts darf man im Mehrebenensystem des Urheberrechts aber nur insoweit zugrunde legen, wie sie mit dem Unionsrecht im Einklang stehen. Gesetzlich erlaubt ist die Verwendung veränderter Inhalte ausschließlich zum Zwecke der Karikatur, der Parodie und des Pastiches. Für den Bildungsbereich ist dies jedoch nur dann bedeutsam, falls hierzu auch Nutzungen im Rahmen digitaler Lehr- und Lernprozesse zählen können.

Auf die eigenen Inhalte der Akteure digitalen Lehrens und Lernen konzentriert sich das zweite Kapitel der Untersuchung. Die verschiedenen Inhalte, die sich für digitale Lehr- und Lernprozesse konzipieren lassen, werden vorgestellt und ihr potentieller Schutz durch das Urheberrecht und die mit ihm verwandten Schutzrechte analysiert (§ 3). Differenzierend nach der Art des Contents ermittelt die Arbeit anschließend, wer originärer Schutzrechtsinhaber der erstellten Inhalte ist (§ 4). Handelt es sich hierbei um einen Mitarbeiter der

[103] *Peukert,* Das Urheberrecht und die zwei Kulturen der Online-Kommunikation, GRUR-Beilage 2014, 77–93; *Wielsch,* Relationales Urheberrecht, in: Grünberger/Leible, Die Kollision von Urheberrecht und Nutzerverhalten (2014), 61–99.

Universität, kann der Hochschule als Arbeitgeberin oder Dienstherrin ein Nutzungsrecht an dem Inhalt zukommen (§ 5). Voraussetzung hierfür ist, dass der Inhalt in Erfüllung der arbeits- oder dienstvertraglichen Pflichten geschaffen wurde. Auch dann ist das Nutzungsrecht der Universität aber sachlich und zeitlich begrenzt. Zudem kann eine Pflicht bestehen, die Nutzungsrechte an anderen Inhalten – sog. freien Werken – der Hochschule anzubieten. Nutzungsrechte können neben der Universität auch die Dozenten und Teilnehmer der Online-Kurse benötigen (§ 6). Treten bei der Einräumung der Nutzungsrechte Herausforderungen auf, ist zunächst eine vertragliche Lösung in Betracht zu ziehen. Hierbei können erhebliche Unterschiede zwischen den einzelnen Formen digitalen Lehrens und Lernens bestehen, da bei ihnen die Entstehungsprozesse der Inhalte sehr verschieden sind. Dies gilt insbesondere für cMOOCs, da sie die dem Urheberrecht zugrunde liegende Konzeption einer klaren Zuordnung der geistigen Tätigkeit bei der Entstehung von Schutzgegenständen zugunsten einer offenen Partizipationskultur verlassen. Auch außerhalb des Bildungsbereichs existiert mit Open Innovation eine offene Partizipationskultur, so dass sich die Vertragsgestaltung bei cMOOCs hieran orientieren kann. Voraussetzung ist jedoch, dass sich diese auf cMOOCs übertragen lässt und die Nutzung der Inhalte für digitales Lehren und Lernen ermöglichen kann. Andernfalls ist nach einer eigenen vertraglichen Lösung zu suchen. Können vertragliche Vereinbarungen die Herausforderungen nicht bewältigen, sind die Adaptionsmöglichkeiten des Urheberrechts zu prüfen.

Im Gegensatz zu den beiden ihm vorangehenden Abschnitten liegt der Fokus des dritten Kapitels der Arbeit auf dem Urheberrecht *de lege ferenda*. Ausgehend von den ermittelten Grenzen der Adaptionsfähigkeit des Urheberrechts verdeutlicht es den Anpassungsbedarf des Urheberrechts und zeigt Möglichkeiten auf, wie seine Anpassung erfolgen könnte. Im Kern geht es folglich um die reflexiven Auswirkungen der neuen Kommunikationsformen des Lehrens und Lernens auf das Urheberrecht. Spiegelbildlich zu der Untersuchung des Urheberrechts *de lege lata* ist auch hinsichtlich der Anpassung des Urheberrechts zwischen der Verwendung fremder Inhalte ohne Veränderungen (§ 7), in veränderter Form (§ 8) und der Erstellung eigener Inhalte (§ 9) zu differenzieren. Ausgangspunkt ist dabei die Identifizierung der Ursachen für die Verarbeitungsprobleme des Urheberrechts. Hieraus lassen sich anschließend die Anforderungen der neuen Kommunikationskulturen an das Urheberrecht ableiten, die sich zusammen mit den Interessen der Urheber als Maßstab für die Beurteilung der Anpassungsmöglichkeiten des Urheberrechts verwenden lassen. Neben dem nationalen Recht ist hierbei auch das Unionsrecht in den Blick zu nehmen, da digitales Lehren und Lernen häufig die mitgliedstaatlichen Grenzen überschreitet. Zu untersuchen ist dann, ob entsprechende Änderungen des Unionsrechts mit den Vorgaben internationaler Verträge und der Grundrechtecharta vereinbar sind.

Ein Fazit schließt die Arbeit ab. Dieses beginnt mit einem Überblick über die identifizieren Adaptions- und Anpassungsmöglichkeiten des Urheberrechts, durch die sich die Herausforderungen digitalen Lehrens und Lernens bewältigen lassen. Anschließend werden die Ergebnisse der Untersuchung fruchtbar gemacht, um den Einfluss der Kommunikationsstruktur auf den urheberrechtlichen Regelungsrahmen aufzuzeigen und Implikationen abzuleiten, wie sich ein kommunikationsformoffenes Urheberrecht auch über den Bildungsbereich hinaus schaffen lässt.

Kapitel 1

# Möglichkeiten und Grenzen der Einbeziehung geschützter Inhalte Dritter

Eine Professorin zeigt Studierenden in ihrer Vorlesung einen Auszug aus dem Roman „Buddenbrooks" von Thomas Mann, ein wissenschaftlicher Mitarbeiter spielt seinen Seminarteilnehmern den Song „Jailhouse Rock" von Elvis Presley vor, an einer Kunsthochschule präsentiert eine Dozentin den Kursteilnehmern ein Foto des Gemäldes „Die Beständigkeit der Erinnerung" von Salvador Dali: All dies kann pädagogisch sinnvoll sein und die Lehre lebendiger machen, insbesondere im digitalen Bereich aber urheberrechtlich relevante Handlungen umfassen.[1] Es überrascht daher nicht, dass in einer von der Europäischen Kommission durchgeführten Studie 55% der Lehrenden und 48% der Lernenden in Deutschland angaben, mindestens einmal im Monat urheberrechtlichen Beschränkungen bei digitalem Lehren und Lernen zu begegnen.[2] Schließlich ist die Verwendung geschützter Inhalte für digitales Lehren und Lernen nur dann möglich, wenn die Nutzungsrechte vom Rechtsinhaber eingeräumt wurden oder das Gesetz dies erlaubt. Für Letzteres ist insbesondere entscheidend, ob die geschützten Inhalte unverändert verwendet werden (§ 1) oder eine Veränderung erfolgt (§ 2).

## § 1 Unveränderte Inhalte

In allen oben genannten Beispielen sind geschützte Inhalte Dritter in den Lehr- und Lernprozess eingebunden, ohne dass sie verändert wurden. Ist die Verwen-

---

[1] Auch Präsenzunterricht kann urheberrechtlich relevant sein, da etwa bei größeren Vorlesungen eine öffentliche Wiedergabe vorliegt (OLG Koblenz, Urt. v. 7.8.1986 – 6 U 606/83, NJW-RR 1987, 699), während kleinere Seminare aufgrund der persönlichen Verbundenheit der Personen untereinander als nicht öffentlich eingeordnet werden (*Kroitzsch/Götting*, in: Möhring/Nicolini, UrhG, 4. Aufl. (2018), § 15, Rn. 27).

[2] Directorate-General for Education, Youth, Sport and Culture (European Commission), Public Policy and Management Institute (Hrsg.), Assessment of the impact of the European copyright framework on digitally supported education and training practices (2016), S. 111; dies war allerdings noch vor dem Urheberrechts-Wissensgesellschafts-Gesetz, durch das die für die Online-Lehre zentrale Vorschrift § 52a UrhG a .F. durch § 60a UrhG ersetzt wurde (vgl. § 1 II. 1. b) für die damit einhergehenden inhaltlichen Änderungen).

dung der Inhalte urheberrechtlich relevant (I.), bestimmen insbesondere die gesetzlich erlaubten Nutzungen (II.), ob und in welchem Umfang fremde geschützte Inhalte für digitales Lehren und Lernen verwendet werden dürfen.

### *I. Urheberrechtliche Relevanz*

Die urheberrechtliche Relevanz der Verwendung geschützter Inhalte für digitales Lehren und Lernen bestimmen zwei Komponenten: Erstens das Schutzrecht, das am verwendeten Inhalt besteht,[3] und zweitens die Ausschließlichkeitsrechte, in die Lehrende und Lernende durch ihre Handlungen eingreifen. Die Beantwortung der ersten Frage hängt dabei insbesondere von der Art des Inhalts ab. Während etwa der Roman „Buddenbrooks“ von Thomas Mann ausschließlich durch das Urheberrecht geschützt ist, kommt ein Schutz des Songs „Jailhouse Rock“ von Elvis Presley neben dem Urheberrecht auch durch die Leistungsschutzrechte der ausübenden Künstler und des Tonträgerherstellers in Betracht. Da sich alle Arten von Inhalten für digitales Lehren und Lernen einsetzen lassen, können potentiell sowohl das Urheberrecht als auch die mit ihm verwandten Schutzrechte betroffen sein. Entscheidend sind daher insbesondere die Ausschließlichkeitsrechte der Rechtsinhaber, mit denen die Lehr- und Lernprozesse in Konflikt treten können.

#### *1. Vor- und Nachbereitung der Kurse*

Die Vorbereitung der Kurse greift in das Vervielfältigungsrecht des § 16 UrhG ein, wenn Dozenten analoge Inhalte digitalisieren.[4] Ebenso ist das Vervielfältigungsrecht berührt, wenn die Dozenten oder Teilnehmer für die Vor- oder Nachbereitung der Kurse digitale Inhalte speichern oder ausdrucken.[5] Auch bei einer Internetrecherche für den Kurs entstehen Vervielfältigungen i. S. d. § 16 UrhG,[6] da jede aufgerufene Seite zwangsläufig im Arbeitsspeicher abgelegt wird.[7] Dennoch ist ausgeschlossen, dass hierdurch das Vervielfältigungs-

---

[3] Die Arbeit konzentriert sich auf das Urheberrecht und die mit ihm verwandten Schutzrechte, s. Einl. III. 2.

[4] BGH, Urt. v. 5.7.2001 – I ZR 335/98, GRUR 2002, 246, 247 – *Scanner; Heerma,* in: Wandtke/Bullinger, UrhG, 5. Aufl. (2019), § 16, Rn. 16; *Schulze,* in: Dreier/Schulze, UrhG, 6. Aufl. (2018), § 16, Rn. 7, 13.

[5] Vgl. *Heerma,* in: Wandtke/Bullinger, UrhG, 5. Aufl. (2019), § 16, Rn. 16; *Schulze,* in: Dreier/Schulze, UrhG, 6. Aufl. (2018), § 16, Rn. 7.

[6] Vgl. *Heerma,* in: Wandtke/Bullinger, UrhG, 5. Aufl. (2019), § 16, Rn. 20; *Schulze,* in: Dreier/Schulze, UrhG, 6. Aufl. (2018), § 16, Rn. 13; zur Erfassung des digitalen Werkgenusses durch Verwertungsrechte ausf. *Sucker,* Der digitale Werkgenuss im Urheberrecht (2014), S. 71 ff.

[7] *Heerma,* in: Wandtke/Bullinger, UrhG, 5. Aufl. (2019), § 16, Rn. 20.

recht verletzt wird, da die einzige unionsrechtlich zwingend vorgegebene[8] Privilegierung des § 44a UrhG Anwendung findet.[9]

## 2. Uploads

Der Upload der Inhalte berührt das für alle Rechtsinhaber harmonisierte[10] Recht der öffentlichen Zugänglichmachung i. S. d. § 19a UrhG ein. Eine öffentliche Wiedergabe setzt nach dem EuGH erstens eine Wiedergabehandlung und zweitens eine Wiedergabe an die Öffentlichkeit voraus.[11] Eine Wiedergabehandlung liegt vor, wenn ein Werk der Öffentlichkeit in einer Weise zugänglich gemacht wird, dass deren Mitglieder an Orten und zu Zeiten ihrer Wahl darauf zugreifen können.[12] Ob sie von dieser Möglichkeit auch Gebrauch machen, ist dabei unerheblich.[13] Darüber hinaus muss sich die Wiedergabe an die Öffentlichkeit richten. Dies ist nach unionsrechtlichen Grundsätzen zu beurteilen, da es sich hierbei um einen autonomen Begriff des Unionsrechts handelt.[14] Öffentlich ist eine Wiedergabe, wenn sie sich an eine unbestimmte Zahl potentieller Adressaten richtet, die aus einer ziemlich großen Zahl von Personen bestehen.[15] Keine öffentliche Wiedergabe ist hingegen die auf

[8] Vgl. Art. 5 Abs. 1 InfoSoc-RL (Richtlinie 2001/29/EG des Europäischen Parlaments und des Rates vom 22. Mai 2001 zur Harmonisierung bestimmter Aspekte des Urheberrechts und der verwandten Schutzrechte in der Informationsgesellschaft).

[9] *V. Welser,* in: Wandtke/Bullinger, UrhG, 5. Aufl. (2019), § 44a, Rn. 1; vgl. auch Erwägungsgrund 33 InfoSoc-RL.

[10] *Grünberger,* ZUM 2015, 273, 283; *ders.,* ZUM 2019, 281, 288; HK-*Dreyer,* UrhG, 4. Aufl. (2018), § 19a, Rn. 4.

[11] EuGH, Urt. v. 31.5.2016 – C-117/15, GRUR 2016, 684, Rn. 37 – *Reha Training/GEMA;* EuGH, Urt. v. 16.3.2017 – C-138/16, GRUR 2017, 510, Rn. 22 – *AKM/Zürs.net;* EuGH, Urt. v. 26.4.2017 – C-527/15, GRUR 2017, 610, Rn. 29 – *Stichting Brein/Wullems;* EuGH, Urt. v. 14.6.2017 – C-610/15, GRUR 2017, 790, Rn. 24 – *The Pirate Bay;* EuGH, Urt. v. 7.8.2018 – C-161/17, GRUR 2018, 911, Rn. 19 – *Cordoba;* EuGH, Urt. v. 19.12.2020 – C-263/18, GRUR 2020, 179, Rn. 61 – *NUV u. a./Tom Kabinet;* EuGH, Urt. v. 2.4.2020 – C-753/18, GRUR 2020, 609, Rn. 30 – *Stim u. a./Fleetmanager;* EuGH, Urt. v. 28.10.2020 – C-637/19, GRUR 2020, 1295, Rn. 21 – *BY/CX;* EuGH, Urt. v. 9.3.2021 – C-392/19, GRUR 2021, 706, Rn. 29 – *VG Bild-Kunst/Stiftung Preußischer Kulturbesitz.*

[12] EuGH, Urt. v. 14.6.2017 – C-610/15, GRUR 2017, 790, Rn. 31 – *The Pirate Bay;* EuGH, Urt. v. 19.12.2020 – C-263/18, GRUR 2020, 179, Rn. 63 – *NUV u. a./Tom Kabinet.*

[13] EuGH, Urt. v. 14.6.2017 – C-610/15, GRUR 2017, 790, Rn. 31 – *The Pirate Bay;* EuGH, Urt. v. 7.8.2018 – C-161/17, GRUR 2018, 911, Rn. 19 – *Cordoba;* EuGH, Urt. v. 19.12.2020 – C-263/18, GRUR 2020, 179, Rn. 63 – *NUV u. a./Tom Kabinet.*

[14] BGH, Urt. v. 17.9.2015 – I ZR 228/14, GRUR 2016, 71, Rn. 64 – *Ramses; Grünberger,* GRUR 2016, 977, 980; *v. Ungern-Sternberg,* GRUR 2012, 1198; das Recht der öffentlichen Wiedergabe als abschließend harmonisiert einordnend bereits EuGH, Urt. v. 13.2.2014 – C-466/12, GRUR 2014, 360, Rn. 40 – *Nils Svensson/Retriever Sverige.*

[15] EuGH, Urt. v. 7.12.2006 – C-306/05, GRUR 2007, 225, Rn. 37 f. – *SGAE/Rafael;* EuGH, Urt. v. 15.3.2012 – C-135/10, GRUR 2012, 593, Rn. 84 – *SCF;* EuGH, Urt. v.

besondere, einer privaten Gruppe angehörige Personen begrenzte Zugänglichmachung.[16]

Nach diesen Grundsätzen ist bei den Kursen des digitalen Lehrens und Lernens typischerweise eine öffentliche Wiedergabe zu bejahen. Durch den Upload können die Teilnehmer auf die Inhalte ohne örtliche oder zeitliche Beschränkung zugreifen.[17] Zudem erfüllen die Kursteilnehmer regelmäßig die Anforderungen an eine Öffentlichkeit. Die Teilnahme an MOOCs ist für jeden möglich und an den E-Learning-Kursen können zumindest alle Angehörigen der jeweiligen Hochschule teilnehmen. Hieran ändert es auch nichts, dass der Zugriff auf die Inhalte der E-Learning-Kurse regelmäßig die Eingabe eines Einschreibeschlüssels voraussetzt.[18] Die Grenze zu einer privaten Gruppe ist bereits bei den Zuhörern einer Vorlesung überschritten. Darüber hinaus lässt sich der Einschreibeschlüssel an beliebige Personen weitergeben. Die Öffentlichkeit ist daher nur in den Fällen zu verneinen, in denen etwa die Einschreibung in den Kurs durch den Dozenten bestätigt werden muss und sie auf wenige Personen begrenzt ist, da bei einer kleinen oder unbedeutenden Mehrzahl von Personen eine öffentliche Wiedergabe auszuschließen ist.[19]

In den übrigen Fällen ist eine öffentliche Wiedergabe selbst dann zu bejahen, wenn das Werk zuvor bereits auf einer anderen Website öffentlich zugänglich gemacht worden ist.[20] Auch wenn der Rechtsinhaber dies Dritten

---

15.3.2012 – C-162/10, GRUR 2012, 597, Rn. 33 – *Phonographic Performance (Ireland);* EuGH, Urt. v. 7.3.2013 – C-607/11, GRUR 2013, 500, Rn. 32 – *ITV Broadcasting/TVC;* EuGH, Urt. v. 13.2.2014 – C-466/12, GRUR 2014, 360, Rn. 21 – *Nils Svensson/Retriever Sverige;* EuGH, Urt. v. 27.2.2014 – C-351/12, GRUR 2014, 473, Rn. 27 – *OSA/Léčebné lázně;* EuGH, Urt. v. 19.11.2015 – C-325/14, GRUR 2016, 60, Rn. 21 – *SBS/SABAM;* EuGH, Urt. v. 31.5.2016 – C-117/15, GRUR 2016, 684, Rn. 41 – *Reha Training/GEMA;* EuGH, Urt. v. 8.9.2016 – C-160/15, GRUR 2016, 1152, Rn. 36 – *GS Media/Sanoma;* EuGH, Urt. v. 16.3.2017 – C-138/16, GRUR 2017, 510, Rn. 24 – *AKM/Zürs.net;* EuGH, Urt. v. 26.4.2017 – C-527/15, GRUR 2017, 610, Rn. 32 – *Stichting Brein/Wullems;* EuGH, Urt. v. 14.6.2017 – C-610/15, GRUR 2017, 790, Rn. 27 – *The Pirate Bay;* EuGH, Urt. v. 7.8.2018 – C-161/17, GRUR 2018, 911, Rn. 22 – *Cordoba;* EuGH, Urt. v. 28.10.2020 – C-637/19, GRUR 2020, 1295, Rn. 26 – *BY/CX.*

[16] EuGH, Urt. v. 15.3.2012 – C-135/10, GRUR 2012, 593, Rn. 85 – *SCF;* EuGH, Urt. v. 15.3.2012 – C-162/10, GRUR 2012, 597, Rn. 34 – *Phonographic Performance (Ireland);* EuGH, Urt. v. 31.5.2016 – C-117/15, GRUR 2016, 684, Rn. 42 – *Reha Training/GEMA;* EuGH, Urt. v. 28.10.2020 – C-637/19, GRUR 2020, 1295, Rn. 27 – *BY/CX.*

[17] Einen Upload als klassischen Fall der öffentlichen Wiedergabe einordnend auch *Hofmann,* EuZW 2020, 397, 400.

[18] Vgl. Einl. I. 1.

[19] EuGH, Urt. v. 15.3.2012 – C-135/10, GRUR 2012, 593, Rn. 86 – *SCF;* EuGH, Urt. v. 15.3.2012 – C-162/10, GRUR 2012, 597, Rn. 35 – *Phonographic Performance (Ireland);* EuGH, Urt. v. 31.5.2016 – C-117/15, GRUR 2016, 684, Rn. 43 – *Reha Training/GEMA;* EuGH, Urt. v. 26.4.2017 – C-527/15, GRUR 2017, 610, Rn. 44 – *Stichting Brein/Wullems;* EuGH, Urt. v. 19.12.2020 – C-263/18, GRUR 2020, 179, Rn. 68 – *NUV u. a./Tom Kabinet.*

[20] EuGH, Urt. v. 7.8.2018 – C-161/17, GRUR 2018, 911, Rn. 29 ff. – *Cordoba.*

erlaubt hat, liegt eine erneute öffentliche Wiedergabe vor, wenn die Wiedergabe durch ein anderes technisches Verfahren oder für ein neues Publikum erfolgt.[21] Neu ist ein Publikum, an das der Rechtsinhaber bei der Gestattung der ursprünglichen Wiedergabe nicht gedacht hat.[22] Dies trifft auf die Teilnehmer der E-Learning-Kurse und MOOCs zu, da der Rechtsinhaber ausschließlich an die Nutzer der Website gedacht hat, der er die Wiedergabe seines Werks gestattet hat.[23]

### *3. Verlinkungen*

Verlinkungen berühren nicht das Vervielfältigungsrecht,[24] sind aber eine öffentliche Zugänglichmachung, wenn die Wiedergabe gegenüber einem neuen Publikum erfolgt oder ein anderes technisches Verfahren verwendet wird.[25] Finden sowohl die ursprüngliche als auch die nachfolgende Wiedergabe im Internet statt, liegt dasselbe technische Verfahren vor.[26] Entscheidend für die urheberrechtliche Relevanz der Verlinkungen bei digitalem Lehren und Lernen ist daher, ob es sich um ein neues Publikum handelt. Hierfür ist zunächst danach zu differenzieren, ob der Inhaber die öffentliche Zugänglichmachung der Inhalte erlaubt hat oder diese rechtswidrig erfolgt ist. Sind die

---

[21] EuGH, Urt. v. 26.4.2017 – C-527/15, GRUR 2017, 610, Rn. 33 – *Stichting Brein/Wullems;* EuGH, Urt. v. 14.6.2017 – C-610/15, GRUR 2017, 790, Rn. 28 – *The Pirate Bay;* EuGH, Urt. v. 7.8.2018 – C-161/17, GRUR 2018, 911, Rn. 24 – *Cordoba;* vgl. EuGH, Urt. v. 13.2.2014 – C-466/12, GRUR 2014, 360, Rn. 24 – *Nils Svensson/Retriever Sverige;* EuGH, Urt. v. 19.12.2020 – C-263/18, GRUR 2020, 179, Rn. 70 – *NUV u. a./Tom Kabinet.*

[22] EuGH, Urt. v. 13.2.2014 – C-466/12, GRUR 2014, 360, Rn. 24 – *Nils Svensson/Retriever Sverige;* EuGH GRUR 2016, 684, Rn. 45 – *Reha Training/GEMA;* EuGH, Urt. v. 16.3.2017 – C-138/16, GRUR 2017, 510, Rn. 25 – *AKM/Zürs.net;* EuGH, Urt. v. 26.4.2017 – C-527/15, GRUR 2017, 610, Rn. 33 – *Stichting Brein/Wullems;* EuGH, Urt. v. 14.6.2017 – C-610/15, GRUR 2017, 790, Rn. 28 – *The Pirate Bay;* EuGH, Urt. v. 7.8.2018 – C-161/17, GRUR 2018, 911, Rn. 24 – *Cordoba;* EuGH, Urt. v. 19.12.2020 – C-263/18, GRUR 2020, 179, Rn. 70 – *NUV u. a./Tom Kabinet.*

[23] EuGH, Urt. v. 7.8.2018 – C-161/17, GRUR 2018, 911, Rn. 35 – *Cordoba.*

[24] BGH, Urt. v. 17.7.2003 – I ZR 259/00, GRUR 2003, 958, 961 – *Paperboy; Heerma,* in: Wandtke/Bullinger, UrhG, 5. Aufl. (2019), § 16, Rn. 24; *Schulze,* in: Dreier/Schulze, UrhG, 6. Aufl. (2018), § 16, Rn. 14.

[25] EuGH, Urt. v. 13.2.2014 – C-466/12, GRUR 2014, 360, Rn. 24 – *Nils Svensson/Retriever Sverige;* EuGH, Beschl. v. 21.10.2014 – C-348/13, GRUR 2014, 1196, Rn. 19 – *BestWater International/Mebes;* EuGH, Urt. v. 9.3.2021 – C-392/19, GRUR 2021, 706, Rn. 32 – *VG Bild-Kunst/Stiftung Preußischer Kulturbesitz;* diese Kriterien als Kombination eines wirtschaftlichen und technischen Ansatzes einordnend *Grünberger,* ZUM 2015, 273, 276 f.

[26] EuGH, Urt. v. 8.9.2016 – C-160/15, GRUR 2016, 1152, Rn. 42 – *GS Media/Sanoma;* vgl. EuGH, Urt. v. 13.2.2014 – C-466/12, GRUR 2014, 360, Rn. 24 – *Nils Svensson/Retriever Sverige;* EuGH, Beschl. v. 21.10.2014 – C-348/13, GRUR 2014, 1196, Rn. 15 – *BestWater International/Mebes.*

Inhalte zum Zeitpunkt der Linksetzung[27] rechtmäßig frei[28] zugänglich gemacht, sind Verlinkungen hierauf unabhängig von ihrer Art[29] keine öffentliche Zugänglichmachung, da das Publikum nicht neu ist.[30] Für Verlinkungen unter Umgehung technischer Schutzmaßnahmen gilt dies aber nicht,[31] auch wenn sie sich nur gegen die Art der Verlinkung – wie etwa Framing – richten.[32] Andere Beschränkungen als technische Schutzmaßnahmen führen hingegen nicht zur Einordnung der Verlinkung als öffentliche Zugänglichmachung.[33]

---

[27] Vgl. EuGH, Urt. v. 8.9.2016 – C-160/15, GRUR 2016, 1152, Rn. 51 – *GS Media/Sanoma;* eine Verantwortung bei der nachträglichen Änderung des Inhalts ablehnend auch *Grünberger,* ZUM 2016, 905, 917; a. A. *Abrar,* GRUR-Prax 2016, 450, 450; *v. Ungern-Sternberg,* GRUR 2017, 217, 221.

[28] EuGH, Urt. v. 13.2.2014 – C-466/12, GRUR 2014, 360, Rn. 26 ff. – *Nils Svensson/Retriever Sverige;* EuGH, Urt. v. 8.9.2016 – C-160/15, GRUR 2016, 1152, Rn. 41 – *GS Media/Sanoma;* EuGH, Urt. v. 26.4.2017 – C-527/15, GRUR 2017, 610, Rn. 48 – *Stichting Brein/Wullems.*

[29] Auch für Framing eine öffentliche Wiedergabe verneinend EuGH, Beschl. v. 21.10.2014 – C-348/13, GRUR 2014, 1196, Rn. 19 – *BestWater International/Mebes;* in diese Richtung bereits EuGH, Urt. v. 13.2.2014 – C-466/12, GRUR 2014, 360, Rn. 29 f. – *Nils Svensson/Retriever Sverige;* bei Framing hingegen die Verletzung eines unbenannten Verwertungsrechts der öffentlichen Wiedergabe erwägend BGH, Beschl. v. 16.5.2013 – I ZR 46/12, GRUR 2013, 818, Rn. 10 – *Die Realität I.*

[30] Vgl. EuGH, Urt. v. 13.2.2014 – C-466/12, GRUR 2014, 360, Rn. 25 ff. – *Nils Svensson/Retriever Sverige;* EuGH, Beschl. v. 21.10.2014 – C-348/13, GRUR 2014, 1196, Rn. 18 – *BestWater International/Mebes;* EuGH, Urt. v. 9.3.2021 – C-392/19, GRUR 2021, 706, Rn. 37 f. – *VG Bild-Kunst/Stiftung Preußischer Kulturbesitz.*

[31] Vgl. EuGH, Urt. v. 13.2.2014 – C-466/12, GRUR 2014, 360, Rn. 31 – *Nils Svensson/Retriever Sverige;* EuGH, Urt. v. 8.9.2016 – C-160/15, GRUR 2016, 1152, Rn. 50 – *GS Media/Sanoma;* EuGH, Urt. v. 26.4.2017 – C-527/15, GRUR 2017, 610, Rn. 49 – *Stichting Brein/Wullems;* die Bedeutung des Verzichts auf technische Schutzmaßnahmen für das Vorliegen eines neuen Publikums betonend EuGH, Urt. v. 16.11.2016 – C-301/15, GRUR 2017, 62, Rn. 36 – *Soulier und Doke/Premier ministre u. a.;* die urheberrechtliche Relevanz bei der Umgehung technischer Schutzmaßnahmen bejahend auch BGH, Urt. v. 29.4.2010, GRUR 2011, 56, Rn. 27 – *Session-ID;* bereits andeutend BGH, Urt. v. 17.7.2003 – I ZR 259/00, GRUR 2003, 958, 961 – *Paperboy.*

[32] EuGH, Urt. v. 9.3.2021 – C-392/19, GRUR 2021, 706, Rn. 41 f. – *VG Bild-Kunst/Stiftung Preußischer Kulturbesitz;* diese Ansicht vertrat auch der BGH in seinem Vorlagebeschluss, vgl. BGH, Beschl. v. 25.4.2019 – I ZR 113/18, GRUR 2019, 725, Rn. 20 ff., insb. Rn. 35 – *Deutsche Digitale Bibliothek;* die Bejahung einer öffentlichen Wiedergabe durch den EuGH bereits vermutend *Ohly,* GRUR 2018, 996, 1004 bzw. eine Vorlage an den EuGH sogar für entbehrlich haltend *Grünberger,* ZUM 2019, 573, 575 ff.; *Schubert,* MMR 2019, 438, 439; eine öffentliche Wiedergabe in diesem Fall generell verneinend *v. Ungern-Sternberg,* GRUR 2020, 113, 119 bzw. danach differenzierend, ob eine Handlung des Nutzers für die Anzeige des Inhalts erforderlich ist GA *Szpunar,* Schlussanträge v. 10.9.2020, Rs. veröffC-392/19, Rn. 124 ff. – *VG Bild-Kunst/Stiftung Preußischer Kulturbesitz.*

[33] EuGH, Urt. v. 9.3.2021 – C-392/19, GRUR 2021, 706, Rn. 46 – *VG Bild-Kunst/Stiftung Preußischer Kulturbesitz;* zust. *Grünberger,* ZUM 2021, 395, 399; *Ohly,* GRUR 2021, 710, 711.

Bei Verlinkungen auf rechtswidrig zugänglich gemachte Inhalte liegt eine öffentliche Zugänglichmachung bereits dann vor, wenn der Linksetzer wusste oder hätte wissen müssen, dass der Inhalt ohne Erlaubnis des Urhebers veröffentlicht wurde.[34] Dabei ist maßgeblich, ob die Links in den Online-Kursen mit Gewinnerzielungsabsicht erfolgen, da der EuGH dann eine solche Kenntnis[35] widerleglich vermutet.[36] In den vom EuGH entschiedenen Fällen kam es hierauf jedoch nicht an, da die Verlinkungen in voller Kenntnis der Rechtswidrigkeit der Veröffentlichung der Werke auf der verlinkten Website erfolgten.[37] In den Entscheidungen wurde aber deutlich, dass eine Gewinnerzielungsabsicht nicht darauf beschränkt ist, dass ein Zugriff auf den Link selbst nur gegen Entgelt möglich ist.[38] Auch in den zu Fernsehprogrammen ergangenen Entscheidungen *Airfield und Canal Digitaal* und *SBS/SABAM* sah der EuGH eine Gewinnerzielungsabsicht als gegeben an, da die Zugänglichmachung gegenüber Personen erfolgte, die gegen Entgelt ein Abonnement abgeschlossen hatten.[39]

Darüber hinaus lässt sich zur Konkretisierung der Voraussetzungen einer „Gewinnerzielungsabsicht" auf die zum „Dienen von Erwerbszwecken" ergangenen Entscheidungen des EuGH zurückgreifen.[40] So deutet die Entscheidung *GS Media/Sanoma* auf eine Vergleichbarkeit der Kriterien hin, da der EuGH hier auf eine Bereitstellung der Hyperlinks „zu Erwerbszwecken" abstellte.[41] Zudem verwenden sowohl die englische als auch die italienische Fassung des Urteils einen einheitlichen Ausdruck für „Gewinnerzielungsabsicht" und

---

[34] EuGH, Urt. v. 8.9.2016 – C-160/15, GRUR 2016, 1152, Rn. 49 – *GS Media/Sanoma.*

[35] Betonend, dass sich die Vermutung auf die Kenntnis des Nutzers von der fehlenden Erlaubnis des Rechtsinhabers bezieht, nicht auf das Fehlen der Erlaubnis an sich BGH, Urt. v. 21.9.2017 – I ZR 11/16, GRUR 2018, 78, Rn. 46 – *Vorschaubilder III.*

[36] EuGH, Urt. v. 8.9.2016 – C-160/15, GRUR 2016, 1152, Rn. 47 ff. – *GS Media/Sanoma;* EuGH, Urt. v. 26.4.2017 – C-527/15, GRUR 2017, 610, Rn. 49 – *Stichting Brein/Wullems;* auf Suchmaschinen soll die Vermutung aber nach dem BGH nicht anwendbar sein, da ihre besondere Bedeutung für die Informationsvermittlung im Internet und damit für dessen Funktionsfähigkeit zu berücksichtigen sei BGH, Urt. v. 21.9.2017 – I ZR 11/16, GRUR 2018, 78, Rn. 60 – *Vorschaubilder III.*

[37] Vgl. EuGH, Urt. v. 8.9.2016 – C-160/15, GRUR 2016, 1152, Rn. 54 – *GS Media/Sanoma;* EuGH, Urt. v. 26.4.2017 – C-527/15, GRUR 2017, 610, Rn. 49 – *Stichting Brein/Wullems.*

[38] Vgl. EuGH, Urt. v. 8.9.2016 – C-160/15, GRUR 2016, 1152, Rn. 51 – *GS Media/Sanoma* und EuGH, Urt. v. 26.4.2017 – C-527/15, GRUR 2017, 610, Rn. 49 – *Stichting Brein/Wullems.*

[39] Vgl. EuGH, Urt. v. 13.10.2011 – C-431/09, C-432/09, GRUR Int. 2011, 1058, Rn. 80 – *Airfield und Canal Digitaal;* EuGH, Urt. v. 19.11.2015 – C-325/14, GRUR 2016, 60, Rn. 30 – *SBS/SABAM.*

[40] Eine Gewinnerzielungsabsicht bei einem Erwerbszweck bejahend auch *Jani/Leenen,* NJW 2016, 3135, 3136.

[41] EuGH, Urt. v. 8.9.2016 – C-160/15, GRUR 2016, 1152, Rn. 53 f. – *GS Media/Sanoma.*

„Dienen von Erwerbszwecken" („for profit"[42] bzw. „fini di lucro"[43]). In den bisherigen Entscheidungen bejahte der EuGH einen Erwerbszweck bei der Ausstrahlung von Fußballspielen in einer Gastwirtschaft[44] sowie der Verbreitung von Tonträgern in Hotelzimmern[45] und von Fernsehsendungen in einem Rehabilitationszentrum.[46] Einen Erwerbszweck abgelehnt hat der EuGH hingegen beim Abspielen von Tonträgern in einer Zahnarztpraxis[47] und dies damit begründet, dass der einzige Zweck des Besuchs für die Patienten eine Zahnbehandlung sei und eine Zahnbehandlung die Wiedergabe von Tonträgern nicht beinhalte.[48]

Aus den Entscheidungen wird daher deutlich, dass für das „Dienen von Erwerbszwecken" zwar ein mittelbarer wirtschaftlicher Vorteil genügt, die Handlung aber zur Vermittlung eines wirtschaftlichen Vorteils geeignet sein muss. Hierfür genügt es nach dem EuGH, dass die Verbreitung geschützter Werke die Attraktivität und die Frequentierung einer Einrichtung erhöhen kann.[49] Dies lässt sich auf MOOCs und E-Learning-Kurse übertragen. Bei MOOCs auf hochschulunabhängigen Plattformen ist somit entscheidend, ob die Plattform selbst auf Gewinnerzielung ausgerichtet ist.[50] Verlinkungen auf sog. non-profit MOOC-Plattformen erfolgen deshalb stets ohne Gewinnerzielungsabsicht. Bei MOOCs und E-Learning-Kursen an Hochschulen kommt es hingegen auf den Charakter der Einrichtung selbst an. Jedenfalls bei öffentlichen Universitäten, an denen ein Studium ohne Zahlung eines Entgelts möglich ist, scheidet die Gewinnerzielungsabsicht aus. Auch private Hochschulen sind – unabhängig von der Zahlung von Studiengebühren – ohne Gewinnerzielungsabsicht tätig, wenn es sich um sog. non-profit Universitäten handelt. Anders ist dies jedoch bei gewinnorientierten privaten Universitäten zu beurteilen, da sie durch die

---

[42] EuGH, Urt. v. 8.9.2016 – C-160/15, Rn. 51, 53, 54 – *GS Media/Sanoma.*

[43] EuGH, Urt. v. 8.9.2016 – C-160/15, Rn. 47, 55 – *GS Media/Sanoma.*

[44] EuGH, Urt. v. 4.10.2011 – C-403/08, C-429/08, GRUR 2012, 156 – *Football Association Premier League u. Murphy.*

[45] EuGH, Urt. v. 15.3.2012 – C-162/10, GRUR 2012, 597 – *Phonographic Performance (Ireland).*

[46] EuGH, Urt. v. 31.5.2016 – C-117/15, GRUR 2016, 684 – *Reha Training/GEMA;* betonend, dass für eine öffentliche Wiedergabe zum Bereitstellen der Fernsehgeräte zwingend noch eine Wiedergabehandlung hinzutreten muss BGH, Urt. v. 17.12.2015 – I ZR 21/14, GRUR 2016, 697, Rn. 16 ff. – *Königshof.*

[47] EuGH, Urt. v. 15.3.2012 – C-135/10, GRUR 2012, 593 – *SCF.*

[48] EuGH, Urt. v. 15.3.2012 – C-135/10, GRUR 2012, 593, Rn. 98 f. – *SCF.*

[49] EuGH, Urt. v. 4.10.2011 – C-403/08, C-429/08, GRUR 2012, 156, Rn. 205 f. – *Football Association Premier League u. Murphy;* EuGH, Urt. v. 15.3.2012 – C-162/10, GRUR 2012, 597, Rn. 44 f. – *Phonographic Performance (Ireland);* EuGH, Urt. v. 31.5.2016 – C-117/15, GRUR 2016, 684 Rn. 51 – *Reha Training/GEMA.*

[50] Vgl. auch LG Hamburg, Beschl. v. 18.11.2016 – 310 O 402/16, GRUR-RR 2017, 216, Rn. 26 – *Architekturfotos,* das zur Bestimmung des Dienens der Gewinnerzielung auf den Internetaufritt abstellt; krit. hierzu *Neubauer/Soppe,* GRUR 2017, 615, 616.

Verlinkungen einen mittelbaren wirtschaftlichen Vorteil erzielen können. Dies ist auch kein Widerspruch dazu, dass für die Privilegierung des Art. 5 Abs. 3 lit. a InfoSoc-RL nach Erwägungsgrund 42 InfoSoc-RL die Finanzierung der Einrichtung gerade nicht entscheidend ist. Das Vorliegen der Gewinnerzielungsabsicht bei einer Verlinkung ist für den Eingriff in ein Ausschließlichkeitsrecht des Urhebers relevant, während die Privilegierung die nachgelagerte Prüfung der gesetzlichen Erlaubnis eines solchen Eingriffs betrifft.

### *4. Angebot einer Lehr- und Lernplattform*

Neben den Nutzern[51] nimmt in den Fällen des Art. 17 Abs. 1 DSM-RL[52] bzw. des diesen umsetzenden § 1 Abs. 1 UrhGDaG auch ein Diensteanbieter eine Handlung der öffentlichen Zugänglichmachung vor. Dies setzt erstens voraus, dass es sich um einen Diensteanbieter im Sinne der Vorschrift handelt und zweitens, dass er der Öffentlichkeit Zugang zu den Inhalten verschafft, die seine Nutzer hochgeladen haben. Nach Art. 2 Nr. 6 DSM-RL charakterisieren einen Diensteanbieter i. S. d. Art. 17 DSM-RL dabei drei Merkmale: Erstens muss der Hauptzweck bzw. einer der Hauptzwecke darin bestehen, eine große Menge von seinen Nutzern hochgeladener Werke oder sonstiger Schutzgegenstände zu speichern und der Öffentlichkeit hierzu Zugang zu verschaffen. Diese Inhalte muss zweitens der Anbieter organisieren. Drittens muss der Anbieter die geschützten Inhalte zum Zwecke der Gewinnerzielung bewerben.

Bei den Plattformen des digitalen Lehrens und Lernens fehlt es unabhängig von ihrer Gewinnerzielungsabsicht[53] jedenfalls an der zweiten Voraussetzung. So soll nach Erwägungsgrund 62 DSM-RL der Begriff des Diensteanbieters i. S. d. Art. 17 DSM-RL Dienste erfassen, die Inhalte strukturieren und bewerben, etwa indem sie die Inhalte Kategorien zuordnen. Dies steht auch im Einklang mit dem sehr weiten[54] Begriff der Wiedergabehandlung des EuGH und insbesondere seiner vor Erlass der Richtlinie ergangenen Entscheidung *The Pirate Bay*[55]. Der EuGH bejahte in dieser eine Wiedergabehandlung der Plattformbetreiber, die Torrent-Dateien indexierten und erfassten, veraltete oder fehlerhafte Torrent-Dateien entfernten und aktiv bestimmte Inhalte filterten.[56] Die Plattformen des digitalen Lehrens und Lernens ordnen hingegen ausschließlich die angebotenen Kurse selbst den verschiedenen Fachrichtungen

---

[51] S. § 1 I. 2., 3.

[52] Richtlinie (EU) 2019/790 des Europäischen Parlaments und des Rates vom 17. April 2019 über das Urheberrecht und die verwandten Schutzrechte im digitalen Binnenmarkt und zur Änderung der Richtlinien 96/9/EG und 2011/29/EG.

[53] Diese ist bei non-profit MOOC-Plattformen, öffentlichen und privaten non-profit Universitäten zu verneinen.

[54] *Grünberger,* ZUM 2019, 281, 289; *Stender-Vorwachs/Steege,* MMR 2017, 465.

[55] EuGH, Urt. v. 14.6.2017 – C-610/15, GRUR 2017, 790 – *The Pirate Bay.*

[56] EuGH, Urt. v. 14.6.2017 – C-610/15, GRUR 2017, 790, Rn. 38 – *The Pirate Bay.*

zu, nicht aber die in den Kursen veröffentlichten Inhalte. Lädt etwa ein Teilnehmer eines cMOOCs ein Foto von Salvador Dalis Gemälde „Die Beständigkeit der Erinnerung" in einen Kurs über den Kubismus hoch, so wird der Beitrag von den Plattformbetreibern weder gelöscht noch einem zeitgleich stattfindenden Kurs über Surrealismus zugeordnet. Eine Organisation der Inhalte durch die Plattform lässt sich auch nicht mit einer Suchfunktion begründen,[57] da die Nutzer ausschließlich nach Kursen suchen können, nicht jedoch nach den in ihnen veröffentlichten Inhalten. Die Eingabe des Suchbegriffs „Salvador Dali" oder „Die Beständigkeit der Erinnerung" führt daher auch dann zu keinem Treffer, wenn ein Foto dieses Gemäldes in einem Kurs zu finden ist. Die Plattformen digitalen Lehrens und Lernens organisieren somit die E-Learning-Kurse und MOOCs, nicht aber die geschützten Inhalte selbst, wie es der Wortlaut des Art. 2 Nr. 6 DSM-RL erfordert. Gegen die Einordnung der Plattformen digitalen Lehrens und Lernens als Diensteanbieter spricht darüber hinaus, dass Erwägungsgrund 62 DSM-RL auf eine enge Auslegung des Begriffs der Diensteanbieter hindeutet. So soll sich dieser nur auf Online-Dienste beziehen, die auf dem Markt für Online-Inhalte eine wichtige Rolle spielen, indem sie mit anderen Online-Inhaltediensten im Wettbewerb um dieselben Zielgruppen stehen.[58] Für ein restriktives Verständnis des Art. 17 DSM-RL spricht zudem, dass dieser die Grenzen der Verwertungshandlung sehr weit zieht und früher als Gehilfen- oder Störerhaftung eingeordnete Konstellationen zur Täterschaft erhebt.[59]

Da vorliegend der Anwendungsbereich von Art. 17 DSM-RL nicht eröffnet ist, beurteilt sich unabhängig von dessen dogmatischer Einordnung[60] die Frage, ob neben dem Upload der Inhalte durch die Nutzer[61] auch bereits das Angebot einer E-Learning- bzw. MOOC-Plattform als öffentliche Zugänglichmachung

---

[57] Die Organisation der Inhalte dann bejahend *Hofmann,* ZUM 2019, 617, 618; *Nordemann/Waiblinger,* GRUR 2020, 569, 572; a. A. *Sesing,* MMR 2019, 788, 789.

[58] Vgl. auch § 2 Abs. 1 Nr. 4 UrhG; für eine Berücksichtigung dieses Erwägungsgrunds bei der Auslegung des Begriffs des Diensteanbieters auch *Gielen/Tiessen,* EuZW 2019, 639, 641, die hierfür an den Begriff der „großen Menge" der von den Nutzern hochgeladenen Werken oder anderen Schutzgegenständen anknüpfen.

[59] Art. 17 DSM-RL als Paradigmenwechsel bezeichnend *Dreier,* GRUR 2019, 771, 775; *Wandtke,* NJW 2019, 1841, 1845; *Wandtke/Hauck,* ZUM 2019, 627, 628; aufgrund des weiten Begriffs der öffentlichen Wiedergabe des EuGH verschwammen die Grenzen aber auch schon zuvor *Ohly,* ZUM 2017, 793, 793 ff.; *ders.,* GRUR 2018, 996, 998; auf die Entscheidung *The Pirate Bay* bezogen *Leistner,* GRUR 2017, 755; die Expansion der (un)mittelbaren Verantwortlichkeit im Urheberrecht feststellend bereits *Grünberger,* ZUM 2017, 89, 91.

[60] Für die Subsidiarität des Art. 3 InfoSoc-RL im Anwendungsbereich des Art. 17 DSM-RL *Leistner,* ZUM 2020, 897, 901 ff.; die Anwendbarkeit von Art. 3 InfoSoc-RL neben Art. 17 DSM-RL auf verwertungsrechtlicher Ebene bejahend und auf haftungsrechtlicher Ebene verneinend *Nordemann/Waiblinger,* GRUR 2020, 569, 573 ff.; in diese Richtung auch *Becker,* ZUM 2020, 681, 685.

[61] S. § 1 I. 2.

anzusehen ist, nach den allgemeinen Grundsätzen. So schränken gemäß Erwägungsgrund 64 DSM-RL die Regelungen für Diensteanbieter die Anwendung von Art. 3 InfoSoc-RL nicht ein. Eine öffentliche Wiedergabe setzt neben einer Öffentlichkeit insbesondere eine Wiedergabehandlung voraus. Ob Letztere vorliegt, ist anhand einer Reihe von Kriterien zu beurteilen, die unselbständig und miteinander verflochten sind[62] und daher sowohl einzeln als auch in ihrem Zusammenwirken mit anderen Kriterien zu betrachten sind.[63] Eine besondere Bedeutung kommt dabei der zentralen Rolle des Nutzers und der Vorsätzlichkeit seines Handelns zu.[64] Eine Wiedergabehandlung ist dementsprechend zu bejahen, wenn anderen Zugang zu geschützten Inhalten in voller Kenntnis der Folgen des Verhaltens gewährt wird.[65] Abzugrenzen hiervon ist die bloße Bereitstellung von Einrichtungen, die eine Wiedergabe ermöglichen, was nach Erwägungsgrund 27 InfoSoc-RL nicht als Wiedergabe einzuordnen ist.

In der zu einer Filesharing-Plattform ergangenen Entscheidung *The Pirate Bay* sah der EuGH die Grenze zu einer Wiedergabehandlung als überschritten an und bejahte eine zentrale Rolle der Betreiber der Filesharing-Plattform.[66] Er begründete dies insbesondere damit, dass die Betreiber Handlungen vorgenommen hatten, um die Auffindbarkeit und das Herunterladen der Inhalte zu erleichtern.[67] Ungeachtet der Anforderungen an eine Kenntnis von der Rechtswidrigkeit für die Vorsätzlichkeit des Handelns[68] wird man diesen Ausführungen den Grundsatz entnehmen können, dass eine öffentliche Wiedergabe der Plattformen eine aktive Tätigkeit bezüglich der öffentlichen Wiedergabe der Inhalte voraussetzt.[69] Dies ist bei den Lehr- und Lernplattformen zu verneinen. So unterscheiden sich die E-Learning- und MOOC-Plattformen von den Plattformen *YouTube* und *uploaded*, bei denen der EuGH nun auf Vorlage des BGH

---

[62] EuGH, Urt. v. 14.6.2017 – C-610/15, GRUR 2017, 790, Rn. 25 – *The Pirate Bay;* EuGH, Urt. v. 2.4.2020 – C-753/18, GRUR 2020, 609, Rn. 31 – *Stim u. a./Fleetmanager.*

[63] EuGH, Urt. v. 14.6.2017 – C-610/15, GRUR 2017, 790, Rn. 25 – *The Pirate Bay;* EuGH, Urt. v. 2.4.2020 – C-753/18, GRUR 2020, 609, Rn. 31 – *Stim u. a./Fleetmanager.*

[64] EuGH, Urt. v. 8.9.2016 – C-160/15, GRUR 2016, 1152, Rn. 35 – *GS Media/Sanoma;* EuGH, Urt. v. 14.6.2017 – C-610/15, GRUR 2017, 790, Rn. 26 – *The Pirate Bay;* EuGH, Urt. v. 2.4.2020 – C-753/18, GRUR 2020, 609, Rn. 32 – *Stim u. a./Fleetmanager.*

[65] EuGH, Urt. v. 15.3.2012 – C-135/10, GRUR 2012, 593, Rn. 82 – *SCF;* EuGH, Urt. v. 15.3.2012 – C-162/10, GRUR 2012, 597, Rn. 31 – *Phonographic Performance (Ireland);* EuGH, Urt. v. 8.9.2016 – C-160/15, GRUR 2016, 1152, Rn. 35 – *GS Media/Sanoma;* EuGH, Urt. v. 14.6.2017 – C-610/15, GRUR 2017, 790, Rn. 26 – *The Pirate Bay;* EuGH, Urt. v. 2.4.2020 – C-753/18, GRUR 2020, 609, Rn. 32 – *Stim u. a./Fleetmanager;* EuGH, Urt. v. 28.10.2020 – C-637/19, GRUR 2020, 1295, Rn. 23 – *BY/CX.*

[66] EuGH, Urt. v. 14.6.2017 – C-610/15, GRUR 2017, 790, Rn. 36 ff. – *The Pirate Bay.*

[67] EuGH, Urt. v. 14.6.2017 – C-610/15, GRUR 2017, 790, Rn. 36 ff. – *The Pirate Bay.*

[68] Ausf. hierzu *Ohly,* GRUR 2018, 1139, 1140.

[69] So auch GA *Saugmandsgaard Øe,* Schlussanträge v. 16.7.2020 – Rs. C-682/18, C-683/18, BeckRS 2020, 18772, Rn. 75 – *Peterson u. a./Google u. a.;* sogar auf das Setzen aktiver Anreize für rechtswidriges Verhalten abstellend *Grisse,* ZUM 2020, 819, 825.

über eine öffentliche Zugänglichmachung zu entscheiden hat.[70] Im Gegensatz zu diesen bereiten die Lehr- und Lernplattformen weder die Suchergebnisse auf[71] noch zahlen sie nachfrageabhängig eine Vergütung für Downloads.[72] Dass für eine öffentliche Zugänglichmachung das Angebot einer Plattform an sich aber nicht genügt, zeigt die Existenz der Vorschrift des Art. 17 Abs. 1 DSM-RL, der es andernfalls nicht bedurfte hätte. Eine zu der Verwertungshandlung der hochladenden Nutzer hinzutretende öffentliche Zugänglichmachung der Plattformen ist daher zu verneinen.[73]

### *II. Die Bedeutung der gesetzlich erlaubten Nutzungen für digitales Lehren und Lernen*

Aufgrund ihrer urheberrechtlichen Relevanz[74] dürfen digitale Lehr- und Lernprozesse geschützte Werke Dritter nur einbeziehen, wenn der Rechtsinhaber dies gestattet oder Schrankenregelungen eingreifen, die das Gesetz seit dem Urheberrechts-Wissensgesellschafts-Gesetz[75] als gesetzlich erlaubte Nutzungen bezeichnet. Eine individuelle Lizenzierung scheidet dabei aus, da eine Vielzahl verschiedener Nutzer eine große Menge unterschiedlicher Inhalte verwendet.[76] Eine Lizenz für jeden einzelnen Inhalt einzuholen wäre daher nicht nur kostenintensiv, sondern würde auch den zeitlichen Rahmen für die Vorbereitung der Kurse übersteigen. Darüber hinaus müsste die Verwendung des konkreten Inhalts so weit im Voraus geplant werden, dass der Berechtigte die Lizenz noch rechtzeitig erteilen kann. Konsortiallizenzen kommen angesichts der hohen Anzahl von Trägern aber nicht in Betracht.[77] Daher bestimmen maßgeblich die urheberrechtlichen Schranken, ob und in welchem Umfang sich fremde geschützte Inhalte[78] für digitales Lehren und Lernen einsetzen lassen.

---

[70] BGH, Beschl. v. 13.9.2018 – I ZR 140/15, GRUR 2018, 1132 – *YouTube* und BGH, Beschl. v. 20.9.2018 – I ZR 53/17, GRUR 2018, 1239 – *uploaded.*

[71] Vgl. BGH, Beschl. v. 13.9.2018 – I ZR 140/15, GRUR 2018, 1132, Rn. 33 – *YouTube.*

[72] Vgl. BGH, Beschl. v. 20.9.2018 – I ZR 53/17, GRUR 2018, 1239, Rn. 23 – *uploaded.*

[73] Die Frage nach einer Haftung der Plattformbetreiber ist hingegen nicht Gegenstand der Untersuchung, vgl. Einl. III. 2.

[74] S. § 1 I.

[75] Gesetz zur Angleichung des Urheberrechts an die aktuellen Erfordernisse der Wissensgesellschaft (Urheberrechts-Wissensgesellschafts-Gesetz – UrhWissG) v. 1.9.2017, BGBl. I, S. 3346.

[76] *GRUR-Fachausschuss für Urheber- und Verlagsrecht,* GRUR 2009, 135, 139.

[77] *GRUR-Fachausschuss für Urheber- und Verlagsrecht*, GRUR 2009, 135, 139.

[78] Neben urheberrechtlich geschützten Inhalten umfassen die gesetzlich erlaubten Nutzungen aufgrund der Verweisungen in §§ 72 Abs. 1, 83, 85 Abs. 4, 94 Abs. 4 UrhG auch Inhalte, bei denen ein Schutz durch die Leistungsschutzrechte der ausübenden Künstler, des Tonträgerherstellers, des Filmherstellers und des Leistungsschutzrechts an Lichtbildern besteht.

Dies haben sowohl der europäische als auch der deutsche Gesetzgeber erkannt und speziell auf die Online-Lehre zugeschnittene Privilegierungen geschaffen.[79] Zusammen mit der Zitatschranke des § 51 UrhG sind diese die für digitales Lehren und Lernen zentralen gesetzlich erlaubten Nutzungen. Neben ihren Voraussetzungen und ihrem Umfang ist dabei für die Praxis insbesondere entscheidend, ob sie alle Formen digitalen Lehrens und Lernens privilegieren oder neue Kommunikationskulturen ausschließen.

### *1. E-Learning*

Die größte Bedeutung für E-Learning haben die Zitatschranke des § 51 UrhG sowie die gesetzlich erlaubten Nutzungen für Unterricht und Lehre gemäß § 60a UrhG, da nur sie auch den Upload der Inhalte in den Kursbereich erfassen. § 44a UrhG ist hingegen auf Browsing beschränkt und § 53 Abs. 1 UrhG privilegiert ausschließlich Vervielfältigungen zum privaten Gebrauch wie etwa die digitale Speicherung oder den Ausdruck digitaler Inhalte. Auch die gesetzlich erlaubten Nutzungen der §§ 60e Abs. 4 S. 1, 60f Abs. 1 UrhG umfassen die Zugänglichmachung geschützter Inhalte in E-Learning-Kursen und MOOCs nicht. So sind die Regelungen auf die Zugänglichmachung geschützter Inhalte an Terminals in den Räumen der aufgeführten Einrichtungen begrenzt[80] und finden auf Online-Nutzungen in Form von Internetangeboten keine Anwendung.[81]

#### *a) Nutzungen zum Zwecke des Zitats*

Die Schranke des § 51 UrhG erlaubt die Nutzung geschützter Inhalte, wenn erstens die Inhalte bereits rechtmäßig zugänglich gemacht wurden[82] und sie zweitens zum Zwecke des Zitats verwendet werden. Hierfür muss eine innere Verbindung zwischen dem fremden Inhalt und den eigenen Gedanken hergestellt werden,[83] indem er als Belegstelle oder Erörterungsgrundlage für eigene

---

[79] Auf Unionsebene sind dies Art. 5 Abs. 3 lit. a InfoSoc-RL und Art. 5 DSM-RL, auf nationaler Ebene § 60a UrhG.

[80] *Dreier,* in: Dreier/Schulze, UrhG, 6. Aufl. (2018), § 60e, Rn. 17.

[81] Vgl. *Hagemeier,* in: Möhring/Nicolini, UrhG, 4. Aufl. (2018), § 60e, Rn. 27; *Jani,* in: Wandtke/Bullinger, UrhG, 5. Aufl. (2019), § 60e, Rn. 52; noch zur Vorgängervorschrift § 52b UrhG a. F. Gesetzentwurf der Bundesregierung. Entwurf eines Zweiten Gesetzes zur Regelung des Urheberrechts in der Informationsgesellschaft v. 15.6.2006, BT-Drs. 16/1828, S. 26; *Heckmann/Weber,* GRUR Int. 2006, 995, 996.

[82] EuGH, Urt. v. 1.12.2011 – C-145/10, GRUR 2012, 166, Rn. 127 – *Painer/Standard;* EuGH, Urt. v. 29.7.2019 – C-516/17, GRUR 2019, 940, Rn. 88 ff. – *Spiegel Online.*

[83] BGH, Urt. v. 22.09.1972 – I ZR 6/71, GRUR 1973, 216, 217 – *Handbuch moderner Zitate;* BGH, Urt. v. 23.5.1985 – I ZR 28/83, GRUR 1986, 59, 60 – *Geistchristentum;* BGH, Urt. v. 4.12.1986 – I ZR 189/84, GRUR 1987, 362, 364 – *Filmzitat;* BGH, Urt. v. 20.12.2007 – I ZR 42/05, GRUR 2008, 693, Rn. 42 – *TV-Total;* BGH, Urt. v. 29.4.2010 – I ZR 69/08,

Ausführungen des Zitierenden[84] verwendet wird. Dies setzt voraus, dass das Zitat als fremder Bestandteil zu erkennen ist.[85] Der Dozent darf das Werk daher den Kursteilnehmern weder um seiner selbst willen bereitstellen[86] noch um sich selbst eigene Ausführungen zu ersparen.[87]

---

GRUR 2010, 628, Rn. 26 – *Vorschaubilder I;* BGH, Urt. v. 5.10.2010 – I ZR 127/09, GRUR 2011, 415, Rn. 22 – *Kunstausstellung im Online-Archiv;* BGH, Urt. v. 7.4.2011 – I ZR 56/09, GRUR 2011, 1171, Rn. 44 – *ICE;* BGH, Urt. v. 30.11.2011 – I ZR 212/10, GRUR 2012, 819, Rn. 28 – *Blühende Landschaften;* BGH, Urt. v. 17.12.2015 – I ZR 69/14, GRUR 2016, 368, Rn. 25 – *Exklusivinterview;* BGH, Urt. v. 20.12.2018 – I ZR 104/17, GRUR 2019, 284, Rn. 31 – *Museumsfotos;* BGH, Urt. v. 30.4.2020 – I ZR 115/16, GRUR 2020, 843, Rn. 53 – *Metall auf Metall IV;* BGH, Urt. v. 30.4.2020 – I ZR 228/15, GRUR 2020, 859, Rn. 82 – *Reformistischer Aufbruch II;* OLG Köln, Urt. v. 31.7.2009 – 6 U 52/09, GRUR-RR 2010, 143, 144 – *Wie ein Tier in einem Zoo;* OLG Köln, ZUM-RD 2014, 98, 101 – *Sara's Show;* OLG Köln, Urt. v. 20.4.2018 – 6 U 116/17, GRUR-RR 2018, 326, Rn. 243 – *TV Pannenshow;* LG Hamburg, Urt. v. 7.9.2017 – 308 O 287/17, GRUR-RR 2018, 62, Rn. 28 – *Schanzenviertel-Video.*

[84] BGH, Urt. v. 7.3.1985 – I ZR 70/82, GRUR 1987, 34, 35 – *Liedtextwiedergabe I;* BGH, Urt. v. 4.12.1986 – I ZR 189/84, GRUR 1987, 362, 364 – *Filmzitat;* BGH, Urt. v. 20.12.2007 – I ZR 42/05, GRUR 2008, 693, Rn. 42 – *TV-Total;* BGH, Urt. v. 29.4.2010 – I ZR 69/08, GRUR 2010, 628, Rn. 26 – *Vorschaubilder I;* BGH, Urt. v. 5.10.2010 – I ZR 127/09, GRUR 2011, 415, Rn. 22 – *Kunstausstellung im Online-Archiv;* BGH, Urt. v. 7.4.2011 – I ZR 56/09, GRUR 2011, 1171, Rn. 44 – *ICE;* BGH, Urt. v. 30.11.2011 – I ZR 212/10, GRUR 2012, 819, Rn. 28 – *Blühende Landschaften;* BGH, Urt. v. 17.12.2015 – I ZR 69/14, GRUR 2016, 368, Rn. 25 – *Exklusivinterview;* BGH, Urt. v. 20.12.2018 – I ZR 104/17, GRUR 2019, 284, Rn. 31 – *Museumsfotos;* BGH, Urt. v. 30.4.2020 – I ZR 115/16, GRUR 2020, 843, Rn. 53 – *Metall auf Metall IV;* BGH, Urt. v. 30.4.2020 – I ZR 228/15, GRUR 2020, 859, Rn. 82 – *Reformistischer Aufbruch II;* OLG München, Urt. v. 26.3.1998 – 29 U 5758-97, NJW 1999, 1975, 1976 – *Stimme Brecht;* OLG Köln, Urt. v. 31.7.2009 – 6 U 52/09, GRUR-RR 2010, 143, 144 – *Wie ein Tier in einem Zoo;* OLG Köln, ZUM-RD 2014, 98, 101 – *Sara's Show;* OLG Köln, Urt. v. 20.4.2018 – 6 U 116/17, GRUR-RR 2018, 326, Rn. 243 – *TV Pannenshow;* LG München I, Urt. v. 25.4.2002 – 7 O 16110/01, AfP 2002, 444, 447 f. – *Titelblattgestaltung;* LG München I, Urt. v. 8.3.2012 – 7 O 1533/12, GRUR-RR 2012, 246, 248 – *„Mein Kampf";* LG Hamburg, Urt. v. 7.9.2017 – 308 O 287/17, GRUR-RR 2018, 62, Rn. 28 – *Schanzenviertel-Video.*

[85] BGH, Urt. v. 30.4.2020 – I ZR 115/16, GRUR 2020, 843, Rn. 53 – *Metall auf Metall IV.*

[86] Vgl. BGH, Urt. v. 17.10.1958 – I ZR 180/57, GRUR 1959, 197, 199 – *Verkehrs-Kinderlied* (noch zu § 19 LUG); BGH, Urt. v. 23.5.1985 – I ZR 28/83, GRUR 1986, 59, 60 – *Geistchristentum;* BGH, Urt. v. 29.4.2010 – I ZR 69/08, GRUR 2010, 628, Rn. 27 – *Vorschaubilder I;* BGH, Urt. v. 30.11.2011 – I ZR 212/10, GRUR 2012, 819, Rn. 28 – *Blühende Landschaften;* BGH, Urt. v. 17.12.2015 – I ZR 69/14, GRUR 2016, 368, Rn. 25 – *Exklusivinterview;* BGH, Urt. v. 30.4.2020 – I ZR 228/15, GRUR 2020, 859, Rn. 82 – *Reformistischer Aufbruch II.*

[87] Vgl. BGH, Urt. v. 29.4.2010 – I ZR 69/08, GRUR 2010, 628, Rn. 27 – *Vorschaubilder I;* BGH, Urt. v. 30.11.2011 – I ZR 212/10, GRUR 2012, 819, Rn. 12 – *Blühende Landschaften.*

Ob der neue Inhalt des Dozenten urheberrechtlich schutzfähig ist, ist hingegen unerheblich. Im Gegensatz zu § 51 UrhG a. F.[88] setzt die Privilegierung dies seit ihrer Neufassung nicht mehr voraus.[89] So fordert die Vorschrift in ihrer gegenwärtigen Fassung ausschließlich bei den Regelbeispielen das Vorliegen eines Werks. Dies lässt den Umkehrschluss zu, dass die Anwendung der Generalklausel nicht auf Werke beschränkt ist.[90] Hierdurch wird das Zitatrecht auch nicht grundlegend ausgedehnt,[91] da das Kriterium des Zitatzwecks die erlaubten Handlungen eingrenzt.[92] Zudem wäre es nicht unionsrechtskonform, das Vorliegen eines Werks für das Eingreifen der Zitatschranke zu fordern,[93] da Art. 5 Abs. 3 lit. d InfoSoc-RL die Privilegierung von Zitaten nicht auf urheberrechtlich schutzfähige Inhalte begrenzt.[94] Auch der Sinn und Zweck des § 51 UrhG spricht dagegen, die Vorschrift nur auf Werke anzuwenden. Die Zitierfreiheit besteht im Interesse des allgemeinen kulturellen und wissenschaftlichen Fortschritts[95] und soll die Freiheit der geistigen Auseinandersetzung mit fremden Gedanken erleichtern.[96] Hierfür wäre es hinderlich, eine

[88] BGH, Urt. v. 17.10.1958 – I ZR 180/57, GRUR 1959, 197, 199 – *Verkehrs-Kinderlied* (noch zu § 19 LUG); BGH, Urt. v. 23.5.1985 – I ZR 28/83, GRUR 1986, 59, 59 – *Geistchristentum;* BGH, Urt. v. 7.3.1985 – I ZR 70/82, GRUR 1987, 34, 35 – *Liedtextwiedergabe I;* BGH, Urt. v. 4.12.1986 – I ZR 189/84, GRUR 1987, 362, 363 – *Filmzitat;* BGH, Urt. v. 30.6.1994 – I ZR 32/92, GRUR 1994, 800, 802 – *Museumskatalog;* OLG Köln, Urt. v. 31.7.2009 – 6 U 52/09, GRUR-RR 2010, 143, 144 – *Wie ein Tier in einem Zoo;* LG München I, Urt. v. 25.4.2002 – 7 O 16110/01, AfP 2002, 444, 447 f. – *Titelblattgestaltung.*

[89] So auch OLG Jena, Urt. v. 27.2.2008 – 2 U 319/07, GRUR-RR 2008, 223, 225 – *Thumbnails; Dreier,* in: Dreier/Schulze, UrhG, 6. Aufl. (2018), § 51, Rn. 6; *Haesemann,* Die Auslegung des § 51 S. 1 UrhG n.F. (2011), S. 75; HK-*Dreyer,* UrhG, 4. Aufl. (2018), § 51, Rn. 21; *Rehbinder/Peukert,* Urheberrecht, 18. Aufl. (2018), Rn. 514; a. A. *Bauer,* User Generated Content (2011), S. 283 f.; *Lüft,* in: Wandtke/Bullinger, UrhG, 5. Aufl. (2019), § 51, Rn. 8; *Schulz,* in: Möhring/Nicolini, UrhG, 4. Aufl. (2018), § 51, Rn. 10; offenlassend BGH, Urt. v. 29.4.2010 – I ZR 69/08, GRUR 2010, 628, Rn. 25 – *Vorschaubilder I.*

[90] Die ausdrückliche Nennung des Werks in den Regelbeispielen für die Voraussetzung eines urheberrechtlich schutzfähigen Werks auch bei der Generalklausel anführend hingegen *Schulz,* in: Möhring/Nicolini, UrhG, 4. Aufl. (2018), § 51, Rn. 11.

[91] Hierzu sollte die Neufassung des § 51 UrhG nicht führen, *Lüft,* in: Wandtke/ Bullinger, UrhG, 5. Aufl. (2019), § 51, Rn. 8 mit Hinweis auf Gesetzentwurf der Bundesregierung. Entwurf eines Zweiten Gesetzes zur Regelung des Urheberrechts in der Informationsgesellschaft v. 15.6.2006, BT-Drs. 16/1828, S. 25.

[92] *Haesemann,* Die Auslegung des § 51 S. 1 UrhG n.F. (2011), S. 75.

[93] So auch *Stieper,* GRUR 2020, 1, 6.

[94] Vgl. EuGH, Urt. v. 1.12.2011 – C-145/10, GRUR 2012, 166, Rn. 136 – *Painer/Standard.*

[95] BGH, Urt. v. 12.6.1981 – I ZR 95/79, GRUR 1982, 37, 40 – *WK-Dokumentation;* BGH, Urt. v. 4.12.1986 – I ZR 189/84, GRUR 1987, 362, 363 – *Filmzitat;* BGH, Urt. v. 30.6.1994 – I ZR 32/92, GRUR 1994, 800, 802 – *Museumskatalog.*

[96] BGH, Urt. v. 23.5.1985 – I ZR 28/83, GRUR 1986, 59, 60 – *Geistchristentum;* BGH, Urt. v. 30.6.1994 – I ZR 32/92, GRUR 1994, 800, 802 – *Museumskatalog;* vgl. BGH, Urt.

geistige Auseinandersetzung allein aus dem Grund zu versagen, dass das Produkt nicht die erforderliche Gestaltungshöhe erreicht.[97] Darüber hinaus hat die urheberrechtliche Schutzfähigkeit des zitierenden Inhalts keinen Einfluss auf die Interessenlage des Urhebers.[98]

In welchem Umfang der Inhalt für das Zitat verwendet werden darf, richtet sich nach den jeweiligen Umständen des Einzelfalls.[99] Zu berücksichtigen sind dabei die Besonderheiten und der Umfang des zitierten und zitierenden Inhalts,[100] die Art der Zugänglichmachung,[101] der konkrete Zitatzweck[102] und dessen Stellenwert in der Werteordnung des Grundgesetzes.[103] E-Learning-Kurse sind durch Art. 5 Abs. 3 GG grundrechtlich geschützt. Heranziehen darf man die nationalen Grundrechte jedoch nur dann, wenn der Zitatumfang nicht vollständig unionsrechtlich harmonisiert ist.[104] Andernfalls findet ausschließlich die Charta der Grundrechte der Europäischen Union Anwendung.[105] Nach dem EuGH darf die Nutzung zum Zwecke des Zitats nur insoweit erfolgen, wie dies zur Erreichung des verfolgten Ziels notwendig ist.[106] Zudem darf der Umfang des Zitats nicht so weit gehen, dass es die normale Verwertung beeinträchtigt oder die berechtigten Interessen des Rechtsinhabers ungebührlich verletzt.[107] Vollständig harmonisiert ist der Umfang des erlaubten Zitats damit aber nicht. Vielmehr haben nach den EuGH-Entscheidungen *Funke Medien* und *Spiegel Online* die Mitgliedstaaten aufgrund des Wortlauts von Art. 5

---

v. 4.12.1986 – I ZR 189/84, GRUR 1987, 362, 363 – *Filmzitat;* BGH, Urt. v. 30.11.2011 – I ZR 212/10, GRUR 2012, 819, Rn. 28 – *Blühende Landschaften;* BGH, Urt. v. 17.12.2015 – I ZR 69/14, GRUR 2016, 368, Rn. 25 – *Exklusivinterview.*

[97] *Haesemann,* Die Auslegung des § 51 S. 1 UrhG (2011), S. 76.

[98] EuGH, Urt. v. 1.12.2011 – C-145/10, GRUR 2012, 166, Rn. 136 – *Painer/Standard.*

[99] BGH, Urt. v. 17.12.2015 – I ZR 69/14, GRUR 2016, 368, Rn. 29 – *Exklusivinterview; Dreier,* in: Dreier/Schulze, UrhG, 6. Aufl. (2018), § 51, Rn. 5; *Schulz,* in: Möhring/Nicolini, UrhG, 4. Aufl. (2018), § 51, Rn. 14.

[100] *Dreier,* in: Dreier/Schulze, UrhG, 6. Aufl. (2018), § 51, Rn. 5.

[101] *Dreier,* in: Dreier/Schulze, UrhG, 6. Aufl. (2018), § 51, Rn. 5.

[102] BGH, Urt. v. 23.5.1985 – I ZR 28/83, GRUR 1986, 59, 60 – *Geistchristentum;* HK-*Dreyer,* UrhG, 4. Aufl. (2018), § 51, Rn. 26; *Schulz,* in: Möhring/Nicolini, UrhG, 4. Aufl. (2018), § 51, Rn. 14; auf § 51 Nr. 2 UrhG bezogen *Dreier,* in: Dreier/Schulze, UrhG, 6. Aufl. (2018), § 51, Rn. 15.

[103] *Schulz,* in: Möhring/Nicolini, UrhG, 4. Aufl. (2018), § 51, Rn. 14.

[104] Vgl. BVerfG, Beschl. v. 6.11.2019 – 1 BvR 16/13, GRUR 2020, 74, Rn. 41 ff. – *Recht auf Vergessen I;* BVerfG, Beschl. v. 6.11.2019 – 1 BvR 276/17, GRUR 2020, 88, Rn. 33 ff. – *Recht auf Vergessen II;* solche Konstellationen als „gestaltungsoffenes Unionsrecht" bezeichnend *Grünberger,* ZUM 2021, 257, 261.

[105] BVerfG, Beschl. v. 6.11.2019 – 1 BvR 276/17, GRUR 2020, 88, Rn. 33 ff. – *Recht auf Vergessen II.*

[106] EuGH, Urt. v. 29.7.2019 – C-476/17, GRUR 2019, 929, Rn. 69 – *Pelham/Hütter;* EuGH, Urt. v. 29.7.2019 – C-516/17, GRUR 2019, 940, Rn. 83 – *Spiegel Online.*

[107] EuGH, Urt. v. 29.7.2019 – C-516/17, GRUR 2019, 940, Rn. 79 – *Spiegel Online.*

Abs. 3 lit. d. InfoSoc-RL einen erheblichen Umsetzungsspielraum.[108] Abzustellen ist daher primär auf die Grundrechte des Grundgesetzes.[109] Eine weitergehende Prüfung anhand der Grundrechtecharta der Europäischen Union ist dabei vorliegend nicht erforderlich. Dieser bedürfte es nur dann, wenn konkrete und hinreichende Anhaltspunkte dafür bestünden, dass ausnahmsweise das Unionsrecht für seine Durchführung engere grundrechtliche Maßgaben vorsieht oder das grundrechtliche Schutzniveau des Unionsrechts durch die nationalen Grundrechte nicht sichergestellt wäre.[110] In die Bestimmung des erlaubten Zitatumfangs ist somit der Schutz der E-Learning-Kurse nach Art. 5 Abs. 3 GG einzubeziehen, so dass auch längere Ausschnitte aus geschützten Inhalten erlaubt sein können.[111]

*b) Verwendung zur Veranschaulichung der Lehre an Bildungseinrichtungen*

Noch bedeutsamer für E-Learning als die Zitatschranke des § 51 UrhG[112] ist § 60a UrhG, der die Verwendung von Inhalten zur Veranschaulichung der Lehre an Bildungseinrichtungen erlaubt. Der Gesetzgeber hat diese vergütungspflichtige[113] Privilegierung bewusst so formuliert, dass sie E-Learning erfasst.[114] Im Gegensatz zu ihrer Vorgängervorschrift § 52a UrhG a. F. stellt sich bei der Schranke in ihrer gegenwärtigen Fassung auch nicht mehr die Frage, ob ihr Anwendungsbereich räumlich und zeitlich auf die Veranstaltungen

---

[108] EuGH, Urt. v. 29.7.2019 – C-469/17, GRUR 2019, 934, Rn. 42 ff. – *Funke Medien;* EuGH, Urt. v. 29.7.2019 – C-516/17, GRUR 2019, 940, Rn. 27 ff. – *Spiegel Online.*

[109] BVerfG, Beschl. v. 6.11.2019 – 1 BvR 16/13, GRUR 2020, 74, Rn. 41 ff. – *Recht auf Vergessen I;* dies ist auch mit dem Unionsrecht vereinbar, vgl. EuGH, Urt. v. 29.7.2019 – C-476/17, GRUR 2019, 929, Rn. 81 – *Pelham/Hütter;* EuGH, Urt. v. 29.7.2019 – C-469/17, GRUR 2019, 934, Rn. 32 – *Funke Medien;* EuGH, Urt. v. 29.7.2019 – C-516/17, GRUR 2019, 940, Rn. 22 – *Spiegel Online.*

[110] BVerfG, Beschl. v. 6.11.2019 – 1 BvR 16/13, GRUR 2020, 74, Rn. 63 ff. – *Recht auf Vergessen I.*

[111] Die Zulässigkeit auch längerer Einzelzitate bei ihrer Verwendung zum Zwecke der Vermittlung von Lehrinhalten in einer universitären Veranstaltung bejahend auch LG München I, Urt. v. 19.1.2005 – 21 O 312/05, GRUR-RR 2006, 7, 8 – *Karl Valentin.*

[112] S. hierzu § 1 II. 1. a).

[113] Vgl. § 60h Abs. 1 UrhG; die für digitales Lehren und Lernen relevante öffentliche Zugänglichmachung ist nach § 60 Abs. 2 Nr. 1 UrhG von der grundsätzlichen Vergütungsfreiheit der öffentlichen Wiedergabe ausgenommen. Dabei ist nach § 60h Abs. 3 UrhG eine Pauschalierung der Vergütung möglich (krit. HK-*Hentsch,* UrhG, 4. Aufl. (2018), § 60h, Rn. 10; ausf. zu den Vor- und Nachteilen einer Einzelabrechnung bzw. Pauschalierung der Vergütung *Grünberger,* GRUR 2017, 1, 8).

[114] Vgl. Gesetzentwurf der Bundesregierung. Entwurf eines Gesetzes zur Angleichung des Urheberrechts an die Erfordernisse der Wissensgesellschaft (Urheberrechts-Wissensgesellschafts-Gesetz – UrhWissG) v. 15.5.2017, BT-Drs. 18/12329, S. 36.

selbst begrenzt ist.[115] Erlaubt sind aber weiterhin nur Nutzungen zur Veranschaulichung des Unterrichts und der Lehre. Hierfür müssen die Nutzungshandlungen der Umsetzung des Lehrplans dienen.[116] Dies erfordert, dass durch die Verwendung der geschützten Inhalte der Lehrstoff verständlicher dargestellt[117] und leichter erfassbar wird,[118] indem die Inhalte ihn erläutern oder illustrieren.[119] Auf rein administrative Nutzungen ist die Schrankenregelung hingegen nicht anwendbar.[120]

Die E-Learning-Kurse erfüllen darüber hinaus die Voraussetzung, dass die Inhalte ausschließlich für die Lehrenden und Teilnehmer der jeweiligen Veranstaltungen zugänglich sind[121] und dies durch geeignete technische Mittel gewährleistet ist.[122] Schließlich erfordert der Zugriff auf die E-Learning-Inhalte

[115] Vgl. *Dreier,* in: Dreier/Schulze, UrhG, 6. Aufl. (2018), § 60a, Rn. 5; *Grübler,* in: Möhring/Nicolini, UrhG, 4. Aufl. (2018), § 60a, Rn. 6; *Lüft,* in: Wandtke/Bullinger, UrhG, 5. Aufl. (2019), § 60a, Rn. 10; *A. Nordemann,* in: Fromm/Nordemann, UrhG, 12. Aufl. (2018), § 60a, Rn. 4; *Stieper,* in: Schricker/Loewenheim/Leistner/Ohly, UrhG, 6. Aufl. (2020), § 60a, Rn. 10 f.; die überwiegende Ansicht lehnte dies auch bei § 52a UrhG a. F. ab (BGH, Urt. v. 28.11.2013 – I ZR 76/12, GRUR 2014, 549, Rn. 33 – *Meilensteine der Psychologie;* OLG Stuttgart, Urt. v. 4.4.2012 – 4 U 171/11, GRUR 2012, 718, 722 – *Moodle;* LG Stuttgart, Urt. v. 27.9.2011 – 17 O 671/10, GRUR-RR 2011, 419, 421 – *Elektronische Lernplattform; de la Durantaye,* Allgemeine Bildungs- und Wissenschaftsschranke (2014), S. 105; *Hoeren,* ZUM 2011, 369, 371; *Sieber,* MMR 2004, 715, 717; *Stieper,* ZUM 2014, 532, 532; a. A. *Berger,* GRUR 2010, 1058, 1063; *Sattler,* Urheberrechtliche Schranken für Bildung und Wissenschaft (2009), S. 197).

[116] HK-*Hentsch,* UrhG, 4. Aufl. (2018), § 60a, Rn. 10.

[117] HK-*Hentsch,* UrhG, 4. Aufl. (2018), § 60a, Rn. 9; *Lüft,* in: Wandtke/Bullinger, UrhG, 5. Aufl. (2019), § 60a, Rn. 10; *A. Nordemann,* in: Fromm/Nordemann, UrhG, 12. Aufl. (2018), § 60a, Rn. 4; noch zu § 52a UrhG a. F. OLG Stuttgart, Urt. v. 4.4.2012 – 4 U 171/11, GRUR 2012, 718, 721 – *Moodle.*

[118] *Lüft,* in: Wandtke/Bullinger, UrhG, 5. Aufl. (2019), § 60a, Rn. 10; *A. Nordemann,* in: Fromm/Nordemann, UrhG, 12. Aufl. (2018), § 60a, Rn. 4; noch zu § 52a UrhG a. F. OLG Stuttgart, Urt. v. 4.4.2012 – 4 U 171/11, GRUR 2012, 718, 721 – *Moodle.*

[119] *Lüft,* in: Wandtke/Bullinger, UrhG, 5. Aufl. (2019), § 60a, Rn. 10.

[120] *Grübler,* in: Möhring/Nicolini, UrhG, 4. Aufl. (2018), § 60a, Rn. 6; *Stieper,* in: Schricker/Loewenheim/Leistner/Ohly, UrhG, 6. Aufl. (2020), § 60a, Rn. 10.

[121] *Lüft,* in: Wandtke/Bullinger, UrhG, 5. Aufl. (2019), § 60a, Rn. 11; *Stieper,* in: Schricker/Loewenheim/Leistner/Ohly, UrhG, 6. Aufl. (2020), § 60a, Rn. 23; noch zu § 52a UrhG a. F. BGH, Urt. v. 28.11.2013 – I ZR 76/12, GRUR 2014, 549, Rn. 40 – *Meilensteine der Psychologie;* OLG Stuttgart, Urt. v. 4.4.2012 – 4 U 171/11, GRUR 2012, 718, 723 – *Moodle; Berger,* GRUR 2010, 1058, 1064; *Dreier,* in: Dreier/Schulze, UrhG, 5. Aufl. (2015), § 52a, Rn. 8; *Dustmann,* in: Fromm/Nordemann, UrhG, 11. Aufl. (2014), § 52a, Rn. 11; *Hoeren,* ZUM 2011, 369, 373; *Sattler,* Urheberrechtliche Schranken für Bildung und Wissenschaft (2009), S. 198; *Schulz/Hagemeier,* in: Möhring/Nicolini, UrhG, 3. Aufl. (2014), § 52a, Rn. 15.

[122] *Dreier,* in: Dreier/Schulze, UrhG, 6. Aufl. (2018), § 60a, Rn. 10; noch zu § 52a UrhG a. F. *Schulz/Hagemeier,* in: Möhring/Nicolini, UrhG, 3. Aufl. (2014), § 52a, Rn. 15; vgl. auch BGH, Urt. v. 28.11.2013 – I ZR 76/12, GRUR 2014, 549, Rn. 41 – *Meilen-*

in der Regel die Eingabe eines Passworts, das die Dozenten ihren Teilnehmern im Präsenzunterricht oder per E-Mail mitteilen. Zudem setzt die Einschreibung in einen E-Learning-Kurs voraus, dass sich der Nutzer auf der E-Learning-Plattform durch die Eingabe von Benutzername und Passwort registriert hat.[123]

Nach der Legaldefinition des § 60a Abs. 4 UrhG zählen Hochschulen zu den privilegierten Bildungseinrichtungen. Auch private Universitäten können sich auf die Schranke berufen, da nach Erwägungsgrund 42 InfoSoc-RL die Finanzierung und Organisation der Einrichtung für die Kommerzialität des verfolgten Zwecks unerheblich ist. Entscheidend ist vielmehr die konkrete Unterrichtstätigkeit,[124] so dass auf Gewinnerzielung ausgerichtete E-Learning-Kurse von der Privilegierung ausgeschlossen sind.[125] Die bloße Kostenerstattung ist hingegen unschädlich.[126] Der Sitz der Universität ist bei grenzüberschreitenden Nutzungen von Bedeutung. So ist nach der Fiktion des Handlungs- und Erfolgsorts des auf Art. 5 Abs. 3 DSM-RL beruhenden § 60a Abs. 3a UrhG dann allein das Recht des Mitgliedstaats anwendbar, in dem die Bildungseinrichtung ihren Sitz hat. Dass § 60a Abs. 1 Nr. 1 UrhG im Gegensatz zu Art. 5 Abs. 3 DSM-RL eine gesicherte elektronische Lernumgebung nicht voraussetzt, steht dem nicht entgegen, da ein Zugang nur für Lehrende und Unterrichtsteilnehmer möglich ist.[127]

Vollständig verwenden dürfen die Dozenten aber nur Werke geringen Umfangs und vergriffene Werke. Als Werke geringen Umfangs zählen Druckwerke bis zu 25 Seiten, Noten bis zu 6 Seiten sowie Filme und Musik bis zu 5 Minuten.[128] Zudem erweitert § 60a Abs. 2 UrhG den Begriff der Werke ge-

---

*steine der Psychologie;* LG Stuttgart, Urt. v. 27.9.2011 – 17 O 671/10, GRUR-RR 2011, 419, 421 – *Elektronische Lernplattform.*

[123] Vgl. Einl. I. 1.

[124] *A. Nordemann,* in: Fromm/Nordemann, UrhG, 12. Aufl. (2018), § 60a, Rn. 4; *Stieper,* in: Schricker/Loewenheim/Leistner/Ohly, UrhG, 6. Aufl. (2020), § 60a, Rn. 12; noch zu § 52a UrhG a. F. BGH, Urt. v. 28.11.2013 – I ZR 76/12, GRUR 2014, 549, Rn. 42 – *Meilensteine der Psychologie; Sattler,* Urheberrechtliche Schranken für Bildung und Wissenschaft (2009), S. 192.

[125] Vgl. Gesetzentwurf der Bundesregierung. Entwurf eines Gesetzes zur Angleichung des Urheberrechts an die Erfordernisse der Wissensgesellschaft (Urheberrechts-Wissensgesellschafts-Gesetz – UrhWissG) v. 15.5.2017, BT-Drs. 18/12329, S. 36.

[126] HK-*Dreyer,* UrhG, 4. Aufl. (2018), § 60a, Rn. 11; *Stieper,* in: Schricker/Loewenheim/Leistner/Ohly, UrhG, 6. Aufl. (2020), § 60a, Rn. 12.

[127] Vgl. auch Gesetzentwurf der Bundesregierung. Entwurf eines Gesetzes zur Angleichung des Urheberrechts an die Erfordernisse der Wissensgesellschaft (Urheberrechts-Wissensgesellschafts-Gesetz – UrhWissG) v. 15.5.2017, BT-Drs. 18/12329, S. 109; *Dreier,* ZUM 2019, 384, 389; *Würtenberger/Freischem,* GRUR 2019, 1140, 1144.

[128] Gesetzentwurf der Bundesregierung. Entwurf eines Gesetzes zur Angleichung des Urheberrechts an die Erfordernisse der Wissensgesellschaft (Urheberrechts-Wissensgesellschafts-Gesetz – UrhWissG) v. 15.5.2017, BT-Drs. 18/12329, S. 35; *Dreier,* in: Dreier/Schulze, UrhG, 6. Aufl. (2018), § 60a, Rn. 16; *A. Nordemann,* in: Fromm/Nordemann,

ringen Umfangs ausdrücklich auf die früher umstrittenen[129] Abbildungen sowie einzelne Beiträge aus derselben Fach- oder wissenschaftlichen Zeitschrift. Vergriffen sind Werke, deren Bezug über die allgemeinen Vertriebswege nicht mehr möglich ist.[130] Die Nutzung anderer Werke ist auf 15% ihres Gesamtumfangs[131] begrenzt, was im Vergleich zu § 52a UrhG a. F. eine leichte Erweiterung der Privilegierung und insbesondere mehr Rechtssicherheit bedeutet.[132] Auch wenn Art. 5 DSM-RL den Umfang der erlaubten Nutzungen nicht auf einen festen Prozentsatz beschränkt, ist dies mit den Vorgaben der DSM-RL vereinbar. Nach Erwägungsgrund 21 DSM-RL steht es den Mitgliedstaaten frei, in ausgewogener Weise festzulegen, welcher Anteil eines Werks oder sonstigen Schutzgegenstands verwendet werden darf. Hieraus kann man ableiten, dass die Mitgliedstaaten auch eine feste Prozentzahl vorsehen dürfen.[133] Die Begrenzung auf 15% wird man dabei als ausgewogen einordnen können.

---

UrhG, 12. Aufl. (2018), § 60a, Rn. 8; bereits für § 52a UrhG a. F. *Hoeren,* ZUM 2011, 369, 371.

[129] Nach e. A. (*Dustmann,* in: Fromm/ Nordemann, UrhG, 11. Aufl. (2014), § 52a, Rn. 8; HK-*Dreyer,* UrhG, 3. Aufl. (2013), § 52a, Rn. 12; *Hoeren,* ZUM 2011, 369, 371) sollte der schöpferische Gehalt entscheidend sein, während nach a. A. (*Berger,* GRUR 2010, 1058, 1062; *Schulz/Hagemeier,* in: Möhring/Nicolini, UrhG, 3. Aufl. (2014), § 52a, Rn. 9) Abbildungen stets als Werke geringeren Umfangs einzuordnen waren.

[130] *Lüft,* in: Wandtke/Bullinger, UrhG, 5. Aufl. (2019), § 60a, Rn. 15.

[131] *Dreier,* in: Dreier/Schulze, UrhG, 6. Aufl. (2018), § 60a, Rn. 8; *Stieper,* in: Schricker/ Loewenheim, UrhG, 6. Aufl. (2020), § 60a, Rn. 14.

[132] Bei § 52a UrhG a. F. war der erlaubte Umfang der Nutzung eines Werks lange umstritten, da die Vorschrift auf „kleine Teile eines Werks" abstellte: Vertreten wurde eine relative Bestimmung anhand des Verhältnisses des zugänglich gemachten Teils zum Gesamtwerk, wobei die Grenze bei 10 % (LG Stuttgart, Urt. v. 27.9.2011 – 17 O 671/10, GRUR-RR 2011, 419, 420 f., insb. 422 – *Elektronische Lernplattform; Loewenheim,* in: Schricker/Loewenheim/Leistner/Ohly, UrhG, 5. Aufl. (2017), § 52a, Rn. 4) bzw. 20 % (*Hoeren,* ZUM 2011, S. 369, 370) angesetzt wurde. Andere schlugen eine absolute Grenze von zwei bis maximal drei DIN-A4-Seiten (*Berger,* GRUR 2010, 1058, 1062) oder eine feste Wort- bzw. Zeichengrenze (*Stieper,* ZUM 2014, 532, 533) vor. Nach wiederum a. A. waren quantitative Beschränkungen mit normativen Kriterien zu kombinieren (HK-*Dreyer,* UrhG, 3. Aufl. (2013), § 52a, Rn. 9; *Hoeren,* ZUM 2011, 369, 370; *Suttorp,* Die öffentliche Zugänglichmachung für Unterricht und Forschung (2005), S. 97) oder ausschließlich normative Kriterien heranzuziehen (OLG Stuttgart, Urt. v. 4.4.2012 – 4 U 171/11, GRUR 2012, 718, 720 – *Moodle; Dustmann,* in: Fromm/Nordemann, UrhG, 11. Aufl. (2014), § 52a, Rn. 7; *Haupt,* ZUM 2004, 104, 110; *Schulz/Hagemeier,* in: Möhring/Nicolini, UrhG, 3. Aufl. (2014), § 52a, Rn. 7). Der BGH entschied schließlich, dass ein kleiner Teil nicht mehr als 12 % eines Werks und höchstens 100 Seiten seien (BGH, Urt. v. 28.11.2013 – I ZR 76/12, GRUR 2014, 549, Rn. 28 – *Meilensteine der Psychologie;* BGH, Urt. v. 20.3.2013 – I ZR 84/11, GRUR 2013, 1220, Rn. 35 ff. – *Gesamtvertrag Hochschul-Intranet*).

[133] So auch Gesetzentwurf der Bundesregierung. Entwurf eines Gesetzes zur Anpassung des Urheberrechts an die Erfordernisse des digitalen Binnenmarkts v. 9.3.2021, BT-Drs. 19/27426, S. 107; *Wandtke,* NJW 2019, 1841, 1843; in diese Richtung auch *Dreier,* ZUM 2019, 384, 389.

Nicht verwendet werden dürfen hingegen Werke, die zu den in § 60a Abs. 3 S. 1 UrhG genannten Bereichsausnahmen zählen. In Umsetzung der Vorgaben der DSM-RL[134] gilt dies aber nur dann, wenn entsprechende Lizenzen für diese Nutzungen leicht verfügbar sind und den Bedürfnissen und Besonderheiten von Bildungseinrichtungen entsprechen. Als Beispiel hierfür nennt die Begründung des Gesetzesentwurfs das Vorliegen von „Gesamtverträgen nach dem Vorbild der Vereinbarung über Vervielfältigungen an Schulen zwischen den Ländern, Verwertungsgesellschaften und Inhabern von Rechten an Bildungsmedien".[135] Den tatsächlichen Abschluss eines Lizenzvertrags setzt das Eingreifen des Lizenzvorrangs jedoch nicht voraus.[136] Für E-Learning bedeutet dies eine vorsichtige Ausdehnung der erlaubten Nutzungen.[137]

### 2. MOOCs

Im Gegensatz zu E-Learning existieren bei MOOCs mit xMOOCs und cMOOCs[138] gleich zwei typische Formen. Zudem bieten MOOCs neben Hochschulen auch in signifikantem Maße externe Plattformen an. Die Untersuchung der gesetzlich erlaubten Nutzungen muss daher zwischen xMOOCs und cMOOCs auf der einen Seite und zwischen MOOCs an Hochschulen und auf externen Plattformen auf der anderen Seite differenzieren. Zugrunde zu legen ist dabei das Urheberrecht in seiner gegenwärtigen Konkretisierung, um etwaige Reibungspunkte und Unschärfen zu identifizieren.

#### a) xMOOCs an Hochschulen

Hinsichtlich der Bedeutung der gesetzlich erlaubten Nutzungen unterscheiden sich xMOOCs an Hochschulen nicht von E-Learning. In xMOOCs dürfen daher unter den gleichen Voraussetzungen geschützte Inhalte zum Zwecke des Zitats verwendet werden wie bei E-Learning.[139] Auch bei xMOOCs ist dabei aufgrund des grundrechtlichen Schutzes nach Art. 5 Abs. 3 GG der erlaubte Umfang des Zitats großzügiger zu beurteilen. Darüber hinaus findet die Privilegierung des § 60a UrhG auf xMOOCs an Hochschulen ebenfalls Anwen-

---

[134] Vgl. Art. 5 Abs. 2 DSM-RL.

[135] Gesetzentwurf der Bundesregierung. Entwurf eines Gesetzes zur Anpassung des Urheberrechts an die Erfordernisse des digitalen Binnenmarkts v. 9.3.2021, BT-Drs. 19/27426, S. 109.

[136] Gesetzentwurf der Bundesregierung. Entwurf eines Gesetzes zur Anpassung des Urheberrechts an die Erfordernisse des digitalen Binnenmarkts v. 9.3.2021, BT-Drs. 19/27426, S. 109; auf Art. 5 Abs. 2 DSM-RL bezogen *Grünberger,* GRUR 2017, 1, 6.

[137] Für einen Vorschlag zur Anpassung des § 60a UrhG unter Berücksichtigung der Vorgaben der DSM-RL s. § 7 IV.

[138] Zur Differenzierung zwischen xMOOC und cMOOC s. Einl. I. 2. a).

[139] § 1 II 1. a).

dung. Dem steht auch nicht entgegen, dass jeder an dem xMOOC teilnehmen kann und die Zahl der potentiellen Teilnehmer somit unbegrenzt ist. Nach der Begründung des Gesetzgebers soll § 60a UrhG ausdrücklich auf MOOCs anwendbar sein.[140]

*b) xMOOCs auf externen Plattformen*

Auch bei xMOOCs auf externen Plattformen dürfen Dozenten geschützte Inhalte zum Zwecke des Zitats in den Grenzen des § 51 UrhG verwenden. Die Schranke des § 60a UrhG greift nur dann, wenn die Nutzungen erstens zu nicht kommerziellen Zwecken erfolgen und der xMOOC zweitens an einer Bildungseinrichtung stattfindet. Da für die Verfolgung kommerzieller Zwecke der Unterricht selbst entscheidend ist, schließt dies auch xMOOCs auf gewinnorientierten Plattformen nicht generell aus. Die Teilnahme an einem MOOC ist typischerweise kostenlos.[141] Einnahmen versuchen die MOOC-Plattformen dennoch zu generieren, nicht zuletzt aufgrund der erheblichen Kosten für die Produktion eines MOOCs[142] und einem Startkapital der Plattformen in zweistelliger Millionenhöhe.[143] So bieten etwa die Plattformen Udacity und edX zwei Varianten der Kurse an: Der bloße Zugriff auf die Inhalte ist kostenlos möglich, Prüfungen und Zertifikate sind hingegen der zweiten, kostenpflichtigen Variante vorbehalten. Auch dann ist ein kommerzieller Zweck aber zu verneinen, wenn das Entgelt ausschließlich die entstandenen Kosten decken soll. Anders ist dies zu beurteilen, wenn die kostenpflichtigen Prüfungen der Gewinnerzielung einer for-profit Plattform dienen. Auch dies steht jedoch nur einer Anwendung des § 60a UrhG auf die Prüfungen selbst entgegen, nicht auf die allen Teilnehmern zugänglichen Kursinhalte. Die Teilnehmer des kostenpflichtigen Kurses entrichten das Entgelt nicht für den Kurs selbst, sondern für die davon zu unterscheidenden zusätzlichen Leistungen der Prüfungsabnahme und Zertifizierung.

Trotz ihrer Unentgeltlichkeit können mit den Kursen aber kommerzielle Zwecke verfolgt werden. So können die Plattformen von allen Teilnehmern Daten gewinnen, indem sie mittels Software die Aktivitäten der Nutzer nach-

---

[140] Gesetzentwurf der Bundesregierung. Entwurf eines Gesetzes zur Angleichung des Urheberrechts an die Erfordernisse der Wissensgesellschaft (Urheberrechts-Wissensgesellschafts-Gesetz – UrhWissG) v. 15.5.2017, BT-Drs. 18/12329, S. 36; die Anwendbarkeit auf MOOCs auch für § 52a UrhG a. F. bejahend *Lauber-Rönsberg/Kempfert,* GRUR-Prax 2016, 234.

[141] Dies ergibt sich bereits aus dem Merkmal „Open“, vgl. Einl. I. 2.

[142] Zu veranschlagen sind für einen MOOC etwa 25.000 bis 500.000 Euro, Hochschulrektorenkonferenz (Hrsg.), Potenziale und Probleme von MOOCs (2014), S. 22.

[143] Die Plattform edX finanzierten die Eliteuniversitäten MIT und Harvard mit jeweils 30 Millionen US-Dollar, Coursera und Udacity hatten ein Startkapital von 22 bzw. 21,5 Millionen US-Dollar, *Korn/Levitz,* Open Courses Look for a Business Model, The Wall Street Journal v. 1.1.2013.

verfolgen.[144] Auf diese Weise entstehen Metadaten, die Informationen über die Verhaltensweisen der Teilnehmer liefern.[145] Ob dies die Anwendung des § 60a UrhG ausschließt, bestimmt sich nach der Verwendung der gewonnenen Daten. Da entgeltliche Leistungen unschädlich sind, wenn sie nur der Verbesserung der Bildung dienen,[146] muss dies für die Daten als nicht-monetäre Gegenleistung ebenfalls gelten. Nicht als kommerzieller Zweck ist es daher einzuordnen, wenn die Daten lediglich die Qualität des MOOCs erhöhen sollen. So lassen sich durch das Sammeln und Analysieren von Informationen über die Aktivitäten der Lernenden in Online Lernumgebungen – sog. Learning Analytics – didaktische Methoden verbessern, leistungsschwache Studierende unterstützen und Faktoren identifizieren, die Abschlussquote und Studienerfolge beeinflussen.[147] Denkbar ist jedoch auch ein Verkauf der Daten. In den USA gibt es Unternehmen, die anonymisiert Metadaten an Firmen veräußern, die MOOCs produzieren.[148] An den individuellen Daten der Lernenden können zudem Unternehmen ein Interesse haben, um so potentielle Mitarbeiter auszuwählen.[149] Versuchen gewinnorientierte Plattformen auf diese Weise Einnahmen zu erzielen, scheidet unabhängig von der datenschutzrechtlichen Zulässigkeit[150] eines solchen Vorgehens die Privilegierung des § 60a UrhG aus. Dies gilt aber nur für die xMOOCs, aus denen die Daten gewonnen werden. Bei den übrigen Kursen bleibt § 60a UrhG anwendbar, da es für die Verfolgung nicht kommerzieller Zwecke auf die konkrete Unterrichtstätigkeit ankommt,

Privilegiert sind zudem ausschließlich xMOOCs an Bildungseinrichtungen. Die externen Plattformen selbst schließt die Legaldefinition des § 60a Abs. 4 UrhG jedenfalls nicht ein. Zwar erfasst der Begriff der Schulen auch Organisationen, die Fernunterricht anbieten, aber dieser muss fest institutionalisiert sein.[151] Das Angebot einzelner Kurse und Veranstaltungen für eine be-

---

[144] *Johnson/Adams Becker/Cummins/Estrada/Freemann/Hall,* NMC Horizon Report: 2016 Higher Education Edition (2016), S. 38.

[145] *Borgwardt,* Digitale Bildungsrevolution durch E-Learning?, in: Borgwardt, Von Moodle bis MOOC (2014), S. 45, 60.

[146] Noch zu § 52a UrhG a. F. *Dustmann,* in: Fromm/Nordemann, UrhG, 11. Aufl. (2014), § 52a, Rn. 16.

[147] *Johnson/Adams Becker/Cummins/Estrada/Freemann/Hall,* NMC Horizon Report: 2016 Higher Education Edition (2016), S. 38.

[148] *Borgwardt,* Digitale Bildungsrevolution durch E-Learning?, in: Borgwardt, Von Moodle bis MOOC (2014), S. 45, 60.

[149] Vgl. Hochschulrektorenkonferenz (Hrsg.), Potenziale und Probleme von MOOCs (2014), S. 26.

[150] Für die untersuchten rechtlichen Aspekte s. Einl. III. 2; zu den datenschutzrechtlichen Fragestellungen bei MOOCs ausf. *Botta,* Datenschutz bei E-Learning-Plattformen (2020), S. 57 ff.

[151] Zu der insoweit vergleichbaren Problematik bei § 53 Abs. 3 UrhG a. F. *Dreier,* in: Dreier/Schulze, UrhG, 5. Aufl. (2015), § 53, Rn. 39; *Loewenheim,* in: Schricker/Loewenheim/Leistner/Ohly, UrhG, 5. Aufl. (2017), § 53, Rn. 62.

grenzte Dauer genügt hierfür nicht.[152] Zu den Einrichtungen der Weiterbildung zählt die Plattform ebenfalls nicht. Dieser Begriff wird der Berufsbildung zugeordnet,[153] die i. S. d. Berufsbildungsgesetzes verstanden wird.[154] Die auf einer Plattform angebotenen MOOCs sind jedoch nicht auf die Vertiefung beruflicher Kenntnisse begrenzt. Darüber hinaus fokussieren sich die Plattformen nicht auf eine bestimmtes Fachgebiet, sondern bieten Kurse aller Disziplinen an. Nicht an einer Bildungseinrichtung finden daher jedenfalls die MOOCs statt, die von Einzelpersonen ohne Zugehörigkeit zu einer in § 60a Abs. 4 UrhG genannten Einrichtung initiiert werden. Schwieriger ist hingegen die Beurteilung, wenn der MOOC unter dem Namen einer Hochschule auf einer Plattform angeboten wird: Muss der MOOC zum Curriculum der Hochschule zählen? Ist entscheidend, ob die Hochschule Credit-Points für den MOOC vergibt? Oder genügt es, dass Hochschulangehörige den Kurs unter Hinweis auf ihre Zugehörigkeit zu einer Universität anbieten?

Die genauen Anforderungen für eine Zuordnung des MOOCs zu einer der aufgezählten Bildungseinrichtungen sind dabei unklar. Weder die Gesetzesbegründung noch die Rechtsprechung zu § 60a UrhG[155] und der Vorgängervorschrift § 52a UrhG a. F.[156] konkretisieren, in welchen Fällen die Lehre an einer der genannten Einrichtungen stattfindet. Genau dieses auf den ersten Blick eindeutige Kriterium bereitet bei xMOOCs auf externen Plattformen aber Schwierigkeiten.

### *c) cMOOCs an Hochschulen*

Im Gegensatz zu xMOOCs ist die Rolle der Teilnehmer bei cMOOCs eine sehr aktive, da sie auch selbst Inhalte hochladen können. Die Zitatschranke des

---

[152] Zu der insoweit vergleichbaren Problematik bei § 53 Abs. 3 UrhG a. F. *Dreier,* in: Dreier/Schulze, UrhG, 5. Aufl. (2015), § 53, Rn. 39.

[153] Zu der insoweit vergleichbaren Problematik bei § 53 Abs. 3 UrhG a. F. vgl. Beschlußempfehlung und Bericht des Rechtsausschusses (6. Ausschuß) zu dem von der Bundesregierung eingebrachten Entwurf eines Gesetzes zur Änderung von Vorschriften auf dem Gebiet des Urheberrechts – Drucksache 10/837 – v. 17.5.1985, BT-Drs. 10/3360, S. 19; *Dreier,* in: Dreier/Schulze, UrhG, 5. Aufl. (2015), § 53, Rn. 39; *Gruebler,* in: Möhring/Nicolini, UrhG, 3. Aufl. (2014), § 53, Rn. 41; *Loewenheim,* in: Schricker/Loewenheim/Leistner/Ohly, UrhG, 5. Aufl. (2017), § 53, Rn. 62.

[154] HK-*Dreyer,* UrhG, 4. Aufl. (2018), § 60a, Rn. 31.

[155] BGH, Urt. v. 10.1.2019 – I ZR 267/15, GRUR 2019, 813, Rn. 63 ff. – *Cordoba II.*

[156] BGH, Urt. v. 20.3.2013 – I ZR 84/11, GRUR 2013, 1220 – *Gesamtvertrag Hochschul-Intranet;* BGH, Urt. v. 28.11.2013 – I ZR 76/12, GRUR 2014, 549 – *Meilensteine der Psychologie;* OLG München, Urt. v. 24.3.2011 – 6 WG 12/09, ZUM-RD 2011, 603 – *Gesamtvertrag für Hochschulen;* OLG Stuttgart, Urt. v. 4.4.2012 – 4 U 171/11, GRUR 2012, 718 – *Moodle;* OLG Köln, Urt. v. 11.1.2019 – 6 U 10/16, GRUR 2019, 393 – *Palast der Republik;* LG Stuttgart, Urt. v. 27.9.2011 – 17 O 671/10, GRUR-RR 2011, 419 – *Elektronische Lernplattform;* VG Berlin, Urt. v. 3.6.2014 – VG 3 K 104.14, BeckRS 2014, 55775.

§ 51 UrhG privilegiert die Verwendung geschützter Inhalte in cMOOCs, wenn der Verwerter sich selbst mit den geschützten Inhalten auseinandersetzt und sie erörtert. Schwierigkeiten bereitet die Anwendung der Vorschrift hingegen dann, wenn ein Teilnehmer den Inhalt hochlädt, um ihn mit den Ausführungen eines anderen Nutzers zu verknüpfen oder den übrigen Teilnehmern als Diskussionsgrundlage zur Verfügung zu stellen. So fordert die Rechtsprechung bei § 51 UrhG eine Verbindung zwischen den geschützten Inhalten und den eigenen Gedanken des Zitierenden und stellt darauf ab, dass die Inhalte als Belegstelle oder Erörterungsgrundlage für eigene Ausführungen des Zitierenden dienen.[157] Setzen sich andere cMOOC-Teilnehmer geistig mit dem geschützten Inhalt auseinander, handelt es sich aber nicht um eigene Gedanken und eigene Ausführungen des Verwerters. Die Schranke des § 51 UrhG greift somit in ihrer gegenwärtigen Konkretisierung bei solchen Konstellationen nicht ein.

Auch die Anwendung des § 60a UrhG auf cMOOCs führt zu Unsicherheiten. So verknüpfen der BGH in seinen Entscheidungen zu § 52a UrhG a. F. und die Kommentarliteratur das Merkmal „zur Veranschaulichung des Unterrichts und der Lehre“ mit dem Lehrplan bzw. dem Lehrstoff.[158] Ein Lehrplan existiert bei cMOOCs jedoch aufgrund des ihnen zugrunde liegenden pädagogischen Konzepts[159] ebenso wenig wie ein fest vorgegebener Lehrstoff. Es stellt sich daher die Frage, was bei ihnen als Lehrstoff anzusehen ist: Bedarf es hierfür einer engen Verbindung zu dem von den Dozenten hochgeladenen Content? Oder genügt es für eine Einordnung als Lehrstoff, dass sich der Inhalt unter das Thema des cMOOCs fassen lässt? Wie eng oder weit der Begriff des Lehrstoffs definiert wird, entscheidet aber über die Bedeutung des § 60a UrhG für cMOOCs an Hochschulen, da § 60a UrhG grundsätzlich die Zugänglichmachung der Inhalte durch die Teilnehmer eines cMOOCs erlaubt.[160] So ist für die Anwendung der Schranke entscheidend, für wen die Verwertungshandlung erfolgt, nicht wer sie vornimmt.[161] Auch wenn man für die Person des Handelnden eine Sonderbeziehung zur Bildungseinrichtung fordert,[162] erfüllen die cMOOC-Teilnehmer diese Voraussetzung. Sie müssen jedoch berücksichtigen, ob und in welchem Umfang bereits andere Teilnehmer Teile des geschützten Inhalts in den Kursbereich hochgeladen haben. Im Gegensatz zur Vorgängervorschrift § 52a UrhG a. F. ist die Begrenzung auf 15% eines Werks nach dem Wortlaut zwar nicht zwingend auf die komplette Bildungsinstitution zu

---

[157] Vgl. § 1 II. 1. a).

[158] Vgl. § 1 II. 1. b).

[159] Näher dazu Einl. I. 2. a).

[160] Für die Anwendbarkeit des § 60a UrhG auf MOOCs generell s. § 1 II. 2. a).

[161] *Dreier,* in: Dreier/Schulze, UrhG, 6. Aufl. (2018), § 60a, Rn. 9; vgl. HK-*Hentsch,* UrhG, 4. Aufl. (2018), § 60a, Rn. 14.

[162] So *Berger,* GRUR 2017, 953, 958 f.; *Gruebler,* in: Möhring/Nicolini, UrhG, 4. Aufl. (2018), § 60a, Rn. 8.

beziehen,[163] man sollte hierfür aber zumindest an den Kurs anknüpfen. Andernfalls ließe sich die Begrenzung leicht dadurch umgehen, dass mehrere Personen Verwertungshandlungen vornehmen.

*d) cMOOCs auf externen Plattformen*

Von allen untersuchten Formen digitalen Lehrens und Lernens bestehen für cMOOCs auf externen Plattformen die meisten Einschränkungen und die größte Rechtsunsicherheit hinsichtlich der gesetzlich erlaubten Nutzungen. Ebenso wie bei cMOOCs an Hochschulen erlaubt die Zitatschranke den Teilnehmern nicht, geschützte Inhalte zu dem Zweck hochzuladen, dass sich andere Teilnehmer mit ihnen auseinandersetzen.[164] Auch die Anwendbarkeit der Privilegierung des § 60a UrhG ist begrenzt. So greift sie nur dann ein, wenn erstens die Plattform die aus dem MOOC gewonnenen Daten nicht zur Einnahmenerzielung verwendet und zweitens der cMOOC zumindest einen Bezug zu einer der in § 60a Abs. 4 UrhG genannten Bildungseinrichtungen hat. Welche Anforderungen an Letzteres zu stellen sind, ist aber noch unklar.[165] Zudem ist unsicher, unter welchen Voraussetzungen Inhalte in cMOOCs „zur Veranschaulichung des Unterrichts und der Lehre“ verwendet werden. Die gegenwärtige Konkretisierung der Norm orientiert sich hierfür an dem Lehrstoff, der sich bei cMOOCs jedoch nicht eindeutig definieren lässt.[166]

*e) Zwischenergebnis*

Die weitreichendsten Privilegierungen kommen xMOOCs an Hochschulen zu, da die zentralen gesetzlich erlaubten Nutzungen für digitales Lehren und Lernen – § 51 UrhG und § 60a UrhG – uneingeschränkt anwendbar sind. Bei xMOOCs auf externen Plattformen greift zwar § 51 UrhG ein, die Voraussetzungen des§ 60a UrhG sind aber nur bei einem Teil der xMOOCs erfüllt. Neben xMOOCs, die Einnahmen mittels der in den Kursen gewonnenen Daten erzielen, sind auch xMOOCs ohne einen Bezug zu den in § 60a Abs. 4 UrhG genannten Einrichtungen von der Privilegierung ausgeschlossen. Selbst bei einer Verbindung mit einer Bildungseinrichtung i. S. d. § 60a Abs. 4 UrhG ist zudem unsicher, welche Anforderungen diese erfüllen muss, damit es sich um die Lehre „an einer Bildungseinrichtung“ handelt. Unklarheiten über den Anwendungsbereich des § 60a UrhG bestehen auch bei cMOOCs an Hochschulen. Die Verwendung der Inhalte zur Veranschaulichung im Unterricht soll sich nach dem Lehrstoff bestimmen, der in seinem klassischen Sinn bei cMOOCs

---

[163] Für § 52a UrhG a. F. dies vertretend *Berger,* GRUR 2010, 1058, 1063; *Schulz/Hagemeier,* in: Möhring/Nicolini, UrhG, 3. Aufl. (2014), § 52a, Rn. 8.
[164] Vgl. § 1 II. 2. c).
[165] Vgl. § 1 II. 2. b).
[166] Vgl. § 1 II. 2. c).

jedoch nicht existiert. Auch der Anwendungsbereich des § 51 UrhG ist bei cMOOCs eingeschränkt. Da die Rechtsprechung für den Zitatzweck auf die Verknüpfung mit den eigenen Gedanken und Ausführungen des Zitierenden abstellt, ist § 51 UrhG nicht anwendbar, wenn der Inhalt eine Verbindung mit den Beiträgen anderer Teilnehmer herstellen soll. Das höchste Ausmaß erreicht die Rechtsunsicherheit aber bei cMOOCs auf externen Plattformen, da bei diesen alle bisher genannten Einschränkungen und noch ungeklärten Fragestellungen bei der Anwendung der Privilegierungen zusammentreffen.

### *3. Adaptionsmöglichkeiten des Urheberrechts an MOOCs*

Jedenfalls in ihrer gegenwärtigen Konkretisierung können die Dozenten und Teilnehmer von MOOCs – ausgenommen xMOOCs an Hochschulen – von gesetzlich erlaubten Nutzungen nur unter Inkaufnahme von Unsicherheiten und Einschränkungen Gebrauch machen. Diese Unsicherheit über die Schutzgrenzen des Urheberrechts ist problematisch. So besteht die Gefahr, dass Lehrende und Lernende nicht das volle pädagogische Potential geschützter Inhalte ausschöpfen, das die urheberrechtlichen Vorschriften erlauben würden. Welche wichtige Rolle aber den gesetzlich erlaubten Nutzungen zukommt, zeigt etwa die Einordnung des EuGH der urheberrechtlichen Schranken als Rechte der Nutzer[167] sowie Art. 17 Abs. 7 DSM-RL, der den Nutzern ein subjektives Recht auf Schrankennutzung[168] zuweist. Nicht zuletzt deshalb sollte vom traditionellen Verständnis, dass Schranken prinzipiell eng auszulegen sind,[169] Abschied genommen werden.[170] Die urheberrechtlichen Schutzgrenzen sind

---

[167] *Stieper,* ZUM 2019, 713, 715; vgl. EuGH, Urt. v. 11.9.2014 – C-117/13, Rn. 50 ff. – *TU Darmstadt/Ulmer;* EuGH, Urt. v. 29.7.2019 – C-469/17, GRUR 2019, 934, Rn. 65 – *Funke Medien;* EuGH, Urt. v. 29.7.2019 – C-516/17, GRUR 2019, 940, Rn. 50 – *Spiegel Online;* die Lesart des EuGH in den beiden letzten Entscheidungen als Waffengleichheit einordnend *Goldhammer,* ZUM 2019, 727, 730.

[168] *Hofmann,* GRUR 2019, 1219, 1227.

[169] BGH, Urt. v. 3.4.1968 – I ZR 83/66, GRUR 1968, 607, 608 – *Kandinsky I;* BGH, Urt. v. 10.3.1972 – I ZR 30/70, GRUR 1972, 614, 615 – *Landesversicherungsanstalt;* BGH, Urt. v. 18.4.1985 – I ZR 24/83, GRUR 1985, 874, 875 – *Schulfunksendung;* BGH, Urt. v. 6.6.1991 – I ZR 26/90, GRUR 1991, 903, 905 – *Liedersammlung;* BGH, Urt. v. 12.12.1991 – I ZR 210/89, GRUR 1992, 386, 387 – *Altenwohnheim II;* BGH, Urt. v. 8.7.1993 – I ZR 124/91, GRUR 1994, 45, 47 – *Verteileranlagen;* BGH, Urt. v. 30.6.1994 – I ZR 32/92, GRUR 1994, 800, 802 – *Museumskatalog;* BGH, Urt. v. 16.1.1997 – I ZR 9/95, GRUR 1997, 459, 463 – *CB-infobank I;* BGH, Urt. v. 29.4.2010 – I ZR 69/08, GRUR 2010, 628, Rn. 27 – *Vorschaubilder I;* BGH, Urt. v. 30.11.2011 – I ZR 212/10, GRUR 2012, 819, Rn. 28 – *Blühende Landschaften;* BGH, Urt. v. 17.11.2014 – I ZR 177/13, GRUR 2015, 667, Rn. 19 f. – *Möbelkatalog; Dustmann,* in: Fromm/Nordemann, UrhG, 12. Aufl. (2018), Vor §§ 44a ff., Rn. 7; HK-*Hentsch,* UrhG, 4. Aufl. (2018), § 60a, Rn. 31.

[170] *Dreier,* ZUM 2019, 384, 384; *Grünberger,* ZUM 2021, 257, 268; *Hofmann,* GRUR 2018, 21, 21; *Rehbinder/Peukert,* Urheberrecht, 18. Aufl. (2018), Rn. 483; *Stieper,* ZUM 2019, 713, 715; *ders.,* in: Schricker/Loewenheim/Leistner/Ohly, UrhG, 6. Aufl.

vielmehr so festzulegen,[171] dass ein angemessener Ausgleich zwischen den verschiedenen Grundrechten möglich ist[172] und sich Unsicherheiten auf ein Mindestmaß beschränken. Erlauben die unionsrechtlichen Vorgaben sowie der Wortlaut von § 51 UrhG und § 60a UrhG eine solche Auslegung, erweist sich das Urheberrecht als adaptionsfähig an MOOCs.

### a) Lehrspezifische Auslegung des Zitatzwecks

Nach dem gegenwärtigen Verständnis ist § 51 UrhG nur auf einen Teil der geistigen Auseinandersetzungen mit geschützten Werken bei cMOOCs anwendbar. Da die Rechtsprechung den Zitatzweck an eigene Gedanken und eigene Ausführungen des Zitierenden knüpft, erfasst die Schranke den Upload von Inhalten für die Auseinandersetzung durch andere Teilnehmer nicht. Die unionsrechtlichen Anforderungen gestatten aber durchaus, dies unter eine Verwendung des Werks zum Zwecke des Zitats zu fassen. Entsprechend den Ausführungen des EuGH in der Entscheidung *Spiegel Online*[173] ist in drei Schritten zu untersuchen, ob eine bestimmte Konstellation als Zitat einzuordnen ist: Auszugehen ist zunächst vom Sinn des Zitatbegriffs nach seinem gewöhnlichen Sprachgebrauch.[174] Nach dem EuGH ist dies, „dass ein Werk oder ganz allgemein ein Auszug aus einem Werk von einem Nutzer, der nicht dessen Urheber ist, genutzt wird, um Aussagen zu erläutern, eine Meinung zu verteidigen oder eine geistige Auseinandersetzung zwischen einem Werk und den Aussagen des Nutzers zu ermöglichen."[175] In einem zweiten Schritt ist der Kontext der Regelung zu berücksichtigen und dabei einzubeziehen, ob und inwiefern die Nutzung der Verwirklichung von Grundrechten dient.[176] Abschließend ist drittens zu überprüfen, ob dieses Ergebnis einem angemessenen Ausgleich zwischen diesem Recht der Nutzer und den Verwertungsinteressen der Urheber entspricht.[177]

Der Begriff des Zitats ist nach seinem gewöhnlichen Sprachgebrauch somit nicht zwingend auf eine eigene geistige Auseinandersetzung beschränkt. Vielmehr lässt sich das nach dem EuGH für ein Zitat wesentliche Merkmal der

---

(2020), Vor §§ 44 ff., Rn. 36 ff.; *Wielsch,* Relationales Urheberrecht, in: Grünberger/Leible, Die Kollision von Urheberrecht und Nutzerverhalten (2014), S. 61, 88.

[171] Hierbei handelt es sich nicht nur um die Kennzeichnung vorgegebener Rechte, sondern um das originäre Setzen der Grenzen, s. *Wielsch,* Zugangsregeln (2008), S. 8.

[172] Dies für die Auslegung der in Art. 5 Abs. 2 und 3 InfoSoc-RL aufgeführten Ausnahmen und Beschränkungen fordernd EuGH, Urt. v. 29.7.2019 – C-469/17, GRUR 2019, 934, Rn. 53 – *Funke Medien;* EuGH, Urt. v. 29.7.2019 – C-516/17, GRUR 2019, 940, Rn. 38 – *Spiegel Online.*

[173] EuGH, Urt. v. 29.7.2019 – C-516/17, GRUR 2019, 940 – *Spiegel Online.*

[174] EuGH, Urt. v. 29.7.2019 – C-516/17, GRUR 2019, 940, Rn. 77 f. – *Spiegel Online.*

[175] EuGH, Urt. v. 29.7.2019 – C-516/17, GRUR 2019, 940, Rn. 78 – *Spiegel Online.*

[176] EuGH, Urt. v. 29.7.2019 – C-516/17, GRUR 2019, 940, Rn. 81 – *Spiegel Online.*

[177] EuGH, Urt. v. 29.7.2019 – C-516/17, GRUR 2019, 940, Rn. 82 – *Spiegel Online.*

geistigen Auseinandersetzung auch dann erfüllen, wenn sie durch andere Teilnehmer erfolgt. Dieses Ergebnis entspricht darüber hinaus dem Kontext der Regelung, da nach Erwägungsgrund 14 InfoSoc-RL ein Ziel der Regelungen die Förderung des Lernens ist. Zudem ist der grundrechtliche Schutz der Aktivitäten in den Online-Kursen zu berücksichtigen. Entsprechend der Differenzierung des BVerfG in seinen Entscheidungen *Recht auf Vergessen I* und *Recht auf Vergessen II* sind hierfür die nationalen Grundrechte heranzuziehen.[178] Denn es besteht ein Umsetzungsspielraum der Mitgliedstaaten, da die InfoSoc-RL die Fälle nur beispielhaft aufzählt, in denen ein zulässiges Zitat vorliegt.[179] Abzustellen ist daher auf den Schutz des Lehrens und Lernens durch Art. 5 Abs. 3 GG. Einer zusätzlichen Prüfung anhand der Grundrechtecharta der Europäischen Union bedarf es nicht. So sind keine konkreten und hinreichenden Anhaltspunkte ersichtlich, dass ausnahmsweise das Unionsrecht für seine Durchführung engere grundrechtliche Maßgaben vorsähe oder das grundrechtliche Schutzniveau des Unionsrechts durch die nationalen Grundrechte nicht sichergestellt wäre.[180] Schließlich entspricht die Einordnung einer solchen Konstellation als Zitat dem mit der Richtlinie erstrebten angemessenen Ausgleich zwischen den Interessen der Nutzer und Rechtsinhaber, da mit einer geistigen Auseinandersetzung durch andere Kursteilnehmer keine intensivere Nutzung des Werks verbunden ist als mit einer eigenen geistigen Auseinandersetzung des Zitierenden.

Auch dem nationalen Recht ist es aber nicht fremd, die Besonderheiten bestimmter Bereiche bei der Auslegung des Zitatbegriffs zu berücksichtigen. So wurde eine erweiternde Auslegung des Zitatzwecks etwa bei der Google-Bildersuche diskutiert.[181] Zudem hat das BVerfG bereits in der Entscheidung *Germania 3*[182] gefordert, die Anforderungen an den Zitatzweck für den Bereich der Kunst anzupassen. Es sei durch Art. 5 Abs. 3 S. 1 GG eine „kunstspezifische Betrachtung" geboten und „damit dieser Vorschrift für Kunstwerke zu

---

[178] BVerfG, Beschl. v. 6.11.2019 – 1 BvR 16/13, GRUR 2020, 74, Rn. 41 ff. – *Recht auf Vergessen I;* BVerfG, Beschl. v. 6.11.2019 – 1 BvR 276/17, GRUR 2020, 88, Rn. 33 ff. – *Recht auf Vergessen II;* vgl. auch § 1 II. 1. a).

[179] EuGH, Urt. v. 29.7.2019 – C-469/17, GRUR 2019, 934, Rn. 43 – *Funke Medien;* EuGH, Urt. v. 29.7.2019 – C-516/17, GRUR 2019, 940, Rn. 28 – *Spiegel Online.*

[180] Vgl. BVerfG, Beschl. v. 6.11.2019 – 1 BvR 16/13, GRUR 2020, 74, Rn. 63 ff. – *Recht auf Vergessen I.*

[181] Aufgrund der Informationsvermittlung im Internet, der Informationsfreiheit der Internetnutzer, der Kommunikationsfreiheit und der Gewerbefreiheit erwägend, im Ergebnis aber ablehnend BGH, Urt. v. 29.4.2010 – I ZR 69/08, GRUR 2010, 628, Rn. 27 – *Vorschaubilder I;* eine erweiternde Auslegung des § 51 UrhG im Sinne einer sog. informationsspezifischen Betrachtung aufgrund der gebotenen besonderen Berücksichtigung der Informationsgrundreche vorschlagend hingegen *Haesemann,* Die Auslegung des § 51 S. 1 UrhG n.F. (2011), S. 206.

[182] BVerfG, Beschl. v. 29.6.2000 – 1 BvR 825/98, GRUR 2001, 149 – *Germania 3.*

einem Anwendungsbereich zu verhelfen, der weiter ist als bei anderen, nichtkünstlerischen Sprachwerken".[183] Im Kunstbereich dürfe die Auseinandersetzung mit dem zitierten Werk somit nicht auf die Verwendung als Beleg beschränkt werden.[184] Schließlich sei die künstlerische Verarbeitung fremder Texte nicht auf die kritische Erörterung der darin enthaltenen Aussagen begrenzt.[185] Dies lässt sich auf Lehr- und Lernprozesse übertragen, bei denen eine geistige Auseinandersetzung nicht zwingend eine eigene sein muss, sondern auch gemeinsam erfolgen kann. Dass dies bisher nur bei cMOOCs praktisch relevant wird, ist unschädlich. Die kunstspezifische Betrachtung der urheberrechtlichen Schrankenregelungen berücksichtigt ebenfalls Besonderheiten, die nur bei einem Teilbereich der Kunst auftreten.[186] Der Zitatzweck ist daher lehrspezifisch auszulegen, so dass auch eine gemeinsame geistige Auseinandersetzung mit dem geschützten Inhalt in der Lehre den Anforderungen an den Zitatzweck genügt.

### *b) Kommunikationsformoffenes Verständnis der Veranschaulichung der Lehre an Bildungseinrichtungen*

Einer kommunikationsformoffenen Auslegung bedürfen sowohl die Voraussetzung „zur Veranschaulichung der Lehre" als auch die Beschränkung des § 60a UrhG auf „Bildungseinrichtungen". Die Anwendung des § 60a UrhG in seiner gegenwärtigen Konkretisierung ist bei xMOOCs auf externen Plattformen und bei cMOOCs – sowohl an Hochschulen als auch auf externen Plattformen – von Unsicherheiten geprägt. So lässt sich bei cMOOCs im Gegensatz zu E-Learning und xMOOCs ein Lehrstoff nicht eindeutig identifizieren, an den die Verwendung der Inhalte zur Veranschaulichung der Lehre anknüpft. Die unionsrechtlichen Vorgaben zwingen hierzu jedoch nicht. Art. 5 Abs. 3 lit. a InfoSoc-RL fordert ausschließlich eine Veranschaulichung der Lehre, die nach ihrem natürlichen Wortsinn nicht mit einem festen Lehrstoff gleichzusetzen ist. Es obliegt somit den Mitgliedstaaten, den Begriff der Lehre näher zu definieren. Für ein weites Verständnis spricht dabei der Wille des deutschen Gesetzgebers, der den Unterrichtsbegriff in § 60a UrhG bewusst zukunftsfest[187] formuliert hat. Auf die Anknüpfung an einen Lehrstoff sollte daher verzichtet werden. Auch ein weiter Lehrbegriff muss aber andere als lehrende

---

[183] BVerfG, Beschl. v. 29.6.2000 – 1 BvR 825/98, GRUR 2001, 149, 151 – *Germania 3;* einer kunstspezifischen Betrachtung bedarf es nach dem BVerfG auch bei § 24 Abs. 1 UrhG, BVerfG, Urt. v. 31.5.2016 – 1 BvR 1585/13, GRUR 2016, 690, Rn. 85 ff. – *Sampling.*

[184] BVerfG, Beschl. v. 29.6.2000 – 1 BvR 825/98, GRUR 2001, 149, 152 – *Germania 3.*

[185] BVerfG, Beschl. v. 29.6.2000 – 1 BvR 825/98, GRUR 2001, 149, 152 – *Germania 3.*

[186] Für eine Einbeziehung genrespezifischer Aspekte in die kunstspezifische Betrachtung bei § 24 UrhG etwa BVerfG, Urt. v. 31.5.2016 – 1 BvR 1585/13, GRUR 2016, 690, Rn. 99 – *Sampling.*

[187] *Grübler,* in: Möhring/Nicolini, UrhG, 4. Aufl. (2018), § 60a, Rn. 5.

Tätigkeiten ausschließen. Für die Konkretisierung von Unterricht und Lehre lässt sich auf die Anforderung des BGH zu § 52a UrhG a. F. zurückgreifen, dass die Werknutzung zu Lehrzwecken[188] erfolgen muss. Eine solche Konkretisierung der Lehre ist offen für die neuen Kommunikationsformen des Lehrens und Lernens, da sich auch bei einer freien Unterrichtsgestaltung Lehr- und Verwaltungstätigkeiten unterscheiden lassen.

Darüber hinaus ist gegenwärtig unklar, unter welchen Voraussetzungen MOOCs auf externen Plattformen „an Bildungseinrichtungen" stattfinden. Dies sollte weder erfordern, dass die Universität für den MOOC Credit-Points vergibt, noch dass dieser zum Curriculum der Hochschule zählt. Dann nämlich wäre eine Rechtsunsicherheit zu befürchten, da diese Kriterien für Außenstehende häufig nur schwer erkennbar sind. Zudem ist weder die Vergabe von Leistungspunkten noch die Zugehörigkeit zum Lehrplan einer Hochschule entscheidend dafür, dass ein Interesse an der Nutzung geschützter Inhalte schützenswert ist. Ein weites Verständnis der Lehre an Bildungseinrichtungen ist somit vorzugswürdig. Im Interesse der Transparenz und Rechtsklarheit sollte daher hierfür genügen, dass der MOOC einen nach außen erkennbaren Bezug zu einer Bildungseinrichtung aufweist.

Auch bei einem solch großzügigen Verständnis erfasst § 60a UrhG jedoch MOOCs nicht, die völlig unabhängig von einer Hochschule oder einer anderen klassischen Bildungseinrichtung stattfinden. So schließt der Wortlaut des § 60a Abs. 4 UrhG aus, die MOOC-Plattformen selbst als Bildungseinrichtungen einzuordnen. Eine Schule, Hochschule oder Einrichtung der Berufsbildung zielt bereits nach dem natürlichen Begriffsverständnis auf den Erwerb eines Abschlusses ab, den die MOOC-Plattformen nicht verleihen. Auch als Einrichtung der Weiterbildung lassen sich diese nicht einordnen, selbst wenn man sie entgegen dem bisherigen Verständnis und der Systematik des § 60a Abs. 4 UrhG (der „sonstigen" Aus- und Weiterbildung) nicht der Berufsbildung zuordnet. Eine Weiterbildung kennzeichnet nach ihrem natürlichen Wortsinn, dass sie auf einen bisherigen Kenntnisstand aufbaut und diesen erweitert. Die Kurse auf einer MOOC-Plattform zielen hingegen weder auf eine bestimmte Fachrichtung ab noch setzt die Teilnahme an ihnen einen gewissen Kenntnisstand voraus.[189]

### *III. Ergebnis*

Urheberrechtlich relevant ist insbesondere der Upload unveränderter Inhalte Dritter in die E-Learning-Kurse und MOOCs. Auch Verlinkungen berühren in gewissen Konstellationen die Ausschließlichkeitsrechte des Urhebers. Nutzun-

---

[188] Noch zu § 52a UrhG a. F. BGH, Urt. v. 28.11.2013 – I ZR 76/12, GRUR 2014, 549, Rn. 32 – *Meilensteine der Psychologie*.

[189] S. Einl. I. 2.

gen zum Zwecke des Zitats und zur Veranschaulichung der Lehre sind aber nach § 51 UrhG bzw. § 60a UrhG gesetzlich erlaubt. Bei der Anwendung dieser Vorschriften auf die neuen Kommunikationsformen des Lehrens und Lernens treten jedoch Reibungspunkte auf. Bei der Zitatschranke lassen sich diese aber durch eine lehrspezifische Betrachtung des § 51 UrhG auflösen, nach der im Bereich des Lehrens und Lernens eine fremde geistige Auseinandersetzung mit geschützten Inhalten ebenso als eine Verwendung zum Zwecke des Zitats einzuordnen ist. Eine kommunikationsformoffene Auslegung des § 60a UrhG ist hingegen nur begrenzt möglich. Zwar lässt sich der Vorschrift ein weiter Unterrichtsbegriff zugrunde legen, der lediglich die Verwendung der Inhalte für Lehrzwecke voraussetzt und so auch Unterrichtsgestaltungen ohne festen Lehrplan wie cMOOCs erfassen kann. Eine Anwendung auf MOOCs auf externen Plattformen, die keinen Bezug zu einer Hochschule oder einer anderen klassischen Bildungseinrichtung aufweisen, ist aber aufgrund ihres Wortlauts nicht möglich. Die speziell für digitales Lehren und Lernen geschaffene Privilegierung des § 60a UrhG ist daher nur teilweise zur Adaption an die neuen Kommunikationsformen des Lehrens und Lernens fähig.

## § 2 Veränderung der Inhalte

Die Nutzung geschützter Inhalte für digitales Lehren und Lernen kann auch deren Veränderung erfordern: Eine Fotografie lässt sich nur verkleinert in den Kursbereich hochladen oder der Ausschnitt einer Aufnahme wird vergrößert, um ihn genauer analysieren zu können. Bei der reinen Vergrößerung oder Verkleinerung eines Werks handelt es sich jedoch um eine lediglich geringfügige Veränderung. Dies ordnet das nationale Recht als Vervielfältigung ein,[190] so dass man die Inhalte unter den gleichen Voraussetzungen verwenden darf wie unveränderte Inhalte.[191] Ein stärkerer Eingriff in den Content überschreitet hingegen die Grenzen einer unwesentlichen Änderung. Urheberrechtlich relevant kann aber auch dies sein (I.). Die Veränderung solcher Inhalte ist dann ohne Zustimmung des Rechtsinhabers nur erlaubt, wenn die Veränderung einen hinreichenden Abstand zum benutzten Inhalt wahrt (II.) oder zum Zweck der Karikatur, der Parodie und des Pastiches erfolgt (III.).

---

[190] BGH, Urt. v. 8.11.1989 – I ZR 14/88, GRUR 1990, 669, 673 – *Bibelreproduktion;* BGH, Urt. v. 16.5.2013 – I ZR 28/12, GRUR 2014, 65, Rn. 37 – *Beuys-Aktion.*

[191] Für die Möglichkeiten der Einbindung unveränderter geschützter Inhalte in die Lehr- und Lernprozesse s. § 1.

### *I. Urheberrechtliche Relevanz*

Die mehr als unwesentliche Veränderung eines geschützten Inhalts ist nach der deutschen Urheberrechtsdogmatik traditionell dem Bearbeitungsrecht des Urhebers zuzuordnen. Ob die Verwendung eines solchen Inhalts für digitales Lehren und Lernen urheberrechtlich relevant ist, bestimmt sich nach § 23 UrhG, der zwischen der Herstellung und der Veröffentlichung einer Bearbeitung differenziert. Während die Herstellung der Bearbeitung nur in den in § 23 Abs. 2 UrhG genannten Konstellationen der Einwilligung des Urhebers bedarf, erfordert ihre Veröffentlichung stets die Einwilligung des Urhebers. Ob diese Differenzierung mit dem Unionsrecht vereinbar ist, ist spätestens seit der EuGH-Entscheidung *Pelham/Hütter*[192] fraglich. Ein Bearbeitungsrecht kennt das Unionsrecht nicht. Erfassen die vollharmonisierten Verwertungsrechte auch die Nutzung veränderter Werke, wären diese daher einem sehr weit verstandenen Vervielfältigungsrecht zuzuordnen. Auf die urheberrechtliche Relevanz der Verwendung veränderter Inhalte für digitales Lehren und Lernen hat diese umstrittene Frage[193] jedoch keine Auswirkungen. Denn um veränderte Inhalte hierfür zu verwenden, bedarf es ihrer Veröffentlichung, was auch bei Bearbeitungen nach § 23 UrhG urheberrechtlich relevant ist.

### *II. Bedeutung des hinreichenden Abstands für digitales Lehren und Lernen*

§ 23 UrhG findet nur dann Anwendung, wenn es sich bei der Veränderung des Inhalts um eine Bearbeitung handelt. Nicht als Bearbeitung, sondern als freie Benutzung ist die Veränderung hingegen einzuordnen, wenn der veränderte Inhalt zum benutzten Werk einen hinreichenden Abstand hat. Die Maßstäbe des nationalen Rechts (1.) darf man dabei jedoch nur insoweit zugrunde legen, wie sie mit den Vorgaben des Unionsrechts im Einklang stehen (2.). Hiervon ausgehend lässt sich anschließend untersuchen, welche Bedeutung dem Kriterium des hinreichenden Abstands für digitales Lehren und Lernen (3.) zukommt.

#### *1. Anforderungen des nationalen Rechts*

Eine ausdrücklich auf die freie Benutzung bezogene Vorschrift existiert im deutschen Recht nach Aufhebung des § 24 UrhG nicht mehr. Die Vorschrift war ein Hybrid zwischen Schutzbereichsbeschränkung und Schranken-

---

[192] EuGH, Urt. v. 29.7.2019 – C-476/17, GRUR 2019, 929 – *Pelham/Hütter*.

[193] S. näher § 2 II. 2.

regelung[194] und aufgrund ihrer weiten Fassung unionsrechtswidrig.[195] Die Funktion des § 24 UrhG als Schutzbereichsbegrenzung ist nun aber in § 23 UrhG verankert,[196] dessen Wortlaut sich an den von der Rechtsprechung zum Vorliegen eines äußeren Abstands entwickelten Anforderungen orientiert. Diese Grundsätze lassen sich daher weiterhin für die Beurteilung heranziehen, ob der neue Inhalt einen hinreichenden Abstand aufweist.

Nach der Rechtsprechung ist ein äußerer Abstand unter den folgenden zwei Voraussetzungen zu bejahen: Erstens muss der neue Inhalt die Anforderungen an eine persönliche geistige Schöpfung erfüllen.[197] Zweites und zentrales Abgrenzungskriterium[198] ist die Selbständigkeit des neuen Werks, zu dem das Originalwerk lediglich angeregt hat.[199] Hierfür müssen die entlehnten eigen-

---

[194] So auch Gesetzentwurf der Bundesregierung. Entwurf eines Gesetzes zur Anpassung des Urheberrechts an die Erfordernisse des digitalen Binnenmarkts v. 9.3.2021, BT-Drs. 19/27426, S. 90; *Grünberger,* ZUM 2019, 281, 286; *ders.,* ZUM 2020, 175, 183; *Hauck,* GRUR-Prax 2020, 542, 542; *Lauber-Rönsberg,* ZUM 2020, 733, 734; *Leistner,* GRUR 2019, 1008, 1011; *Ohly,* GRUR 2017, 964, 967; *Pötzlberger,* ZUM 2019, 250, 252; als immanente Schutzbereichsbegrenzung ansehend hingegen BGH, Beschl. v. 1.6.2017 – I ZR 115/16, GRUR 2017, 895, Rn. 22 – *Metall auf Metall III; Apel,* MMR 2019, 601, 602; *Bullinger,* in: Wandtke/Bullinger, UrhG, 5. Aufl. (2019), § 24, Rn. 1; HK-*Dreyer,* UrhG, 4. Aufl. (2018), § 24, Rn. 1; *Homar,* ZUM 2019, 731, 735; *Loewenheim,* in: Schricker/Loewenheim/Leistner/Ohly, UrhG, 6. Aufl. (2020), § 24, Rn. 3; *Summerer,* Illegale Fans (2015), S. 162 ff.; *Wehler,* Die freie Benutzung im digitalen Zeitalter (2012), S. 24 f.; als Schrankenregelung einordnend BGH, Urt. v. 20.11.2008 – I ZR 112/06, GRUR 2009, 403, Rn. 21 – *Metall auf Metall I; Schulze,* in: Dreier/Schulze, UrhG, 6. Aufl. (2018), § 24, Rn. 1.

[195] So auch Gesetzentwurf der Bundesregierung. Entwurf eines Gesetzes zur Anpassung des Urheberrechts an die Erfordernisse des digitalen Binnenmarkts v. 9.3.2021, BT-Drs. 19/27426, S. 1; GA *Szpunar,* Schlussanträge v. 12.12.2018 – Rs. C-476/17, ZUM 2019, 237, Rn. 59 – *Pelham/Hütter; Grünberger,* ZUM 2020, 175, 183; *Leistner,* GRUR 2019, 1008, 1015; *Loewenheim,* in: Schricker/Loewenheim/Leistner/Ohly, UrhG, 6. Aufl. (2020), § 24, Rn. 5; *J. B. Nordemann/Waiblinger,* NJW 2020, 737, 741; *Schonhofen,* GRUR-Prax 2019, 432, 433; *v. Ungern-Sternberg,* GRUR 2020, 113, 120; a. A. HK-*Dreyer,* UrhG, 4. Aufl. (2018), § 24, Rn. 1 ff.; *ders.,* in: Dreier/Schulze, UrhG, 6. Aufl. (2018), § 24, Rn. 1a; *Schulze,* GRUR 2020, 128, 128 ff.

[196] Gesetzentwurf der Bundesregierung. Entwurf eines Gesetzes zur Anpassung des Urheberrechts an die Erfordernisse des digitalen Binnenmarkts v. 9.3.2021, BT-Drs. 19/27426, S. 55.

[197] BGH, Urt. v. 15.11.1957 – I ZR 83/56, GRUR 1958, 354, 356 – *Sherlock Holmes* (noch zu § 13 LUG); *Ahlberg,* in: Möhring/Nicolini, UrhG, 4. Aufl. (2018), § 24, Rn. 2; *Loewenheim,* in: Schricker/Loewenheim/Leistner/Ohly, UrhG, 5. Aufl. (2007), § 24, Rn. 9; *A. Nordemann,* in: Fromm/Nordemann, UrhG, 12. Aufl. (2018), § 23/24, Rn. 42; *Schulze,* in: Dreier/Schulze, UrhG, 6. Aufl. (2018), § 24, Rn. 5; vgl. LG Düsseldorf, Urt. v. 16.12.2020 – 12 O 111/20, GRUR-RS 2020, 37277, Rn. 18 – *Lichtshow.*

[198] *Bauer,* User Generated Content (2011), S. 341.

[199] BGH, Urt. v. 23.6.1961 – I ZR 105/59, GRUR 1961, 631, 632 – *Fernsprechbuch* (noch zu § 13 LUG); BGH, Urt. v. 11.3.1993 – I ZR 264/61, GRUR 1994, 191, 193 – *Asterix Persiflagen;* BGH, Urt. v. 11.3.1993 – I ZR 263/91, GRUR 1994, 206, 208 – *Alcolix;* BGH,

persönlichen Züge des benutzten Werks gegenüber der Eigenart des neuen Inhalts verblassen,[200] so dass sie nur noch schwach und urheberrechtlich nicht mehr relevant durchschimmern.[201] Entscheidend ist der Gesamteindruck[202] vom Standpunkt eines Betrachters aus, der das benutzte Werk kennt und das für das neue Werk erforderliche intellektuelle Verständnis hat.[203] Dabei sind alle übernommenen schöpferischen Züge in einer Gesamtschau zu würdigen[204]

---

Urt. v. 29.4.1999 – I ZR 65/96, GRUR 1999, 984, 987 – *Laras Tochter;* BGH, Urt. v. 8.5.2002 – I ZR 98/00, GRUR 2002, 799, 800 f. – *Stadtbahnfahrzeug;* BGH, Urt. v. 20.3.2003 – I ZR 117/00, GRUR 2003, 956, 958 – *Gies-Adler; Loewenheim,* in: Schricker/Loewenheim/Leistner/Ohly, UrhG, 6. Aufl. (2020), § 24, Rn. 14; *A. Nordemann,* in: Fromm/Nordemann, UrhG, 12. Aufl. (2018), § 23/24, Rn. 44; *Schulze,* in: Dreier/Schulze, UrhG, 6. Aufl. (2018), § 24, Rn. 7.

[200] BGH, Urt. v. 4.2.1958 – I ZR 48/57, GRUR 1958, 402, 404 – *Lili Marleen* (noch zu § 13 LUG); BGH, Urt. v. 1.4.1958 – I ZR 49/57, GRUR 1958, 500, 502 – *„Mecki"-Igel I* (noch zu § 16 KUG); BGH, Urt. v. 8.12.1959 – I ZR 131/58, GRUR 1960, 251, 253 – *„Mecki"-Igel II* (noch zu § 16 KUG); BGH, Urt. v. 23.6.1961 – I ZR 105/59, GRUR 1961, 631, 632 – *Fernsprechbuch* (noch zu § 13 LUG); BGH, Urt. v. 3.7.1964 – Ib ZR 146/62, GRUR 1965, 45, 47– *Stadtplan* (noch zu § 13 LUG); BGH, Urt. v. 26.3.1971 – I ZR 77/69, GRUR 1971, 588, 589 – *Disney-Parodie;* BGH, Urt. v. 8.2.1980 – I ZR 32/78, GRUR 1980, 853, 854 – *Architektenwechsel;* BGH, Urt. v. 21.11.1980 – I ZR 106/78, GRUR 1981, 353, 353 – *Staatsexamensarbeit;* BGH, Urt. v. 11.3.1993 – I ZR 264/61, GRUR 1994, 191, 193 – *Asterix Persiflagen;* BGH, Urt. v. 11.3.1993 – I ZR 263/91, GRUR 1994, 206, 208 – *Alcolix;* BGH, Urt. v. 29.4.1999 – I ZR 65/96, GRUR 1999, 984, 987 – *Laras Tochter;* BGH, Urt. v. 8.5.2002 – I ZR 98/00, GRUR 2002, 799, 800 – *Stadtbahnfahrzeug;* BGH, Urt. v. 20.3.2003 – I ZR 117/00, GRUR 2003, 956, 958 – *Gies-Adler;* BGH, Urt. v. 20.12.2007 – I ZR 42/05, GRUR 2008, 693, Rn. 29 – *TV-Total;* BGH, Urt. v. 1.12.2010 – I ZR 12/08, GRUR 2011, 134, Rn. 34 – *Perlentaucher;* BGH, Urt. v. 16.5.2013 – I ZR 28/12, GRUR 2014, 65, Rn. 37 – *Beuys-Aktion.*

[201] BGH, Urt. v. 11.3.1993 – I ZR 264/61, GRUR 1994, 191, 193 – *Asterix Persiflagen; Ahlberg,* in: Möhring/Nicolini, UrhG, 4. Aufl. (2018), § 24, Rn. 3; *Dustmann,* in: Fromm/Nordemann, UrhG, 12. Aufl. (2018), 23/24, Rn. 43.

[202] BGH, Urt. v. 24.1.1991 – I ZR 72/89, GRUR 1991, 533, 534 – *Brown Girl II;* BGH, Urt. v. 28.5.1998 – I ZR 81/96, GRUR 1998, 916, 918 f. – *Stadtplanwerk;* BGH, Urt. v. 8.7.2004 – I ZR 25/02, GRUR 2004, 855, 857 – *Hundefigur;* BGH, Urt. v. 16.5.2013 – I ZR 28/12, GRUR 2014, 65, Rn. 38 – *Beuys-Aktion;* BGH, Urt. v. 16.4.2015 – I ZR 225/12, GRUR 2015, 1189, Rn. 72 – *Goldrapper;* vgl. BGH, Urt. v. 11.3.1993 – I ZR 264/61, GRUR 1994, 191, 192 ff. – *Asterix Persiflagen;* BGH, Urt. v. 29.4.1999 – I ZR 65/96, GRUR 1999, 984, 988 – *Laras Tochter;* BGH, Urt. v. 16.4.2015 – I ZR 225/12, GRUR 2015, 1189, Rn. 72 – *Goldrapper.*

[203] BGH, Urt. v. 11.3.1993 – I ZR 263/91, GRUR 1994, 206, 209 – *Alcolix;* BGH, Urt. v. 13.4.2000 – I ZR 282/97, GRUR 2000, 703, 706 – *Mattscheibe.*

[204] BGH, Urt. v. 8.7.2004 – I ZR 25/02, GRUR 2004, 855, 857 – *Hundefigur;* BGH, Urt. v. 16.5.2013 – I ZR 28/12, GRUR 2014, 65, Rn. 38 – *Beuys-Aktion;* BGH, Urt. v. 17.7.2013 – I ZR 52/12, GRUR 2014, 258, Rn. 40 – *Pippi-Langstrumpf-Kostüm I;* BGH, Urt. v. 16.4.2015 – I ZR 225/12, GRUR 2015, 1189, Rn. 72 – *Goldrapper.*

und kein zu milder Maßstab anzuwenden.[205] Neben dem Grad der Veränderung hängt die Einordnung als freie Benutzung jedoch auch davon ab, welche Individualität dem Originalwerk zukommt. Je geringer die Eigentümlichkeit des ursprünglichen Inhalts ist, umso eher ist ein Verblassen anzunehmen.[206]

Aufgrund ihrer viel geringeren Eigenprägung ist der erforderliche Individualitätsabstand daher regelmäßig bei den durch Leistungsschutzrechte geschützten Inhalten eher gegeben als bei Werken.[207] Das Institut der freien Benutzung ist auf solche Inhalte aber nicht nur ebenfalls anwendbar,[208] sondern es gelten auch die gleichen Anforderungen für eine freie Benutzung wie bei Werken.[209] Hinsichtlich des Leistungsschutzrechts des Tonträgerherstellers

---

[205] BGH, Urt. v. 1.4.1958 – I ZR 49/57, GRUR 1958, 500, 502 – *„Mecki"-Igel I* (noch zu § 16 KUG); BGH, Urt. v. 3.7.1964 – Ib ZR 146/62, GRUR 1965, 45, 47 – *Stadtplan* (noch zu § 13 LUG); BGH, Urt. v. 26.3.1971 – I ZR 77/69, GRUR 1971, 588, 589 – *Disney-Parodie;* BGH, Urt. v. 20.12.1977 – I ZR 37/76, GRUR 1978, 305, 306 – *Schneewalzer;* BGH, Urt. v. 26.09.1980 – I ZR 17/78, GRUR 1981, 267, 269 – *Dirlada;* BGH, Urt. v. 11.3.1993 – I ZR 264/61, GRUR 1994, 191, 193 – *Asterix Persiflagen;* BGH, Urt. v. 11.3.1993 – I ZR 263/91, GRUR 1994, 206, 208 – *Alcolix;* BGH, Urt. v. 28.5.1998 – I ZR 81/96, GRUR 1998, 916, 918 – *Stadtplanwerk;* BGH, Urt. v. 29.4.1999 – I ZR 65/96, GRUR 1999, 984, 987 – *Laras Tochter;* BGH, Urt. v. 8.5.2002 – I ZR 98/00, GRUR 2002, 799, 800 – *Stadtbahnfahrzeug.*

[206] BGH, Urt. v. 8.12.1959 – I ZR 131/58, GRUR 1960, 251, 253 – *„Mecki"-Igel II* (noch zu § 16 KUG); BGH, Urt. v. 20.12.1977 – I ZR 37/76, GRUR 1978, 305, 306 – *Schneewalzer;* BGH, Urt. v. 26.09.1980 – I ZR 17/78, GRUR 1981, 267, 269 – *Dirlada;* BGH, Urt. v. 24.1.1991 – I ZR 72/89, GRUR 1991, 531, 532 – *Brown Girl I;* BGH, Urt. v. 24.1.1991 – I ZR 72/89, GRUR 1991, 533, 534 – *Brown Girl II.*

[207] Vgl. *Loewenheim,* in: Schricker/Loewenheim/Leistner/Ohly, UrhG, 6. Aufl. (2020), § 24, Rn. 23.

[208] Vgl. für das Leistungsschutzrecht an Lichtbildern die Verweisung des § 72 Abs. 1 UrhG; ausf. zu dem generellen Bedürfnis und der Möglichkeit einer Analogie des § 24 UrhG hinsichtlich der übrigen Leistungsschutzrechte s. *Wegmann,* Der Rechtsgedanke der freien Benutzung (2013), S. 102 ff. und 258 ff.; für Tonträger- und Filmhersteller *Ahlberg,* in: Möhring/Nicolini, UrhG, 4. Aufl. (2018), § 24, Rn. 26; *Bauer,* User Generated Content (2011), S. 336; für die Anwendbarkeit auf Laufbilder BGH, Urt. v. 13.4.2000 – I ZR 282/97, GRUR 2000, 703, 704 ff. – *Mattscheibe;* BGH, Urt. v. 20.12.2007 – I ZR 42/05, GRUR 2008, 693, Rn. 24 – *TV-Total;* für Tonträgerhersteller BGH, Urt. v. 20.11.2008 – I ZR 112/06, GRUR 2009, 403, Rn. 21 – *Metall auf Metall I;* BGH, Urt. v. 13.12.2012 – I ZR 182/11, GRUR 2013, 614, Rn. 13 – *Metall auf Metall II;* BGH, Urt. v. 30.4.2020 – I ZR 115/16, GRUR 2020, 843, Rn. 35 – *Metall auf Metall IV;* a. A. für das Recht der ausübenden Künstler *Apel,* Der ausübende Musiker (2011), S. 304 ff.; eine immanente Schutzbereichsbegrenzung für vorzugswürdig haltend HK-*Dreyer,* UrhG, 4. Aufl. (2018), § 24, Rn. 14.

[209] *Bauer,* User Generated Content (2011), S. 350; für Laufbilder BGH, Urt. v. 20.12.2007 – I ZR 42/05, GRUR 2008, 693, Rn. 25 – *TV-Total;* für Tonträger BGH, Urt. v. 20.11.2008 – I ZR 112/06, GRUR 2009, 403, Rn. 25 – *Metall auf Metall I;* BGH, Beschl. v. 1.6.2017 – I ZR 115/16, GRUR 2017, 895, Rn. 25 – *Metall auf Metall III;* stattdessen für die Leistungsschutzrechte das Kriterium vorschlagend, ob die Gefahr einer wirtschaftlichen

forderte der BGH für eine freie Benutzung in seinen Entscheidungen *Metall auf Metall I* und *II* zudem zusätzlich, dass die entnommene Tonfolge nicht selbst eingespielt werden kann.[210] Dies ist nicht nur insbesondere im Hinblick auf Sampling in der Literatur auf Kritik gestoßen.[211] Das BVerfG hat die Entscheidung schließlich aufgehoben und zur erneuten Entscheidung an den BGH zurückverwiesen.[212] Zwingend aufgeben musste der BGH die für Tonträger aufgestellte zusätzliche Voraussetzung für die Verfassungsmäßigkeit zwar nicht, da sich diese auch auf andere Weise hätte herstellen lassen,[213] er hat dies in seiner Entscheidung *Metall auf Metall IV* aber nun ausdrücklich getan.[214]

### *2. Vereinbarkeit mit dem Unionsrecht*

Bei der Bestimmung des hinreichenden Abstands sind die Vorgaben des Unionsrechts zu beachten, wenn die unionsrechtlich vollharmonisierten Verwertungsrechte auch die Veränderung von Werken einschließen, die das deutsche Recht mit dem Bearbeitungsrecht als eigenständiges Verwertungsrecht des Urhebers einordnet. Spätestens seit der EuGH-Entscheidung *Pelham/Hütter*[215] wird man dies bejahen müssen.[216] Ohne auch nur ein einziges Wort darüber zu verlieren, dass die in der InfoSoc-RL geregelten Verwertungsrechte die Nut-

---

Beeinträchtigung besteht, *Wegmann,* Der Rechtsgedanke der freien Benutzung (2013), S. 211 f., 250 ff.

[210] BGH, Urt. v. 20.11.2008 – I ZR 112/06, GRUR 2009, 403, Rn. 23 – *Metall auf Metall I;* bestätigt in BGH, Urt. v. 13.12.2012 – I ZR 182/11, GRUR 2013, 614, Rn. 13 – *Metall auf Metall II;* die entsprechende Anwendung des Kriteriums bei Laufbildern offenlassend BGH, Urt. v. 13.12.2012 – I ZR 182/11, GRUR 2013, 614, Rn. 20 – *Metall auf Metall II;* die Grundsätze der Entscheidung auf das Leistungsschutzrecht der ausübenden Künstler anwendend LG Hamburg, Urt. v. 23.3.2010 – 310 O 155/08, ZUM-RD 2010, 399, 409 f.

[211] Krit. zu der *Metall auf Metall I*-Entscheidung *Hoeren,* MMR 2009, 257, 257 f.; *Schack,* JZ 2009, 475, 476 f.; *Wehler,* Die freie Benutzung im digitalen Zeitalter (2012), S. 160; zust. *Apel,* Der ausübende Musiker (2011), S. 303; *Lindthorst,* GRUR 2009, 406, 407; *Röhl,* K&R 2009, 172, 174 f.; *Stieper,* ZUM 2009, 223, 224 f; auch unabhängig vom Sampling erscheint die Argumentation des BGH unter dem Gesichtspunkt problematisch, dass sie eine zusätzliche Voraussetzung für eine den Schutz beschränkende Vorschrift mit einem engen Schutzbereich des Schutzrechts begründet.

[212] BVerfG, Urt. v. 31.5.2016 – 1 BvR 1585/13, GRUR 2016, 690 – *Sampling.*

[213] BVerfG, Urt. v. 31.5.2016 – 1 BvR 1585/13, GRUR 2016, 690, Rn. 110 – *Sampling.*

[214] BGH, Urt. v. 30.4.2020 – I ZR 115/16, GRUR 2020, 843, Rn. 17 – *Metall auf Metall IV;* bereits hierauf hindeutend BGH, Beschl. v. 1.6.2017 – I ZR 115/16, GRUR 2017, 895, Rn. 25 ff. – *Metall auf Metall III.*

[215] EuGH, Urt. v. 29.7.2019 – C-476/17, GRUR 2019, 929 – *Pelham/Hütter.*

[216] Eine Harmonisierung des Bearbeitungsrechts annehmend auch *Grisse/Kaiser,* ZUM 2021, 401, 411 f.; *Grünberger,* ZUM 2020, 175, 183; HK-*Dreyer,* UrhG, 4. Aufl. (2018), § 23, Rn. 1 f.; *Lauber-Rönsberg,* ZUM 2020, 733, 736; *Leistner,* GRUR 2014, 1145, 1149; *Stieper,* AfP 2015, 301, 302; v. *Ungern-Sternberg,* GRUR 2015, 533, 533 ff.; a. A. *Apel,* MMR 2019, 97, 98; *Schulze,* in: Dreier/Schulze, UrhG, 6. Aufl. (2018), § 24, Rn. 1a.

zung veränderter Inhalte ebenfalls erfassen, wendet der EuGH Art. 5 InfoSoc-RL für die freie Benutzung von Inhalten an.[217] Zwar bezog sich diese Entscheidung nur auf das Leistungsschutzrecht des Tonträgerherstellers nach Art. 2 lit. c InfoSoc-RL. Dass der EuGH aber bei Urhebern ebenfalls das Bearbeitungsrecht dem vollharmonisierten[218] Vervielfältigungsrecht zuordnet,[219] deutete sich bereits in seinen früheren Entscheidungen an. So setzte der EuGH es in der Entscheidung *Painer/Standard* als selbstverständlich voraus, dass das Vervielfältigungsrecht auch die Nutzung eines veränderten Werks beinhaltet.[220] Zudem nahm der EuGH in der *Deckmyn*-Entscheidung bei der Verwendung einer Karikatur und somit eines veränderten Werks implizit die Eröffnung des sachlichen Anwendungsbereichs der InfoSoc-RL an.[221]

Dies bedeutet jedoch nicht, dass das nationale Recht den Schutzbereich des Rechts nicht durch das Kriterium eines hinreichenden Abstands zum Originalinhalt begrenzen darf. Der EuGH hat in der Entscheidung *Pelham/Hütter*[222] einen Eingriff in die Rechte des Schutzrechtsinhabers verneint, sofern das Ursprungswerk in geänderter und nicht wiedererkennbarer Form in einem neuen Werk genutzt wird.[223] Auch wenn die mangelnde Wiedererkennbarkeit in der Entscheidung des EuGH das Ergebnis einer Grundrechtsabwägung ist,[224] erinnert dies an das im nationalen Recht für einen hinreichenden Abstand geforderte Verblassen des Werks.[225] Die Anforderungen der deutschen Rechtsprechung sind dennoch etwas zu modifizieren, um mit dem Unionsrecht vereinbar zu sein. Der EuGH stellt in seiner Entscheidung *Pelham/Hütter*[226] aus-

---

[217] Für das Leistungsschutzrecht des Tonträgerherstellers EuGH, Urt. v. 29.7.2019 – C-476/17, GRUR 2019, 929, Rn. 57 – *Pelham/Hütter.*

[218] *Grünberger,* ZUM 2015, 273, 274; in Bezug auf das Vervielfältigungsrecht des Tonträgerherstellers EuGH, Urt. v. 29.7.2019 – C-476/17, GRUR 2019, 929, Rn. 85 – *Pelham/Hütter; Pötzlberger,* ZUM 2019, 250, 252.

[219] Auch der BGH sieht jede körperlich festgelegte Bearbeitung oder Umgestaltung zugleich als Vervielfältigung an, vgl. BGH, Urt. v. 2.11.1962, GRUR 1963, 441, 443 – *Mit Dir allein* (noch zu § 12 LUG); BGH, Urt. v. 10.12.1987, GRUR 1988, 533, 535 – *Vorentwurf II;* BGH, Urt. v. 29.4.2010 – I ZR 69/08, GRUR 2010, 628, Rn. 17 – *Vorschaubilder I;* BGH, Urt. v. 16.5.2013 – I ZR 28/12, GRUR 2014, 65, Rn. 36 – *Beuys-Aktion;* HK-*Dreyer,* UrhG, 4. Aufl. (2018), § 23, Rn. 6.

[220] *Stieper,* AfP 2015, 301, 302; *v. Ungern-Sternberg,* GRUR 2015, 533, 534.

[221] *Lauber-Rönsberg,* ZUM 2015, 658, 661.

[222] EuGH, Urt. v. 29.7.2019 – C-476/17, GRUR 2019, 929 – *Pelham/Hütter.*

[223] Für das Leistungsschutzrecht des Tonträgerherstellers EuGH, Urt. v. 29.7.2019 – C-476/17, GRUR 2019, 929, Rn. 31 ff. – *Pelham/Hütter;* krit. zu dem Kriterium der Wiedererkennbarkeit *Hieber,* ZUM 2019, 746, 747.

[224] *Schonhofen,* GRUR-Prax 2019, 432, 433.

[225] Die mangelnde Wiedererkennbarkeit als deutlich strenger als das Kriterium des Verblassens einordnend hingegen *Homar,* ZUM 2019, 731, 736; *Lauber-Rönsberg,* ZUM 2020, 733, 737.

[226] EuGH, Urt. v. 29.7.2019 – C-476/17, GRUR 2019, 929 – *Pelham/Hütter.*

schließlich darauf ab, ob der verwendete Inhalt noch wiederzuerkennen ist. Zwar betraf die Entscheidung unmittelbar nur das Leistungsschutzrecht des Tonträgerherstellers, aber dies ist auf das Urheberrecht übertragbar, so dass auch hier die mangelnde Wiedererkennbarkeit die einzige Voraussetzung für eine freie Benutzung sein muss. Neben einem Verblassen fordern die deutsche Rechtsprechung und der Wortlaut des § 23 Abs. 1 S. 2 UrhG hingegen zusätzlich, dass der neue Inhalt die Anforderungen an eine persönliche geistige Schöpfung erfüllt.[227] Da die Bestimmung des Schutzbereichs jedoch vollharmonisiert ist,[228] ist diese Voraussetzung im nationalen Recht aufzugeben.[229] Nach einem unionsrechtskonformen Verständnis ist das Vorliegen einer freien Benutzung daher unabhängig davon zu beurteilen, ob es sich bei dem neu geschaffenen Inhalt um eine persönliche geistige Schöpfung handelt.

### *3. Folgen für die Formen digitalen Lehrens und Lernens*

Mehr als unwesentlich veränderte Inhalte Dritter dürfen somit für digitales Lehren und Lernen ohne Erlaubnis des Rechtsinhabers nur dann verwendet werden, wenn der Originalinhalt nicht mehr erkennbar ist. Bedeutsam ist diese Einschränkung in allen Formen der Online-Lehre jedenfalls für die Dozenten. In cMOOCs müssen zudem die Teilnehmer dies berücksichtigen, da sie auch selbst Inhalte hochladen und die von den Dozenten oder anderen Teilnehmern hochgeladenen Inhalte verändern.

#### *a) E-Learning und xMOOCs*

Verändern die Dozenten für ihre E-Learning-Kurse oder xMOOCs fremde geschützte Inhalte, darf dies entweder nur geringfügig sein oder muss so weitgehend sein, dass die Originalinhalte nicht mehr wiederzuerkennen sind. Gerade die letzte Voraussetzung bietet den Dozenten dabei die Möglichkeit, fremde Lehr- und Lernmaterialien als Anregung für ihre Kursvorbereitung heranzuziehen. Dass die Inhalte der Dozenten selbst die Anforderungen für einen urheberrechtlichen Schutz erfüllen, ist hingegen aufgrund der Vorgaben des Unionsrechts nicht mehr vorauszusetzen.[230] Außerhalb der für den Bildungsbereich geschaffenen Inhalte bietet es sich zumindest in den meisten Fällen aber ohnehin an, die Werke allenfalls geringfügig zu verändern, da sich nur so etwa die Charakteristika des Malstils von Salvador Dali oder die sprachlichen Besonderheiten eines Romans von Thomas Mann analysieren lassen.

---

[227] Vgl. § 2 II. 1.

[228] *Ohly,* GRUR 2017, 964, 967.

[229] Dies bereits nach der *Deckmyn*-Entscheidung fordernd *v. Ungern-Sternberg,* GRUR 2015, 533, 539; offenlassend *Loewenheim,* in: Schricker/Loewenheim/Leistner/Ohly, UrhG, 6. Aufl. (2020), § 24, Rn. 13; *Schulze,* GRUR 2020, 128, 132.

[230] Vgl. § 2 II 2.

### *b) cMOOCs*

Im Gegensatz zu E-Learning und xMOOCs erfolgt bei cMOOCs ein Upload von Inhalten auch in größerem Umfang durch die Teilnehmer.[231] Die sehr strenge Voraussetzung, dass bei veränderten Inhalten die Originalinhalte nicht mehr zu erkennen sein dürfen, werden die Teilnehmer dabei nur selten erfüllen. Der spielerische Umgang mit Originalinhalten – wie etwa die Versetzung der Handlung des Romans „Buddenbrooks“ in das 21. Jahrhundert – kann den Lernprozess der Teilnehmer fördern, schließt zumeist jedoch eine Veränderung ein, die sich zwischen der unteren Grenzen der Geringfügigkeit und der oberen Grenze einer mangelnden Wiedererkennbarkeit des ursprünglichen Inhalts bewegt. Stellt der Dozent eine solche Aufgabe, so dürfen die Teilnehmer einen solchen Text zwar entwerfen, ihn aber nicht den anderen Teilnehmern zeigen und sich über ihn austauschen. Ohne Erkennbarkeit des Originalinhalts verlören derartige Aufgaben jedoch ihren Sinn oder hätten zumindest einen geringeren Lerneffekt. Für die Nutzungen der Teilnehmer ist es daher nur von geringer Bedeutung, dass sie veränderte Inhalte verwenden dürfen, sofern das Ursprungswerk nicht mehr erkennbar ist. Die strengen Voraussetzungen eines hinreichenden Abstands werden somit dem Bedürfnis der cMOOC-Teilnehmer nicht gerecht, aktiv und kreativ mit den Inhalten zu arbeiten.

## *III. Die Bedeutung der Privilegierung von Karikaturen, Parodien und Pastiches für digitales Lehren und Lernen*

Die gesetzlich erlaubten Nutzungen der §§ 51, 60a UrhG greifen bei mehr als nur geringfügig veränderten Inhalten aufgrund des grundsätzlichen Änderungsverbots des § 62 UrhG nicht ein. Auch der ausschließlich auf Sprachwerke bezogene § 62 Abs. 5 UrhG erlaubt nur Änderungen, die für dic Veranschaulichung des Unterrichts und der Lehre erforderlich sind. Hingegen ist nach § 51a UrhG die Verwendung zum Zwecke der Karikatur, der Parodie und des Pastiches zulässig, was nach § 62 Abs. 4a UrhG die für den Benutzungszweck erforderlichen Änderungen ebenso einschließt. Zumindest hinsichtlich Parodien entspricht dies dem bisherigen Verständnis der freien Benutzung. Nach ständiger Rechtsprechung[232] waren die Anforderungen an eine freie

---

[231] Vgl. Einl. I. 2. a).

[232] BGH, Urt. v. 11.3.1993 – I ZR 264/61, GRUR 1994, 191, 193 – *Asterix Persiflagen;* BGH, Urt. v. 11.3.1993 – I ZR 263/91, GRUR 1994, 206, 208 – *Alcolix;* BGH, Urt. v. 29.4.1999 – I ZR 65/96, GRUR 1999, 984, 987 – *Laras Tochter;* BGH, Urt. v. 13.4.2000 – I ZR 282/97, GRUR 2000, 703, 704 – *Mattscheibe;* BGH, Urt. v. 20.3.2003 – I ZR 117/00, GRUR 2003, 956, 958 – *Gies-Adler;* BGH, Urt. v. 1.12.2010 – I ZR 12/08, GRUR 2011, 134, Rn. 34 – *Perlentaucher;* BGH, Urt. v. 17.7.2013 – I ZR 52/12, GRUR 2014, 258, Rn. 39 – *Pippi-Langstrumpf-Kostüm I;* BGH, Urt. v. 18.7.2016 – I ZR 9/15, GRUR 2016, 1157, Rn. 22 – *auf fett getrimmt;* für Laufbilder BGH, Urt. v. 13.4.2000 – I ZR 282/97,

Benutzung auch dann erfüllt, wenn der Inhalt einen so großen inneren Abstand zu den entlehnten eigenpersönlichen Zügen des Originalwerks hält, dass er seinem Wesen nach ein selbständiges Werk ist. Bedeutung hat dieses weit formulierte Kriterium in der bisherigen Rechtsprechung jedoch bis auf einen einzigen Fall[233] ausschließlich für Parodien erlangt.

Eine Parodie zeichnet nach dem EuGH aus, dass sie an ein bestehendes Werk erinnert, von dem sie sich aber gleichzeitig unterscheidet und dabei einen Ausdruck von Humor und Verspottung aufweist.[234] Eine unionsrechtliche Definition der Karikaturen und Pastiches fehlt hingegen bislang. Nach der Begründung des Gesetzesentwurfs der Bundesregierung soll eine Karikatur durch einen Ausdruck des Humors bzw. der Verspottung gekennzeichnet sein.[235] Relevanz für nutzergenerierte Inhalte im Bildungsbereich hat die Privilegierung von Karikaturen und Parodien daher nicht. Eine feste Definition eines Pastiche existiert nicht.[236] So wird unter einem Pastiche die Schaffung eines Werks im Stil eines anderen Werks,[237] die Entlehnung der eigenschöpferischen Züge einer Vorlage als gedankliche Verbindung zu dem entlehnten Werk,[238] die Referenz auf ein Original[239] oder die Kombination von unterschiedlichen Inhalten mit eigenen Beiträgen[240] verstanden. Nach der Begründung des Gesetzesentwurfs der Bundesregierung charakterisiert einen Pastiche die Auseinandersetzung mit einem vorbestehenden Inhalt, der auch in einer Ehrerbietung für das Original bestehen kann.[241] Gegen ein solches Pastiche-Verständnis spricht jedoch, dass dies die Privilegierung für Karikaturen, Parodien und Pastiches zu sehr mit der Zitatschranke vermischen würde, die ebenfalls eine geistige Auseinandersetzung mit dem Inhalt voraussetzt.[242]

Anknüpfen sollte die Definition des Pastiche vielmehr an die Gemeinsamkeit von Karikaturen, Pastiches und Parodien, dass sie ihren Zweck nur dann

---

GRUR 2000, 703, 704 – *Mattscheibe;* BGH, Urt. v. 20.12.2007 – I ZR 42/05, GRUR 2008, 693, Rn. 36 – *TV-Total.*

[233] BGH, Urt. v. 17.7.2013 – I ZR 52/12, GRUR 2014, 258 – *Pippi-Langstrumpf-Kostüm I.*

[234] EuGH, Urt. v. 3.9.2014 – C-201/13, GRUR 2014, 972, Rn. 20 – *Deckmyn.*

[235] Gesetzentwurf der Bundesregierung. Entwurf eines Gesetzes zur Anpassung des Urheberrechts an die Erfordernisse des digitalen Binnenmarkts v. 9.3.2021, BT-Drs. 19/27426, S. 104.

[236] So auch *Döhl,* ZUM 2020, 740, 742; *Lauber-Rönsberg,* ZUM 2020, 733, 738; *Ohly,* GRUR 2020, 851, 852.

[237] *Ohly,* GRUR 2017, 964, 968.

[238] *Stieper,* AfP 2015, 301, 305.

[239] *Dyer,* Pastiche (2007), S. 22.

[240] *Senftleben,* ZUM 2019, 369, 379 m. w. N.

[241] Gesetzentwurf der Bundesregierung. Entwurf eines Gesetzes zur Anpassung des Urheberrechts an die Erfordernisse des digitalen Binnenmarkts v. 9.3.2021, BT-Drs. 19/27426, S. 105.

[242] S. § 1 II. 1. a).

erreichen können, wenn das Originalwerk erkennbar ist.[243] Dies steht im Einklang damit, dass der Konzeption des EuGH ein weiter[244] Parodiebegriff zugrunde liegt und die unterschiedlichen Verständnisse des Begriffs des Pastiche eine großzügige Auslegung erlauben.[245] Zudem macht gerade diese Charakteristik eine gesetzlich erlaubte Nutzung für Inhalte dieser Art erforderlich. Schließlich steht sie im Widerspruch zu einem Verblassen des ursprünglichen Inhalts, den es bedürfte, um die Eröffnung des Schutzbereichs zu verneinen. Auch der BGH begründete mit diesem Merkmal die Notwendigkeit eines Kriteriums des inneren Abstands, bei dessen Vorliegen er auch ohne Verblassen des ursprünglichen Inhalts eine freie Benutzung bejaht hat. Nach seiner Ansicht wären sonst „der künstlerischen Auseinandersetzung mit noch geschützten Werken, sei es in der Form der Parodie, sei es in anderer Form, zu enge Grenzen gesetzt",[246] da sie erfordern könne, dass das ursprüngliche Werk und seine Eigenheiten erkennbar blieben.[247] Voraussetzung für die Einordnung einer Nutzung als Pastiche sollte daher sein, dass aufgrund des Charakters des neu geschaffenen Inhalts ein Bedürfnis für die Erkennbarkeit des Originalinhalts selbst besteht.

Eine derartige Konkretisierung der Schranke ist offen für Nutzungen im Rahmen digitaler Lehr- und Lernprozesse, da auch bei diesen ein solches Bedürfnis bestehen kann. Dies trifft insbesondere auf nutzergenerierte Inhalte bei cMOOCs zu.[248] So kann eine kritische Auseinandersetzung mit den Inhalten Dritter allein bei einer Erkennbarkeit des Originalinhalts sinnvoll erfolgen. Schließlich kann ein Teilnehmer nur so aufzeigen, welche Schwächen seiner Ansicht nach der ursprüngliche Inhalt aufweist und wie sich dieser weiterentwickeln lässt.

Eine weite Definition des Anwendungsbereichs der Vorschrift ist auch deshalb sachgerecht, da das zentrale Kriterium für die Privilegierung in Anlehnung an die *Deckmyn*-Entscheidung des EuGH[249] eine Interessenabwägung

---

[243] Vgl. auch Gesetzentwurf der Bundesregierung. Entwurf eines Gesetzes zur Anpassung des Urheberrechts an die Erfordernisse des digitalen Binnenmarkts v. 9.3.2021, BT-Drs. 19/27426, S. 103.

[244] *Haedicke,* GRUR Int. 2015, 664, 667 f.; *Lauber-Rönsberg,* ZUM 2015, 658, 661; *Lotte,* ZUM 2016, 991, 992; *Riesenhuber,* LMK 2014, 363019; *Unseld,* EuZW 2014, 914, 915.

[245] Den Begriff weit auslegend auch *Pötzlberger,* GRUR 2018, 675, 676 ff.; für ein engeres Verständnis hingegen *Hauck,* GRUR-Prax 2020, 542, 544.

[246] BGH, Urt. v. 11.3.1993 – I ZR 264/61, GRUR 1994, 191, 193 – *Asterix Persiflagen;* BGH, Urt. v. 11.3.1993 – I ZR 263/91, GRUR 1994, 206, 208 – *Alcolix.*

[247] BGH, Urt. v. 11.3.1993 – I ZR 264/61, GRUR 1994, 191, 193 – *Asterix Persiflagen;* BGH, Urt. v. 11.3.1993 – I ZR 263/91, GRUR 1994, 206, 208 – *Alcolix;* vgl. BGH, Urt. v. 26.3.1971 – I ZR 77/69, GRUR 1971, 588, 589 – *Disney-Parodie.*

[248] S. § 2 II. 3. b).

[249] Vgl. *Lotte,* ZUM 2016, 991, 992.

sein muss. Zulässig sind die Nutzungen, bei denen die Interessen der Nutzer an einer Verwendung des veränderten Inhalts die Beeinträchtigung der Interessen der Schutzrechtsinhaber durch die veränderte Verwendung des Werks überwiegen. Dabei ist eine etwaige Entstellung nach § 14 UrhG[250] ebenso zu berücksichtigen wie die Verletzung der Rechte Dritter außerhalb des Urheberrechts.[251] Letzteres geht jedoch mit einer Rechtsunsicherheit einher. Damit diese sich in Grenzen hält, sollte das verletzte Rechtsgut mit dem in der *Deckmyn*-Entscheidung thematisierten[252] Nichtdiskriminierungsrecht vergleichbar sein, das eine hohe Bedeutung im Unionsrecht hat.[253] In die Interessenabwägung einzubeziehen sind auch grundrechtlich geschützte Positionen der Nutzer des veränderten Werks. Bei den Parodien ist dies die freie Meinungsäußerung der Nutzer,[254] bei den nutzergenerierten Inhalten im Bildungsbereich die grundrechtlich geschützte Lehre.

Entscheidend für die Interessenabwägung ist aber insbesondere, ob der Kurs kommerziellen Zwecken dient. Hierfür sind die gleichen Grundsätze heranzuziehen wie für die Verfolgung nicht kommerzieller Zwecke bei § 60a UrhG.[255] Bei einer Kommerzialität ist ein Überwiegen der Interessen der Nutzer nur in Ausnahmefällen zu bejahen. Schließlich können innerhalb und außerhalb des Bildungsbereichs User Generated Content-Plattformen nicht unerhebliche Mehrwerte erzielen, die insbesondere auf den Fremdinhalten beruhen,[256] während die betroffenen Urheber und Rechtsinhaber keine Vergütung erhalten. Auch die bisher weltweit einzige Schranke für nutzergenerierte Inhalte in Kanada[257] beschränkt sich auf die nicht kommerzielle Verwendung der Inhalte.

---

[250] Vgl. BGH, Urt. v. 18.7.2016 – I ZR 9/15, GRUR 2016, 1157, Rn. 38 – *auf fett getrimmt.*

[251] Vgl. BGH, Urt. v. 18.7.2016 – I ZR 9/15, GRUR 2016, 1157, Rn. 39 – *auf fett getrimmt.*

[252] Vgl. EuGH, Urt. v. 3.9.2014 – C-201/13, GRUR 2014, 972, Rn. 30 – *Deckmyn.*

[253] *Lotte,* ZUM 2016, 991, 992.

[254] Vgl. EuGH GRUR 2014, 972, Rn. 27 – *Deckmyn;* BGH GRUR 2016, 1157, Rn. 37 – *auf fett getrimmt.*

[255] Vgl. § 1 II. 2. b).

[256] *Bauer,* User Generated Content (2011), S. 366.

[257] Sec. 29.21 Copyright Modernization Act, (S.C. 2012, c. 20) 29.6.2012: „Non-commercial user-generated Content: (1) It is not an infringement of copyright for an individual to use an existing work or other subject-matter or copy of one, which has been published or otherwise made available to the public, in the creation of a new work or other subject-matter in which copyright subsists and for the individual — or, with the individual's authorization, a member of their household — to use the new work or other subject-matter or to authorize an intermediary to disseminate it, if (a) the use of, or the authorization to disseminate, the new work or other subject-matter is done solely for non-commercial purposes; (b) the source — and, if given in the source, the name of the author, performer, maker or broadcaster — of the existing work or other subject-matter or copy of it are mentioned, if it is reasonable in the circumstances to do so; (c) the individual had reasonable grounds to believe that the

Bei dieser ist daher ein großzügiger Maßstab geboten, so dass zumeist die Interessen der cMOOC-Teilnehmer überwiegen werden. In die Interessenabwägung ist dabei die Lehre als grundrechtlich geschützte Position der Nutzer des veränderten Werks ebenfalls einzubeziehen. Zu ihren Gunsten ist zudem zu berücksichtigen, wenn sie die Veränderung des Werks kennzeichnen, da dann das veränderte Werk nicht dem Urheber des Originalwerks zugerechnet wird. Auch der Gesetzgeber sieht hinsichtlich der zum Zweck von Unterricht und Lehre erlaubten Veränderungen nach § 62 Abs. 5 UrhG das Interesse des Urhebers an der Integrität seines Werks dadurch als gewahrt an, dass die Änderungen deutlich kenntlich gemacht werden müssen.[258]

### *IV. Ergebnis*

Die Verwendung geschützter Inhalte für digitales Lehren und Lernen kann auch bei ihrer mehr als unwesentlichen Veränderung urheberrechtlich relevant sein. Um eine freie Benutzung handelt es sich nach der gegenwärtigen Konkretisierung nur dann, wenn die strengen Voraussetzungen an einen hinreichenden Abstand erfüllt sind. Dies setzt voraus, dass der ursprüngliche Inhalt in dem neu geschaffenen Content nicht mehr erkennbar ist. Das Vorliegen einer persönlichen geistigen Schöpfung ist hingegen hierfür nicht mehr erforderlich, da dies mit dem Unionsrecht nicht vereinbar wäre. Die Inhalte der cMOOC-Teilnehmer erfüllen diesen Maßstab auch dann jedoch nur selten, da sie ihren Zweck regelmäßig nur dann erreichen können, wenn der Originalinhalt erkennbar ist. Gerade an dieses Bedürfnis der Erkennbarkeit des verwendeten Inhalts sollte aber der Begriff des Pastiche anknüpfen. Bei diesem weiten Verständnis kann die Schranke für Karikaturen, Parodien und Pastiches grundsätzlich auch digitale Lehr- und Lernprozesse erfassen. Entscheidend für die Anwendung der Schranke im konkreten Einzelfall ist jedoch – in Anknüpfung an die zu Parodien ergangene *Deckmyn*-Entscheidung des EuGH – eine Abwägung der Interessen. Dabei sollte der (Nicht-)Kommerzialität des Kurses ein besonderes Gewicht zukommen. Ein gesetzgeberischer Handlungsbedarf besteht dennoch. Da sich die Anwendbarkeit der Schranke für Karikaturen,

---

existing work or other subject-matter or copy of it, as the case may be, was not infringing copyright; and (d) the use of, or the authorization to disseminate, the new work or other subject-matter does not have a substantial adverse effect, financial or otherwise, on the exploitation or potential exploitation of the existing work or other subject-matter — or copy of it — or on an existing or potential market for it, including that the new work or other subject-matter is not a substitute for the existing one. [...] “, abrufbar unter https://laws-lois.justice.gc.ca/eng/annualstatutes/2012_20/fulltext.html, zuletzt abgerufen am 13.5.2021.

[258] Gesetzentwurf der Bundesregierung. Entwurf eines Gesetzes zur Angleichung des Urheberrechts an die Erfordernisse der Wissensgesellschaft (Urheberrechts-Wissensgesellschafts-Gesetz – UrhWissG) v. 15.5.2017, BT-Drs. 18/12329, S. 48.

Parodien und Pastiches auf nutzergenerierten Inhalte im Bildungsbereich nicht in ihrem Wortlaut widerspiegelt, besteht für Lehrende und Lernende eine Rechtsunsicherheit.

Kapitel 2

# Schutz und Verwendungsmöglichkeiten eigener Inhalte der Akteure digitalen Lehrens und Lernens

Schon allein aus dem Grund, dass die Verwendung geschützter Inhalte Dritter nur in engen Grenzen gesetzlich erlaubt ist,[1] erstellen die Dozenten und Teilnehmer Lehr- und Lerninhalte auch selbst. Bei einem Schutz durch das Urheberrecht und den mit ihm verwandten Schutzrechten (§ 3) kommt die Entscheidung, wer diese Inhalte für welche Zwecke verwenden darf, grundsätzlich den originären Schutzrechtsinhabern (§ 4) zu. Besteht ein Arbeits- oder Dienstverhältnis mit der Hochschule, so erhält die Universität aber unter gewissen Voraussetzungen Nutzungsrechte an den Inhalten (§ 5). Insoweit darf die Hochschule auch unabhängig von einer Zustimmung der originären Schutzrechtsinhaber die Inhalte verwenden. Darüber hinaus können zudem die Dozenten und Kursteilnehmer die Nutzungsrechte an den Inhalten benötigen (§ 6).

## § 3 Schutz des Urheberrechts und der mit ihm verwandten Schutzrechte

Ausformulierte Lösungen juristischer Fälle, eine Grafik der Funktionsweise eines Otto-Motors oder Livestreams von Vorlesungen: In digitalen Lehr- und Lernprozessen können ganz verschiedene Arten von Inhalten Verwendung finden. Unterschiede zwischen den Inhalten bestehen jedoch nicht nur hinsichtlich ihrer Eignung, ein bestimmtes Thema zu vermitteln. Vielmehr bestimmt die Art des Inhalts auch, ob bzw. welche Schutzrechte neben dem Urheberrecht bestehen können.

### *I. Skripte*

Skripte und andere schriftliche Inhalte sind urheberrechtlich den Schriftwerken i. S. d. § 2 Abs. 1 Nr. 1 UrhG zuzuordnen. Diese kennzeichnet, dass Ausdrucksmittel ihres Inhalts die Sprache ist.[2] Für einen urheberrechtlichen Schutz

---

[1] Vgl. Kap. 1.

[2] *Bullinger,* in: Wandtke/Bullinger, UrhG, 5. Aufl. (2019), § 2, Rn. 45; HK-*Dreyer,* UrhG, 4. Aufl. (2018), § 2, Rn. 205.

müssen aber die Anforderungen an eine persönliche geistige Schöpfung i. S. d. § 2 Abs. 2 UrhG erfüllt sein. Unerheblich hierfür ist, dass es sich um digitale Inhalte handelt. Es genügt, wenn erst technische Einrichtungen die Inhalte wahrnehmbar machen.[3] Entscheidend für den urheberrechtlichen Schutz der schriftlichen Lehr- und Lerninhalte ist daher, dass sie eine gewisse Individualität aufweisen.

### *1. Anforderungen an die Individualität*

Individuell ist ein Inhalt, der sich von der Masse des Alltäglichen abgrenzt,[4] was sich grundsätzlich sowohl aus der Form als auch dem Inhalt ergeben kann.

#### *a) Besonderheiten wissenschaftlicher Schriftwerke*

Bei wissenschaftlichen Schriftwerken, denen die Lehr- und Lerninhalte zuzuordnen sind, bestehen jedoch Besonderheiten. Bei ihnen bleibt der Inhalt für die Beurteilung der Individualität außer Betracht.[5] Auch ein geistig-schöpferischer Gehalt in der Gedankenformung und -führung des dargestellten Inhalts wird bei ihnen weitgehend ausscheiden.[6] Individuell können wissenschaftliche

---

[3] HK-*Dreyer,* UrhG, 4. Aufl. (2018), § 2, Rn. 37; *Loewenheim/Leistner,* in: Schricker/Loewenheim/Leistner/Ohly, UrhG, 6. Aufl. (2020), § 2, Rn. 48.

[4] *Loewenheim/Leistner,* in: Schricker/Loewenheim/Leistner/Ohly, 6. Aufl. (2020), § 2, Rn. 53.

[5] BGH, Urt. v. 27.3.1963 – Ib ZR 129/61, GRUR 1963, 633, 637 – *Rechenschieber;* BGH, Urt. v. 21.11.1980 – I ZR 106/78, GRUR 1981, 352, 353 – *Staatsexamensarbeit;* BGH, Urt. v. 27.2.1981 – I ZR 29/79, GRUR 1981, 520, 522 – *Fragensammlung*; BGH, Urt. v. 29.3.1984 – I ZR 32/82, GRUR 1984, 659, 660 f. – *Ausschreibungsunterlagen;* BGH, Urt. v. 9.5.1985 – I ZR 52/83, GRUR 1985, 1041, 1047 – *Inkassoprogramm;* BGH, Urt. v. 12.7.1990 – I ZR 16/89, GRUR 1991, 130, 132 – *Themenkatalog;* BVerwG, Urt. v. 26.9.2019 – 7 C 1.18, GRUR 2020, 189, Rn. 19 – *Zugang zu Umweltinformationen; Götting/Leuze,* Das Urheberrecht des wissenschaftlichen Personals, in: Hartmer/Detmer, Hochschulrecht, 2. Aufl. (2011), S. 626, Rn. 45; *Schulze,* in: Dreier/Schulze, UrhG, 6. Aufl. (2018), § 2, Rn. 93; für Lehrmittel *W. Nordemann,* NJW 1970, 881, 882; a. A. *Berking,* Die Unterscheidung von Inhalt und Form im Urheberrecht (2002), S. 126 ff.; *Götting,* Der Schutz wissenschaftlicher Werke, in: Loewenheim, FS Nordemann (2004), S. 7, 20 ff.; *v. Moltke,* Das Urheberrecht an den Werken der Wissenschaft (1992), S. 110 ff.; *Plander,* UFITA 76 (1976), 25, 56 ff.; für eine Einbeziehung der Forscherleistung *Haberstumpf,* UFITA 96 (1983), 41, 50 ff.; *Hubmann,* Der Schutz wissenschaftlicher Werke und der wissenschaftlichen Leistung durch das Urheberrecht nach der Rechtsprechung des deutschen Bundesgerichtshofs, in: Schweizerische Vereinigung für Urheberrecht, FS Uchtenhagen (1987), S. 175, 187; anders hingegen noch *ders.,* Das Persönlichkeitsrecht (1967), S. 238 ff.; für eine Unterscheidung zwischen ästhetischem Werk und Verstandeswerk *Troller,* UFITA 50 (1967), 385, 407 ff.

[6] BGH, Urt. v. 9.5.1985 – I ZR 52/83, GRUR 1985, 1041, 1047 – *Inkassoprogramm;* BGH, Urt. v. 17.4.1986 – I ZR 213/83, GRUR 1986, 739, 740 – *Anwaltsschriftsatz;* BGH, Urt. v. 12.3.1987 – I ZR 71/85, GRUR 1987, 704, 705 – *Warenzeichenlexika.*

Schriftwerke daher allein aufgrund ihrer Form sein. So können sie den Anforderungen an die Individualität durch die Form und Art der Sammlung, Einteilung und Anordnung des dargebotenen Stoffes genügen.[7] Auch bekannte Elemente lassen sich individuell bearbeiten[8] und kombinieren.[9] Die Individualität ist hingegen zu verneinen, wenn zwingende Kriterien die Auswahl und Anordnung des Stoffs vorgeben[10] oder Sachgründe Aufbau und Einordnung zwingend gebieten.[11] So ist Voraussetzung für eine persönliche Schöpfung die Existenz eines Gestaltungsspielraums.[12] Keine Q kommt zudem der üblichen oder gebotenen Form[13] und der im betreffenden wissenschaftlichen Fachbereich gebräuchlichen Ausdrucksweise zu.[14]

*b) Vereinbarkeit mit dem europäischen Werkbegriff*

Diese Unterscheidung zwischen Inhalt und Form ist mit dem europäischen Werkbegriff vereinbar. Eine ausdrückliche Definition des Werkbegriffs existiert auf europäischer Ebene ausschließlich für Computerprogramme,[15] Daten-

---

[7] BGH, Urt. v. 29.3.1984 – I ZR 32/82, GRUR 1984, 659, 660 – *Ausschreibungsunterlagen;* BGH, Urt. v. 9.5.1985 – I ZR 52/83, GRUR 1985, 1041, 1047 – *Inkassoprogramm;* BGH, Urt. v. 17.4.1986 – I ZR 213/83, GRUR 1986, 739, 740 – *Anwaltsschriftsatz;* BGH, Urt. v. 12.3.1987 – I ZR 71/85, GRUR 1987, 704, 705 – *Warenzeichenlexika;* BGH, Urt. v. 10.10.1991 – I ZR 147/89, GRUR 1993, 34, 36 – *Bedienungsanweisung;* BVerwG, Urt. v. 26.9.2019 – 7 C 1.18, GRUR 2020, 189, Rn. 19 – *Zugang zu Umweltinformationen.*

[8] BGH, Urt. v. 9.5.1985 – I ZR 52/83, GRUR 1985, 1041, 1048 – *Inkassoprogramm.*

[9] Für Lehrmittel *W. Nordemann,* NJW 1970, 881, 883.

[10] BGH, Urt. v. 12.3.1987 – I ZR 71/85, GRUR 1987, 704, 706 – *Warenzeichenlexika.*

[11] BGH, Urt. v. 17.4.1986 – I ZR 213/83, GRUR 1986, 739, 741 – *Anwaltsschriftsatz.*

[12] BGH, Urt. v. 9.5.1985 – I ZR 52/83, GRUR 1985, 1041, 1047 – *Inkassoprogramm;* OLG Nürnberg, Urt. v. 27.3.2001 – 3 U 3760/00, GRUR-RR 2001, 225, 227 – *Dienstanweisung; Götting/Leuze,* Das Urheberrecht des wissenschaftlichen Personals, in: Hartmer/Detmer, Hochschulrecht, 2. Aufl. (2011), S. 626, Rn. 46; *Loewenheim/Leistner,* in: Schricker/Loewenheim/Leistner/Ohly, UrhG, 6. Aufl. (2020), § 2, Rn. 56; für Lehrmittel *W. Nordemann,* NJW 1970, 881, 882; zu der insoweit vergleichbaren Problematik im Schweizer Urheberrecht *Handle,* Der urheberrechtliche Schutz der Idee (2013), S. 43.

[13] Vgl. BGH, Urt. v. 21.11.1980 – I ZR 106/78, GRUR 1981, 352, 353 – *Staatsexamensarbeit;* BGH, Urt. v. 29.3.1984 – I ZR 32/82, GRUR 1984, 659, 661 – *Ausschreibungsunterlagen;* BGH, Urt. v. 9.5.1985 – I ZR 52/83, GRUR 1985, 1041, 1047 – *Inkassoprogramm; Berking,* Die Unterscheidung von Inhalt und Form im Urheberrecht (2002), S. 117; *Schulze,* in: Dreier/Schulze, UrhG, 6. Aufl. (2018), § 2, Rn. 93.

[14] BGH, Urt. v. 21.11.1980 – I ZR 106/78, GRUR 1981, 352, 353 – *Staatsexamensarbeit;* BGH, Urt. v. 29.3.1984 – I ZR 32/82, GRUR 1984, 659, 661 – *Ausschreibungsunterlagen;* BGH, Urt. v. 9.5.1985 – I ZR 52/83, GRUR 1985, 1041, 1047 – *Inkassoprogramm; Loewenheim/Leistner,* in: Schricker/Loewenheim/Leistner/Ohly, UrhG, 6. Aufl. (2020), § 2, Rn. 56; vgl. *Schulze,* in: Dreier/Schulze, UrhG, 6. Aufl. (2018), § 2, Rn. 93.

[15] Vgl. Art. 1 Abs. 3 Software-RL (Richtlinie 2009/24/EG des Europäischen Parlaments und des Rates vom 23. April 2009 über den Rechtsschutz von Computerprogrammen).

banken[16] und Fotografien.[17] Durch eine Gesamtanalogie dieser spezifischen Werkbegriffe[18] hat der EuGH aber die nur punktuelle Harmonisierung des Werkbegriffs in den Richtlinien im Wege der Rechtsfortbildung ergänzt[19] und durch seine Entscheidungen[20] den Werkbegriff harmonisiert.[21] Die Einordnung als Werk erfordert nach dem EuGH dabei nicht nur eine eigene geistige Schöpfung des Urhebers,[22] sondern ist auch auf die Elemente begrenzt, die diese geistige Schöpfung „zum Ausdruck" bringen.[23] Es ist daher dem Unionsrecht nicht

---

[16] Vgl. Art. 3 Abs. 1 Datenbank-RL (Richtlinie 96/9/EG des Europäischen Parlaments und des Rates vom 11. März 1996 über den rechtlichen Schutz von Datenbanken).

[17] Vgl. Art. 6 Schutzdauer-RL (Richtlinie 2011/77/EU des Europäischen Parlaments und des Rates vom 27. September 2011 zur Änderung der Richtlinie 2006/116/EG über die Schutzdauer des Urheberrechts und bestimmter verwandter Schutzrechte).

[18] *Leistner,* in: Schricker/Loewenheim/Leistner/Ohly, UrhG, 6. Aufl. (2020), § 2, Rn. 8; *Metzger,* GRUR 2012, 118, 121; *ders.*, ZEuP 2017, 836, 848.

[19] *Berger,* ZUM 2012, 353, 355; *Grünberger,* ZUM 2017, 324, 329; *Metzger,* ZEuP 2017, 836, 848; *Schack*, GRUR 2019, 75, 75.

[20] EuGH, Urt. v. 16.7.2009 – C-5/08, GRUR 2009, 1041 – *Infopaq/DDF;* EuGH, Urt. v. 22.12.2010 – C-393/09, GRUR 2011, 220 – *BSA/Kulturministerium;* EuGH, Urt. v. 4.10.2011 – C-403/08, C-429/08, GRUR 2012, 156 – *Football Association Premier League u. Murphy;* EuGH, Urt. v. 1.12.2011 – C-145/10, GRUR 2012, 166, – *Painer/Standard;* EuGH, Urt. v. 1.3.2012 – C-604/10, GRUR 2012, 386 – *Football Dataco/Yahoo;* EuGH, Urt. v. 23.1.2014 – C-355/12, GRUR 2014, 255 – *Nintendo u. a./PC Box Srl u. a.;* EuGH, Urt. v. 13.11.2018 – C-310/17, GRUR 2019, 73 – *Levola/Smilde;* EuGH, Urt. v. 12.9.2019 – C-683/17, GRUR 2019, 1185 – *Cofemel/G-Star Raw.*

[21] BVerwG, Urt. v. 26.9.2019 – BVerwG 7 C 1.18, ZUM 2020, 497, Rn. 22 – *Zugang zu Umweltinformationen; Grünberger,* ZUM 2017, 324, 329; vgl. EuGH, Urt. v. 13.11.2018 – C-310/17, GRUR 2019, 73, Rn. 33 – *Levola/Smilde;* krit. *Schack,* GRUR 2019, 75, 75; *Schulze,* ZUM 2019, 157, 159.

[22] EuGH, Urt. v. 16.7.2009 – C-5/08, GRUR 2009, 1041, Rn. 34 ff., insb. Rn. 37 – *Infopaq/DDF;* EuGH, Urt. v. 22.12.2010 – C-393/09, GRUR 2011, 220, Rn. 46 – *BSA/Kulturministerium;* EuGH, Urt. v. 4.10.2011 – C-403/08, C-429/08, GRUR 2012, 156, Rn. 97 – *Football Association Premier League u. Murphy;* EuGH, Urt. v. 1.12.2011 – C-145/10, GRUR 2012, 166, Rn. 88 – *Painer/Standard;* EuGH, Urt. v. 1.3.2012 – C-604/10, GRUR 2012, 386, Rn. 29 – *Football Dataco/Yahoo;* EuGH, Urt. v. 2.5.2012 – C-406/10, GRUR 2012, 814, Rn. 65 – *SAS Institute Inc./World Programming Ltd;* EuGH, Urt. v. 23.1.2014 – C-355/12, GRUR 2014, 255, Rn. 21 – *Nintendo u. a./PC Box Srl u. a.;* EuGH, Urt. v. 13.11.2018 – C-310/17, GRUR 2019, 73, Rn. 36 – *Levola/Smilde;* EuGH, Urt. v. 29.7.2019 – C-469/17, GRUR 2019, 934, Rn. 19 – *Funke Medien;* EuGH, Urt. v. 12.9.2019 – C-683/17, GRUR 2019, 1185, Rn. 29 – *Cofemel/G-Star Raw;* EuGH, Urt. v. 11.6.2020 – C-833/18, GRUR 2020, 736, Rn. 22 – *Brompton/Get2Get.*

[23] EuGH, Urt. v. 16.7.2009 – C-5/08, GRUR 2009, 1041, Rn. 39 – *Infopaq/DDF;* EuGH, Urt. v. 4.10.2011 – C-403/08, C-429/08, GRUR 2012, 156, Rn. 159 – *Football Association Premier League/Murphy;* EuGH, Urt. v. 13.11.2018 – C-310/17, GRUR 2019, 73, Rn. 37 – *Levola/Smilde;* EuGH, Urt. v. 29.7.2019 – C-469/17, GRUR 2019, 934, Rn. 19 – *Funke Medien;* EuGH, Urt. v. 12.9.2019 – C-683/17, GRUR 2019, 1185, Rn. 29 – *Cofemel/G-Star Raw;* EuGH, Urt. v. 11.6.2020 – C-833/18, GRUR 2020, 736, Rn. 22 – *Brompton/Get2Get.*

fremd, einzelne Elemente – wie den Inhalt wissenschaftlicher Schriftwerke – für die Einordnung als Werk außer Betracht zu lassen. Zudem stellt der EuGH in der Entscheidung *Funke Medien*[24] für die Originalität[25] militärischer Lageberichte ebenfalls ausschließlich auf die Auswahl, Anordnung und Kombination der Wörter und somit auf ihre Form ab.[26]

Mit dem Unionsrecht im Einklang steht es auch, die Individualität ohne Gestaltungsspielraum zu verneinen. So ist nach dem EuGH ein urheberrechtlicher Schutz ausgeschlossen, wenn kein Raum für künstlerische Freiheit verbleibt[27] oder technische Funktionen den Ausdruck vorgeben.[28] Schließlich muss sich im Werk die Persönlichkeit des Urhebers ausdrücken,[29] was freie kreative Entscheidungen des Urhebers[30] voraussetzt.

### 2. Gestaltungshöhe

Die Gestaltungshöhe, die schriftliche Lehr- und Lerninhalte für einen urheberrechtlichen Schutz erreichen müssen, richtet sich nach den Anforderungen für wissenschaftliche Schriftwerke. Nach der deutschen Rechtsprechung erfordert dies das Erreichen einer besonderen Gestaltungshöhe.[31] Die Gestaltungstätig-

---

[24] EuGH, Urt. v. 29.7.2019 – C-469/17, GRUR 2019, 934 – *Funke Medien.*

[25] Für die Maßgeblichkeit dieses Kriteriums EuGH, Urt. v. 16.7.2009 – C-5/08, GRUR 2009, 1041, Rn. 38 – *Infopaq/DDF;* EuGH, Urt. v. 22.12.2010 – C-393/09, GRUR 2011, 220, Rn. 48 – *BSA/Kulturministerium;* EuGH, Urt. v. 1.3.2012 – C-604/10, GRUR 2012, 386, Rn. 37 – *Football Dataco/Yahoo;* EuGH, Urt. v. 2.5.2012 – C-406/10, GRUR 2012, 814, Rn. 66 – *SAS Institute Inc./World Programming Ltd;* EuGH GRUR 2014, 255, Rn. 22 – *Nintendo u. a./PC Box Srl u. a.;* EuGH, Urt. v. 11.6.2020 – C-833/18, GRUR 2020, 736, Rn. 27 – *Brompton/Get2Get.*

[26] EuGH, Urt. v. 29.7.2019 – C-469/17, GRUR 2019, 934, Rn. 28 f. – *Funke Medien.*

[27] EuGH, Urt. v. 4.10.2011 – C-403/08, C-429/08, GRUR 2012, 156, Rn. 98 – *Football Association Premier League/Murphy;* EuGH, Urt. v. 1.3.2012 – C-604/10, GRUR 2012, 386, Rn. 39 – *Football Dataco/Yahoo;* EuGH, Urt. v. 12.9.2019 – C-683/17, GRUR 2019, 1185, Rn. 31 – *Cofemel/G-Star Raw;* EuGH, Urt. v. 11.6.2020 – C-833/18, GRUR 2020, 736, Rn. 24 – *Brompton/Get2Get.*

[28] EuGH, Urt. v. 22.12.2010 – C-393/09, GRUR 2011, 220, Rn. 49 – *BSA/Kulturministerium;* vgl. EuGH, Urt. v. 29.7.2019 – C-469/17, GRUR 2019, 934, Rn. 24 – *Funke Medien.*

[29] EuGH, Urt. v. 1.12.2011 – C-145/10, GRUR 2012, 166, Rn. 88 – *Painer/Standard;* EuGH, Urt. v. 29.7.2019 – C-469/17, GRUR 2019, 934, Rn. 19 – *Funke Medien;* EuGH, Urt. v. 12.9.2019 – C-683/17, GRUR 2019, 1185, Rn. 30 – *Cofemel/G-Star Raw.*

[30] EuGH, Urt. v. 1.12.2011 – C-145/10, GRUR 2012, 166, Rn. 90 – *Painer/Standard;* EuGH, Urt. v. 1.3.2012 – C-604/10, GRUR 2012, 386, Rn. 38 – *Football Dataco/ Yahoo;* EuGH, Urt. v. 29.7.2019 – C-469/17, GRUR 2019, 934, Rn. 19 – *Funke Medien;* EuGH, Urt. v. 12.9.2019 – C-683/17, GRUR 2019, 1185, Rn. 30 – *Cofemel/G-Star Raw;* EuGH, Urt. v. 11.6.2020 – C-833/18, GRUR 2020, 736, Rn. 23 – *Brompton/Get2Get.*

[31] BGH, Urt. v. 29.3.1984 – I ZR 32/82, GRUR 1984, 659, 661 – *Ausschreibungsunterlagen;* BGH, Urt. v. 9.5.1985 – I ZR 52/83, GRUR 1985, 1041, 1047 f. – *Inkassoprogramm;* BGH, Urt. v. 17.4.1986 – I ZR 213/83, GRUR 1986, 739, 741 – *Anwaltsschriftsatz;* BGH, Urt. v. 10.10.1991 – I ZR 147/89, GRUR 1993, 34, 36 – *Bedienungsanweisung;* eine

keit muss das allgemeine Durchschnittskönnen deutlich überragen[32] und die individuelle Eigenart das durchschnittliche Schaffen eines Fachmanns im betreffenden Bereich deutlich übersteigen.[33] Diese vor über 30 Jahren entwickelten Grundsätze[34] darf man jedoch nur dann weiterhin zugrunde legen, wenn sie mit dem Unionsrecht vereinbar sind. Andernfalls ist die erforderliche Gestaltungshöhe für wissenschaftliche Werke zu senken, was die Zahl urheberrechtlich geschützter Lehr- und Lerninhalte erhöhen würde. Ein Widerspruch zum Unionsrecht besteht dann, wenn erstens der europäische Werkbegriff ein einheitlicher ist und dieser zweitens einen einheitlichen Maßstab für alle Werkarten zwingend voraussetzt.

*a) Einheitlichkeit des europäischen Werkbegriffs*

Die Entscheidungen des EuGH, in denen er sich zu den unionsrechtlichen Anforderungen an ein Werk äußerte, betrafen Textausschnitte,[35] die grafische Benutzeroberfläche eines Computerprogramms,[36] Fußballübertragungen,[37] eine Porträtfotografie,[38] Computerspiele,[39] den Geschmack eines Lebensmittels,[40] ein Bekleidungsmodell[41] und ein Faltrad.[42] In allen Entscheidungen stellte der EuGH dabei die gleichen Anforderungen an das Vorliegen eines Werks. Zudem deutete er bereits in seiner ersten zum Werkbegriff ergangenen Entscheidung *Infopaq/DDF*[43] an, dass er einheitliche Kriterien für alle Werkarten an-

---

besondere Gestaltungshöhe ablehnend OLG Nürnberg, Urt. v. 27.3.2001 – 3 U 3760/00, GRUR-RR 2001, 225, 226 – *Dienstanweisung; Berking,* Die Unterscheidung von Inhalt und Form im Urheberrecht (2002), S. 122 f.; *Götting,* Der Schutz wissenschaftlicher Werke, in: Loewenheim, FS Nordemann (2004), S. 7, 22; *Koch-Krumrei,* Der urheberrechtliche Schutz wissenschaftlicher Werke in Deutschland und Frankreich (1991), S. 45; *Schricker,* Hundert Jahre Urheberrechtsentwicklung, in: Beier/Kraft/Schricker/Wadle, FS GRUR (1991), S. 1095, 1108; *Waiblinger,* Plagiat in der Wissenschaft (2011), S. 98 f.

[32] BGH, Urt. v. 9.5.1985 – I ZR 52/83, GRUR 1985, 1041, 1047 f. – *Inkassoprogramm.*

[33] BGH, Urt. v. 29.3.1984 – I ZR 32/82, GRUR 1984, 659, 661 – *Ausschreibungsunterlagen.*

[34] Vgl. BGH, Urt. v. 29.3.1984 – I ZR 32/82, GRUR 1984, 659, 661 – *Ausschreibungsunterlagen;* BGH, Urt. v. 9.5.1985 – I ZR 52/83, GRUR 1985, 1041, 1047 f. – *Inkassoprogramm;* BGH, Urt. v. 17.4.1986 – I ZR 213/83, GRUR 1986, 739, 741 – *Anwaltsschriftsatz.*

[35] EuGH, Urt. v. 16.7.2009 – C-5/08, GRUR 2009, 1041 – *Infopaq/DDF.*

[36] EuGH, Urt. v. 22.12.2010 – C-393/09, GRUR 2011, 220 – *BSA/Kulturministerium.*

[37] EuGH, Urt. v. 4.10.2011 – C-403/08, C-429/08, GRUR 2012, 156 – *Football Association Premier League u. Murphy.*

[38] EuGH, Urt. v. 1.12.2011 – C-145/10, GRUR 2012, 166 – *Painer/Standard.*

[39] EuGH, Urt. v. 23.1.2014 – C-355/12, GRUR 2014, 255 – *Nintendo u. a./PC Box Srl u. a.*

[40] EuGH, Urt. v. 13.11.2018 – C-310/17, GRUR 2019, 73 – *Levola/Smilde.*

[41] EuGH, Urt. v. 12.9.2019 – C-683/17, GRUR 2019, 1185 – *Cofemel/G-Star.*

[42] EuGH, Urt. v. 11.6.2020 – C-833/18, GRUR 2020, 736 – *Brompton/Get2Get.*

[43] EuGH, Urt. v. 16.7.2009 – C-5/08, GRUR 2009, 1041 – *Infopaq/DDF.*

wenden möchte:[44] Werke „wie" Computerprogramme, Datenbanken oder Fotografien sind unter der Voraussetzung einer eigenen geistigen Schöpfung urheberrechtlich geschützt.[45] Auf europäischer Ebene existiert daher ein für alle Werkarten einheitlicher Werkbegriff.[46]

### b) *Zwingend einheitlicher Maßstab im nationalen Recht?*

Ein einheitlicher Werkbegriff des EuGH allein schließt noch nicht aus, dass das nationale Recht für einzelne Werkarten höhere Anforderungen vorsehen darf. Mit dem Unionsrecht unvereinbar ist dies vielmehr nur dann, wenn der unionsrechtliche Werkbegriff zwingend die Anwendung eines einheitlichen Maßstabs im nationalen Recht gebietet.[47] Auch dies ist jedoch zu bejahen.[48]

---

[44] *Bisges,* ZUM 2015, 357, 359.

[45] EuGH, Urt. v. 16.7.2009 – C-5/08, GRUR 2009, 1041, Rn. 35 – *Infopaq/DDF.*

[46] So auch OLG Nürnberg, Urt. v. 27.3.2001 – 3 U 3760/00, GRUR-RR 2001, 225, 227 – *Dienstanweisung; Bisges,* ZUM 2015, 357, 359; *Grünberger,* ZUM 2018, 271, 273; *Grünberger/Podszun,* GPR 2015, 11, 13; *König,* Der Werkbegriff in Europa, S. 36 f.; *Leistner,* ZGE 2013, 4, 7; *ders.,* GRUR 2014, 1145; *ders.,* in: Schricker/Loewenheim/Leistner/Ohly, UrhG, 6. Aufl. (2020), § 2, Rn. 6 ff.; *Metzger,* GRUR 2012, 118, 121; *Obergfell,* GRUR 2014, 621, 626; *Oehler,* MMR 2014, 403, 404; *Peifer,* GRUR Int. 2014, 1100, 1104; *Richter,* GRUR 2020, 358; *Tolkmitt,* GRUR 2021, 383, 385; vgl. *Steinbeck,* EuZW 2014, 329, 330; mit Ausnahme des Bereichs der angewandten Kunst *Kopp,* Die Freiheit der Idee und der Schutz von Schriftwerken (2014), S. 96 f.; offenlassend *Rauer/Ettig,* WRP 2014, 135, 139; a. A. *Dietrich/Szalai,* DZWIR 2014, 158, 164 f.; *Mezger,* Die Schutzschwelle für Werke der angewandten Kunst (2017), S. 109 f.; *Schulze,* GRUR 2009, 1019, 1021; *v. Ungern-Sternberg,* GRUR 2021, 1, 1; *Wegmann,* Der Rechtsgedanke der freien Benutzung (2013), S. 49 ff.; *Zech,* ZUM 2020, 801, 802.

[47] Für die Unterscheidung dieser Fragestellungen s. auch *Grünberger/Podszun,* GPR 2015, 11, 13; *v. Ungern-Sternberg,* GRUR 2019, 1, 2.

[48] So auch GA *Szpunar,* Schlussantrag v. 2.5.2019, Rs. C-683/17, BeckRS 2019, 7283, Rn. 29 ff. – *Cofemel/G-Star;* BVerwG, Urt. v. 26.9.2019 – 7 C 1.18, GRUR 2020, 189, Rn. 22 – *Zugang zu Umweltinformationen;* OLG Nürnberg, Urt. v. 27.3.2001 – 3 U 3760/00, GRUR-RR 2001, 225, 227 – *Dienstanweisung; Bisges,* ZUM 2015, 357, 361 f.; *Grünberger,* ZUM 2020, 175, 179; *Handig,* GRUR-Int. 2012, 973, 975; *Kriesel,* Einheitlicher europäischer Werkbegriff (2014), S. 166; *Leistner,* ZGE 2013, 4, 32; *ders.,* in: Schricker/Loewenheim/Leistner/Ohly, UrhG, 6. Aufl. (2020), § 2, Rn. 8 ff. (anders noch *ders.,* GRUR 2011, 761, 764); *Obergfell,* GRUR 2014, 621, 626; *Richter,* GRUR 2020, 358, 359; in diese Richtung auch *J. B. Nordemann/Czychowski,* NJW 2019, 725, 726; *v. Ungern-Sternberg,* GRUR 2020, 113, 116; *Zech,* ZUM 2020, 801, 802; a. A. BGH, Urt. v. 13.11.2013 – I ZR 143/12, GRUR 2014, 175, Rn. 30 f. – *Geburtstagszug; Dietrich/Szalai,* DZWIR 2014, 158, 166; *Erdmann,* Die Relativität des Werkbegriffs, in: Erdmann/Leistner/Rüffer/Schulte-Beckhausen, FS Loschelder (2010), S. 61, 66; HK-*Dreyer,* UrhG, 4. Aufl. (2018), § 2, Rn. 8, 71; *Schulze,* in: Dreier/Schulze, UrhG, 6. Aufl. (2018), § 2, Rn. 22; *Tolkmitt,* GRUR 2021, 383, 385 f.; *Wegmann,* Der Rechtsgedanke der freien Benutzung (2013), S. 51; offenlassend GA *Sánchez-Bordona,* Schlussantrag v. 6.2.2020, Rs. C-833/18, BeckRS 2020, 732, Rn. 50 – *Brompton/Chedech.*

Der EuGH hat den Werkbegriff vollständig harmonisiert[49] und begründet im *Heksenkaas*-Urteil die Notwendigkeit einer unionsweit einheitlichen Auslegung des Werkbegriffs damit, dass die InfoSoc-RL diesbezüglich nicht ausdrücklich auf das Recht der Mitgliedstaaten verweise.[50] Dieses Argument mag zwar dogmatisch zweifelhaft sein,[51] trifft aber ebenso auf die unterschiedlichen Schutzvoraussetzungen für einzelne Werkarten zu. Auch hierfür fehlt es an einer Verweisung der InfoSoc-RL auf das mitgliedstaatliche Recht. Darüber hinaus kann weder Art. 17 S. 2 Geschmacksmuster-RL[52] noch eine mögliche Schutzrechtskumulation eine Abweichung rechtfertigen, wie die EuGH-Entscheidung *Cofemel/G-Star Raw*[53] zeigt, die den diesbezüglich wohl umstrittensten[54] Bereich der angewandten Kunst betraf. Der BGH hatte dies zuvor noch anders beurteilt und die früher geforderte besondere Gestaltungshöhe[55] für Werke dieser Art in der Entscheidung *Geburtstagszug*[56] aufgegeben, ohne das Unionsrecht hierfür anzuführen.[57] Dass ein einheitlicher Maßstab für alle Werkarten zugrunde zu legen ist, deutete der EuGH aber bereits in der Entscheidung *Painer/Standard*[58] an. In dieser stellte er klar, dass der Schutz einer als Werk einzuordnenden Porträtfotografie nicht schwächer ist als bei anderen Werken.[59] Ein solches Verständnis legt den Schluss nahe, dass auch an die

---

[49] *Grünberger,* ZUM 2017, 324, 329; *ders.,* ZUM 2019, 281, 282.

[50] EuGH, Urt. v. 13.11.2018 – C-310/17, GRUR 2019, 73, Rn. 33 – *Levola/Smilde.*

[51] *Schack,* GRUR 2019, 75.

[52] Richtlinie 98/71/EG des Europäischen Parlaments und des Rates vom 13. Oktober 1998 über den rechtlichen Schutz von Mustern und Modellen.

[53] EuGH, Urt. v. 12.9.2019 – C-683/17, GRUR 2019, 1185, Rn. 44 – *Cofemel/G-Star Raw.*

[54] Vgl. etwa *Dietrich/Szalai,* DZWIR 2014, 158, 168; *Kriesel,* Einheitlicher europäischer Werkbegriff (2014), S. 73 ff.; *Leistner,* GRUR 2014, 1145, 1146; *Obergfell,* GRUR 2014, 621 ff.; *Rauer/Ettig,* WRP 2014, 135 ff.

[55] BGH, Urt. v. 22.6.1995 – I ZR 119/93, GRUR 1995, 581, 582 – *Silberdistel;* BGH, Urt. v. 5.3.1998 – I ZR 13/96, GRUR 1998, 830, 832 – *Les-Paul-Gitarren;* BGH, Urt. v. 15.7.2004 – I ZR 142/01, GRUR 2004, 941, 942 – *Metallbett;* bereits offenlassend, ob an dieser Rechtsprechung festgehalten wird, BGH, Urt. v. 12.5.2011 – I ZR 53/10, GRUR 2012, 58, Rn. 33 – *Seilzirkus.*

[56] BGH, Urt. v. 13.11.2013 – I ZR 143/12, GRUR 2014, 175, Rn. 26 ff. – *Geburtstagszug;* bestätigend BGH, Urt. v. 16.6.2016 – I ZR 222/14, GRUR 2016, 1291, Rn. 44 – *Geburtstagskarawane.*

[57] Vielmehr stützte der BGH die Änderung der Rechtsprechung auf die Begründung der Neugestaltung des Geschmacksmusterrechts durch das Geschmacksmusterreformgesetz vom 12.3.2004, BGH, Urt. v. 13.11.2013 – I ZR 143/12, GRUR 2014, 175, Rn. 33 ff. – *Geburtstagszug.*

[58] EuGH, Urt. v. 1.12.2011 – C-145/10, GRUR 2012, 166 – *Painer/Standard.*

[59] EuGH, Urt. v. 1.12.2011 – C-145/10, GRUR 2012, 166, Rn. 98 – *Painer/Standard;* den gleichen Schutzumfang aller Werke betonend auch EuGH, Urt. v. 12.9.2019 – C-683/17, GRUR 2019, 1185, Rn. 35 – *Cofemel/G-Star Raw.*

Erlangung des Schutzes die gleichen Anforderungen zu stellen sind. Ist schon eine Einschränkung des Schutzes nicht möglich, so muss dies erst recht für seinen völligen Ausschluss gelten.[60] Darüber hinaus lässt sich nur so das Binnenmarktziel der InfoSoc-RL verwirklichen.[61] So setzt eine Harmonisierung der Rechte der Urheber und ihrer Ausnahmen voraus, dass der Gegenstand des Schutzes einer einheitlichen Auslegung zugänglich ist. Dies bedingt neben der Anwendung derselben Kriterien auch, bei allen Werkarten einheitliche Anforderungen zugrunde zu legen. Das Unionsrecht gebietet somit, die besondere Gestaltungshöhe bei wissenschaftlichen Schriftwerken aufzugeben.[62] An die Individualität schriftlicher Lehr- und Lerninhalte darf man folglich aufgrund der unionsrechtlichen Vorgaben keine erhöhten Anforderungen mehr stellen.

### *3. Schutzumfang*

Die Unterscheidung zwischen Inhalt und Form im Rahmen der urheberrechtlichen Schutzfähigkeit der schriftlichen Lehr- und Lerninhalte als wissenschaftliche Schriftwerke[63] wirkt sich auch auf ihren Schutzumfang aus. Der Inhalt wissenschaftlicher Schriftwerke ist daher einem urheberrechtlichen Schutz nicht zugänglich.[64] Ein urheberrechtlicher Schutz kann aber etwa für

---

[60] GA *Szpunar,* Schlussantrag v. 2.5.2019, Rs. C-683/17, BeckRS 2019, 7283, Rn. 29 ff. – *Cofemel/G-Star.*

[61] *Grünberger,* ZUM 2019, 281, 282.

[62] BVerwG, Urt. v. 26.9.2019 – 7 C 1.18, GRUR 2020, 189, Rn. 21 ff. – *Zugang zu Umweltinformationen;* zust. *Richter,* GRUR 2020, 358, 358 f.; für eine Aufgabe der besonderen Gestaltungshöhe bei Sprachwerken, die Gebrauchszwecken dienen *Bisges,* ZUM 2015, 357, 360 f., für Tweets *Grünberger,* ZUM 2018, 271, 275.

[63] Vgl. § 3 I. 1. a).

[64] BGH, Urt. v. 21.11.1980 – I ZR 106/78, GRUR 1981, 352, 353 – *Staatsexamensarbeit;* BGH, Urt. v. 29.3.1984 – I ZR 32/82, GRUR 1984, 659, 660 f. – *Ausschreibungsunterlagen;* BGH, Urt. v. 9.5.1985 – I ZR 52/83, GRUR 1985, 1041, 1047 – *Inkassoprogramm;* BGH, Urt. v. 12.7.1990 – I ZR 16/89, GRUR 1991, 130, 132 – *Themenkatalog; Bullinger,* in: Wandtke/Bullinger, UrhG, 5. Aufl. (2019), § 2, Rn. 50; *Götting/Leuze,* Das Urheberrecht des wissenschaftlichen Personals, in: Hartmer/Detmer, Hochschulrecht, 2. Aufl. (2011), S. 626, Rn. 45; HK-*Dreyer,* UrhG, 4. Aufl. (2018), § 2, Rn. 118; *Schulze,* in: Dreier/Schulze, UrhG, 6. Aufl. (2018), § 2, Rn. 93; für Lehrmittel *W. Nordemann,* NJW 1970, 881, 882; vgl. OLG Hamburg NJOZ 2003, 2766, 2768; für einen persönlichkeitsrechtlichen Schutz außerhalb des Urheberrechts *Engel,* GRUR 1982, 705, 709 ff.; *Hubmann,* Das Persönlichkeitsrecht (1967), S. 238 ff.; anders hingegen *ders.,* Der Schutz wissenschaftlicher Werke und der wissenschaftlichen Leistung durch das Urheberrecht nach der Rechtsprechung des deutschen Bundesgerichtshofs, in: Schweizerische Vereinigung für Urheberrecht, FS Uchtenhagen (1987), 175, 186 f.; für eine Bestimmung des Schutzumfangs anhand einer Interessenabwägung im Einzelfall *Berking,* Die Unterscheidung von Inhalt und Form im Urheberrecht (2002), S. 126 ff.; *Götting,* Der Schutz wissenschaftlicher Werke, in:

ihre Darstellung[65] und spezielle Gestaltung bestehen.[66]

*II. Grafiken*

Die für digitales Lehren und Lernen verwendeten Grafiken dienen nach ihrer objektiven Eignung[67] vorrangig der Informationsvermittlung und sind somit Darstellungen wissenschaftlicher Art i. S. d. § 2 Abs. 1 Nr. 7 UrhG.[68] Bei der Beurteilung des urheberrechtlichen Schutzes wird der wissenschaftliche Inhalt der Darstellungen deshalb nicht berücksichtigt.[69] Vielmehr kommt es für das Vorliegen einer persönlichen geistigen Schöpfung allein auf die Form der Darstellung an.[70] Ähnlich wie schriftliche Lehr- und Lerninhalte[71] können die Grafiken daher aufgrund ihrer Darstellung, Form, Anordnung des verwendeten Materials und ihrer Gesamtkonzeption individuell sein.[72] Die Individualität begründen kann auch die Art und Weise des Einsatzes herkömmlicher Darstel-

---

Loewenheim, FS Nordemann (2004), S. 7, 20 ff.; für die Beschränkung des Schutz des Inhalts auf Urheberpersönlichkeitsrechte *v. Moltke,* Das Urheberrecht an den Werken der Wissenschaft (1992), S. 110 ff.; für die Beschränkung des Schutzes des Inhalts ausschließlich nach Veröffentlichung des Werks *Plander,* UFITA 76 (1976), 25, 56 ff.; für eine Bestimmung der schutzfähigen Teile anhand einer Abwägung des Interesses des wissenschaftlichen Urhebers am Schutz seiner Leistung und des Allgemeininteresses an freiem Zugang zu Forschungsergebnissen, an Innovation und Fortschritt *Kopp,* Die Freiheit der Idee und der Schutz von Schriftwerken (2014), S. 133; für eine Festlegung der freien Inhalte anhand der Bedürfnisse der wissenschaftlichen Kommunikation *Schricker,* Hundert Jahre Urheberrechtsentwicklung, in: Beier/Kraft/Schricker/Wadle, FS GRUR (1991), S. 1095, 1112; für einen Schutz des „Gewebes" (für den Begriff vgl. bereits *Ghiron,* UFITA 5, 1932, 34, 43) *Ulmer,* Urheber- und Verlagsrecht, 3. Aufl. (1980), S. 123.

[65] BGH, Urt. v. 21.11.1980 – I ZR 106/78, GRUR 1981, 352, 353 – *Staatsexamensarbeit;* BGH, Urt. v. 12.7.1990 – I ZR 16/89, GRUR 1991, 130, 132 – *Themenkatalog;* OLG Hamburg, Urt. v. 22.5.2003 – 3 U 192/00, NJOZ 2003, 2766, 2768.

[66] BGH, Urt. v. 21.11.1980 – I ZR 106/78, GRUR 1981, 352, 353 – *Staatsexamensarbeit; Schulze,* in: Dreier/Schulze, UrhG, 6. Aufl. (2018), § 2, Rn. 93; für Lehrmittel *W. Nordemann,* NJW 1970, 881, 883.

[67] Für die Maßgeblichkeit der objektiven Eignung unabhängig von der subjektiven Absicht des Darstellenden HK-*Dreyer,* UrhG, 4. Aufl. (2018), § 2, Rn. 292; *Loewenheim/Leistner,* in: Schricker/Loewenheim/Leistner/Ohly, UrhG, 6. Aufl. (2020), § 2, Rn. 226.

[68] Vgl. BGH, Urt. v. 1.6.2011 – I ZR 140/09, GRUR 2011, 803, Rn. 39 – *Lernspiele; Bullinger,* in: Wandtke/Bullinger, UrhG, 5. Aufl. (2019), § 2, Rn. 133.

[69] BGH, Urt. v. 15.12.1978 – I ZR 26/77, GRUR 1979, 464, 465 – *Flughafenpläne;* BGH, Urt. v. 1.6.2011 – I ZR 140/09, GRUR 2011, 803, Rn. 50 – *Lernspiele.*

[70] BGH, Urt. v. 15.12.1978 – I ZR 26/77, GRUR 1979, 464, 465 – *Flughafenpläne;* BGH, Urt. v. 28.2.1991 – I ZR 88/89, GRUR 1991, 529 – *Explosionszeichnungen;* BGH, Urt. v. 10.10.1991 – I ZR 147/89, GRUR 1993, 34, 35 – *Bedienungsanweisung;* BGH, Urt. v. 1.6.2011 – I ZR 140/09, GRUR 2011, 803, Rn. 49 f. – *Lernspiele;* krit. *Reimer,* GRUR 1980, 572, 579 ff.

[71] Vgl. § 3 I. 1. a).

[72] Vgl. BGH, Urt. v. 28.5.1998 – I ZR 81/96, GRUR 1998, 916, 917 – *Stadtplanwerk.*

lungsmittel[73] oder die Auswahl und Kombination bekannter Methoden.[74] Die wissenschaftlichen Darstellungen müssen aber einen darstellerischen Gedanken auf eigentümliche Art zum Ausdruck bringen.[75] Ein Urheberrechtsschutz scheidet folglich aus, wenn die technischen Notwendigkeiten die Form bestimmen und für den Ausführenden keine Gestaltungsmöglichkeiten verbleiben.[76]

Im Gegensatz zu wissenschaftlichen Schriftwerken[77] fordert die Rechtsprechung für Darstellungen wissenschaftlicher Art keine besondere Gestaltungshöhe. Vielmehr stellt sie an ihre urheberrechtliche Schutzfähigkeit keine hohen Anforderungen[78] und lässt ein geringes Maß an geistiger Leistung ausreichen.[79] Das Vorbekannte rein handwerksmäßig fortzuführen und zu entwickeln genügt jedoch nicht.[80] Bei einem geringen Grad an Eigentümlichkeit ist zudem der Schutzbereich des Werks eng.[81] Entscheidend ist aber das Maß der schöpferischen Leistung im konkreten Fall, so dass im Einzelfall ein Werk auch einen größeren Schutzumfang haben kann als andere Werke dieser Art.[82] Der Schutz besteht dabei immer nur für die Formgestaltung[83] und erstreckt sich nicht auf den Inhalt der Grafiken.

---

[73] BGH, Urt. v. 28.5.1998 – I ZR 81/96, GRUR 1998, 916, 918 – *Stadtplanwerk.*

[74] BGH, Urt. v. 20.11.1986 – I ZR 160/84, GRUR 1987, 360, 361 – *Werbepläne.*

[75] BGH, Urt. v. 1.6.2011 – I ZR 140/09, GRUR 2011, 803, Rn. 50 – *Lernspiele.*

[76] *Bullinger,* in: Wandtke/Bullinger, UrhG, 5. Aufl. (2019), § 2, Rn. 138.

[77] Vgl. § 3 I. 2.

[78] BGH, Urt. v. 4.10.1990 – I ZR 139/89, GRUR 1991, 449, 452 – *Betriebssystem;* vgl. BGH, Urt. v. 28.2.1991 – I ZR 88/89, GRUR 1991, 529, 529 – *Explosionszeichnungen.*

[79] BGH, Urt. v. 20.11.1986 – I ZR 160/84, GRUR 1987, 360, 361 – *Werbepläne;* BGH, Urt. v. 10.10.1991 – I ZR 147/89, GRUR 1993, 34, 35 – *Bedienungsanweisung;* BGH, Urt. v. 11.4.2002 – I ZR 231/99, GRUR 2002, 958, 959 – *Technische Lieferbedingungen;* BGH, Urt. v. 1.6.2011 – I ZR 140/09, GRUR 2011, 803, Rn. 62 – *Lernspiele.*

[80] BGH, Urt. v. 28.5.1998 – I ZR 81/96, GRUR 1998, 916, 918 – *Stadtplanwerk.*

[81] BGH, Urt. v. 20.11.1986 – I ZR 160/84, GRUR 1987, 360, 361 – *Werbepläne;* BGH, Urt. v. 4.10.1990 – I ZR 139/89, GRUR 1991, 449, 452 – *Betriebssystem;* BGH, Urt. v. 28.2.1991 – I ZR 88/89, GRUR 1991, 529, 530 – *Explosionszeichnungen;* BGH, Urt. v. 10.10.1991 – I ZR 147/89, GRUR 1993, 34, 35 – *Bedienungsanweisung;* BGH, Urt. v. 28.5.1998 – I ZR 81/96, GRUR 1998, 916, 917 – *Stadtplanwerk;* BGH, Urt. v. 1.6.2011 – I ZR 140/09, GRUR 2011, 803, Rn. 63 – *Lernspiele; Reimer,* GRUR 1980, 572, 575 f.; krit. zu den niedrigeren Anforderungen bei Darstellungen wissenschaftlicher oder technischer Art im Vergleich zu wissenschaftlichen und gebrauchsorientierten Schriften *Schulze,* in: Dreier/Schulze, UrhG, 6. Aufl. (2018), § 2, Rn. 34.

[82] BGH, Urt. v. 28.5.1998 – I ZR 81/96, GRUR 1998, 916, 918 – *Stadtplanwerk.*

[83] *Loewenheim/Leistner,* in: Schricker/Loewenheim/Leistner/Ohly, UrhG, 6. Aufl. (2020), § 2, Rn. 228; *Wiebe,* in Spindler/Schuster, Recht der elektronischen Medien, 4. Aufl. (2019), § 2 UrhG, Rn. 24.

### *III. Podcasts*

Insbesondere Vorlesungsaufzeichnungen oder Vorträge eignen sich dafür, sie als Podcasts den Teilnehmern zur Verfügung zu stellen. Zusätzlich zu einem urheberrechtlichen Schutz des Inhalts können Podcasts auch durch die Leistungsschutzrechte der ausübenden Künstler und des Tonträgerherstellers geschützt sein.

#### *1. Urheberrecht*

Der urheberrechtliche Schutz eines Podcasts bestimmt sich nach seinem Inhalt, der hierfür die Voraussetzungen einer persönlichen geistigen Schöpfung erfüllen muss. Als wissenschaftliches Schriftwerk bleibt der Inhalt des Vortrags bei der Beurteilung der urheberrechtlichen Schutzfähigkeit unberücksichtigt.[84] Die Individualität des aufgezeichneten Vortrags kann sich somit allein aus seiner Form ergeben.

#### *2. Leistungsschutzrecht der ausübenden Künstler*

Den Vortragenden eines urheberrechtlich schutzfähigen[85] Vortrags kommt das Leistungsschutzrecht aus § 73 UrhG zu, wenn sie als ausübende Künstler einzuordnen sind. Hierbei handelt es sich um einen autonom unionsrechtlichen Begriff.[86] Eine ausdrückliche Definition dieses insbesondere in der Vermiet- und Verleih-RL[87] verwendeten Begriffs enthält das Unionsrecht dabei nicht.[88] Nach dem EuGH sind die Begriffe der Vermiet- und Verleih-RL aber so auszulegen, dass sie mit internationalen Abkommen im Einklang stehen.[89] Für die Definition der ausübenden Künstler lässt sich daher auf Art. 2 lit. a WPPT

---

[84] Vgl. § 3 I. 1. a).

[85] *Apel,* Der ausübende Musiker (2011), S. 210 f.; *Grünberger,* in: Schricker/Loewenheim/Leistner/Ohly, 6. Aufl. (2020), § 73, Rn. 13; *Schaefer,* in: Fromm/Nordemann, UrhG, 12. Aufl. (2018), § 73, Rn. 9 f.; a. A. nicht die Schutzfähigkeit des konkret dargebotenen Werks, sondern nur die Schutzfähigkeit des Werks seiner Art nach fordernd *Büscher,* in: Wandtke/Bullinger, UrhG, 5. Aufl. (2019), § 73, Rn. 4; *Dreier,* in: Dreier/Schulze, UrhG, 6. Aufl. (2018), § 73, Rn. 8; HK-*Meckel,* UrhG, 4. Aufl. (2018), § 73, Rn. 13; *Schack,* JZ 1998, 753, 754; *Schulze,* ZUM 1994, 15, 20.

[86] EuGH, Urt. v. 8.9.2020 – C-265/19, GRUR 2020, 1082, Rn. 48 – *RAAP/PPI u. a.*

[87] Richtlinie 2006/115/EG des Europäischen Parlaments und des Rates vom 12. Dezember 2006 zum Vermietrecht und Verleihrecht sowie zu bestimmten dem Urheberrecht verwandten Schutzrechten im Bereich des geistigen Eigentums.

[88] *Grünberger,* in: Schricker/Loewenheim/Leistner/Ohly, 6. Aufl. (2020), § 73, Rn. 6.

[89] EuGH, Urt. v. 8.9.2020 – C-265/19, GRUR 2020, 1082, Rn. 51 – *RAAP/PPI u. a.;* vgl. EuGH, Urt. v. 15.3.2012 – C-135/10, GRUR 2012, 593, Rn. 55 – *SCF;* EuGH, Urt. v. 10.11.2016 – C-174/15, GRUR 2016, 1266, Rn. 33 – *Verenigung Openbare Bibliotheken/Stichting Leenrecht;* EuGH, Urt. v. 29.7.2019 – C-476/17, Rn. 53 – *Pelham/Hütter;* vgl. auch Erwägungsgrund 7 Vermiet- und Verleih-RL.

zurückgreifen.[90] Dieser definiert ausübende Künstler als Personen, die Werke der Literatur und Kunst oder Ausdrucksformen der Volkskunst aufführen, singen, vortragen, vorlesen, spielen, interpretieren oder auf andere Weise darbieten. Die Darbietung muss dabei einen individuellen künstlerischen Ausdruck beinhalten.[91] Denn wie der EuGH betont, soll die Vermiet- und Verleih-RL nach Erwägungsgrund 5 sicherstellen, dass Urheber und ausübende Künstler weiter schöpferisch und künstlerisch arbeiten können.[92] Zentrales Merkmal eines ausübenden Künstlers ist somit seine künstlerische Tätigkeit. Zu den Anforderungen an diese hat der EuGH bislang noch nicht Stellung genommen. Für einen großzügigen Maßstab spricht aber neben der weiten Definition des Art. 2 lit. a WPPT auch der Vergleich mit dem europäischen Werkbegriff.[93] Dies deckt sich mit den Anforderungen der deutschen Rechtsprechung, die eine nur geringe künstlerische Höhe für einen Schutz als ausübender Künstler genügen ließ[94] und deren Grundsätze sich daher auch weiterhin für die Beurteilung künstlerischer Leistungen zugrunde legen lassen.

Eine künstlerische Leistung verneint haben die nationalen Gerichte bei Nachrichtensprechern,[95] Fernseh- und Rundfunkmoderatoren.[96] Nicht als künstlerische Leistung angesehen wurden auch die Ansagen eines Schaustellers[97] und die Wiedergabe von Werbetexten.[98] Die bloße akustische Textwiedergabe des Vortrags genügt folglich für eine künstlerische Leistung noch nicht.[99] Vielmehr muss der Umsetzung des Schriftwerks in die sinnlich fassbare Sphäre ein künstlerischer Eigenwert zukommen.[100] Die Wiedergabe muss dem Hörer einen Sinneseindruck vermitteln, „der seine Stimmung, sein Empfinden, sein Gefühl oder seine Phantasie anregt.“[101] Dies bejahte der BGH bei Synchronsprechern[102] und einem Quizmoderator.[103] In der Entscheidung

---

[90] EuGH, Urt. v. 8.9.2020 – C-265/19, GRUR 2020, 1082, Rn. 53 – *RAAP/PPI u. a.*

[91] *Grünberger,* in: Schricker/Loewenheim/Leistner/Ohly, 6. Aufl. (2020), § 73, Rn. 10.

[92] EuGH, Urt. v. 8.9.2020 – C-265/19, GRUR 2020, 1082, Rn. 50 – *RAAP/PPI u. a.*

[93] S. § 3 I. 1. b).

[94] Vgl. BGH, Urt. v. 14.11.1980 – I ZR 73/78, GRUR 1981, 419, 421 – *Quizmaster.*

[95] LG Hamburg, Urt. v. 11.7.1975 – 74 O 14/75, GRUR 1976, 151, 152 f. – *Rundfunksprecher.*

[96] LG Hamburg, Urt. v. 5.10.1990 – 74 S 12/98, ZUM 1995, 340, 341 f. – *Moderator für Musiksendungen.*

[97] LG München I, Urt. v. 12.12.2017 – 33 O 15792/16, ZUM 2018, 386, 390.

[98] LG Köln, Urt. v. 14.7.2010 – 28 O 128/08, ZUM-RD 2010, 698, 701.

[99] Vgl. *Schaefer,* in: Fromm/Nordemann, UrhG, 12. Aufl. (2018), § 73, Rn. 14.

[100] BGH, Urt. v. 14.11.1980 – I ZR 73/78, GRUR 1981, 419, 421 – *Quizmaster.*

[101] BGH, Urt. v. 14.11.1980 – I ZR 73/78, GRUR 1981, 419, 421 – *Quizmaster.*

[102] BGH, Urt. v. 22.9.1983 – I ZR 40/81, GRUR 1984, 119, 120 – *Synchronisationssprecher;* BGH, Urt. v. 10.5.2012 – I ZR 145/11, GRUR 2012, 1248, Rn. 43 – *Fluch der Karibik I;* so auch LG Berlin, Urt. v. 4.11.2014 – 15 O 153/14, ZUM 2015, 264, 265.

[103] BGH, Urt. v. 14.11.1980 – I ZR 73/78, GRUR 1981, 419 – *Quizmaster.*

*Quizmaster*[104] sah er hierfür als ausreichend an, dass sich der Moderator auf die Eigenarten der Gesprächspartner einstellte und durch eine wechselnde Betonung die richtige Beantwortung der Frage anleitete.[105] Übertragt man diese – sehr niedrigen – Anforderungen auf die Vortragenden von Podcasts, werden auch sie meist die Voraussetzungen für einen Schutz als ausübende Künstler erfüllen. So beschränken sie sich regelmäßig nicht auf die akustische Wiedergabe des Textes, sondern geben über den reinen Text hinaus Informationen an die Zuhörer weiter. Sie werden versuchen durch die Betonung besonders wichtiger Stellen das Verständnis der Zuhörer für das behandelte Thema zu fördern oder durch gezielte Satzpausen die Informationen zu strukturieren.

Ob die Aufzeichnung des Podcasts selbst und somit den Vortrag zunächst nur wenige Personen hören, ist hingegen ohne Einfluss auf das Leistungsschutzrecht der ausübenden Künstler. Die Darbietung selbst muss nicht zwingend öffentlich sein[106] und durch das Hochladen des Podcasts in den Kurs wird der Vortrag für Dritte wahrnehmbar gemacht.[107] Das Leistungsschutzrecht der ausübenden Künstler scheidet aber dann aus, wenn der Vortrag erst während der Podcast-Aufnahme aus urheberrechtlich nicht schutzfähigen Stichpunkten entsteht. Da schöpferische Leistung und Darbietung nicht voneinander trennbar sind, verdrängt das Urheberrecht in diesem Fall das Leistungsschutzrecht der ausübenden Künstler.[108]

### 3. *Leistungsschutzrecht des Tonträgerherstellers*

Die Podcasts sind durch das Leistungsschutzrecht des Tonträgerherstellers nach §§ 85 f. UrhG geschützt, da der Vortrag auf einem Tonträger gespeichert ist. Die Anforderungen an einen Tonträger sind nach unionsrechtlichen Grundsätzen zu bestimmen, da es sich um einen autonomen Begriff des Unionsrechts handelt.[109] Da die Richtlinien der Union keine Definition eines Tonträgers enthalten, ist dieser im Licht des Völkerrechts auszulegen.[110] Den Begriff des Tonträgers definieren sowohl Art. 3 lit. b des Rom-Abkommens[111] als

---

[104] BGH, Urt. v. 14.11.1980 – I ZR 73/78, GRUR 1981, 419 – *Quizmaster.*

[105] Vgl. BGH, Urt. v. 14.11.1980 – I ZR 73/78, GRUR 1981, 419, 421 – *Quizmaster.*

[106] *Büscher,* in: Wandtke/Bullinger, UrhG, 5. Aufl. (2019), § 73, Rn. 6; HK-*Meckel,* UrhG, 4. Aufl. (2018), § 73, Rn. 16.

[107] Dies fordernd *Büscher,* in: Wandtke/Bullinger, UrhG, 5. Aufl. (2019), § 73, Rn. 6; *Dreier,* in: Dreier/Schulze, UrhG, 6. Aufl. (2018), § 73, Rn. 10; HK-*Meckel,* UrhG, 4. Aufl. (2018), § 73, Rn. 16; a. A. *Apel,* Der ausübende Musiker (2011), S. 216 ff.; *Grünberger,* in: Schricker/Loewenheim/Leistner/Ohly, 6. Aufl. (2020), § 73, Rn. 26.

[108] Vgl. *Grünberger,* in: Schricker/Loewenheim/Leistner/Ohly, 6. Aufl. (2020), § 73, Rn. 37.

[109] EuGH, Urt. v. 18.11.2020 – C-147/19, GRUR 2021, 60, Rn. 32 – *AGEDI.*

[110] EuGH, Urt. v. 18.11.2020 – C-147/19, GRUR 2021, 60, Rn. 34 – *AGEDI.*

[111] Internationales Abkommen über den Schutz der ausübenden Künstler, der Hersteller von Tonträgern und der Sendeunternehmen vom 26.10.1961.

auch Art. 2 lit. b WPPT. Nach Art. 3 lit. b des Rom-Abkommens ist unter einem Tonträger die ausschließlich auf den Ton beschränkte Festlegung der Töne einer Darbietung oder anderer Töne zu verstehen. Art. 2 lit. b WPPT beschreibt einen Tonträger ähnlich als die „Festlegung der Töne einer Darbietung oder anderer Töne oder einer Darstellung von Tönen außer in Form einer Festlegung, die Bestandteil eines Filmwerks oder eines anderen audiovisuellen Werks ist". Eine Beschränkung auf ein bestimmtes Aufnahmeverfahren existiert hierbei nicht.[112]

Auch wenn ein Leistungsschutzrecht des Tonträgerherstellers am Podcast besteht, ist dessen Nachahmung aber erlaubt[113] und nur eine Übernahme grundsätzlich unzulässig.[114] Die lange umstrittene[115] Frage, ob dies auch für kleinste Teile eines Tonträgers gilt, hat der EuGH nur unter der Voraussetzung ihrer Wiedererkennbarkeit[116] bejaht.[117] Anders als bei Musik[118] hat die Entnahme kleinster Teile bei Vorträgen jedoch kaum Bedeutung.

### *IV. Lehrvideos*

Insbesondere bei reinen Online-Kursen sind Lehrvideos der wohl mit weitem Abstand am häufigsten verwendete Inhalt. Erlauben sie doch im Gegensatz zu Podcasts auch Inhalte zu visualisieren, wie etwa durch die Vorführung chemischer Experimente oder die Einblendung von Aufnahmen von Gebäuden mit besonderer Architektur. Das Leistungsschutzrecht des Tonträgerherstellers scheidet bei Lehrvideos aber aus, da die Festlegung eines audiovisuellen Werks nicht die Voraussetzungen eines Tonträgers erfüllt.[119] In Betracht kommen

---

[112] *Schulze,* in: Dreier/Schulze, UrhG, 6. Aufl. (2018), § 85, Rn. 17; *Schwarz/U. Reber,* in: Loewenheim, Handbuch des Urheberrechts, 3. Aufl. (2021), § 48, Rn. 15.

[113] *Schulze,* in: Dreier/Schulze, UrhG, 6. Aufl. (2018), § 85, Rn. 25.

[114] *Schaefer,* in: Wandtke/Bullinger, UrhG, 5. Aufl. (2019), § 85, Rn. 21.

[115] Über 20 Jahre lang hat ein zwei Sekunden langes Sample aus dem Kraftwerk-Song „Metall auf Metall" die Gerichte beschäftigt: Der BGH bejahte einen Eingriff auch bei der Entnahme kleinster Teile (BGH, Urt. v. 20.11.2008 – I ZR 112/06, GRUR 2009, 403, Rn. 14 ff. – *Metall auf Metall*), den das OLG Hamburg zuvor abgelehnt hatte (OLG Hamburg, Beschl. v. 18.4.1991 – 3W 28/91, GRUR Int. 1992, 390, 391 – *Tonträgersampling*); für eine einschränkende Anwendung des Leistungsschutzrechts auch *Grünberger,* ZUM 2019, 281, 285; *Leistner,* GRUR 2016, 772, 776 f.; *Ohly,* GRUR 2017, 964, 966 f.; *Pötzlberger,* ZUM 2019, 250, 251 f.; *Schonhofen,* GRUR-Prax 2016, 277, 279.

[116] S. näher zu diesem Kriterium § 2 II. 2.

[117] EuGH, Urt. v. 29.7.2019 – C-476/17, Rn. 29 – *Pelham/Hütter.*

[118] Insbesondere für Sampling ist diese Frage zentral, vgl. *Duhanic,* GRUR Int. 2016, 1007 ff.; *Goldhammer,* JZ 2016, 904, 904 ff.; *Hoeren,* MMR 2016, 469; *Leistner,* GRUR 2016, 772 ff.; *Podszun,* ZUM 2016, 606 ff.; *Schonhofen,* GRUR-Prax 2016, 277 ff.; *Stieper,* ZUM 2016, 637 ff.; *Wagner,* MMR 2016, 513 ff.; *Walter,* DVBl 2016, 977 ff.

[119] EuGH, Urt. v. 18.11.2020 – C-147/19, GRUR 2021, 60, Rn. 37 ff., insb. Rn. 47 – *AGEDI.*

hingegen das Urheberrecht, das Leistungsschutzrecht der ausübenden Künstler und das Leistungsschutzrecht des Filmherstellers als Schutzrechte.

### *1. Urheberrecht*

Der aufgezeichnete Vortrag ist urheberrechtlich geschützt, wenn er eine individuelle Form aufweist.[120] Darüber hinaus kann ein urheberrechtlicher Schutz des Lehrvideos selbst bestehen. An die Individualität von Filmwerken werden nur geringe Anforderungen gestellt.[121] Diese kann sich aus der Anordnung und Sammlung des Stoffs[122] oder der Ausnutzung filmischer Gestaltungsmöglichkeiten[123] ergeben. Bei der Aufzeichnung des Vortrags sind aber sowohl der Stoff als auch die filmische Gestaltung bereits vorgegeben, da das Video lediglich den Vortrag auf Film festhalten und den Teilnehmern zugänglich machen soll. Bei einer solch naturgetreuen Wiedergabe eines tatsächlichen Geschehens ist die Werkqualität des Films daher zu verneinen,[124] so dass der bloßen Aufzeichnung von Vorträgen meist die erforderliche Individualität fehlt. Urheberrechtlich geschützt kann das Lehrvideo jedoch in den Fällen sein, in denen auch filmische Elemente der Stoffvermittlung dienen und die Filmaufnahmen etwa durch einen Hintergrundsprecher erläutert werden. Individuell können dann insbesondere die Zusammenstellung und die Abfolge der Aufnahmen sein.

### *2. Leistungsschutzrecht der ausübenden Künstler*

Die Vortragenden werden regelmäßig als ausübende Künstler i. S. d. § 73 UrhG einzuordnen sein. So werden bereits bei einer rein akustischen Wiedergabe des Vortrags die in der BGH-Entscheidung *Quizmaster*[125] aufgestellten Anforderungen an die Interpretation eines Sprachwerks erfüllt.[126] Im

---

[120] Vgl. § 3 III. 1.

[121] HK-*Dreyer,* UrhG, 4. Aufl. (2018), § 2, Rn. 282; *Loewenheim/Leistner,* in: Schricker/Loewenheim/Leistner/Ohly, 6. Aufl. (2020), § 2, Rn. 222; *A. Nordemann,* in: Fromm/Nordemann, UrhG, 12. Aufl. (2018), § 2, Rn. 207; *Schulze,* in: Dreier/Schulze, UrhG, 6. Aufl. (2018), § 2, Rn. 211.

[122] BGH, Urt. v. 21.4.1953 – I ZR 110/52, GRUR 1953, 299, 301 f. – *Lied der Wildbahn;* BGH, Urt. v. 24.11.1983 – I ZR 147/81, GRUR 1984, 730, 732 – *Filmregisseur;* KG, Urt. v. 27.6.2003 – 5 U 96/03, ZUM 2003, 863, 864 – *Beat Club;* LG München I, Urt. v. 19.2.1997 – 21 O 11471/95, ZUM-RD 1998, 89, 92 – *Rechte an Deutschen Wochenschauen aus 1940 bis 1942;* HK-*Dreyer,* UrhG, 4. Aufl. (2018), § 2, Rn. 282; *J. B. Nordemann,* in: Fromm/Nordemann, UrhG, 12. Aufl. (2018), § 95, Rn. 5;

[123] KG, Urt. v. 27.6.2003 – 5 U 96/03, ZUM 2003, 863, 864 – *Beatclub; Manegold/Czernik,* in: Wandtke/Bullinger, UrhG, 5. Aufl. (2019), § 95, Rn. 13; *J. B. Nordemann,* in: Fromm/Nordemann, UrhG, 12. Aufl. (2018), § 95, Rn. 5.

[124] BGH, Urt. v. 21.4.1953 – I ZR 110/52, GRUR 1953, 299, 302 – *Lied der Wildbahn; J. B. Nordemann,* in: Fromm/Nordemann, UrhG, 12. Aufl. (2018), 95, Rn. 6.

[125] BGH, Urt. v. 14.11.1980 – I ZR 73/78, GRUR 1981, 419 – *Quizmaster.*

[126] Vgl. § 3 III. 2.

Gegensatz zu Podcasts können die Vortragenden in einem Lehrvideo aber neben stimmlichen Betonungen zudem durch optische Zeichen wichtige Passagen unterstreichen und mit Gesten den Vortrag veranschaulichen. Ihnen stehen daher mehr Gestaltungsmöglichkeiten für eine Wiedergabe des Vortrags zur Verfügung als bei Podcasts, so dass ihr Vortrag erst recht die Voraussetzungen einer Darbietung erfüllen wird.

### *3. Leistungsschutzrecht des Filmherstellers*

Dass die Lehrvideos meist keine urheberrechtlich geschützten Filmwerke sind,[127] schließt einen Schutz durch das Leistungsschutzrecht des Filmherstellers nicht aus, da dieses nach § 95 UrhG auf Laufbilder ebenfalls Anwendung findet. Zudem sind nach Art. 2 Abs. 1 lit. c Vermiet- und Verleih-RL unter einem Film sowohl Filmwerke als auch Laufbilder zu verstehen. Entscheidend ist deshalb, dass eine Aufzeichnung des Films i. S. d. Art. 3 Abs. 1 lit. d Vermiet- und Verleih-RL erfolgt. Eine Definition des Begriffs der Aufzeichnung enthält die Richtlinie nicht. Da sie diesbezüglich aber nicht ausdrücklich auf das Recht der Mitgliedstaaten verweist, ist der Begriff unionsweit einheitlich nach seinem Wortlaut und dem Ziel der Regelung auszulegen[128] und der völkerrechtliche Kontext der Regelung zu berücksichtigen.[129] Der in der englischen Fassung der Vermiet- und Verleih-RL für die Aufzeichnung verwendete Begriff „fixation" findet sich ebenfalls in der Definition des Tonträgers in Art. 3 lit. b des Rom-Abkommens und wird dort mit „Festlegung" übersetzt. Mit dem natürlichen Wortsinn einer „Aufzeichnung" bzw. „Festlegung" steht auch das nationale Recht im Einklang, das einen Bildträger in § 16 Abs. 2 UrhG als Vorrichtung zur wiederholbaren Wiedergabe von Bildfolgen definiert.

Diese Anforderungen an eine Aufzeichnung bzw. Festlegung des Films erfüllen die Lehrvideos unabhängig[130] von ihrem Aufnahmeverfahren. Der zeitliche und finanzielle Aufwand für die Erstellung der Lehrvideos ist für das Bestehen des Leistungsschutzrechts des Filmherstellers dabei unerheblich. So setzt dieses nach vorzugswürdiger Ansicht einen wirtschaftlichen Mindestaufwand nicht voraus.[131] Dies stünde im Widerspruch zu den Vorgaben des Uni–

---

[127] Vgl. § 3 IV. 1.

[128] EuGH, Urt. v. 8.9.2020 – C-265/19, GRUR 2020, 1082, Rn. 46 – *RAAP/PPI u. a.;* EuGH, Urt. v. 18.11.2020 – C-147/19, GRUR 2021, 60, Rn. 33 – *AGEDI.*

[129] EuGH, Urt. v. 18.11.2020 – C-147/19, GRUR 2021, 60, Rn. 33 – *AGEDI.*

[130] Vgl. *J. B. Nordemann,* in: Fromm/Nordemann, UrhG, 12. Aufl. (2018), § 94, Rn. 33.

[131] So auch OLG Hamburg, Urt. v. 11.8.2010 – 5 U 18/08, GRUR-RR 2010, 409, 411 – *Konzertfilm; Dünnwald,* UFITA 76 (1976), 165, 173; *Gregor,* Der Produzent und die Rechte am Filmwerk (2010), S. 222 ff.; *Manegold/Czernik,* in: Wandtke/Bullinger, UrhG, 5. Aufl. (2019), § 94, Rn. 63; *Schulze,* in: Dreier/Schulze, UrhG, 6. Aufl. (2018), § 94, Rn. 24; a. A.

onsrechts, da die Vermiet- und Verleih-RL keine Anhaltspunkte für eine solche Voraussetzung enthält. Auch der EuGH hat dieses Kriterium in seiner zu Tonträgern ergangenen Entscheidung *AGEDI* [132] nicht erwähnt. Vielmehr spricht die Einbeziehung von Laufbildern in das Leistungsschutzrecht des Filmherstellers durch Art. 2 lit. c Vermiet- und Verleih-RL gegen das Erfordernis eines Mindestaufwands. Schließlich ist die Herstellung von Laufbildern mit einem besonderen unternehmerischen Aufwand regelmäßig nicht verbunden.[133] Zudem ermöglicht dies dem Filmhersteller gegen die unberechtigte Nutzung des Films vorzugehen, ohne dass er die Werkqualität des Films beweisen muss.[134] Diese Beweiserleichterung würde die Voraussetzung eines nachzuweisenden Mindestaufwands abschwächen. Auch würde dies der Zielsetzung des deutschen Gesetzgebers zuwiderlaufen. Die Verweisung auf das Leistungsschutzrecht des Filmherstellers für Laufbilder in § 95 UrhG dient der Rechtssicherheit, da bei der Filmherstellung nicht immer vorhersehbar ist, ob ein Filmwerk entsteht.[135] Das unscharfe Kriterium eines gewissen wirtschaftlichen Mindestaufwands würde diese Rechtssicherheit beeinträchtigen, indem es Abgrenzungsschwierigkeiten hervorruft.[136] Darüber hinaus ist das Leistungsschutzrecht des Filmherstellers dem Leistungsschutzrecht des Tonträgerherstellers i. S. d. §§ 85 f. UrhG nachempfunden, bei dem schon nach seiner amtlichen Begründung eine Rechtfertigung fehlt, gewerbliche und nichtgewerbliche Leistungen unterschiedlich zu behandeln.[137] Dem Sinn und Zweck der Vorschrift würde es daher nicht gerecht werden, das Leistungsschutzrecht des Filmherstellers an einen Mindestaufwand zu knüpfen.[138]

Vor Nachahmungen der Lehrvideos schützt das Leistungsschutzrecht des Filmherstellers jedoch nicht, sondern nur vor einer unmittelbaren Übernahme. Nach dem BGH schließt dies auch kleinste Teile ein.[139] Der EuGH hat sich zu der Frage bei Filmen im Gegensatz zu Tonträgern[140] bisher nicht äußern müssen. Es ist aber anzunehmen, dass er die zu Tonträgern entwickelten Grund-

---

*Baur,* UFITA 3 (2004), 665, 767; *J. B. Nordemann,* in: Fromm/Nordemann, UrhG, 12. Aufl. (2018), § 94, Rn. 18.

[132] EuGH, Urt. v. 18.11.2020 – C-147/19, GRUR 2021, 60 – *AGEDI.*

[133] *Gregor,* Der Produzent und die Rechte am Filmwerk (2010), S. 223.

[134] *J. B. Nordemann,* in: Fromm/Nordemann, UrhG, 12. Aufl. (2018), § 95, Rn. 24.

[135] *Schulze,* in: Dreier/Schulze, UrhG, 6. Aufl. (2018), § 95, Rn. 1; vgl. die amtl. Begr. zu § 105 UrhG, abgedruckt in *Schulze,* Materialien zum Urheberrechtsgesetz, S. 562.

[136] *Gregor,* Der Produzent und die Rechte am Filmwerk (2010), S. 223.

[137] *Katzenberger/N. Reber,* in: Schricker/Loewenheim/Leistner/Ohly, 6. Aufl. (2020), § 94, Rn. 16.

[138] OLG Hamburg, Urt. v. 11.8.2010 – 5 U 18/08, GRUR-RR 2010, 409, 411 – *Konzertfilm; Manegold/Czernik,* in: Wandtke/Bullinger, UrhG, 5. Aufl. (2019), § 94, Rn. 63.

[139] BGH, Urt. v. 6.12.2017 – I ZR 186/16, GRUR 2018, 400, Rn. 19 – *Konferenz der Tiere.*

[140] S. hierzu § 3 III. 3.

sätze auch bei Filmen anwenden und einen Eingriff bejahen wird, wenn der Originalinhalt erkennbar ist.

### *V. Livestreams*

Sollen die Teilnehmer der Online-Kurse Vorlesungen, Vorträge oder Diskussionen zwar live verfolgen aber nicht dauerhaft abrufen können, bietet sich die Übertragung mittels eines Livestreams an. In Betracht kommt dann ein Schutz durch das Urheberrecht und die Leistungsschutzrechte der ausübenden Künstler, des Film- und Tonträgerherstellers.

#### *1. Urheberrecht*

Der Livestream selbst ist auch bei einer Bild-Ton-Übertragung nicht urheberrechtlich geschützt. Zwar erfordert der urheberrechtliche Schutz nicht die körperliche Festlegung des Films auf einem Speichermedium,[141] aber dem Livestream fehlt die für ein Filmwerk erforderliche Individualität.[142] Er zeichnet lediglich ein tatsächliches Geschehen naturgetreu auf, ohne dass ein Spielraum bei der Anordnung und Sammlung des Stoffs oder der filmischen Gestaltungsmöglichkeiten besteht. Urheberrechtlich geschützt kann hingegen der Inhalt des Livestreams sein, insbesondere wenn es sich dabei um einen Vortrag handelt. Denn eine dauerhafte körperliche Festlegung setzt der urheberrechtliche Schutz eines Vortrags nicht voraus.[143]

#### *2. Leistungsschutzrecht der ausübenden Künstler*

Ebenso wie bei Lehrvideos[144] erfüllt der Vortrag regelmäßig die Anforderungen an eine Darbietung i. S. d. § 73 UrhG. Auch bei einem Livestream steht dann den Vortragenden das Leistungsschutzrecht der ausübenden Künstler zu, da die Kursteilnehmer und somit Dritte die Darbietung wahrnehmen können und das Leistungsschutzrecht der ausübenden Künstler eine dauerhafte Festlegung der Darbietung nicht erfordert. Dies folgt bereits daraus, dass § 73 UrhG die Aufführung eines Werks i. S. d. § 19 Abs. 2 UrhG beispielhaft als eine Darbietung aufzählt.

#### *3. Leistungsschutzrechte der Film- und Tonträgerhersteller*

Bei einem Livestream der Lehrvideos und Vorträge werden die Daten an alle Nutzer gleichzeitig übermittelt, die diese lediglich einmal ansehen können.[145]

---

[141] *Bullinger,* in: Wandtke/Bullinger, UrhG, 5. Aufl. (2019), § 2, Rn. 121.
[142] Für die Anforderungen an die Individualität bei Filmen s. § 3 IV. 1.
[143] *Bullinger,* in: Wandtke/Bullinger, UrhG, 5. Aufl. (2019), § 2, Rn. 20.
[144] Vgl. § 3 IV. 2.
[145] Vgl. *Stieper,* MMR 2012, 12, 13.

Weder existieren die Daten vor Beginn des Livestreams auf dem Server der Übertragenden[146] noch werden diese auf dem Endgerät der Nutzer dauerhaft gespeichert.[147] Vielmehr erfolgt lediglich eine Zwischenspeicherung der übertragenen Daten.[148] Den Anforderungen einer Festlegung bzw. Aufzeichnung der Vorträge und Lehrvideos auf einem Ton- oder Bildträger[149] genügt das nicht. Bereits nach dem Wortsinn ist hierfür eine gewisse Dauerhaftigkeit der Festlegung erforderlich,[150] die nur flüchtige oder vorübergehende Speicherungen nicht aufweisen.[151] An Livestreams besteht daher weder ein Leistungsschutzrecht des Filmherstellers noch des Tonträgerherstellers.[152]

### *VI. Fotografien*

Dass ein Bild bekanntlich mehr als tausend Worte sagt, nutzen auch die Dozenten von Online-Kursen und veranschaulichen durch Fotografien das behandelte Thema. Die Kursteilnehmer wiederum können durch Fotografien die Ergebnisse ihrer Projektarbeiten präsentieren, etwa ein von ihnen entworfenes Modell über die ideale Stadt des 21. Jahrhunderts.[153] Ein Schutz der Fotografien ist sowohl durch das Urheberrecht als auch durch das Leistungsschutzrecht an Lichtbildern möglich.

---

[146] *Stieper,* MMR 2012, 12, 13.

[147] *Heerma,* in: Wandtke/Bullinger, UrhG, 5. Aufl. (2019), § 16, Rn. 22; *Koch,* GRUR 2010, 574, 574.

[148] *Stieper,* MMR 2012, 12, 13.

[149] S. hierzu § 3 III. 3., IV. 3.

[150] Für Tonträger *Boddien,* in: Fromm/Nordemann, UrhG, 12. Aufl. (2018), § 85, Rn. 10; *Stang,* in: Möhring/Nicolini, UrhG, 4. Aufl. (2018), § 85, Rn. 8; *Vogel,* in: Schricker/Loewenheim/Leistner/Ohly, UrhG, 6. Aufl. (2020), § 85, Rn. 24; für Bildträger *Manegold/Czernik,* in: Wandtke/Bullinger, UrhG, 5. Aufl. (2019), § 94, Rn. 21.

[151] Für Tonträger *Ahlberg,* in: Möhring/Nicolini, UrhG, 4. Aufl. (2018), § 24, Rn. 26; *Boddien,* in: Fromm/Nordemann, UrhG, 12. Aufl. (2018), § 85, Rn. 10; *Schaefer,* in: Wandtke/Bullinger, UrhG, 5. Aufl. (2019), § 85, Rn. 3; *Vogel,* in: Schricker/Loewenheim/Leistner/Ohly, UrhG, 6. Aufl. (2020), § 85, Rn. 24.

[152] Für das Leistungsschutzrecht des Filmherstellers vgl. den Entwurf eines Gesetzes über Urheberrecht und verwandte Schutzrechte (Urheberrechtsgesetz) der Bundesregierung v. 23.3.1962, BT-Drs. IV/270, S. 102; *Katzenberger/N. Reber,* in: Schricker/Loewenheim/Leistner/Ohly, UrhG, 6. Aufl. (2020), § 94, Rn. 7; *J. B. Nordemann,* in: Fromm/Nordemann, UrhG, 12. Aufl. (2018), 94, Rn. 35.

[153] Dies war etwa das Thema des MOOCs „Think Tank Ideal City" an der Leuphana Universität Lüneburg; ausf. zu diesem Kurs *Spoun/Keller/Grünberg-Bochard,* Der Beginn und das Ende von Open, in: Schulmeister, MOOCs, S. 127, 134 ff.

### *1. Urheberrecht*

Fotografien müssen für einen urheberrechtlichen Schutz als Lichtbildwerke i. S. d. § 2 Abs. 1 Nr. 5 UrhG nur geringe Anforderungen erfüllen.[154] Dies gebietet schon eine richtlinienkonforme Auslegung, da nach Art. 6 Schutzdauer-RL das Vorliegen eines Lichtbildwerks ausschließlich eine eigene geistige Schöpfung voraussetzt. Aus dem Motiv kann sich die Individualität dabei nur dann ergeben, wenn es der Fotograf selbst anrichtet und es nicht bereits vorgegeben ist,[155] so dass dies etwa bei Fotografien von Projekten der Teilnehmer ausscheidet. Als individuell kann eine Fotografie aber dadurch einzuordnen sein, dass sie Ausdrucks- und Gestaltungsmittel prägen[156] oder sie eine künstlerische Aussage des Fotografen ausdrückt.[157]

### *2. Leistungsschutzrecht an Lichtbildern*

Das Leistungsschutzrecht an Lichtbildern besteht an Fotografien unabhängig von ihrem urheberrechtlichen Schutz, da ein Doppelschutz von Urheberrecht und dem Leistungsschutzrecht an Lichtbildern möglich ist.[158] Letzteres setzt nur ein Mindestmaß an persönlicher geistiger Leistung voraus,[159] so dass lediglich bloße Reproduktionen von einem Schutz ausgeschlossen sind.[160] Alle im Rahmen des digitalen Lehrens und Lernens als Urbilder geschaffene Fotografien sind daher Lichtbilder i. S. d. § 72 UrhG.[161] Aus den geringeren An-

---

[154] Vgl. HK-*Dreyer,* UrhG, 4. Aufl. (2018), § 2, Rn. 268; *A. Nordemann,* in: Fromm/Nordemann, UrhG, 12. Aufl. (2018), § 2, Rn. 198; *Schulze,* in: Dreier/Schulze, UrhG, 6. Aufl. (2018), § 2, Rn. 195.

[155] Vgl. *Schulze,* in: Dreier/Schulze, UrhG, 6. Aufl. (2018), § 2, Rn. 202.

[156] *Bullinger,* in: Wandtke/Bullinger, UrhG, 5. Aufl. (2019), § 2, Rn. 117.

[157] *Loewenheim/Leistner,* in: Schricker/Loewenheim/Leistner/Ohly, UrhG, 6. Aufl. (2020), § 2, Rn. 213.

[158] BGH, Urt. v. 20.12.2018 – I ZR 104/17, GRUR 2019, 284, Rn. 15 – *Museumsfotos.*

[159] BGH, Urt. v. 8.11.1989 – I ZR 14/88, GRUR 1990, 669, 673 – *Bibelreproduktion;* BGH, Urt. v. 10.10.1991 – I ZR 147/89, GRUR 1993, 34, 35 – *Bedienungsanweisung;* BGH, Urt. v. 3.11.1999 – I ZR 55/97, GRUR 2000, 317, 318 – *Werbefotos;* BGH, Urt. v. 20.12.2018 – I ZR 104/17, GRUR 2019, 284, Rn. 23 – *Museumsfotos;* HK-*Meckel,* UrhG, 4. Aufl. (2018), § 72, Rn. 9; *Schulze,* in: Dreier/Schulze, UrhG, 6. Aufl. (2018), § 72, Rn. 9; *Thum,* in: Wandtke/Bullinger, UrhG, 5. Aufl. (2019), § 72, Rn. 11; *Vogel,* in: Schricker/Loewenheim/Leistner/Ohly, UrhG, 6. Aufl. (2020), § 72, Rn. 34.

[160] BGH, Urt. v. 8.11.1989 – I ZR 14/88, GRUR 1990, 669, 673 – *Bibelreproduktion;* BGH, Urt. v. 7.12.2000, GRUR 2001, 755, 757 – *Werbung auf Telefonkarte;* BGH, Urt. v. 20.12.2018 – I ZR 104/17, GRUR 2019, 284, Rn. 23 – *Museumsfotos; A. Nordemann,* in: Fromm/Nordemann, UrhG, 12. Aufl. (2018), § 72, Rn. 9; *Vogel,* in: Schricker/Loewenheim/Leistner/Ohly, UrhG, 6. Aufl. (2020), § 72, Rn. 33.

[161] Vgl. BGH, Urt. v. 8.11.1989 – I ZR 14/88, GRUR 1990, 669, 673 – *Bibelreproduktion;* BGH, Urt. v. 7.12.2000, GRUR 2001, 755, 757 – *Werbung auf Telefonkarte;* BGH, Urt. v. 20.12.2018 – I ZR 104/17, GRUR 2019, 284, Rn. 23 – *Museumsfotos; W. Nordemann,* GRUR 1987, 15, 17; *Schulze,* in: Dreier/Schulze, UrhG, 6. Aufl. (2018), § 72, Rn. 9;

forderungen für das Bestehen eines Schutzes folgt jedoch, dass der Schutzumfang bei Lichtbildern in der Regel eng ist.[162] Zwar finden aufgrund der Verweisung in §72 Abs. 1 UrhG auch die Verwertungsrechte der §§ 15 ff. UrhG Anwendung, das Motiv ist aber nicht geschützt,[163] so dass nachschaffende Leistungen erlaubt sind.[164] Der Schutzumfang ist daher auf die Verwertung des konkreten Lichtbildes begrenzt.[165] Ob dieser auch kleinste Bildausschnitte umfasst und ein sog. Pixelschutz besteht[166] oder der Schutz sich auf die Entnahme solcher Bildteile beschränkt, die im unmittelbaren Bildvergleich individualisiert und zugeordnet werden können,[167] ist umstritten. Für Letzteres spricht dabei der Gleichklang mit dem Leistungsschutzrecht des Tonträgerherstellers, da dieses Kriterium an die vom EuGH bei Tonträgern geforderte Wiedererkennbarkeit[168] erinnert. Bei urheberrechtlich geschützten Lichtbildern ist zudem zu berücksichtigen, dass der Schutzumfang des Urheberrechts bisher[169] auf Teile begrenzt ist, die eine geistige Schöpfung zum Ausdruck bringen.[170] Es stellt sich deshalb bei ihnen die Frage, ob das Leistungsschutzrecht an Lichtbildern aus unionsrechtlicher Sicht einen weitergehenden Schutz gewähren darf als das Urheberrecht.[171]

---

*Thum,* in: Wandtke/Bullinger, UrhG, 5. Aufl. (2019), § 72, Rn. 31; *Vogel,* in: Schricker/Loewenheim/Leistner/Ohly, UrhG, 6. Aufl. (2020), § 72, Rn. 33.

[162] *Schulze,* in: Dreier/Schulze, UrhG, 6. Aufl. (2018), § 72, Rn. 13; *Vogel,* in: Schricker/Loewenheim/Leistner/Ohly, UrhG, 6. Aufl. (2020), § 72, Rn. 14.

[163] *Thum,* in: Wandtke/Bullinger, UrhG, 5. Aufl. (2019), § 72, Rn. 65; *Vogel,* in: Schricker/Loewenheim/Leistner/Ohly, UrhG, 6. Aufl. (2020), § 72, Rn. 45.

[164] *Schulze,* in: Dreier/Schulze, UrhG, 6. Aufl. (2018), § 72, Rn. 9; *Vogel,* in: Schricker/Loewenheim/Leistner/Ohly, UrhG, 6. Aufl. (2020), § 72, Rn. 45; vgl. BGH, Urt. v. 4.11.1966 – Ib ZR 77/65, GRUR 1967, 315, 316 – *skaicubana.*

[165] *Thum,* in: Wandtke/Bullinger, UrhG, 5. Aufl. (2019), § 72, Rn. 65.

[166] *Schulze,* in: Dreier/Schulze, UrhG, 6. Aufl. (2018), § 72, Rn. 15; in diese Richtung auch *Vogel,* in: Schricker/Loewenheim/Leistner/Ohly, UrhG, 6. Aufl. (2020), § 72, Rn. 49.

[167] *A. Nordemann,* in: Fromm/Nordemann, UrhG, 12. Aufl. (2018), § 72, Rn. 20; *Thum,* in: Wandtke/Bullinger, UrhG, 5. Aufl. (2019), § 72, Rn. 69; in diese Richtung auch *Reuter,* GRUR 1997, 23, 28.

[168] S. § 3 III. 3.

[169] Die Einführung eines fotografischen Leistungsschutzes für nicht schöpferische Teile von Lichtbildwerken für möglich haltend *Thum,* ZUM-RD 2020, 482, 483.

[170] EuGH, Urt. v. 16.7.2009 – C-5/08, GRUR 2009, 1041, Rn. 39 – *Infopaq/DDF;* EuGH, Urt. v. 4.10.2011 – C-403/08, C-429/08, GRUR 2012, 156, Rn. 159 – *Football Association Premier League/Murphy;* EuGH, Urt. v. 13.11.2018 – C-310/17, GRUR 2019, 73, Rn. 37 – *Levola/Smilde;* EuGH, Urt. v. 29.7.2019 – C-469/17, GRUR 2019, 934, Rn. 19 – *Funke Medien;* EuGH, Urt. v. 12.9.2019 – C-683/17, GRUR 2019, 1185, Rn. 29 – *Cofemel/G-Star Raw;* EuGH, Urt. v. 11.6.2020 – C-833/18, GRUR 2020, 736, Rn. 22 – *Brompton/Get2Get.*

[171] Verneinend *Grünberger,* ZUM 2021, 257, 258; offenlassend *Thum,* ZUM-RD 2020, 482, 483.

### *VII. Blogs*

Blogs bieten für die Teilnehmer die Möglichkeit, Anmerkungen und Kom mentare zu den behandelten Themen in den Kurs einzubringen. Diese Blog-Beiträge können urheberrechtlich geschützt sein. Zusätzlich [172] zu einem Schutz der einzelnen Inhalte kann an den Blogs selbst das Leistungsschutzrecht des Presseverlegers bestehen.

#### *1. Urheberrecht*

Den Blog-Beiträgen der Teilnehmer kommt ein Schutz durch das Urheberrecht zu, wenn sie die erforderliche Gestaltungshöhe erreichen. Je umfangreicher der Text ist, umso größer ist der Spielraum für eine individuelle Wortwahl und Gedankenführung.[173] Auch kurze Kommentare und Anmerkungen der Teilnehmer sind aber bei einer individuellen Aussage urheberrechtlich geschützt.[174] Je kürzer der Beitrag ist, umso mehr bedarf es jedoch einer fantasievollen Wortwahl oder Gedankenführung, um ihn von üblichen Formulierungen abzugrenzen.[175] An die Individualität sind dabei nur geringe Anforderungen zu stellen.[176]

#### *2. Leistungsschutzrecht des Presseverlegers*

Das frühere Leistungsschutzrecht des Presseverlegers erfasste auch Blogs,[177] sofern eine redaktionell-technische Festlegung der Inhalte erfolgte.[178] Der

---

[172] *Jani,* in: Wandtke/Bullinger, UrhG, 5. Aufl. (2019), § 87f, Rn. 2.

[173] *Schulze,* in: Dreier/Schulze, UrhG, 6. Aufl. (2018), § 2, Rn. 83.

[174] Vgl. KG, Urt. v. 30.4.2004 – 5 U 98/02, GRUR-RR 2004, 228, 229 – *Ausschnittsdienst; A. Nordemann,* in: Fromm/Nordemann, UrhG, 12. Aufl. (2018), § 2, Rn. 59; *Schulze,* in: Dreier/Schulze, UrhG, 6. Aufl. (2018), § 2, Rn. 83.

[175] *Schulze,* in: Dreier/Schulze, UrhG, 6. Aufl. (2018), § 2, Rn. 83.

[176] *Schulze,* in: Dreier/Schulze, UrhG, 6. Aufl. (2018), § 2, Rn. 85; vgl. HK-*Dreyer,* UrhG, 4. Aufl. (2018), § 2, Rn. 219.

[177] Vgl. Gesetzentwurf der Bundesregierung. Entwurf eines Siebenten Gesetzes zur Änderung des Urheberrechtsgesetzes v. 14.11.2012, BT-Drs. 17/11470, S. 8; Antwort der Bundesregierung auf die Kleine Anfrage der Abgeordneten Halina Wawzyniak, Jan Korte, Herbert Behrens, weiterer Abgeordneter und der Fraktion DIE LINKE. – Drucksache 17/11607 –, BT-Drs. 17/11792, S. 7.

[178] Erforderlich war eine redaktionelle Auswahl (*Dreier,* in: Dreier/Schulze, UrhG, 6. Aufl. (2018), § 87f, Rn. 12; *Jani,* in: Wandtke/Bullinger, UrhG, 5. Aufl. (2019), § 87f, Rn. 1), die eine inhaltliche Auseinandersetzung voraussetzte (*Czychowski/J. B. Nordemann,* in: Fromm/Nordemann, UrhG, 12. Aufl. (2018), § 87f, Rn. 25). Dies war zu verneinen, wenn sich die einzelnen Beiträge der Teilnehmer lediglich nach ihrem zeitlichen Ablauf aneinanderreihten. Es handelte sich dann um eine reine Nachrichtenzusammenfassung, die das Leistungsschutzrecht der Presseverleger nicht erfasste (vgl. Gesetzentwurf der Bundesregierung. Entwurf eines Siebenten Gesetzes zur Änderung des Urheberrechtsgesetzes v. 14.11.2012, BT-Drs. 17/11470, S. 8). Eine inhaltliche Auseinandersetzung lag hingegen vor, wenn die

EuGH erklärte dieses aber in der Entscheidung *VG Media*[179] für unanwendbar, was die Verhältnisse zwischen Privaten einschloss.[180] Der Grund hierfür war, dass der Gesetzgeber gegen seine Verpflichtung aus Art. 8 Abs. 1 Transparenz-RL 98/34/EG[181] verstoßen hatte, der Kommission den Entwurf der Vorschrift zu übermitteln. In Umsetzung des Art. 15 DSM-RL, der den Rechtsschutz für Presseveröffentlichungen vollständig harmonisiert,[182] hat der Gesetzgeber das Leistungsschutzrecht für Presseverleger zwar wieder eingeführt,[183] aber dieses unterscheidet sich in einigen Punkten von dem ehemaligen nationalen Recht.[184] Insbesondere erfordert das gegenwärtige Leistungsschutzrecht des Presseverlegers nach § 87f Abs. 1 S. 1 Nr. 3 UrhG die Initiative, redaktionelle Verantwortung und Aufsicht eines Dienstleisters.[185] Da MOOC-Blogs diese Voraussetzung nicht erfüllen, besteht ein Leistungsschutzrecht des Presseverlegers an ihnen nicht.

### *VIII. Online-Kurse*

Über die einzelnen Kursinhalte hinaus können auch die Online-Kurse selbst in ihrer Gesamtheit geschützt sein. In Betracht kommt ein Schutz durch das Urheberrecht und ein hiervon unabhängiger[186] zusätzlicher Schutz durch das Datenbankherstellerrecht.

---

Blog-Beiträge übergeordneten Themenbereichen zugeteilt, zusammengefasst oder gegenübergestellt wurden.

[179] EuGH, Urt. v. 12.9.2019 – C-299/17, GRUR 2019, 1188 ff. – *VG Media.*

[180] EuGH, Urt. v. 30.4.1996 – C-194/94, LMRR 1996, 55, Rn. 54 – *CIA Security International* (noch zu Art. 8 Abs. 1 RL 83/189/EWG); EuGH, Urt. v. 26.9.2000 – C-443/98, EuZW 2001, 153, Rn. 49 – *Unilever* (noch zu Art. 8 Abs. 1 RL 83/189/EWG); EuGH, Urt. v. 27.10.2016 – C-613/14, NJW 2017, 311, Rn. 64 – *James Elliott Construction;* EuGH, Urt. v. 12.9.2019 – C-299/17, GRUR 2019, 1188, Rn. 39 – *VG Media/Google.*

[181] Richtlinie 98/34/EG des Europäischen Parlaments und des Rates vom 22. Juni 1998 über ein Informationsverfahren auf dem Gebiet der Normen und technischen Vorschriften.

[182] *Jani,* ZUM 2019, 674, 675; *Rauer/Bibi,* GRUR-Prax 2020, 19, 21; *Stieper,* GRUR 2019, 1264, 1268; vgl. auch Erwägungsgrund 55 DSM-RL.

[183] Auch der Erlass der DSM-RL hatte an der Unanwendbarkeit des ehemaligen Leistungsschutzrechts des Presseverlegers nichts geändert, *Grünberger,* ZUM 2020, 175, 185; *Heinze,* ZUM 2019, 843, 845; *Stieper,* GRUR 2019, 1264, 1267; *v. Ungern-Sternberg,* GRUR 2020, 113, 124.

[184] Ausf. für Art. 15 DSM-RL *Rauer/Bibi,* GRUR-Prax 2020, 19, 19 ff.; *Stieper,* GRUR 2019, 1264, 1267 f.

[185] So auch ausdrücklich auf Blogs bezogen Erwägungsgrund 56 DSM-RL.

[186] Vgl. Art. 7 Abs. 4 Datenbank-RL.

### *1. Urheberrecht*

Losgelöst von dem Schutz der einzelnen Kursinhalte[187] können die Online-Kurse selbst urheberrechtlich geschützt sein, wenn sie den Anforderungen an ein Sammelwerk i. S. d. § 4 UrhG genügen. Bei den Kursen handelt es sich um eine Sammlung unabhängiger Elemente, da die einzelnen Kursinhalte noch erkennbar sind und sich zudem wieder einzeln herauslösen lassen.[188] In der Regel besteht ein Schutz durch das Urheberrecht aber dennoch nicht, da den Kursen zumeist die hierfür erforderliche Individualität fehlt. So liegt ein Sammelwerk nur dann vor, wenn die Auswahl bzw. Anordnung der einzelnen Elemente zumindest alternativ [189] die Voraussetzungen einer persönlichen geistigen Schöpfung erfüllen.[190]

Unter Auswahl ist das Sichten, Sammeln, Bewerten und Zusammenstellen der Elemente unter Berücksichtigung besonderer Auslesekriterien zu verstehen.[191] Eine solche Auswahl von Inhalten findet bei den Online-Kursen jedoch nicht statt. Die Dozenten erstellen gezielt Inhalte für den Kurs. Die Inhalte der Teilnehmer werden nicht selektiert, sondern vielmehr alle von ihnen hochgeladenen Inhalte im Kurs angezeigt. Eine persönliche geistige Leistung setzt indes einen Entscheidungsspielraum voraus, welche Elemente in die Sammlung aufgenommen werden.[192]

---

[187] *Czychowski,* in: Fromm/Nordemann, UrhG, 12. Aufl. (2018), § 4, Rn. 11.

[188] Vgl. *Ahlberg,* in: Möhring/Nicolini, UrhG, 4. Aufl. (2018), § 4, Rn. 15.

[189] *Ahlberg,* in: Möhring/Nicolini, UrhG, 4. Aufl. (2018), § 4, Rn. 17; HK-*Kotthoff,* UrhG, 4. Aufl. (2018), § 4, Rn. 8; *Leistner,* in: Schricker/Loewenheim/Leistner/Ohly, UrhG, 6. Aufl. (2020), § 4, Rn. 23.

[190] EuGH, Urt. v. 1.3.2012 – C-604/10, GRUR 2012, 386 – *Football Dataco/Yahoo;* BGH, Urt. v. 8.11.1989 – I ZR 14/88, GRUR 1990, 669, 673 – *Bibelreproduktion;* BGH, Urt. v. 27.3.2013 – I ZR 9/12, GRUR 2013, 1213, Rn. 57 – *SUMO;* OLG Hamburg, Urt. v. 6.5.1999 – 3 U 246/98, GRUR 2000, 319, 320 – *Börsendaten;* OLG Frankfurt a. M., Urt. v. 4.11.2014 – 11 U 106/13, GRUR-RR 2015, 200, Rn. 32 – *Seminarunterlagen;* Beschlußempfehlung und Bericht des Ausschusses für Bildung, Wissenschaft, Forschung, Technologie und Technikfolgenabschätzung (19. Ausschuß) zu dem Gesetzentwurf der Bundesregierung – Drucksache 13/7385 –. Entwurf eines Gesetzes zur Regelung der Rahmenbedingung für Informations- und Kommunikationsdienste (Informations- und Kommunikationsdienste-Gesetz – I UKDG) v. 11.6.1997, BT-Drs. 13/7934, S. 43; *Ahlberg,* in: Möhring/Nicolini, UrhG, 4. Aufl. (2018), § 4, Rn. 28; *Czychowski,* in: Fromm/Nordemann, UrhG, 12. Aufl. (2018), § 4, Rn. 12; *Dreier,* in: Dreier/Schulze, UrhG, 6. Aufl. (2018), § 4, Rn. 11; HK-*Kotthoff,* UrhG, 4. Aufl. (2018), § 4, Rn. 8; *Leistner,* in: Schricker/Loewenheim/Leistner/Ohly, UrhG, 6. Aufl. (2020), § 4, Rn. 19; *Marquardt,* in: Wandtke/Bullinger, UrhG, 5. Aufl. (2019), § 4, Rn. 5; *Obergfell,* in: Büscher/Dittmer/Schiwy, Gewerblicher Rechtsschutz, Urheberrecht, Medienrecht, 3. Aufl. (2015), § 4 UrhG, Rn. 3.

[191] *Ahlberg,* in: Möhring/Nicolini, UrhG, 4. Aufl. (2018), § 4, Rn. 16; *Dreier,* in: Dreier/Schulze, UrhG, 6. Aufl. (2018), § 4, Rn. 11.

[192] *Dreier,* in: Dreier/Schulze, UrhG, 6. Aufl. (2018), § 4, Rn. 12.

Die Anordnung der Inhalte – also die Einteilung und Präsentation der ausgewählten Elemente nach einem oder mehreren Ordnungssystemen[193] – ist in einem Online-Kurs ebenfalls nicht individuell. Die Inhalte sind typischerweise zum einen nach den Kurswochen und zum anderen nach ihrer Art (Lehrvideos, Forenbeiträge, etc.) geordnet. Bei einer großen Anzahl von Beiträgen der Teilnehmer kann darüber hinaus eine weitere feinere thematische Untergliederung der Inhalte erfolgen. Die Voraussetzungen einer geistigen Schöpfung erfüllt dies aber nicht. Auch wenn an diese keine hohen Anforderungen zu stellen sind,[194] genügt weder eine rein schematische[195] noch eine durch Logik bzw. Zweckmäßigkeit vorgegebene Anordnung.[196]

### *2. Datenbankherstellerrecht*

Der weite[197] Datenbankbegriff der Art. 1 ff. Datenbank-RL, auf denen das in den §§ 87a ff. UrhG geregelte Datenbankherstellerrecht beruht,[198] erfasst auch die Online-Kurse. Dies erfordert, dass die einzelnen Lehr- und Lerninhalte der Online-Kurse voneinander unabhängige und einzeln zugängliche Elemente sind. Unabhängig sind Elemente, die sich voneinander trennen lassen, ohne dass dies ihren Inhalt beeinträchtigt.[199] Ist ein isolierter Abruf der Elemente aus der Datenbank möglich, sind sie einzeln zugänglich.[200] Diese Voraussetzungen treffen auf die Kursinhalte zu.

---

[193] *Ahlberg,* in: Möhring/Nicolini, UrhG, 4. Aufl. (2018), § 4, Rn. 16; *Dreier,* in: Dreier/Schulze, UrhG, 6. Aufl. (2018), § 4, Rn. 11.

[194] *Dreier,* in: Dreier/Schulze, UrhG, 6. Aufl. (2018), § 4, Rn. 12; HK-*Kotthoff,* UrhG, 4. Aufl. (2018), § 4, Rn. 8; *Marquardt,* in: Wandtke/Bullinger, UrhG, 5. Aufl. (2019), § 4, Rn. 5; *Obergfell,* in: Büscher/Dittmer/Schiwy, Gewerblicher Rechtsschutz, Urheberrecht, Medienrecht, 3. Aufl. (2015), § 4 UrhG, Rn. 3.

[195] OLG Nürnberg, Urt. v. 29.5.2001 – 3 U 337/01, GRUR 2002, 607 – *Stufenaufklärung nach Weissauer; Marquardt,* in: Wandtke/Bullinger, UrhG, 5. Aufl. (2019), § 4, Rn. 5; *Obergfell,* in: Büscher/Dittmer/Schiwy, Gewerblicher Rechtsschutz, Urheberrecht, Medienrecht, 3. Aufl. (2015), § 4 UrhG, Rn. 3.

[196] BGH, Urt. v. 6.5.1999 – I ZR 199/96, GRUR 1999, 923, 925 – *Tele-Info-CD;* HK-*Kotthoff,* UrhG, 4. Aufl. (2018), § 4, Rn. 8; *Leistner,* in: Schricker/Loewenheim/Leistner/Ohly, UrhG, 6. Aufl. (2020), § 4, Rn. 22; vgl. OLG Hamburg, Urt. v. 6.5.1999 – 3 U 246/98, GRUR 2000, 319, 320 – *Börsendaten.*

[197] EuGH, Urt. v. 9.11.2004 – C-444/02, GRUR 2005, 254, Rn. 20 – *Fixtures-Fußballspielpläne II;* EuGH, Urt. v. 15.1.2015 – C-30/14, GRUR 2015, 253, Rn. 33 – *Ryanair/PR Aviation;* EuGH, Urt. v. 29.10.2015 – C-490/14, GRUR 2015, 1187, Rn. 12 –*Freistaat Bayern/Verlag Esterbauer GmbH.*

[198] *Hermes,* in: Wandtke/Bullinger, UrhG, 5. Aufl. (2019), Vor §§ 87a ff., Rn. 16.

[199] EuGH, Urt. v. 9.11.2004 – C-444/02, GRUR 2005, 254, Rn. 29 – *Fixtures-Fußballspielpläne II;* EuGH, Urt. v. 29.10.2015 – C-490/14, GRUR 2015, 1187, Rn. 17 – *Freistaat Bayern/Verlag Esterbauer GmbH.*

[200] *Hermes,* in: Wandtke/Bullinger, UrhG, 5. Aufl. (2019), § 87a, Rn. 14; HK-*Kotthoff,* UrhG, 4. Aufl. (2018), § 87a, Rn. 21.

Zudem sind die Inhalte typischerweise einer Kurswoche zugeordnet, in der unterschiedliche Themen oder Schwerpunkte eines Themas behandelt werden. Dies erfüllt die nicht zu hohen[201] Anforderungen an eine systematische Anordnung der einzelnen Elemente. Hierfür genügt jede Gliederung nach logischen oder sachlichen Zusammenhängen,[202] wie etwa eine thematische Anordnung.[203] Auch dann lässt sich jedes Element der Sammlung wieder auffinden[204] und es ist sogar eine zielgerichtete Recherche nach Einzelelementen in diesem Datenbestand möglich.[205]

Eine schutzfähige Datenbank sind die einzelnen Online-Kurse dennoch regelmäßig nicht, da es an einer wesentlichen Investition fehlt. Zu berücksichtigen sind hierbei allein die Investitionen, die für die Beschaffung, Überprüfung oder Darstellung des Datenbankinhalts erfolgen.[206] Die Beschaffung umfasst die Ermittlung von vorhandenen Elementen und ihre Zusammenstellung in der Datenbank.[207] Ein Aufwand hierfür entsteht bei den Online-Kursen aber nicht, da die Dozenten und Kursteilnehmer die Inhalte erst neu erschaffen. Die Kosten für die Erzeugung von Inhalte dürfen nicht einbezogen werden.[208] Zu berücksichtigen ist aber auch bei neu erstellten Inhalten ein Aufwand für ihre Überprüfung auf Einstellungsfähigkeit oder Abänderung.[209] Eine solche Kontrolle erfolgt bei den Online-Kursen jedoch nicht. Vielmehr werden alle Inhalte der Teilnehmer ohne vorherige Überprüfung veröffentlicht. Ein berücksichtigungsfähiger Aufwand entsteht bei den Online-Kursen daher ausschließlich für die Darstellung des Datenbank-Inhalts. Dies umfasst die systematische oder methodische Anordnung der Elemente sowie die Organisation der individuellen Zugänglichkeit.[210] Der Aufwand für die thematische Anordnung der Inhalte ist gering, da diese nach Kurswochen erfolgt. Ob die Teilnehmer ihre Beiträge

---

[201] *Hermes,* in: Wandtke/Bullinger, UrhG, 5. Aufl. (2019), § 87a, Rn. 24.

[202] *Dreier,* in: Dreier/Schulze, UrhG, 6. Aufl. (2018), § 87a, Rn. 7; *Hermes,* in: Wandtke/Bullinger, UrhG, 5. Aufl. (2019), § 87a, Rn. 25.

[203] *Hermes,* in: Wandtke/Bullinger, UrhG, 5. Aufl. (2019), § 87a, Rn. 25.

[204] Für diese Anforderung EuGH, Urt. v. 9.11.2004 – C-444/02, GRUR 2005, 254, Rn. 24 – *Fixtures-Fußballspielpläne II.*

[205] Eine systematische Anordnung dann bejahend OLG Köln, Urt. v. 15.12.2006, ZUM 2007, 548, 550 – *Wetterdaten für Luftfahrzeugführer.*

[206] Vgl. Art. 7 Abs. 1 Datenbank-RL.

[207] EuGH, Urt. v. 9.11.2004 – C-203/02, GRUR 2005, 244, Rn. 42 – *BHB-Pferdewetten;* EuGH, Urt. v. 9.11.2004 – C-338/02, GRUR 2005, 252, Rn. 24 – *Fixtures-Fußballspielpläne I.*

[208] EuGH, Urt. v. 9.11.2004 – C-203/02, GRUR 2005, 244, Rn. 42 – *BHB-Pferdewetten;* EuGH, Urt. v. 9.11.2004 – C-338/02, GRUR 2005, 252, Rn. 24 – *Fixtures-Fußballspielpläne I.*

[209] Vgl. BGH, Urt. v. 1.12.2010 – I ZR 196/08, GRUR 2011, 724, Rn. 21 – *Zweite Zahnarztmeinung II.*

[210] EuGH, Urt. v. 9.11.2004 – C-444/02, GRUR 2005, 254, Rn. 43 – *Fixtures-Fußballspielpläne II.*

thematisch richtig einordnen, wird zudem typischerweise nicht geprüft. Kosten entstehen hingegen für den Aufbau und den Betrieb der Plattform selbst sowie für die technische Betreuung der Plattform. Diese Kosten sind ebenso berücksichtigungsfähig wie die Kosten der Universität für die Nutzung der Plattform und den technischen Support.[211]

Auf den einzelnen Online-Kurs bezogen wird man diese Investitionen jedoch auch bei einer niedrigen Schutzschwelle[212] nicht als wesentlich ansehen können. Wesentlich sind nach dem EuGH Investitionen, die in personeller, technischer und/oder finanzieller Hinsicht erheblich sind.[213] Eine konkrete Grenze, bei der dies zu bejahen ist, hat der EuGH dabei bisher nicht festgelegt. Der BGH hat Investitionen bisher als wesentlich in Fällen angesehen, in denen Kosten in Millionenhöhe,[214] Personalkosten in Höhe von 900.000 Euro in einem Zeitraum von drei Jahren,[215] Kosten von insgesamt 34.900 Euro[216] bzw. ein einmaliger Aufwand von 3.500 bis 4.000 Euro zuzüglich erheblicher Personalkosten[217] angefallen waren. Anders als für die Lernplattformen in ihrer Gesamtheit entstehen Kosten in dieser Höhe für einen einzelnen Online-Kurs regelmäßig nicht. Auch die bisherigen Entscheidungen, in denen EuGH[218] und BGH[219] die Datenbankeigenschaft bejahten, bezogen sich auf Plattformen in ihrer Gesamtheit.

Sind die Lehr- und Lernplattformen als schutzfähige Datenbank einzuordnen,[220] umfasst dies zwar auch die einzelnen Online-Kurse, ein wesentlicher Teil i. S. d. § 87b Abs. 1 UrhG sind sie aber nicht. Die quantitative Wesentlichkeit des Inhalts einer Datenbank ist ausschließlich anhand des Verhältnisses des Datenvolumens zum Gesamtvolumen der Datenbank zu bestimmen[221]

---

[211] Vgl. *Hermes,* in: Wandtke/Bullinger, UrhG, 5. Aufl. (2019), § 87a, Rn. 39.

[212] BGH, Urt. v. 1.12.2010 – I ZR 196/08, GRUR 2011, 724, Rn. 23 – *Zweite Zahnarztmeinung II;* HK-*Kotthoff,* UrhG, 4. Aufl. (2018), § 87a, Rn. 30.

[213] EuGH, Urt. v. 9.10.2008 – C-304/07, GRUR 2008, 1077, Rn. 33 – *Directmedia/Albert-Ludwigs-Universität Freiburg;* EuGH, Urt. v. 19.12.2013 – C-202/12, GRUR 2014, 166, Rn. 36 – *Innoweb/Wegener.*

[214] BGH, Urt. v. 6.5.1999 – I ZR 199/96, GRUR 1999, 923 – *Tele-Info-CD;* BGH, Urt. v. 22.6.2011 – I ZR 159/10, GRUR 2011, 1018 – *Automobil-Onlinebörse.*

[215] BGH, Urt. v. 30.4.2009 – I ZR 191/05, GRUR 2009, 852 – *Elektronischer Zolltarif.*

[216] BGH, Urt. v. 24.5.2007 – I ZR 130/04, GRUR 2007, 688 – *Gedichttitelliste II.*

[217] BGH, Urt. v. 1.12.2010 – I ZR 196/08, GRUR 2011, 724 – *Zweite Zahnarztmeinung II.*

[218] EuGH, Urt. v. 9.11.2004 – C-444/02, GRUR 2005, 254 – *Fixtures-Fußballspielpläne II.*

[219] BGH, Urt. v. 1.12.2010 – I ZR 196/08, GRUR 2011, 724, Rn. 23 – *Zweite Zahnarztmeinung II;* BGH, Urt. v. 22.6.2011 – I ZR 159/10, GRUR 2011, 1018, Rn. 29 ff. – *Automobil-Onlinebörse.*

[220] Die Lernplattformen selbst sind nicht Gegenstand der Untersuchung, vgl. Einl. III. 2.

[221] EuGH, Urt. v. 9.11.2004 – C-203/02, GRUR 2005, 244, Rn. 82 – *BHB-Pferdewetten;* EuGH, Urt. v. 5.3.2009 – C-545/07, GRUR 2009, 572, Rn. 59 – *Apis/Lakorda.*

und bei einem geringen Anteil zu verneinen.[222] Eine Mindestgrenze hat der EuGH hierfür nicht genannt. Der BGH hat eine Wesentlichkeit bei einem Anteil von 10% verneint.[223] Eine Lehr- und Lernplattform umfasst typischerweise mehrere hunderte Kurse, so dass selbst einem umfangreichen einzelnen Kurs nur ein weit darunter liegender und somit ein geringer Anteil an ihr zukommt. Auch ein in qualitativer Hinsicht wesentlicher Teil des Inhalts einer Datenbank ist ein einzelner Kurs regelmäßig nicht, da dies eine wesentliche Investition für die Beschaffung, Überprüfung und Darstellung seiner Daten selbst voraussetzen würde,[224] die gerade nicht vorliegt.

### *IX. Zwischenergebnis*

Bei Skripten und Grafiken ist ausschließlich ein Schutz durch das Urheberrecht möglich, der auf ihre Form begrenzt ist. Einer besonderen Gestaltungshöhe bedarf es hierfür entgegen der bisherigen Rechtsprechung auch bei Skripten als wissenschaftlichen Schriftwerken nicht, da dies mit den Vorgaben des Unionsrechts nicht vereinbar wäre. Ebenfalls urheberrechtlich geschützt sind die auf Podcasts und Lehrvideos aufgezeichneten oder per Livestream übertragenen Vorträge. Den Vortragenden selbst kommt zudem das Leistungsschutzrecht der ausübenden Künstler zu. Darüber hinaus besteht an Podcasts und Lehrvideos das Leistungsschutzrecht des Tonträger- bzw. Filmherstellers. Fotografien sind durch das Leistungsschutzrecht an Lichtbildern und teilweise zusätzlich durch das Urheberrecht geschützt. Ein Schutz durch das Urheberrecht ist ebenso bei Blog-Beiträgen möglich. Kein Schutzrecht besteht hingegen an den Blogs selbst, da das Leistungsschutzrecht der Presseverleger diese Art von Inhalten nicht erfasst. Nicht geschützt sind meist auch die Online-Kurse selbst, da sie typischerweise weder die Voraussetzungen für einen urheberrechtlichen Schutz als Sammelwerk noch für das Datenbankherstellerrecht erfüllen.

## § 4 Originäre Schutzrechtsinhaber

Die Befugnis, über die geschützten Kursinhalte[225] zu verfügen, kommt grundsätzlich den originären Schutzrechtsinhabern zu. Diese können deshalb entscheiden, ob und in welchem Umfang ihre Inhalte für digitales Lehren und

---

[222] EuGH, Urt. v. 9.11.2004 – C-203/02, GRUR 2005, 244, Rn. 74 – *BHB-Pferdewetten.*

[223] BGH, Urt. v. 1.12.2010 – I ZR 196/08, GRUR 2011, 724, Rn. 29 – *Zweite Zahnarztmeinung II.*

[224] EuGH, Urt. v. 9.11.2004 – C-203/02, GRUR 2005, 244, Rn. 76 – *BHB-Pferdewetten;* EuGH, Urt. v. 5.3.2009 – C-545/07, GRUR 2009, 572, Rn. 66 ff. – *Apis/Lakorda.*

[225] Ein Schutz der Online-Kurse selbst besteht hingegen in der Regel nicht (vgl. § 3 VIII.). Sie bleiben daher für die Untersuchung der originären Schutzrechtsinhaberschaft außer Betracht.

Lernen verwendet werden dürfen. Nach welchen Kriterien sich die originäre Schutzrechtsinhaberschaft bestimmt, hängt von dem jeweiligen Schutzrecht ab. Dabei richtet es sich wiederum nach der Art des Lehr- und Lerninhalts, welche Schutzrechte in Betracht kommen. Einfluss auf die originäre Schutzrechtsinhaberschaft hat zudem, ob die Inhalte ein abgegrenzter Personenkreis erstellt hat (geschlossene Produktionsprozesse) oder die Veränderung und Weiterentwicklung der Inhalte allen Teilnehmern möglich ist (offene Produktionsprozesse). Nicht alle Arten von Inhalten eignen sich jedoch in gleichem Maße für offene Produktionsprozesse. Während sich Skripte und Grafiken leicht wechselseitig ergänzen lassen, scheidet dies bei Podcasts, Lehrvideos, Livestreams und Fotografien aufgrund des damit verbundenen Aufwands regelmäßig aus. Eine Änderung von Blog-Beiträgen wäre zwar technisch leicht möglich, widerspräche aber dem Charakter eines Blog-Beitrags als Kommentar oder Anmerkung. Zwischen geschlossenen und offenen Produktionsprozessen ist daher ausschließlich bei Skripten und Grafiken zu differenzieren.

### *I. Skripte und Grafiken*

Da Skripte und Grafiken ausschließlich urheberrechtlich geschützt sind,[226] sind deren Urheber die alleinigen originären Schutzrechtsinhaber. Urheber ist nach § 7 UrhG der Schöpfer des Werks und somit der Mitarbeiter oder Teilnehmer, der den Inhalt erstellt hat. Sind an der Erstellung des Inhalts mehrere Personen beteiligt, ist zwischen geschlossenen und offenen Produktionsprozessen zu unterscheiden.

#### *1. Geschlossene Produktionsprozesse bei E-Learning und xMOOCs*

An der Entstehung von Inhalten in E-Learning und xMOOCs[227] wirkt stets nur ein abgegrenzter Personenkreis mit, so dass alle Inhalte in diesen Kursen in geschlossenen Produktionsprozessen entstehen. Sind mehrere Personen auf diese Weise an der Erstellung von Skripten und Grafiken beteiligt, sind sie in der Regel als Miturheber i. S. d. § 8 UrhG einzuordnen. Hierfür muss ihr Beitrag aber über die Anregung eines später realisierten Werks durch eine Idee hinausgehen.[228] So setzt eine Miturheberschaft voraus, dass eine einheitliche Schöpfung durch gewollte Zusammenarbeit geschaffen wird,[229] indem sich die Miturheber über eine gemeinsame Aufgabe einigen[230] und einer Gesamtidee

---

[226] Vgl. § 3 I., II.

[227] Für die Unterscheidung zwischen xMOOCs und cMOOCs vgl. Einl. I. 2. a).

[228] *Wirtz,* in: Fromm/Nordemann, UrhG, 12. Aufl. (2018), § 8, Rn. 6.

[229] *Schulze,* in: Dreier/Schulze, UrhG, 6. Aufl. (2018), § 8, Rn. 2; *Thum,* in: Wandtke/Bullinger, UrhG, 5. Aufl. (2019), § 8, Rn. 13.

[230] *Ahlberg,* in: Möhring/Nicolini, UrhG, 4. Aufl. (2018), § 8, Rn. 4; *Loewenheim/Peifer,* in: Schricker/Loewenheim/Leistner/Ohly, UrhG, 6. Aufl. (2020), § 8, Rn. 9; *Schulze,* in:

unterordnen.[231] Darüber hinaus dürfen sich die Anteile nicht einzeln verwerten lassen.[232] Das berufliche Verhältnis der Personen hat hingegen auf die Beurteilung der Miturheberschaft keinen Einfluss, so dass auch bei einer Zusammenarbeit von Professoren und wissenschaftlichen Mitarbeitern die allgemeinen Grundsätze zugrunde zu legen sind.[233] Ein anderes Verständnis wäre mit den DFG[234]-Empfehlungen, die eine sog. Ehrenautorschaft ausschließen,[235] und den wohl meisten Universitätssatzungen[236] unvereinbar. Zudem würde dies § 24 HRG und Art. 6 Abs. 2 S. 1 BayHSchG widersprechen, nach denen bei der Veröffentlichung von Forschungsergebnissen Personen als Mitautoren zu nennen sind, die einen eigenen wissenschaftlichen oder sonstigen wesentlichen Beitrag geleistet haben.

---

Dreier/Schulze, UrhG, 6. Aufl. (2018), § 8, Rn. 2; *Thum,* in: Wandtke/Bullinger, UrhG, 5. Aufl. (2019), § 8, Rn. 42.

[231] BGH, Urt. v. 14.11.2002 – I ZR 199/00, GRUR 2003, 231, 234 – *Staatsbibliothek;* BGH, Urt. v. 3.3.2005 – I ZR 111/02, GRUR 2005, 860, 863 – *Fash 2000; Ahlberg,* in: Möhring/Nicolini, UrhG, 4. Aufl. (2018), § 8, Rn. 4; HK-*Dreyer,* UrhG, 4. Aufl. (2018), § 8, Rn. 7; *Loewenheim/Peifer,* in: Schricker/Loewenheim/Leistner/Ohly, UrhG, 6. Aufl. (2020), § 8, Rn. 9; *Schulze,* in: Dreier/Schulze, UrhG, 6. Aufl. (2018), § 8, Rn. 2; *Thum,* in: Wandtke/Bullinger, UrhG, 5. Aufl. (2019), § 8, Rn. 42; *Wirtz,* in: Fromm/Nordemann, UrhG, 12. Aufl. (2018), § 8, Rn. 2.

[232] BGH, Urt. v. 14.11.2002 – I ZR 199/00, GRUR 2003, 231, 234 – *Staatsbibliothek;* BGH, Urt. v. 26.2.2009 – I ZR 142/06, GRUR 2009, 1046, Rn. 39 – *Kranhäuser;* BGH, Urt. v. 16.4.2015 – I ZR 225/12, GRUR 2015, 1189, Rn. 15 – *Goldrapper; Ahlberg,* in: Möhring/Nicolini, UrhG, 4. Aufl. (2018), § 8, Rn. 9; HK-*Dreyer,* UrhG, 4. Aufl. (2018), § 8, Rn. 5; *Schulze,* in: Dreier/Schulze, UrhG, 6. Aufl. (2018), § 8, Rn. 4; *Thum,* in: Wandtke/Bullinger, UrhG, 5. Aufl. (2019), § 8, Rn. 25; *Wirtz,* in: Fromm/Nordemann, UrhG, 12. Aufl. (2018), § 8, Rn. 11.

[233] A. A. *Hubmann,* MittHV 1962, 144, 151 ff.; zudem ist der wissenschaftliche Mitarbeiter bei einer Miturheberschaft auch an der Vergütung zu beteiligen *Dreier,* in: Dreier/Schulze, UrhG, 6. Aufl. (2018), § 43, Rn. 12; *Götting/Leuze,* Das Urheberrecht des wissenschaftlichen Personals, in: Hartmer/Detmer, Hochschulrecht, 2. Aufl. (2011), S. 626, Rn. 145; *Heermann,* GRUR 1999, 468, 474; *Kraßer/Schricker,* Patent- und Urheberrecht an Hochschulen (1988), S. 120; *Leuze,* Urheberrechte der Beschäftigten im öffentlichen Dienst, 3. Aufl. (2008), S. 156; *Rojahn,* in: Schricker/Loewenheim/Leistner/Ohly, UrhG, 6. Aufl. (2020), § 43, Rn. 132; a. A. *Hubmann,* Urheberrechtsprinzipien (1985), S. 68 f.; zu der insoweit vergleichbaren Problematik im schweizerischen Urheberrecht *Altenpohl,* Der urheberrechtliche Schutz von Forschungsresultaten (1987), S. 266.

[234] Deutsche Forschungsgemeinschaft.

[235] DFG, Leitlinien zur Sicherung guter wissenschaftlicher Praxis, Leitlinie 14, abrufbar unter https://wissenschaftliche-integritaet.de/kodex/autorschaft, zuletzt abgerufen am 13.5.2021.

[236] Vgl. exemplarisch § 3 Abs. 4 S. 1 Nr. 3, 4 der Satzung der Universität Bayreuth zur Sicherung der Standards guter wissenschaftlicher Praxis und zum Umgang mit wissenschaftlichem Fehlverhalten, abrufbar unter https://www.amtliche-bekanntmachungen.uni-bayreuth.de/de/amtliche-bekanntmachungen/2012/2012-012.pdf, zuletzt abgerufen am 13.5.2021.

### 2. *Offene Produktionsprozesse bei cMOOCs*

Der traditionell geschlossene Produktionsprozess von Lehr- und Lerninhalten öffnet sich bei cMOOCs und verlässt die dem Urheberrecht zugrunde liegende Konzeption einer klaren Zuordnung der geistigen Tätigkeit bei der Entstehung von Schutzgegenständen zugunsten einer offenen Partizipationskultur. Es entspricht dem Konzept des Konnektivismus, auf dem die cMOOCs beruhen,[237] dass die Teilnehmer wechselseitig ihre Inhalte verändern. Als Miturheberschaft ist dies nicht einzuordnen, da eine Gesamtidee fehlt, der sich die Teilnehmer unterordnen. Um eine Werkverbindung i. S. d. § 9 UrhG handelt es sich aber ebenfalls nicht. Hierfür müssten die Beiträge gesondert verwertbar sein.[238] Diese sind aber ineinander verflochten, so dass zumindest der überwiegende Teil von ihnen für sich genommen unvollständig ist. Für ihre Verkehrsfähigkeit müssten sie daher erst ergänzt oder umgestaltet werden, was eine gesonderte Verwertung ausschließt.[239] Die Zusammenarbeit der Teilnehmer ist daher regelmäßig als Bearbeitung einzuordnen. Um eine Bearbeitung handelt es sich, wenn ein bereits bestehendes Werk umgestaltet oder vollendet wird[240] und die Voraussetzungen für eine freie Benutzung nicht erfüllt sind. Die Abgrenzung zwischen Bearbeitung und freier Benutzung beurteilt sich dabei nach den gleichen Maßstäben wie bei der Verwendung veränderter Inhalte Dritter. Eine freie Benutzung setzt damit voraus, dass der ursprüngliche Beitrag des Teilnehmers nach seiner Veränderung oder Ergänzung durch einen anderen Teilnehmer nicht mehr erkennbar ist.[241] Diese Anforderung wird jedoch nur selten erfüllt sein.[242]

Ist die Veränderung selbst als persönliche geistige Schöpfung einzuordnen, kommt der Bearbeitung ein eigener[243] und voller[244] Urheberrechtsschutz zu. Bearbeitern stehen folglich die gleichen urheberrechtlichen Befugnisse wie den Urhebern selbständiger Werk zu.[245] Verändert ein dritter Teilnehmer einen bereits um eine Bearbeitung i. S. d. § 3 UrhG ergänzten Inhalt und scheinen die Züge des ursprünglichen Werks weiterhin durch, ist dies eine erneute Bear-

---

[237] Vgl. Einl. I. 2. a).

[238] HK-*Dreyer,* UrhG, 4. Aufl. (2018), § 9, Rn. 7; *Thum,* in: Wandtke/Bullinger, UrhG, 5. Aufl. (2019), § 9, Rn. 8; *Wirtz,* in: Fromm/Nordemann, UrhG, 12. Aufl. (2018), § 9, Rn. 4.

[239] *Loewenheim/Peifer,* in: Schricker/Loewenheim/Leistner/Ohly, UrhG, 6. Aufl. (2020), § 8, Rn. 6; *Thum,* in: Wandtke/Bullinger, UrhG, 5. Aufl. (2019), § 8, Rn. 27.

[240] Vgl. HK-*Dreyer,* UrhG, 4. Aufl. (2018), § 8, Rn. 8.

[241] Vgl. § 2 II. 1., 2.

[242] S. § 2 II. 3.

[243] HK-*Dreyer,* UrhG, 4. Aufl. (2018), § 3, Rn. 46.

[244] BGH, Urt. v. 13.2.1962 – I ZR 27/60, GRUR 1962, 370, 373 – *Schallplatteneinblendung* (noch zu §§ 2, 12 Abs. 5 LUG); *Loewenheim,* in: Schricker/Loewenheim/Leistner/Ohly, UrhG, 6. Aufl. (2020), § 3, Rn. 39.

[245] *Bullinger,* in: Wandtke/Bullinger, UrhG, 5. Aufl. (2019), § 3, Rn. 20.

beitung des Originalwerks und der ersten Bearbeitung.[246] Auch diese können die anderen Teilnehmer aber wiederum ergänzen. Sind die erste und zweite Bearbeitung sowie das Originalwerk noch erkennbar, handelt es sich um eine Bearbeitung der ersten und zweiten Bearbeitung sowie des Originalwerks. Darüber hinaus kann auch die dritte Bearbeitung urheberrechtlich geschützt sein. Einen urheberrechtlichen Schutz haben dann mit dem Urheber des Originalinhalts und den drei Bearbeitern bereits vier Personen inne. Bei einer mehrfachen Bearbeitung kann daher die originäre Schutzrechtsinhaberschaft an dem Skript oder der Grafik zahlreichen Personen zukommen.

### *II. Podcasts, Lehrvideos und Livestreams*

Podcasts, Lehrvideos und Livestreams sind durch das Urheberrecht und das Leistungsschutzrecht der ausübenden Künstler geschützt.[247] Zudem besteht an Podcasts das Leistungsschutzrecht des Tonträgerherstellers[248] und an Lehrvideos das Leistungsschutzrecht des Filmherstellers.[249]

#### *1. Urheber*

Der urheberrechtliche Schutz der Podcasts, Lehrvideos und Livestreams knüpft an den aufgezeichneten Vortrag an. Das Urheberrecht an diesen Inhalten kommt deshalb demjenigen zu, der den Vortrag geschaffen hat. Dies wird oft der Vortragende selbst und somit der Dozent sein.

#### *2. Ausübende Künstler*

Ausübende Künstler sind nach § 73 UrhG Personen, die selbst eine Darbietung erbringen. Dies sind bei Podcasts, Lehrvideos und Livestreams die Vortragenden. Originäre Inhaber dieses Leistungsschutzrechts sind darüber hinaus diejenigen, die künstlerisch an der Darbietung mitwirken. Nach dem BGH soll hierfür eine Einwirkung auf die künstlerische Gestaltung und deren Mitbestimmung durch sie erforderlich sein.[250] Dies dürfte ebenso im Einklang mit den Vorgaben des Unionsrechts und der internationalen Verträge stehen. Schließlich ist Bezugspunkt der Mitwirkungshandlung die Darbietung, was einen Einfluss auf diese voraussetzt. Zudem ist die künstlerische Leistung das zentrale Merkmal des Leistungsschutzrechts der ausübenden Künstler,[251] so dass es sich

[246] Vgl. HK-*Dreyer,* UrhG, 4. Aufl. (2018), § 23, Rn. 25.

[247] S. § 3 III. 1., 2., IV. 1., 2., V. 1., 2.

[248] S. § 3 III. 3.

[249] S. § 3 IV. 3.

[250] BGH, Urt. v. 9.11.1973 – I ZR 114/72, GRUR 1974, 672, 673 – *Celestina;* BGH, Urt. v. 14.11.1980 – I ZR 73/78, GRUR 1981, 419, 421 f. – *Quizmaster;* BGH, Urt. v. 27.5.1982 – I ZR 114/80, GRUR 1983, 22, 24 – *Tonmeister I.*

[251] S. § 3 III. 2.

neben der Darbietung selbst auch bei der Mitwirkungshandlung um eine solche handeln muss.[252] Dies wird aber nicht ohne Einwirkung auf die künstlerische Gestaltung zu erreichen sein. An der Darbietung des Vortrags sind jedoch nur die Vortragenden selbst beteiligt, während andere Personen lediglich am äußeren Ablauf mitwirken. Die rein technische Unterstützung bei der Aufzeichnung des Vortrags für einen Podcast oder ein Video sowie der Übertragung mittels Livestream genügt aber nicht. Eine technische Mitwirkung ist gerade keine künstlerische, so dass technischem Personal das Leistungsschutzrecht nach § 73 UrhG nicht zukommt.[253]

### *3. Tonträger- und Filmhersteller*

Tonträger- und Filmhersteller können auch juristische Personen – wie etwa Universitäten – sein.[254] Als Filmhersteller ist nach Art. 3 lit. d Vermiet- und Verleih-RL der Hersteller der erstmaligen Aufzeichnung eines Films anzusehen.[255] Für den Begriff des Tonträgerherstellers fehlt hingegen sowohl im deutschen Recht als auch in den europäischen Richtlinien eine Legaldefinition. Zurückgreifen lässt sich jedoch auf Art. 3 lit. c des Rom-Abkommens, das in der Union mittelbare Wirkung entfaltet[256] und den Tonträgerhersteller als diejenige natürliche oder juristische Person definiert, die erstmals die Töne einer Darbietung oder andere Töne festlegt.

Entscheidend für die Person des Film- bzw. Tonträgerherstellers ist somit, wem der Erfolg der Herstellerleistung zuzurechnen ist.[257] Hierfür kommt es nicht auf die Erbringung eines künstlerischen Beitrags,[258] sondern vielmehr auf

---

[252] *Grünberger,* in: Schricker/Loewenheim/Leistner/Ohly, UrhG, 6. Aufl. (2020), § 73, Rn. 31.

[253] Entwurf eines Gesetzes über Urheberrecht und verwandte Schutzrechte (Urheberrechtsgesetz) der Bundesregierung v. 23.3.1962, BT-Drs. IV/270, S. 90; BGH, Urt. v. 9.11.1973 – I ZR 114/72, GRUR 1974, 672, 673 – *Celestina; Dreier,* in: Dreier/Schulze, UrhG, 6. Aufl. (2018), § 73, Rn. 13; *Grünberger,* in: Schricker/Loewenheim/Leistner/Ohly, UrhG, 6. Aufl. (2020), § 73, Rn. 33.

[254] Für Tonträgerhersteller *Boddien,* in: Fromm/Nordemann, UrhG, 12. Aufl. (2018), § 85, Rn. 40; HK-*Meckel,* UrhG, 4. Aufl. (2018), § 85, Rn. 2; *Schulze,* in: Dreier/Schulze, UrhG, 6. Aufl. (2018), § 85, Rn. 5; für Filmhersteller *Schulze,* in: Dreier/Schulze, UrhG, 6. Aufl. (2018), § 94, Rn. 5.

[255] Vgl. Art. 3 lit. d Vermiet- und Verleih-RL.

[256] EuGH, Urt. v. 15.3.2012 – C-135/10, GRUR 2012, 593, Rn. 50 – *SCF.*

[257] *Boddien,* in: Fromm/Nordemann, UrhG, 12. Aufl. (2018), § 85, Rn. 40; *Stang,* in: Möhring/Nicolini, UrhG, 4. Aufl. (2018), § 85, Rn. 15; *Vogel,* in: Schricker/Loewenheim/Leistner/Ohly, UrhG, 6. Aufl. (2020), § 85, Rn. 37.

[258] Für den Tonträgerhersteller HK-*Meckel,* UrhG, 4. Aufl. (2018), § 85, Rn. 1; für den Filmhersteller BGH, Urt. v. 22.10.1992 – I ZR 300/90, GRUR 1993, 472, 473 – *Filmhersteller;* OLG Stuttgart, Beschl. v. 22.7.2003 – 4 W 32/03, ZUM-RD 2003, 586, 589 – *Sex-Aufnahmen;* LG München I, Urt. v. 1.12.2005 – 7 O 12664/05, ZUM 2008, 161, 163 –

die tatsächliche[259] Übernahme der wirtschaftlichen[260] und organisatorischen[261] Leistung der Herstellung an.

---

*Begriff des Filmherstellers; Diesbach/Vohwinkel,* in: Möhring/Nicolini, UrhG, 4. Aufl. (2018), § 94, Rn. 13; *Dünnwald,* UFITA 76 (1976), 165, 178.

[259] Für den Tonträgerhersteller *Katzenberger/N. Reber,* in: Schricker/Loewenheim/Leistner/Ohly, UrhG, 6. Aufl. (2020), Vor §§ 88 ff., Rn. 31; für den Filmhersteller BGH, Urt. v. 22.10.1992 – I ZR 300/90, GRUR 1993, 472, 473 – *Filmhersteller;* OLG Bremen, Urt. v. 15.12.2008 – 3 U 7/08, GRUR-RR 2009, 244, 246 – *Mitherstellerschaft; Manegold/Czernik,* in: Wandtke/Bullinger, UrhG, 5. Aufl. (2019), § 94, Rn. 31; *J. B. Nordemann,* in: Fromm/Nordemann, UrhG, 12. Aufl. (2018), § 94, Rn. 16; *Schulze,* in: Dreier/Schulze, UrhG, 6. Aufl. (2018), § 94, Rn. 4, 6.

[260] Für den Tonträgerhersteller BGH, Urt. v. 20.11.2008 – I ZR 112/06, GRUR 2009, 403, Rn. 8 – *Metall auf Metall;* BGH, Urt. v. 11.6.2015 – I ZR 7/14, GRUR 2016, 184, Rn. 20 – *Tauschbörse II;* OLG Hamburg, Urt. v. 3.7.1997 – 3 U 21/97, GRUR 1997, 826, 827 – *Erkennungsmelodie;* OLG Hamburg, Urt. v. 7.7.2005 – 5 U 176/04, ZUM 2005, 749, 750 – *staytuned; Boddien,* in: Fromm/Nordemann, UrhG, 12. Aufl. (2018), 85, Rn. 40; *Dierkes,* Die Verletzung der Leistungsschutzrechte des Tonträgerherstellers (2000), S. 21; HK-*Meckel,* UrhG, 4. Aufl. (2018), § 85, Rn. 2; *Schulze,* in: Dreier/Schulze, UrhG, 6. Aufl. (2018), § 85, Rn. 4; *Stang,* in: Möhring/Nicolini, UrhG, 4. Aufl. (2018), § 85, Rn. 15; *Vogel,* in: Schricker/Loewenheim/Leistner/Ohly, UrhG, 6. Aufl. (2020), § 85, Rn. 37; *ders.,* in: Loewenheim, Handbuch des Urheberrechts, 3. Aufl. (2021), § 46, Rn. 36; vgl. *U. Reber,* Die Rechte der Tonträgerhersteller im Internationalen Privatrecht (2004), S. 5; für den Filmhersteller Entwurf eines Gesetzes über Urheberrecht und verwandte Schutzrechte (Urheberrechtsgesetz) der Bundesregierung v. 23.3.1962, BT-Drs. IV/270, S. 102; BGH, Urt. v. 6.12.2017 – I ZR 186/16, GRUR 2018, 400, Rn. 19 – *Konferenz der Tiere;* OLG Düsseldorf, Urt. v. 23.10.2001 – 20 U 19/01, GRUR-RR 2002, 121, 122 – *Das weite Land;* OLG Stuttgart, Beschl. v. 22.7.2003 – 4 W 32/03, ZUM-RD 2003, 586, 589 – *Sex-Aufnahmen;* LG München I, Urt. v. 1.12.2005 – 7 O 12664/05, ZUM 2008, 161, 163 – *Begriff des Filmherstellers; Katzenberger/N. Reber,* in: Schricker/Loewenheim/Leistner/Ohly, UrhG, 6. Aufl. (2020), Vor §§ 88 ff., Rn. 31; *Pense,* ZUM 1999, 121, 123; *U. Reber,* in: v. Hartlieb/Schwarz, Handbuch des Film-, Fernseh- und Videorechts, 5. Aufl. (2011), Kap. 59, Rn. 1; *Schulze,* in: Dreier/Schulze, UrhG, 6. Aufl. (2018), § 94, Rn. 4.

[261] Für den Tonträgerhersteller BGH, Urt. v. 3.3.2004 – 2 StR 109/03, GRUR 2004, 421, 423 – *Tonträgerpiraterie durch CD-Export;* BGH, Urt. v. 20.11.2008 – I ZR 112/06, GRUR 2009, 403, Rn. 8 – *Metall auf Metall;* BGH, Urt. v. 11.6.2015 – I ZR 7/14, GRUR 2016, 184, Rn. 20 – *Tauschbörse II;* OLG Hamburg, Urt. v. 7.7.2005 – 5 U 176/04, ZUM 2005, 749, 750; *Boddien,* in: Fromm/Nordemann, UrhG, 12. Aufl. (2018), § 85, Rn. 40; *Dierkes,* Die Verletzung der Leistungsschutzrechte des Tonträgerherstellers (2000), S. 21; *Dünnwald,* UFITA 76 (1976), 165, 179; HK-*Meckel,* UrhG, 4. Aufl. (2018), § 85, Rn. 2; *Stang,* in: Möhring/Nicolini, UrhG, 4. Aufl. (2018), § 85, Rn. 15; vgl. *U. Reber,* Die Rechte der Tonträgerhersteller im Internationalen Privatrecht (2004), S. 5; *Schaefer,* in: Wandtke/Bullinger, UrhG, 5. Aufl. (2019), § 85, Rn. 8; *Schulze,* in: Dreier/Schulze, UrhG, 6. Aufl. (2018), § 85, Rn. 4; *Vogel,* in: Schricker/Loewenheim/Leistner/Ohly, UrhG, 6. Aufl. (2020), § 85, Rn. 37; *ders.,* in: Loewenheim, Handbuch des Urheberrechts, 3. Aufl. (2021), § 46, Rn. 36; für den Filmhersteller Entwurf eines Gesetzes über Urheberrecht und verwandte Schutzrechte (Urheberrechtsgesetz) der Bundesregierung v. 23.3.1962, BT-Drs. IV/270, S. 102; BGH, Urt. v. 6.12.2017 – I ZR 186/16, GRUR 2018, 400, Rn. 19 –

### a) Wirtschaftliche Leistung

Die Herstellung der Podcasts und Lehrvideos wird typischerweise mit Mitteln der Universität finanziert. Dies bedeutet aber nicht zwangsläufig, dass die Universität die wirtschaftliche Leistung erbringt. Dies ist nicht mit der Bereitstellung von Geldmitteln gleichzusetzen,[262] da der Zweck der Leistungsschutzrechte nicht darin besteht, eine bloße Investition zu schützen.[263] Vielmehr kommt es darauf an, wer die wirtschaftliche Verantwortung für die Herstellung der Podcasts und Lehrvideos übernimmt.[264] Hierfür ist nicht allein der Vertragsschluss maßgeblich.[265] Auch bei einem Vertragsschluss in fremdem Namen kann sich ein Dritter verpflichten, hierfür einzustehen.[266] Entscheidend ist vielmehr, wer die mit einem Vertragsschluss verbundenen Risiken und Kosten im Falle von Problemen und damit die wirtschaftlichen Folgen der Verpflichtungen zu tragen hat.[267]

Dies lässt sich auch im Verhältnis zwischen Universität und Dozenten nach den für Auftragsproduktionen geltenden Kriterien bestimmen. Erhält der Dozent für die Erstellung lediglich einen Festbetrag und muss für darüber hinausgehende Kosten selbst aufkommen, liegt eine sog. echte Auftragsproduktion

*Konferenz der Tiere;* OLG Düsseldorf, Urt. v. 23.10.2001 – 20 U 19/01, GRUR-RR 2002, 121, 122 – *Das weite Land;* OLG Stuttgart, Beschl. v. 22.7.2003 – 4 W 32/03, ZUM-RD 2003, 586, 589 – *Sex-Aufnahmen;* LG München I, Urt. v. 1.12.2005 – 7 O 12664/05, ZUM 2008, 161, 163 – *Begriff des Filmherstellers; Katzenberger/N. Reber,* in: Schricker/Loewenheim/Leistner/Ohly, UrhG, 6. Aufl. (2020), Vor §§ 88 ff., Rn. 31; *Pense,* ZUM 1999, 121, 123; *U. Reber,* in: v. Hartlieb/Schwarz, Handbuch des Film-, Fernseh- und Videorechts, 5. Aufl. (2011), Kap. 59, Rn. 1; *Schulze,* in: Dreier/Schulze, UrhG, 6. Aufl. (2018), § 94, Rn. 4.

[262] Für den Filmhersteller *Baur,* UFITA 2004/III, 665, 754, 765; *Gregor,* Der Produzent und die Rechte am Filmwerk (2010), S. 242.

[263] Für das Leistungsschutzrecht des Filmherstellers *Gregor,* Der Produzent und die Rechte am Filmwerk (2010), S. 242.

[264] Für den Tonträgerhersteller vgl. BGH, Urt. v. 11.6.2015 – I ZR 19/14, GRUR 2016, 176, Rn. 20 – *Tauschbörse I; Schulze,* in: Dreier/Schulze, UrhG, 6. Aufl. (2018), § 85, Rn. 4; für den Filmhersteller vgl. *Pense,* ZUM 1999, 121, 122; *U. Reber,* in: v. Hartlieb/ Schwarz, Handbuch des Film-, Fernseh- und Videorechts, 5. Aufl. (2011), Kap. 59, Rn. 10.

[265] Für den Filmhersteller *Diesbach/Vohwinkel,* in: Möhring/Nicolini, UrhG, 4. Aufl. (2018), § 94, Rn. 16; *Gregor,* Der Produzent und die Rechte am Filmwerk (2010), S. 243 f.; *U. Reber,* in: v. Hartlieb/Schwarz, Handbuch des Film-, Fernseh- und Videorechts, 5. Aufl. (2011), Kap. 59, Rn. 12; *Weber,* Die urheberrechtliche Stellung des unabhängigen Film- und Fernsehproduzenten (2007), S. 125; vgl. *J. B. Nordemann,* in: Fromm/Nordemann, UrhG, 12. Aufl. (2018), § 94, Rn. 11.

[266] Für den Filmhersteller *Weber,* Die urheberrechtliche Stellung des unabhängigen Film- und Fernsehproduzenten (2007), S. 125.

[267] Für den Filmhersteller *Weber,* Die urheberrechtliche Stellung des unabhängigen Film- und Fernsehproduzenten (2007), S. 125 ff.

vor.[268] Der Dozent als Auftragnehmer trägt dann selbst die wirtschaftliche Verantwortung.[269] Einer sog. unechten Auftragsproduktion, bei der die wirtschaftliche Verantwortung der Universität zukommt, entspricht es hingegen, wenn die Hochschule dem Dozenten lediglich einen internen Kostenrahmen vorgibt und die tatsächlich entstandenen Produktionskosten unabhängig von ihrer Höhe übernimmt.[270] Diese Grundsätze lassen sich sinngemäß auch dann anwenden, wenn die Universität nicht ausdrücklich die Erstellung eines Lehrvideos oder Podcasts beauftragt hat. Die Zuordnung der wirtschaftlichen Leistung richtet sich in diesen Fällen dann ebenfalls danach, wer das Risiko einer Überschreitung der geplanten Kosten trägt.[271]

### *b) Organisatorische Leistung*

Unter der organisatorischen Leistung ist die Schaffung der persönlichen und sachlichen Voraussetzungen für die Produktion zu verstehen.[272] Bei der Herstellung eines Tonträgers umfasst dies die organisatorische Hoheit,[273] die organisatorische Leitung[274] und die Überwachung der Aufnahme.[275] Bei einer Filmherstellung zählen hierzu die Festlegung des zu verfilmenden Stoffes, die Auswahl des Personals, die Beschaffung der notwendigen Materialien und der

---

[268] Vgl. für den Filmhersteller LG München I, Urt. v. 1.12.2005 – 7 O 12664/05, ZUM 2008, 161, 163 – *Begriff des Filmherstellers; Diesbach/Vohwinkel,* in: Möhring/Nicolini, UrhG, 4. Aufl. (2018), § 94, Rn. 20; *Manegold/Czernik,* in: Wandtke/Bullinger, UrhG 5. Aufl. (2019), § 94, Rn. 53; *Schulze,* in: Dreier/Schulze, UrhG, 6. Aufl. (2018), § 94, Rn. 8; *Schwarz/U. Reber,* in: Loewenheim, Handbuch des Urheberrechts, 3. Aufl. (2021), § 48, Rn. 20.

[269] Vgl. für den Filmhersteller LG München I, Urt. v. 1.12.2005 – 7 O 12664/05, ZUM 2008, 161, 163 – *Begriff des Filmherstellers; Diesbach/Vohwinkel,* in: Möhring/Nicolini, UrhG, 4. Aufl. (2018), § 94, Rn. 20; *Manegold/Czernik,* in: Wandtke/Bullinger, UrhG, 5. Aufl. (2019), § 94, Rn. 53; *Schulze,* in: Dreier/Schulze, UrhG, 6. Aufl. (2018), § 94, Rn. 8; *Schwarz/U. Reber,* in: Loewenheim, Handbuch des Urheberrechts, 3. Aufl. (2021), § 48, Rn. 20.

[270] Vgl. für den Filmhersteller *Diesbach/Vohwinkel,* in: Möhring/Nicolini, UrhG, 4. Aufl. (2018), § 94, Rn. 20; *Manegold/Czernik,* in: Wandtke/Bullinger, UrhG, 5. Aufl. (2019), § 94, Rn. 53 f.; *Schulze,* in: Dreier/Schulze, UrhG, 6. Aufl. (2018), § 94, Rn. 9; *Schwarz/U. Reber,* in: Loewenheim, Handbuch des Urheberrechts, 3. Aufl. (2021), § 48, Rn. 21.

[271] Das Tragen des Risikos einer Kostenüberschreitung als bedeutsam für die Übernahme der wirtschaftlichen Leistung der Filmherstellung einordnend LG München I, Urt. v. 1.12.2005 – 7 O 12664/05, ZUM 2008, 161, 163 – *Vote Media IV; Katzenberger/N. Reber,* in: Schricker/Loewenheim/Leistner/Ohly, UrhG, 6. Aufl. (2020), Vor §§ 88 ff., Rn. 33.

[272] Für den Filmhersteller *Gregor,* Der Produzent und die Rechte am Filmwerk (2010), S. 244.

[273] *Schaefer,* in: Wandtke/Bullinger, UrhG, 5. Aufl. (2019), § 85, Rn. 8.

[274] BGH, Urt. v. 11.6.2015 – I ZR 19/14, GRUR 2016, 176, Rn. 177 – *Tauschbörse I.*

[275] *Schulze,* in: Dreier/Schulze, UrhG, 6. Aufl. (2018), § 85, Rn. 4.

Studioräume[276] ebenso wie die Überwachung und Leitung der gesamten Filmproduktion bis zur Abnahme der Endversion.[277] Bereits aufgrund der Freiheit der Lehre nach Art. 5 Abs. 3 S. 1 GG entscheidet der Dozent über den Inhalt des Podcasts oder Lehrvideos. Darüber hinaus bestimmt er auch die Personen, die an dem Podcast oder Lehrvideo mitwirken und wählt die Räume aus, in denen die Aufzeichnung erfolgen soll. Die organisatorische Leistung erbringt somit stets der Dozent.

### *c) Gewichtung der Leistungen*

Übernimmt der Dozent neben der organisatorischen auch die wirtschaftliche Leistung der Herstellung der Podcasts oder Lehrvideos, ist eindeutig er der Tonträger- bzw. Filmhersteller. Trägt die Hochschule hingegen die vollständigen Kosten für die Produktion des Podcasts oder Lehrvideos, sind die wirtschaftliche und organisatorische Leistung nicht in einer Person vereint.[278] Nach vorzugswürdiger Ansicht ist dann weder die organisatorische Leistung maßgeblich[279] noch beide Leistungen gleichrangig,[280] sondern die Übernahme der wirtschaftlichen Leistung entscheidend,[281] so dass dann die Universität die Film- und Tonträgerherstellerin ist.

Allein die stärkere Gewichtung der wirtschaftlichen Leistung steht im Einklang mit den unionsrechtlichen Grundsätzen. So begründet Erwägungsgrund 5 Vermiet- und Verleih-RL das Leistungsschutzrecht für Tonträger- und

---

[276] *J. B. Nordemann,* in: Fromm/Nordemann, UrhG, 12. Aufl. (2018), § 94, Rn. 10.

[277] *Gregor,* Der Produzent und die Rechte am Filmwerk (2010), S. 245.

[278] Auch außerhalb des universitären Bereichs nehmen solche Konstellationen zu, insbesondere aufgrund der wachsenden Komplexität der Filmproduktionen (vgl. *Pense,* ZUM 1999, 121, 123) und der Seltenheit freier Produzenten (vgl. *Weber,* Die urheberrechtliche Stellung des unabhängigen Film- und Fernsehproduzenten (2007), S. 64).

[279] So aber *Dünnwald,* UFITA 76 (1976), 165, 178 f.; für den Tonträgerhersteller *Knies,* Die Rechte des Tonträgerherstellers (1999), S. 194; *Schaefer,* in: Wandtke/Bullinger, UrhG, 5. Aufl. (2019), § 85, Rn. 8; *Vogel,* in: Schricker/Loewenheim/Leistner/Ohly, UrhG, 6. Aufl. (2020), § 85, Rn. 39; für den Filmhersteller *Fuhr,* Der Anspruch des Sendeunternehmens nach §§ 94, 54 UrhG bei Auftragsproduktionen, in: Scheuermann/Strittmatter, FS Reichardt (1990), S. 29, 33 ff.; HK-*Meckel,* UrhG, 4. Aufl. (2018), § 94, Rn. 3.

[280] So aber für den Filmhersteller *Gregor,* Der Produzent und die Rechte am Filmwerk (2010), S. 247 ff.; *U. Reber,* in: v. Hartlieb/Schwarz, 5. Aufl. (2011), Kap. 59, Rn. 10; in diese Richtung auch OLG München, Urt. v. 20.3.1997 – 29 U 4573/96, NJW-RR 1997, 1405, 1406 – *Box Classics.*

[281] So auch für den Tonträgerhersteller *Boddien,* in: Fromm/Nordemann, UrhG, 12. Aufl. (2018), § 85, Rn. 40; für den Filmhersteller *Baur,* UFITA 2004/III, S. 665, 726 ff.; *Diesbach/Vohwinkel,* in: Möhring/Nicolini, UrhG, 4. Aufl. (2018), § 94, Rn. 12; *v. Gamm,* Urheberrechtsgesetz (1968), § 94, Rn. 3; *Movsessian,* UFITA 79 (1977), S. 213, 235 f.; *J. B. Nordemann,* in: Fromm/Nordemann, UrhG, 12. Aufl. (2018), § 94, Rn. 12 f.; *Pense,* ZUM 1999, 121, 126; *Weber,* Die urheberrechtliche Stellung des unabhängigen Film- und Fernsehproduzenten (2007), S. 122.

Filmhersteller mit den für die Herstellung von Tonträgern und Filmen hohen und risikoreichen Investitionen. Darüber hinaus sind die Schutzgegenstände nach Art. 3 Abs. 1 lit. c, d Vermiet- und Verleih-RL der Tonträger und die erstmalige Aufzeichnung des Films. Anknüpfungspunkt für einen Schutz kann daher ausschließlich die Leistung sein, die in dem Schutzgegenstand verkörpert ist. Die einzelnen Organisationsakte überdauert aber nicht die organisatorische Leistung selbst, sondern nur die dadurch hervorgerufene wirtschaftliche Wertschöpfung.[282] Zudem entspricht es dem Willen des nationalen Gesetzgebers, dass die wirtschaftliche Leistung über die Einordnung als Film- und Tonträgerhersteller entscheidet. So beruhen nach der amtlichen Begründung die Leistungsschutzrechte auf den großen wirtschaftlichen Aufwendungen für die Herstellung eines Tonträgers[283] und dem Kostenrisiko des Filmherstellers.[284] Darüber hinaus wäre es mit dem Sinn und Zweck der §§ 85, 94 UrhG nicht vereinbar, organisatorische und wirtschaftliche Leistung als gleichwertig anzusehen.[285] Die Vorschriften schützen den Erfolg der Herstellerleistung des Tonträgers[286] bzw. Festlegung der konkreten wirtschaftlichen Leistung auf dem Filmstreifen.[287] Auch der Praxis des Tonträger- bzw. Filmherstellers wird ausschließlich die stärkere Betonung der wirtschaftlichen Leistung gerecht.[288] Insbesondere da sich organisatorische Tätigkeiten delegieren lassen,[289] kann es schwierig sein, den Schwerpunkt der organisatorischen Verantwortung zu bestimmen.[290] Dies gilt vor allem bei juristischen Personen, da die organisatorische Leistung stärker als die wirtschaftliche Leistung auf den Tätigkeiten natürlicher Personen beruht.

### d) Zwischenergebnis

Die Leistungsschutzrechte des Tonträger- und Filmherstellers kommen demjenigen zu, der die wirtschaftliche Leistung erbringt. Dies ist der Dozent, wenn ihm für die Herstellung des Podcasts oder Lehrvideos universitäre Mittel ledig-

---

[282] Für den Filmhersteller *Baur,* UFITA 2004/III, 665, 750.

[283] Entwurf eines Gesetzes über Urheberrecht und verwandte Schutzrechte (Urheberrechtsgesetz) der Bundesregierung v. 23.3.1962, BT-Drs. IV/270, S. 95.

[284] Vgl. Entwurf eines Gesetzes über Urheberrecht und verwandte Schutzrechte (Urheberrechtsgesetz) der Bundesregierung v. 23.3.1962, BT-Drs. IV/270, S. 98.

[285] Für das Leistungsschutzrecht des Filmherstellers *J. B. Nordemann,* in: Fromm/Nordemann, UrhG, 12. Aufl. (2018), § 94, Rn. 13.

[286] Für das Leistungsschutzrecht des Tonträgerherstellers *Boddien,* in: Fromm/Nordemann, UrhG, 12. Aufl. (2018), § 85, Rn. 40.

[287] Für das Leistungsschutzrecht des Filmherstellers *Movsessian,* UFITA 79 (1977), 213, 235 f.

[288] Für den Filmhersteller *Pense,* ZUM 1999, 121, 126.

[289] Für den Filmhersteller *Baur,* UFITA 2004/III, 665, 750.

[290] Für den Filmhersteller *Weber,* Die urheberrechtliche Stellung des unabhängigen Film- und Fernsehproduzenten (2007), S. 122.

lich bis zu einem bestimmten Betrag zur Verfügung stehen und er einen darüber hinausgehenden Aufwand selbst tragen muss. Übernimmt die Universität hingegen die Produktionskosten für den Podcast oder das Lehrvideo vollständig, so ist sie die Tonträger- und Filmherstellerin, auch wenn der Dozent die organisatorische Leistung hierfür erbringt.

### *III. Fotografien*

Fotografien sind durch das Leistungsschutzrecht an Lichtbildern und seltener zusätzlich durch das Urheberrecht geschützt.[291] Originärer Schutzrechtsinhaber ist daher der Urheber bzw. Lichtbildner.

#### *1. Urheber*

Nach dem Schöpferprinzip ist Urheber der Fotografie derjenige, der sie geschaffen hat. Da auch der urheberrechtliche Schutz hieran anknüpft,[292] ist entscheidend, wer das Motiv inszeniert oder die Ausdrucks- und Gestaltungsmittel ausgewählt hat. Dies kann sowohl der Dozent als auch ein Teilnehmer sein. Der technische Moment des Auslösens kann hingegen jemand anderen übertragen werden, ohne dass dies die Urheberschaft beeinflusst. Gehilfen, die sich an die Vorlage halten, sind daher keine Urheber.[293]

#### *2. Lichtbildner*

Lichtbildner ist die gleiche Person, die bei einem etwaigen zusätzlichen urheberrechtlichen Schutz der Fotografie als ihr Urheber anzusehen ist, da für das Leistungsschutzrecht an Lichtbildern ebenfalls das Schöpferprinzip des § 7 UrhG gilt.[294] Lichtbildner ist somit derjenige, der die Aufnahmen selbständig schafft.[295] Hierfür kommt es auf das individuelle Einrichten des Aufnahmeapparats an.[296] Lichtbildner kann daher sowohl der Dozent als auch ein Teilnehmer sein. Dieser bleibt auch dann der alleinige Lichtbildner, wenn er mit Gehilfen arbeitet, die seine Anweisungen befolgen.[297] Für die Einordnung als Lichtbildner ist es folglich ebenso wie für die Urheberschaft unerheblich, wer den Auslöseknopf betätigt.

---

[291] S. § 3 VI.

[292] Vgl. § 3 VI. 1.

[293] HK-*Dreyer*, UrhG, 4. Aufl. (2018), § 7, Rn. 4.

[294] *Schulze,* in: Dreier/Schulze, UrhG, 6. Aufl. (2018), § 72, Rn. 32.

[295] *Schulze,* in: Dreier/Schulze, UrhG, 6. Aufl. (2018), § 72, Rn. 32; vgl. *Vogel,* in: Schricker/Loewenheim/Leistner/Ohly, UrhG, 6. Aufl. (2020), § 72, Rn. 46.

[296] *Thum,* in: Wandtke/Bullinger, UrhG, 5. Aufl. (2019), § 72, Rn. 100; vgl. *Vogel,* in: Schricker/Loewenheim/Leistner/Ohly, UrhG, 6. Aufl. (2020), § 72, Rn. 46.

[297] *Schulze,* GRUR 1994, 855, 858; *ders.,* in: Dreier/Schulze, UrhG, 6. Aufl. (2018), § 72, Rn. 32;

### *IV. Blogs*

Schöpfer und somit Urheber eines Blog-Beitrags ist der jeweilige Verfasser des Kommentars oder der Anmerkung. Da Blogs insbesondere als eine Plattform für den Austausch der Teilnehmer fungieren und ihnen ermöglichen, sich in den Kurs einzubringen, ist dies zumeist ein Teilnehmer.

### *V. Zwischenergebnis*

Bei Skripten und Grafiken ist der alleinige originäre Schutzrechtsinhaber ihr Urheber und somit der Ersteller der Inhalte. Sind mehrere Personen an der Entstehung der Inhalte beteiligt, ist dies bei E-Learning und xMOOCs in der Regel als Miturheberschaft einzuordnen. Bei offenen Produktionsprozessen handelt es sich hingegen typischerweise um Bearbeitungen. Bei einer wiederholten Bearbeitung kann dabei das Urheberrecht an den Inhalten zahlreichen Personen zustehen. Inhaber des Urheberrechts an Podcasts, Lehrvideos und Livestreams ist derjenige, der den Vortrag erstellt hat. Dies ist meist der Vortragende selbst. Daneben kommt ihm das Leistungsschutzrecht der ausübenden Künstler zu. Ein Schutzrecht an Podcasts oder Lehrvideos hat zudem der Tonträger- bzw. Filmhersteller inne. Auch bei einer Mitfinanzierung durch die Universität ist dies der Dozent des Kurses, wenn die Kostenübernahme der Hochschule auf einen Festbetrag begrenzt ist. Andernfalls übernimmt die entscheidende wirtschaftliche Leistung die Hochschule, so dass sie die Tonträger- oder Filmherstellerin ist. An Fotografien können mit dem Urheberrecht und dem Leistungsschutzrecht an Lichtbildern zwar zwei Schutzrechte bestehen, originärer Schutzrechtsinhaber ist aber bei beiden Rechten dieselbe Person: Sowohl Lichtbildner als auch Urheber der Fotografie ist der Dozent oder Teilnehmer, der das Motiv oder die Ausdrucks- und Gestaltungsmittel festgelegt hat. Das Urheberrecht an einem Blog-Beitrag kommt seinem Verfasser und somit meist einem Teilnehmer zu

## § 5 Nutzungsrechte der Universität

Handelt es sich bei den originären Schutzrechtsinhabern um Mitarbeiter der Universität, sind die Inhalte des digitalen Lehrens und Lernens Pflichtwerke (I.). Als Arbeitgeberin oder Dienstherrin erhält die Universität hieran stillschweigend[298] spätestens bei Übergabe des Werks[299] Nutzungsrechte. Im Rahmen des Umfangs der eingeräumten Nutzungsrechte (II.) kann die Hochschule die Inhalte daher unabhängig von einer Zustimmung der originären Schutzrechtsinhaber einsetzen. An freien Werken räumt der Schutzrechtsinhaber der Universität zwar kein Nutzungsrecht ein, ist aber unter gewissen Voraussetzungen verpflichtet, der Universität ein Nutzungsrecht anzubieten (III.). Nicht auf alle Schutzrechte sind die Grundsätze des Arbeitnehmerurheberrechts jedoch anwendbar.[300] Dass ein Schutz der digitalen Lehr- und Lerninhalte durch mehrere Rechte möglich ist,[301] wirkt sich somit auch auf die Nutzungsmöglichkeiten der Hochschule aus (IV.).

### *I. Abgrenzung der Pflichtwerke von den freien Werken*

Voraussetzung für die Einräumung der Nutzungsrechte an die Universität ist neben einem Arbeits- oder Dienstverhältnis, dass die Inhalte des digitalen Lehrens und Lernens als Pflichtwerke einzuordnen sind. Hierfür muss der Mitarbeiter die Inhalte in Erfüllung der Verpflichtungen aus dem Arbeits- oder Dienstverhältnis erschaffen.[302] Welche Verpflichtungen der Mitarbeiter hat, richtet sich insbesondere nach seiner Tätigkeit.

#### *1. Inhalte von Professoren*

§ 43 UrhG ist bei Professoren nicht aufgrund ihrer rechtlichen Stellung per se ausgeschlossen.[303] Dass die uneingeschränkte Anwendung des § 43 UrhG ein Eingriff in Art. 5 Abs. 3 GG wäre,[304] genügt hierfür nicht. So lässt sich dies vermeiden, indem die Wissenschaftsfreiheit bei der Bestimmung der dienstrechtlichen Verpflichtungen berücksichtigt wird. Auch das inzwischen abgeschaffte Hochschullehrerprivileg des § 42 Abs. 1 ArbnErfG a. F. kann nicht als

---

[298] BGH, Urt. v. 22.2.1974 – I ZR 128/72, GRUR 1974, 480, 483 – *Hummelrechte;* BAG, Urt. v. 13.9.1983 – 3 AZR 371/81, GRUR 1984, 429, 431 – *Statikprogramme; Rojahn/Frank,* in: Schricker/Loewenheim/Leistner/Ohly, UrhG, 6. Aufl. (2020), § 43, Rn. 40; *Wandtke,* in: Wandtke/Bullinger, UrhG, 5. Aufl. (2019), § 43, Rn. 50.

[299] BGH, Urt. v. 22.2.1974 – I ZR 128/72, GRUR 1974, 480, 483 – *Hummelrechte; Dreier,* in: Dreier/Schulze, UrhG, 6. Aufl. (2018), § 43, Rn. 19; *Rojahn/Frank,* in: Schricker/Loewenheim/Leistner/Ohly, UrhG, 6. Aufl. (2020), § 43, Rn. 41.

[300] Keine Anwendung finden die Grundsätze des Arbeitnehmerurheberrechts etwa auf die Leistungsschutzrechte des Tonträger- und Filmherstellers.

[301] S. § 3.

[302] *Dreier,* in: Dreier/Schulze, UrhG, 6. Aufl. (2018), § 43, Rn. 9; HK-*Meckel,* UrhG, 4. Aufl. (2018), § 43, Rn. 6; *Wandtke,* in: Wandtke/Bullinger, UrhG, 5. Aufl. (2019), § 43, Rn. 18.

[303] A. A. *Dünnwald,* Der Urheber im öffentlichen Dienst (1976), S. 153; *Fahse,* GRUR 1996, 331, 337.

[304] *Leuze,* Urheberrechte der Beschäftigten im öffentlichen Dienst, 3. Aufl. (2008), S. 130.

Begründung dafür herangezogen werden, die Inhalte von Professoren pauschal als freie Werke einzuordnen.[305] Zum einen ist aufgrund der erheblichen Unterschiede zwischen Urheber- und Patentrecht zweifelhaft, ob die Regelung auf das Urheberrecht übertragen werden kann. Zum anderen lässt sich aus der Existenz einer (ehemaligen) ausdrücklichen Regelung auch der Umkehrschluss ziehen, dass grundsätzlich eine stillschweigende Einräumung der Nutzungsrechte an Pflichtwerken in Betracht kommt. Pflichtwerke können dabei nur Inhalte sein, die während der Dauer des Arbeits- oder Dienstverhältnisses entstanden sind.[306] Darüber hinaus setzt die Einordnung als Pflichtwerk voraus, dass der Professor zur Schaffung des Inhalts verpflichtet ist.[307] Inhalte, die nur bei Gelegenheit der Erfüllung der vertraglichen Verpflichtungen erstellt werden, sind hingegen keine Pflichtwerke.[308] Ob die Verpflichtungen der Professoren die Erstellung der digitalen Lerninhalte beinhalten, hängt auch von der Art des Kurses ab, für den die Inhalte bestimmt sind.

*a) Außercurriculare Lehrveranstaltungen*

Professoren an staatlichen Universitäten stehen in einem Dienstverhältnis zur Hochschule.[309] Da sie Beamte sind, richten sich ihre Verpflichtungen nach öffentlich-rechtlichen Regelungen.[310] Gemäß § 43 Abs. 1 HRG nehmen die Hochschullehrer „die ihrer Hochschule jeweils obliegenden Aufgaben in Wissenschaft und Kunst, Forschung, Lehre und Weiterbildung in ihren Fächern nach näherer Ausgestaltung ihres Dienstverhältnisses selbständig wahr“. Zu den Dienstpflichten von Professoren zählt auch die lehrende Tätigkeit,[311] so dass sie zur Durchführung von Lehrveranstaltungen ihrer Fächer verpflichtet sind.[312] Bereits aus dieser Formulierung ergibt sich, dass die Lehrverpflichtung der Professoren aber auf das Curriculum der Hochschule begrenzt ist und

---

[305] So aber *Haberstumpf,* ZUM 2001, 819, 826; *Heermann,* GRUR 1999, 468, 472; Hochschulrektorenkonferenz (Hrsg.), Potenziale und Probleme von MOOCs (2014), S. 27; *Veddern,* Multimediarecht für die Hochschulpraxis (2004), S. 134.

[306] *A. Nordemann,* in: Fromm/Nordemann, UrhG, 12. Aufl. (2018), § 43, Rn. 14; *Wandtke,* in: Wandtke/Bullinger, UrhG, 5. Aufl. (2019), § 43, Rn. 21; vgl. HK-*Meckel,* UrhG, 4. Aufl. (2018), § 43, Rn. 10 f.

[307] Vgl. *Kraßer/Schricker,* Patent- und Urheberrecht an Hochschulen (1988), S. 97.

[308] BGH, Urt. v. 28.4.1972 – I ZR 108/70, GRUR 1972, 713, 714 – *Im Rhythmus der Jahrhunderte; Dreier,* in: Dreier/Schulze, UrhG, 6. Aufl. (2018), § 43, Rn. 13.

[309] Für die Definition des Dienstverhältnisses s. HK-*Meckel,* UrhG, 4. Aufl. (2018), § 43, Rn. 5; *Rojahn/Frank,* in: Schricker/Loewenheim/Leistner/Ohly, UrhG, 6. Aufl. (2020), § 43, Rn. 10; *Wandtke,* in: Wandtke/Bullinger, UrhG, 5. Aufl. (2019), § 43, Rn. 14; *Wiebe,* in Spindler/Schuster, Recht der elektronischen Medien, 4. Aufl. (2019), § 43 UrhG, Rn. 4.

[310] Vgl. *Rojahn/Frank,* in: Schricker/Loewenheim/Leistner/Ohly, UrhG, 6. Aufl. (2020), § 43, Rn. 39.

[311] *Haberstumpf,* ZUM 2001, 819, 825.

[312] *Kraßer/Schricker,* Patent- und Urheberrecht an Hochschulen (1988), S. 122.

darüber hinausgehende zusätzliche Veranstaltungen nicht erfasst. Außercurriculare Lehrveranstaltungen sind somit ein freiwilliges und über die Lehrverpflichtung hinausgehendes Engagement der Professoren. Bei Werken, die aus eigener Initiative entstehen, greift § 43 UrhG jedoch nicht ein.[313] Dies gilt selbst dann, wenn die Schöpfung der Werke im Interesse des Dienstherrn liegt und für ihn erfolgt,[314] dienstliche Kenntnisse in ihre Erstellung einfließen[315] oder durch sie Einnahmen erzielt werden.[316]

Auch bei Professoren an privaten Universitäten sind Inhalte für außercurriculare Lehrveranstaltungen als freie Werke einzuordnen. Da zwischen Universität und Professoren hier ein Arbeitsverhältnis besteht,[317] richten sich ihre Verpflichtungen nach dem Arbeitsvertrag. Pflichtwerke sind daher Werke, deren Schaffung arbeitsvertraglich vereinbart ist.[318] Da bereits die Durchführung der über den Lehrplan hinausgehenden Lehrveranstaltungen nicht zu den im Arbeitsvertrag festgelegten Aufgaben der Professoren zählt, trifft dies erst recht auf die Schaffung von Werken für diese Veranstaltungen zu. Dies gilt auch dann, wenn die Universität den Professor um die Erstellung solcher Inhalte bittet. Es handelt sich dann um einen Sonderauftrag außerhalb des üblichen Arbeitsbereichs und somit um ein freies Werk.[319]

### *b) Ergänzung von Präsenzveranstaltungen*

Dienen Inhalte digitalen Lehrens und Lernens der Ergänzung von Präsenzveranstaltungen, kommt ihnen die Funktion von Lehrmaterialien zu. Eine Verpflichtung zur Erstellung von Lehrmaterialien besteht für Professoren ohne ausdrückliche Regelung nicht.[320] Zwar sind sie nach § 43 HRG zur Lehre ver-

---

[313] Vgl. BGH, Urt. v. 28.4.1972 – I ZR 108/70, GRUR 1972, 713, 715 – *Im Rhythmus der Jahrhunderte; Dreier,* in: Dreier/Schulze, UrhG, 6. Aufl. (2018), § 43, Rn. 11; *Rojahn/Frank,* in: Schricker/Loewenheim/Leistner/Ohly, UrhG, 6. Aufl. (2020), § 43, Rn. 28.

[314] BGH, Urt. v. 28.4.1972 – I ZR 108/70, GRUR 1972, 713, 715 – *Im Rhythmus der Jahrhunderte; Dreier,* in: Dreier/Schulze, UrhG, 6. Aufl. (2018), § 43, Rn. 11; *Rojahn/Frank,* in: Schricker/Loewenheim/Leistner/Ohly, UrhG, 6. Aufl. (2020), § 43, Rn. 28.

[315] *Dreier,* in: Dreier/Schulze, UrhG, 6. Aufl. (2018), § 43, Rn. 11; *Rojahn/Frank,* in: Schricker/Loewenheim/Leistner/Ohly, UrhG, 6. Aufl. (2020), § 43, Rn. 30.

[316] Vgl. *Kraßer/Schricker,* Patent- und Urheberrecht an Hochschulen (1988), S. 100, es kann dann jedoch eine genehmigungspflichtige Nebentätigkeit vorliegen.

[317] Für die Definition eines Arbeitsverhältnisses s. *A. Nordemann,* in: Fromm/Nordemann, UrhG, 12. Aufl. (2018), § 43, Rn. 9; HK-*Meckel,* UrhG, 4. Aufl. (2018), § 43, Rn. 4.

[318] *Wandtke,* in: Wandtke/Bullinger, UrhG, 5. Aufl. (2019), § 43, Rn. 19.

[319] Sonderaufträge als freie Werke einordnend *Ullmann,* GRUR 1987, 6, 13.

[320] So auch *v. Moltke,* Das Urheberrecht an den Werken der Wissenschaft (1992), S. 226; *Rehbinder,* Zu den Nutzungsrechten an Werken von Hochschulangehörigen, in: Forkel/Kraft, FS Hubmann (1985), S. 359, 365 f.; a. A. zu der insoweit vergleichbaren Problematik im österreichischen Recht *Schöwerling,* E-Learning und Urheberrecht an Universitäten in Österreich und Deutschland (2007), S. 91.

pflichtet, dies impliziert aber nicht, dass sie auch Lehrmaterialien erstellen müssen. Ein solches Verständnis wäre mit Art. 5 Abs. 3 GG nicht vereinbar.[321] Die Lehrfreiheit der Professoren umfasst auch die Entscheidungen über den Inhalt und den Ablauf der Lehrveranstaltungen[322] sowie die Mittel zur Erreichung des Lehrziels.[323] Zudem nehmen Professoren nach § 43 HRG die ihnen obliegenden Aufgaben selbständig wahr. Sie können daher selbst über die Art und Weise entscheiden, in der sie ihre Lehrverpflichtung erfüllen.[324] Auch bei nichtstaatlichen Hochschulen sind die grundgesetzlichen Wertungen bei der Anwendung der urheberrechtlichen Vorschriften zu berücksichtigen.[325] Darüber hinaus muss man hier noch zurückhaltender sein, eine inzidente Verpflichtung der Dozenten anzunehmen als bei staatlichen Hochschulen. Schließlich beschreiben privatrechtliche Verträge die Tätigkeit regelmäßig viel genauer als dienstrechtliche Vorschriften.[326]

Zu den Pflichtwerken zählt die Erstellung von Lehrmaterialien an privaten und staatlichen Universitäten aber dennoch,[327] da die Professoren auf diese Weise ihrer Lehrverpflichtung nachkommen. Dass dies auch ohne die Schaffung geschützter Inhalte möglich wäre, ist hierfür unerheblich. So dienen Werke auch dann der Erfüllung der Pflichten aus dem Arbeits- oder Dienstverhältnis, wenn diese nicht zwingend die Schaffung von Werken voraussetzen. Die Lehrfreiheit verletzt dies nicht, da die Professoren weiterhin die Freiheit haben über die Art und Weise zu entscheiden, in der sie ihrer Lehrverpflichtung nachkommen.

### *c) Online-Lehre an Präsenzuniversitäten*

Ob und in welchem Umfang Professoren an Präsenzuniversitäten ihre Lehrverpflichtung durch Online-Lehre erfüllen können, wenn auch Präsenzveranstaltungen möglich wären,[328] bestimmen die Rechtsverordnungen der einzelnen

---

[321] Vgl. *Kraßer/Schricker,* Patent- und Urheberrecht an Hochschulen (1988), S. 128.

[322] BVerfG, Beschl. v. 7.10.1980 – 1 BvR 1289/78, NJW 1981, 741, 743 – *Bremer Modell;* BVerfG, Beschl. v. 31.5.1995 – 1 BvR 1413/94, NVwZ 1996, 709, 710 – *Universitätsgesetz NRW;* BVerfG, Beschl. v. 20.3.2000 – 1 BvR 1834/97, JuS 2001, 180, 180 – *Zoologische Universitätspraktika.*

[323] *Taeger/Horn,* Rechtsfragen der Nutzung neuer Medien (2008), S. 190.

[324] *Berger,* ZGE 2010, 399, 406.

[325] *Schricker,* Das Urheberrecht des wissenschaftlichen Personals, in: Hartmer/Detmer, Hochschulrecht (2004), S. 419, 435.

[326] *Kraßer/Schricker,* Patent- und Urheberrecht an Hochschulen (1988), S. 96.

[327] A. A. *v. Moltke,* Das Urheberrecht an den Werken der Wissenschaft (1992), S. 226.

[328] Präsenzveranstaltungen an Hochschulen grundsätzlich untersagend etwa § 21 S. 1 12. BayIfSMV (Zwölfte Bayerische Infektionsschutzmaßnahmenverordnung v. 5.3.2021) und § 22 Abs. 2 HmbSARS-CoV-2-EindämmungsVO (Verordnung zur Eindämmung der Ausbreitung des Coronavirus SARS-CoV-2 in der Freien und Hansestadt Hamburg v. 23.4.2021).

Bundesländer. Gegenwärtig sehen die Lehrverpflichtungsverordnungen von zwölf Bundesländern[329] eine Anrechnung der Online-Lehre auf die Lehrverpflichtung vor. In vier[330] von diesen zwölf Ländern ist dies jedoch auf 25% der Lehrverpflichtung begrenzt. Die Lehrverpflichtungsverordnungen der restlichen vier Bundesländer[331] enthalten nur Regelungen über die Anrechnung von Präsenzveranstaltungen auf die Lehrverpflichtung, ohne Online-Lehre ausdrücklich auszuschließen. In diesen Bundesländern können daher die Fachbereiche oder Bereichsausschüsse der Universität über die Anrechnung der Online-Lehre entscheiden. So obliegt es ihnen, Gegenstand, Art und Umfang der Lehrveranstaltungen zu bestimmen.[332] Zu berücksichtigen ist dabei die grundrechtlich durch Art. 5 Abs. 3 GG geschützte Lehrfreiheit der Professoren. Der Ausbildungszweck der Hochschule kann aber Einschränkungen der Lehrfreiheit rechtfertigen,[333] sofern der Grundsatz der Verhältnismäßigkeit und das Willkürverbot gewahrt sind.[334]

Unabhängig davon, ob die Anrechnung des Online-Kurses auf die Lehrverpflichtung der Professoren auf einer Verordnung, einer Entscheidung der Hochschule oder einem Arbeitsvertrag beruht, sind die Inhalte Pflichtwerke der Professoren. Die Professoren erfüllen hierdurch nicht nur ihre Lehrverpflichtung, sondern sind bei einem Online-Kurs im Gegensatz zu Präsenzveranstaltungen[335] sogar zur Erstellung der Inhalte verpflichtet, da die Durchführung eines Online-Kurses ohne Content nicht vorstellbar ist. Der Annahme einer solchen inzidenten Verpflichtung steht auch § 40 Abs. 1 S. 1 UrhG nicht entgegen, der für die Nutzungsrechtseinräumung an künftigen Werken die Schriftform vorsieht. Nach vorzugswürdiger Ansicht[336] ist diese Vorschrift in

[329] Baden-Württemberg (§ 3 Abs. 2 S. 5 BWLVVO), Bayern (§ 3 Abs. 2 S. 1 BayLUFV), Bremen (§ 3 Abs. 8 BrLVNV), Hamburg (§ 5a HbgLVVO), Hessen (§ 2 Abs. 3 S. 4 HESLVPflVO), Niedersachsen (§ 14 Abs. 5 NdsLVVO); Nordrhein-Westfalen (§ 4 Abs. 6 NWLVV), Rheinland-Pfalz (§ 3 Abs. 5 RPHLehrVO), Saarland (§ 3 Abs. 2 SaarLVVO), Sachsen-Anhalt (§ 3 Abs. 2 S. 2 LSALVVO), Schleswig-Holstein (§ 3 Abs. 8 SHLVVO), Thüringen (§ 5 Abs. 8 ThürLVVO).

[330] Hamburg, Hessen, Nordrhein-Westfalen und Thüringen.

[331] Berlin, Brandenburg, Mecklenburg-Vorpommern und Sachsen.

[332] OVG Koblenz, Urt. v. 9.5.1997 – 2 A 10914/96, DVBl 1997, 1242, Rn. 20.

[333] OVG Koblenz Urt. v. 9.5.1997 – 2 A 10914/96, DVBl 1997, 1242, Rn. 20; OVG Magdeburg, Beschl. v. 17.1.2008 – 3 M 263/07, LKV 2008, 474, 475.

[334] OVG Magdeburg, Beschl. v. 17.1.2008 – 3 M 263/07, LKV 2008, 474, 475.

[335] Vgl. § 5 I. 1. b).

[336] *Dreier,* in: Dreier/Schulze, UrhG, 6. Aufl. (2018), § 43, Rn. 19; HK-*Meckel,* UrhG, 4. Aufl. (2018), § 43, Rn. 13; *Kraßer/Schricker,* Patent- und Urheberrecht an Hochschulen (1988), S. 112; *A. Nordemann,* in: Fromm/Nordemann, UrhG, 12. Aufl. (2018), § 43, Rn. 49; *Zöllner,* Die Reichweite des Urheberrechts im Arbeitsverhältnis untypischer Urheber, in: Forkel/Kraft, FS Hubmann (1985), S. 523, 534 f.; zumindest für den Regelfall die Anwendbarkeit verneinend *Rojahn/Frank,* in: Schricker/Loewenheim/Leistner/Ohly, UrhG,

Arbeits- und Dienstverhältnissen nicht anwendbar, da der Urheber dort der Warnfunktion des § 40 UrhG nicht bedarf.[337] Er kennt die Aufgaben, die ihm im Rahmen seiner Arbeits- und Dienstpflichten obliegen und weiß somit auch, an welchen künftigen Werken der Arbeitgeber oder Dienstherr ein Nutzungsrecht erhält.[338] Auch die in § 40 Abs. 1 S. 2 UrhG vorgesehene Kündigungsmöglichkeit erscheint für Arbeitsverhältnisse nicht sachgerecht.[339] Wäre § 40 UrhG anwendbar, verbliebe zudem für § 43 UrhG nur ein sehr geringer Anwendungsbereich. Jeder Arbeitsvertrag, bei dem sich der Arbeitnehmer zu einer schöpferischen Tätigkeit verpflichtet, ist zugleich ein Vertrag über künftige Werke.[340] Genau vertraglich festgelegt werden die vom Arbeitnehmer zu erstellenden Werke aber selten sein, da die arbeitsvertragliche Tätigkeit typischerweise vielfältig ist. Zu einer wirksamen Begründung der Verpflichtung, die § 43 UrhG voraussetzt, käme es somit nur äußerst selten. Darüber hinaus widerspricht das Schriftformerfordernis der im beruflichen Alltag erforderlichen Flexibilität.

#### d) Lehrveranstaltungen an Fernuniversitäten

Da an Fernuniversitäten keine Präsenzveranstaltungen stattfinden, können Professoren ihrer Lehrverpflichtung nur durch das Schaffen von Lehrmaterialien nachkommen. An Fernuniversitäten sind Professoren daher verpflichtet, Lehrmaterialien zu erstellen.[341] Im didaktischen Ermessen der Professoren liegt lediglich die Entscheidung, ob sie Online-Inhalte oder analoge Medien verwenden möchte. Bei den Inhalten für Lehrveranstaltungen an staatlichen und privaten Fernuniversitäten handelt es sich deshalb um Pflichtwerke der Professoren.

#### e) Zwischenergebnis

Inhalte von Professoren an staatlichen und privaten Präsenzuniversitäten sind Pflichtwerke, wenn sie Präsenzveranstaltungen ergänzen oder ersetzen. Als

---

6. Aufl. (2020), § 43, Rn. 44; a. A. *Klass,* GRUR 2019, 1103, 1106; *Wandtke,* in: Wandtke/Bullinger, UrhG, 5. Aufl. (2019), § 43, Rn. 48.

[337] Die Warnfunktion betonend hingegen *Wandtke,* in: Wandtke/Bullinger, UrhG, 5. Aufl. (2019), § 43, Rn. 48.

[338] *Dreier,* in: Dreier/Schulze, UrhG, 6. Aufl. (2019), § 43, Rn. 19; *Rojahn/Frank,* in: Schricker/Loewenheim/Leistner/Ohly, UrhG, 6. Aufl. (2020), § 43, Rn. 44.

[339] *Zöllner,* Die Reichweite des Urheberrechts im Arbeitsverhältnis untypischer Urheber, in: Forkel/Kraft, FS Hubmann (1985), S. 523, 535.

[340] *A. Nordemann,* in: Fromm/Nordemann, UrhG, 12. Aufl. (2018), § 43, Rn. 49.

[341] *Kraßer/Schricker,* Patent- und Urheberrecht an Hochschulen (1988), S. 113; *A. Nordemann,* in: Fromm/Nordemann, UrhG, 12. Aufl. (2018), § 43, Rn. 21; *Rojahn/Frank,* in: Schricker/Loewenheim/Leistner/Ohly, UrhG, 6. Aufl. (2020), § 43, Rn. 130; *Taeger/Horn,* Rechtsfragen der Nutzung neuer Medien (2008), S. 192.

Pflichtwerke sind auch Inhalte für Lehrveranstaltungen an Fernuniversitäten einzuordnen. Bei Inhalten für Lehrveranstaltungen außerhalb des Curriculums der Hochschule handelt es sich hingegen um freie Werke der Professoren.

### 2. *Inhalte von wissenschaftlichen Mitarbeitern*

Inhalte für die digitale Lehre erstellen neben Professoren auch wissenschaftliche Mitarbeiter. Für die Abgrenzung zwischen Pflichtwerken und freien Werken ist bei ihnen insbesondere entscheidend, ob die Inhalte für Lehrveranstaltungen der Professoren oder ihre eigene Lehre bestimmt sind.

#### *a) Eigene Lehrveranstaltungen*

Dass wissenschaftliche Mitarbeiter Aufgaben in der Lehre auch selbständig wahrnehmen können, sieht bereits § 53 Abs. 1 S. 5 HRG vor. Die eigene Lehre der wissenschaftlichen Mitarbeiter ist vom Schutzbereich des Art. 5 Abs. 3 GG dabei ebenso umfasst wie Lehrveranstaltungen von Professoren.[342] Inhalte für eigene Lehrveranstaltungen der wissenschaftlichen Mitarbeiter sind aus diesem Grund unter den gleichen Voraussetzungen als Pflichtwerke einzuordnen wie die Inhalte von Professoren.[343] Freie Werke sind die erstellten Inhalte der wissenschaftlichen Mitarbeiter daher nur bei Lehrveranstaltungen außerhalb des Curriculums der Hochschule. Andernfalls zählen sie unabhängig davon, ob sie Präsenzveranstaltungen ergänzen oder ersetzen oder der Lehre an Fernuniversitäten dienen, zu den Pflichtwerken.

#### *b) Lehrveranstaltungen der Professoren*

Im Gegensatz zu der eigenen Lehre findet auf die weisungsgebundene Tätigkeit der wissenschaftlichen Mitarbeiter Art. 5 Abs. 3 GG keine Anwendung,[344] so dass § 43 UrhG bei Inhalten für Lehrveranstaltungen von Professoren uneingeschränkt anwendbar ist.[345] Einsetzen dürfen Professoren die wissenschaftlichen Mitarbeiter für alle ihnen obliegenden Aufgaben.[346] Zur Erstellung von Inhalten für digitales Lehren und Lernen sind die wissenschaftlichen Mitarbeiter somit bei Lehrveranstaltungen verpflichtet, die zu den Aufgaben der Professoren zählen. Dies trifft auf Lehrveranstaltungen zu, die zum Curriculum der Hochschule gehören und daher von der Lehrverpflichtung der Professoren erfasst sind. Inhalte für diese Lehrveranstaltungen sind folglich

---

[342] *Berger,* ZGE 2010, 399, 409; *Dreier,* in: Dreier/Schulze, UrhG, 6. Aufl. (2018), § 43, Rn. 12; *Kraßer/Schricker,* Patent- und Urheberrecht an Hochschulen (1988), S. 141.

[343] Vgl. § 5 I. 1.

[344] *Dreier,* in: Dreier/Schulze, UrhG, 6. Aufl. (2018), § 43, Rn. 12; *Kraßer/Schricker,* Patent- und Urheberrecht an Hochschulen (1988), S. 141, 145.

[345] Vgl. *Leuze,* GRUR 2006, 552, 557.

[346] *Thieme,* Deutsches Hochschulrecht, 3. Aufl. (2004), S. 578 f.

Pflichtwerke der wissenschaftlichen Mitarbeiter. Die Aufgaben der Professoren schließen hingegen die über das Curriculum der Hochschule hinausgehenden Lehrveranstaltungen nicht ein. Ebenso wie bei der Lehrtätigkeit an anderen Hochschulen oder Bildungseinrichtungen[347] hat die Universität hierfür nicht die curriculare Verantwortung. Zur Erstellung von Inhalten für außercurriculare Lehrveranstaltungen sind die wissenschaftlichen Mitarbeiter deshalb nicht verpflichtet, so dass es sich bei diesen Inhalten um freie Werke handelt.

### *3. Inhalte von wissenschaftlichen und studentischen Hilfskräften*

Die rechtliche Stellung der wissenschaftlichen und studentischen Hilfskräfte bestimmt sich nach dem jeweiligen Landeshochschulgesetz. Wie dieses die Aufgaben der Hilfskräfte umschreibt, ist von Bundesland zu Bundesland unterschiedlich.[348] Gemeinsam ist den Regelungen aber, dass sie für wissenschaftliche und studentische Hilfskräfte keine eigene Lehre vorsehen. Inhalte für digitales Lehren und Lernen erstellen die wissenschaftlichen und studentischen Hilfskräfte somit ausschließlich für Lehrveranstaltungen der Professoren. Ebenso wie wissenschaftliche Mitarbeiter[349] sind sie hierzu verpflichtet, wenn die Lehrveranstaltung im Aufgabenkreis der Professoren liegt. Die Aufgaben der Professoren beinhalten Lehrveranstaltungen im Rahmen des Curriculums der Hochschule, so dass Inhalte für diese Lehrveranstaltungen Pflichtwerke der wissenschaftlichen und studentischen Hilfskräfte sind. Hingegen besteht keine Verpflichtung für wissenschaftliche und studentische Hilfskräfte, Inhalte für außercurriculare Lehrveranstaltungen der Professoren zu erschaffen. Erstellen sie dennoch solche Inhalte, sind diese als freie Werke einzuordnen.

### *4. Inhalte von Habilitanden, Doktoranden und Studierenden*

Nach § 36 Abs. 1 HRG sind Studierende Mitglieder der Hochschule. Ein öffentlich-rechtliches Dienstverhältnis zur Universität existiert jedoch ebenso wenig wie ein Arbeitsverhältnis mit dieser.[350] Auch Habilitanden und Doktoranden stehen nicht in einem Arbeits- oder Dienstverhältnis mit der Hoch-

---

[347] Vgl. *Becker,* in: Denninger, HRG (1984), § 52, Rn. 39.

[348] Die Aufgaben beschreibt etwa § 79 Abs. 1 S. 1 Landeshochschulgesetz Mecklenburg-Vorpommern als „Dienstleistungen in der Lehre, Forschung und in Entwicklungsvorhaben sowie die damit zusammenhängenden Verwaltungsaufgaben, die nicht die Einstellungsvoraussetzungen für wissenschaftliche und künstlerische Mitarbeiterinnen und Mitarbeiter erfordern" und § 57 Landeshochschulgesetz Baden-Württemberg als „Hilfstätigkeiten für Forschung und Lehre".

[349] Vgl. § 5 I. 2. b).

[350] *Haberstumpf,* ZUM 2001, 819, 828.

schule.[351] Die Grundsätze des Arbeitnehmerurheberrechts[352] sind deshalb bei Habilitanden, Doktoranden und Studierenden nicht anwendbar.[353] Im Rahmen der Ausbildung entstehende Inhalte können folglich niemals Pflichtwerke sein.[354]

### *II. Umfang der Nutzungsrechte an Pflichtwerken*

Handelt es sich bei den Inhalten digitalen Lehrens und Lernens um Pflichtwerke, erhält die Universität als Arbeitgeberin oder Dienstherrin ein Nutzungsrecht an ihnen. Dies schließt Inhalte ein, die als Lehrmaterialien Präsenzveranstaltungen ergänzen. Eine Nutzungsrechtseinräumung hier mit der Begründung zu verneinen, dass der Urheber das Werk selbst verwerte und die Universität somit kein Nutzungsrecht brauche,[355] überzeugt nicht. So trifft dies nicht auf Lehrmaterialien zu, die wissenschaftliche Mitarbeiter, wissenschaftliche Hilfskräfte oder studentische Hilfskräfte für die Lehre der Professoren erstellen. Ein Nutzungsrecht der Universität besteht sogar selbst dann, wenn die Inhalte durch Drittmittel finanziert wurden. Die Nutzungsrechte an den Pflichtwerken werden der Universität durch eine Vorausverfügung eingeräumt, die eine etwaige spätere Verfügung zugunsten des Drittmittelgebers nicht umkehren kann.[356]

Einen zusätzlichen Anspruch auf Vergütung haben die Mitarbeiter für die Einräumung der Nutzungsrechte an die Hochschule dabei nicht. So ist weder § 9 ArbnErfG analog anwendbar[357] noch besteht ein eigener Vergütungs-

---

[351] *Haberstumpf,* ZUM 2001, 819, 828.

[352] In Anlehnung an die patentrechtliche Regelung wird im Folgenden der Begriff des Arbeitnehmerurheberrechts verwendet, auch wenn ein dem Arbeitnehmererfindungsrecht vergleichbares Regelungssystem für das Urheberrecht nicht existiert. Vielmehr ist § 43 UrhG die einzige Vorschrift, die sich auf die Schöpfung von Inhalten im Rahmen eines Arbeits- oder Dienstverhältnisses bezieht.

[353] *Haberstumpf,* ZUM 2001, 819, 828; *Leuze,* Urheberrechte der Beschäftigten im öffentlichen Dienst, 3. Aufl. (2008), S. 156; *Ullmann,* GRUR 1987, 6, 8; zu der insoweit vergleichbaren Problematik im österreichischen Recht *Schöwerling,* E-Learning und Urheberrecht an Universitäten in Österreich und Deutschland (2007), S. 99.

[354] *Heermann,* GRUR 1999, 468, 473; *Rehbinder,* Zu den Nutzungsrechten an den Werken von Hochschulangehörigen, in: Forkel/Kraft, FS Hubmann (1985), S. 359, 371; zu der insoweit vergleichbaren Problematik im schweizerischen Urheberrecht *Altenpohl,* Der urheberrechtliche Schutz von Forschungsresultaten (1987), S. 260, Fn. 13.

[355] So aber *Kraßer/Schricker,* Patent- und Urheberrecht an Hochschulen (1988), S. 114.

[356] *Kraßer/Schricker,* Patent- und Urheberrecht an Hochschulen (1988), S. 165.

[357] *Dreier,* in: Dreier/Schulze, UrhG, 6. Aufl. (2018), § 43, Rn. 30; *Leuze,* GRUR 2006, 552, 558; *v. Moltke,* Das Urheberrecht an den Werken der Wissenschaft (1992), S. 217; *A. Nordemann,* in: Fromm/Nordemann, UrhG, 12. Aufl. (2018), § 43, Rn. 64; *Rojahn/ Frank,* in: Schricker/Loewenheim/Leistner/Ohly, UrhG, 6. Aufl. (2020), § 43 Rn. 64; *Ullmann,* GRUR 1987, 6, 14.

anspruch.[358] Die gesetzlichen Vergütungsansprüche behält der Urheber jedoch auch bei Pflichtwerken.[359] Ein Anspruch auf Vergütung kann sich daher bei einer den Umständen nach unangemessenen Vergütung aus § 32 UrhG und bei einer unverhältnismäßig niedrigen Gegenleistung aus § 32a UrhG ergeben.[360]

Inhaber der Nutzungsrechte an den Pflichtwerken ist stets die Universität. Dies gilt auch für die Pflichtwerke der wissenschaftlichen Mitarbeiter,[361] sofern diese nicht aufgrund von Privatdienstverträgen mit Professoren tätig werden.[362] So ist für die Nutzungsrechtseinräumung nicht entscheidend, wer im Einzelfall die Rechte ausübt, sondern wer die Personalkosten für den Mitarbeiter trägt.[363] Auch benötigen Professoren nicht die Inhaberschaft der Nutzungs-

---

[358] *Berger,* ZGE 2010, 398, 405; *Dreier,* in: Dreier/Schulze, UrhG, 6. Aufl. (2018), § 43, Rn. 30; HK-*Meckel,* UrhG, 4. Aufl. (2018), § 43, Rn. 23; *Kraßer/Schricker,* Patent- und Urheberrecht an Hochschulen (1988), S. 132 f.; *v. Moltke,* Das Urheberrecht an den Werken der Wissenschaft (1992), S. 217; *A. Nordemann,* in: Fromm/Nordemann, UrhG, 12. Aufl. (2018), § 43, Rn. 58; *Rehbinder,* Zu den Nutzungsrechten an den Werken von Hochschulangehörigen, in: Forkel/Kraft, FS Hubmann (1985), S. 359, 363; zu der insoweit vergleichbaren Problematik im schweizerischen Urheberrecht *Altenpohl,* Der urheberrechtliche Schutz von Forschungsresultaten (1987), S. 266; a. A. *Fuchs,* Arbeitnehmer-Urhebervertragsrecht (2005), S. 184; *Westen,* JR 1967, 401, 407 f.; für Beamte einen Vergütungsanspruch bejahend *Rojahn/Frank,* in: Schricker/Loewenheim/Leistner/Ohly, UrhG, 6. Aufl. (2020), § 43, Rn. 70.

[359] *Kraßer/Schricker,* Patent- und Urheberrecht an Hochschulen (1988), S. 112; *A. Nordemann,* in: Fromm/Nordemann, UrhG, 12. Aufl. (2018), § 43, Rn. 63.

[360] *Dreier,* in: Dreier/Schulze, UrhG, 6. Aufl. (2018), § 43, Rn. 30; HK-*Meckel,* UrhG, 4. Aufl. (2018), § 43, Rn. 22; *Konertz,* ZUM 2020, 929, 931 ff.; *A. Nordemann,* in: Fromm/Nordemann, UrhG, 12. Aufl. (2018), § 43, Rn. 60; bei Beamten nach den Umständen des konkreten Einzelfalls beurteilend *Rojahn/Frank,* in: Schricker/Loewenheim/Leistner/Ohly, UrhG, 6. Aufl. (2020), § 43, Rn. 71; für Professoren und wissenschaftliche Mitarbeiter verneinend *Leuze,* GRUR 2006, 552, 557; generell ablehnend *Taeger/Horn,* Rechtsfragen der Nutzung neuer Medien (2008), S. 199.

[361] *Kraßer/Schricker,* Patent- und Urheberrecht an Hochschulen (1988), S. 118; *Leuze,* Urheberrechte der Beschäftigten im öffentlichen Dienst, 3. Aufl. (2008), S. 155; *Taeger/Horn,* Rechtsfragen der Nutzung neuer Medien (2008), S. 195; zu der insoweit vergleichbaren Problematik im österreichischen Recht *Schöwerling,* E-Learning und Urheberrecht an Universitäten in Österreich und Deutschland (2007), S. 76; der Universität die Nutzungsrechte an Klausuren zusprechend, die von wissenschaftlichen Mitarbeitern erstellt wurden, LG Köln, Urt. v. 1.9.1999 – 28 O 161/99, NJW-RR 2000, 1294, 1295 – *Multiple-Choice-Klausuren;* a. A. *Berger,* ZGE 2010, 399, 409; *Hubmann/Haberstumpf,* MittHV 1982, 211, 212; *v. Moltke,* Das Urheberrecht an den Werken der Wissenschaft (1992), S. 230.

[362] *Kraßer/Schricker,* Patent- und Urheberrecht an Hochschulen (1988), S. 146; *Taeger/Horn,* Rechtsfragen der Nutzung neuer Medien (2008), S. 196.

[363] Zu der insoweit vergleichbaren Problematik im österreichischen Recht *Schöwerling,* E-Learning und Urheberrecht an Universitäten in Österreich und Deutschland (2007), S. 76.

rechte.[364] Vielmehr genügt es, wenn sie diese ausüben können.[365] Dies ist aber ebenso bei einer Einräumung der Nutzungsrechte an die Universität möglich, da die Hochschule ihre Nutzungsrechte an den Professor überträgt, der das konkrete Weisungsrecht über den wissenschaftlichen Mitarbeiter innehat.[366] Schließlich beschäftigt die Hochschule wissenschaftliche Mitarbeiter, um die Professoren bei ihrer Lehr- und Forschungstätigkeit zu unterstützen.[367] Sowohl die Professoren als auch die Hochschule dürfen die Pflichtwerke aber nur innerhalb des sachlichen (1.) und zeitlichen (2.) Umfangs des eingeräumten Nutzungsrechts verwenden. Die Einordnung als Pflichtwerk wirkt sich zudem auf die Rechte des Urhebers aus, die Ausfluss seines Urheberpersönlichkeitsrechts sind (3.).

### *1. Sachlicher Umfang*

Ein Nutzungsrecht erhält der Arbeitgeber oder Dienstherr an den Pflichtwerken nur in dem Umfang, in dem es die betrieblichen oder dienstlichen Zwecke erfordern.[368] Da der Betriebszweck einer Universität die Lehre und Forschung ist,[369] erhält die Hochschule ein Nutzungsrecht für den Lehrbetrieb.[370] Dies umfasst alle Rechte, die zur ordnungsgemäßen Durchführung des Lehrbetriebs erforderlich sind, wie das Recht, die Pflichtwerke zu vervielfältigen und an die Teilnehmer der Veranstaltungen zu verbreiten.[371] Ein über den Lehrbetrieb hinausgehendes Nutzungsrecht erwirbt die Universität hingegen nicht. Dies gilt auch für Lehrvideos. Die Vermutung des § 88 Abs. 1 UrhG, nach der die Einwilligung zur Verfilmung eines Werks im Zweifel die Einwilligung zur Verwertung des Werks einschließt, ist auf solche Konstellationen nicht

---

[364] Zu der insoweit vergleichbaren Problematik im österreichischen Recht *Schöwerling,* E-Learning und Urheberrecht an Universitäten in Österreich und Deutschland (2007), S. 76.

[365] Zu der insoweit vergleichbaren Problematik im österreichischen Recht *Schöwerling,* E-Learning und Urheberrecht an Universitäten in Österreich und Deutschland (2007), S. 76.

[366] So auch *Rehbinder,* Zu den Nutzungsrechten an Werken von Hochschulangehörigen, in: Forkel/Kraft, FS Hubmann (1985), S. 359, 371; *Rojahn/Frank,* in: Schricker/Loewenheim/Leistner/Ohly, UrhG, 6. Aufl. (2020), § 43, Rn. 135; zu der insoweit vergleichbaren Problematik im schweizerischen Urheberrecht *Altenpohl,* Der urheberrechtliche Schutz von Forschungsresultaten (1987), S. 266.

[367] Zu der insoweit vergleichbaren Problematik im schweizerischen Urheberrecht *Altenpohl,* Der urheberrechtliche Schutz von Forschungsresultaten (1987), S. 268.

[368] *Heermann,* GRUR 1999, 468, 472; HK-*Meckel,* UrhG, 4. Aufl. (2018), § 43, Rn. 14; *A. Nordemann,* in: Fromm/Nordemann, UrhG, 12. Aufl. (2018), § 43, Rn. 27; *Rojahn/Frank,* in: Schricker/Loewenheim/Leistner/Ohly, UrhG, 6. Aufl. (2020), § 43, Rn. 51; *Wandtke,* in: Wandtke/Bullinger, UrhG, 5. Aufl. (2019), § 43, Rn. 55.

[369] *Fahse,* GRUR 1996, 331, 337.

[370] *Kraßer/Schricker,* Patent- und Urheberrecht an Hochschulen (1988), S. 134.

[371] Auf Fernuniversitäten bezogen *Kraßer/Schricker,* Patent- und Urheberrecht an Hochschulen (1988), S. 132.

anwendbar.[372] Neben einem bereits vor der Verfilmung existierenden Werk[373] setzt § 88 UrhG voraus, dass ein Zweifelsfall vorliegt. Erlaubt ein Mitarbeiter der Universität aber etwa seinen Vortrag zu verfilmen, ergibt sich unzweifelhaft aus den Umständen, dass er hiermit die Verwendung des Lehrvideos ausschließlich für den Lehrbetrieb der Hochschule gestattet.

Da der Urheber die Rechte in dem Umfang behält, in dem sie der Arbeitgeber oder Dienstherr nicht unbedingt für die Zwecke seines Betriebs oder seiner Dienststelle benötigt,[374] erhält die Universität in der Regel nur ein einfaches Nutzungsrecht.[375] Denn eine anderweitige Verwendung der Lehrmaterialien beeinträchtigt die Zwecke des Lehrbetriebs nicht. Auch die als Pflichtwerke einzuordnenden Inhalte kann der Mitarbeiter somit außerhalb der Universität selbst verwenden. Begrenzt sind die Möglichkeiten der Verwertung dieser Inhalte für die Dauer seiner Beschäftigung aber durch seine arbeits- oder dienstvertragliche Treuepflicht und das aus dem Dienst- oder Arbeitsverhältnis folgende Wettbewerbsverbot.[376]

### 2. Zeitlicher Umfang

Die Nutzungsrechte des Arbeitgebers oder Dienstherrn sind nicht zwingend auf die Dauer des Dienst- oder Arbeitsverhältnisses beschränkt.[377] Andernfalls würde eine erhebliche Rechtsunsicherheit bestehen, insbesondere wenn der Arbeitgeber oder Dienstherr die Nutzungsrechte auch an Dritte übertragen darf.[378] Für diese bestünde dann stets das Risiko, dass sie die Nutzungsrechte

---

[372] Vgl. auch BGH, Urt. v. 6.2.1985 – I ZR 179/82, GRUR 1985, 529, 530 – *Happening; Diesbach/Vohwinkel,* in: Möhring/Nicolini, UrhG, 4. Aufl. (2018), § 88, Rn. 5; HK-*Meckel,* UrhG, 4. Aufl. (2018), § 88, Rn. 2; *Manegold/Czernik,* in: Wandtke/Bullinger, UrhG, 5. Aufl. (2019), § 88, Rn. 4; *Schulze,* in: Dreier/Schulze, UrhG, 6. Aufl. (2018), § 88, Rn. 3.

[373] *Diesbach/Vohwinkel,* in: Möhring/Nicolini, UrhG, 4. Aufl. (2018), § 88, Rn. 7; *Katzenberger/N. Reber,* in: Schricker/Loewenheim/Leistner/Ohly, UrhG, 6. Aufl. (2020), § 88, Rn. 14 f.; *Manegold/Czernik,* in: Wandtke/Bullinger, UrhG, 5. Aufl. (2019), § 88, Rn. 26; *J. B. Nordemann,* in: Fromm/Nordemann, UrhG, 12. Aufl. (2018), § 88, Rn. 31; *Schulze,* in: Dreier/Schulze, UrhG, 6. Aufl. (2018), § 88, Rn. 5.

[374] *Dreier,* in: Dreier/Schulze, UrhG, 6. Aufl. (2018), § 43, Rn. 20; *v. Moltke,* Das Urheberrecht an den Werken der Wissenschaft (1992), S. 218.

[375] Vgl. auch *Kraßer/Schricker,* Patent- und Urheberrecht an Hochschulen (1988), S. 163; a. A. HK-*Meckel,* UrhG, 4. Aufl. (2018), § 43, Rn. 15.

[376] *Dreier,* in: Dreier/Schulze, UrhG, 6. Aufl. (2018), § 43, Rn. 22; *Rojahn/Frank,* in: Schricker/Loewenheim/Leistner/Ohly, UrhG, 6. Aufl. (2020), § 43, Rn. 59; *Wandtke,* in: Wandtke/Bullinger, UrhG, 5. Aufl. (2019), § 43, Rn. 74.

[377] So auch *Dreier,* in: Dreier/Schulze, UrhG, 6. Aufl. (2018), § 43, Rn. 20; *A. Nordemann,* in: Fromm/Nordemann, UrhG, 12. Aufl. (2018), § 43, Rn. 32; *Wiebe,* in Spindler/Schuster, Recht der elektronischen Medien, 4. Aufl. (2019), § 43 UrhG, Rn. 11; a. A. *Wandtke,* in: Wandtke/Bullinger, UrhG, 5. Aufl. (2019), § 43, Rn. 76 ff.

[378] Zu den Voraussetzungen einer Übertragbarkeit der eingeräumten Nutzungsrechte an Dritte s. § 6 I 1.

aufgrund der Beendigung des Arbeitsverhältnisses mit dem Urheber verlieren. Dem Einzelfall besser gerecht wird es daher, den Inhalt oder das Wesen des Vertrags für den zeitlichen Umfang des Nutzungsrechts als entscheidend anzusehen.[379] Es kommt somit darauf an, ob der Betriebszweck erfordert, dass die Universität die Nutzungsrechte über das Ende des Arbeits- oder Dienstverhältnisses des Urhebers hinaus behält.[380] Dies ist bei den digitalen Lehr- und Lerninhalten zu bejahen. Deutlich wird dies insbesondere bei den Inhalten, die wissenschaftliche Mitarbeiter, wissenschaftliche oder studentische Hilfskräfte geschaffen haben. Diese sind meist nur während der Dauer ihrer Promotion oder ihres Studiums an der Universität tätig und wechseln deshalb häufig. Wäre die Einräumung der Nutzungsrechte auf die Dauer des Arbeits- oder Dienstverhältnisses begrenzt, würde ein Wechsel jedoch zugleich bedeuten, dass neue Inhalte erstellt werden müssten. Bei jeder personellen Veränderung wären dann die Werke zu identifizieren, an denen die betreffenden Mitarbeiter beteiligt waren, was aufgrund ihrer häufig relativ kurzen Beschäftigungsdauer einen hohen Aufwand für die Hochschule verursachen würde. Darüber hinaus hat die Universität ein anerkennenswertes Interesse an der Kontinuität ihres Lehrbetriebs.

### *3. Urheberpersönlichkeitsrechte*

Die Einräumung der Nutzungsrechte an die Universität hat auch Einfluss auf die Urheberpersönlichkeitsrechte. Der Kern des Urheberpersönlichkeitsrechts ist jedoch unverzichtbar und unübertragbar.[381] Schließlich ist das Urheberpersönlichkeitsrecht Ausdruck des allgemeinen Persönlichkeitsrechts nach Art. 2 Abs. 1 GG i. V. m. Art. 1 GG.[382] Der Arbeitnehmerurheber kann daher pauschal weder auf sein Urheberpersönlichkeitsrecht verzichten noch dieses dem Arbeitgeber überlassen.[383]

#### *a) Veröffentlichungsrecht*

Das Veröffentlichungsrecht kann grundsätzlich der Arbeitgeber oder Dienstherr ausüben[384] und dabei auch die Art und Weise der Erstveröffentlichung

---

[379] *Dreier,* in: Dreier/Schulze, UrhG, 6. Aufl. (2018), § 43, Rn. 20.

[380] Vgl. *A. Nordemann,* in: Fromm/Nordemann, UrhG, 12. Aufl. (2018), § 43, Rn. 32.

[381] *Dreier,* in: Dreier/Schulze, UrhG, 6. Aufl. (2018), § 43, Rn. 34; *Hubmann,* Urheber- und Verlagsrecht, 6. Aufl. (1987), S. 208; *v. Moltke,* Das Urheberrecht an den Werken der Wissenschaft (1992), S. 218; *Ulmer,* Urheber- und Verlagsrecht, 3. Aufl. (1980), S. 379.

[382] *Lüken,* Der Arbeitnehmer als Schöpfer von Werken geistigen Eigentums (2008), S. 82.

[383] *Kraßer/Schricker,* Patent- und Urheberrecht an Hochschulen (1988), S. 151.

[384] *Dreier,* in: Dreier/Schulze, UrhG, 6. Aufl. (2018), § 43, Rn. 35; HK-*Meckel,* UrhG, 4. Aufl. (2018), § 43, Rn. 17; *A. Nordemann,* in: Fromm/Nordemann, UrhG, 12. Aufl. (2018), § 43, Rn. 53; *Rojahn/Frank,* in: Schricker/Loewenheim/Leistner/Ohly, UrhG,

bestimmen.[385] Im Hochschulbereich gilt dieser Grundsatz uneingeschränkt für die unselbständige Tätigkeit des wissenschaftlichen Personals.[386] Hierzu zählt die Erstellung digitaler Lehr- und Lerninhalte durch wissenschaftliche Mitarbeiter, wissenschaftliche und studentische Hilfskräfte für die Lehre der Professoren. Bei den Inhalten der Professoren und wissenschaftlichen Mitarbeiter für ihre eigene Lehre ist hingegen die Wissenschaftsfreiheit zu berücksichtigen.

Die Frage, welche Anforderungen Art. 5 Abs. 3 GG an eine Veröffentlichung von Werken der Hochschulangehörigen stellt, ist insbesondere auch für die Verfassungsmäßigkeit von Open Access Regelungen zentral.[387] Auf eine Verletzung der Wissenschaftsfreiheit stützt sich daher ebenfalls die noch nicht entschiedene[388] abstrakte Normenkontrolle zum VGH Baden-Württemberg gegen die Satzung der Universität Konstanz zur Ausübung des wissenschaftlichen Zweitveröffentlichungsrechts.[389] Die Satzung sieht unter anderem vor, dass im Rahmen der Dienstaufgaben entstandene wissenschaftliche Beiträge zwölf Monate nach ihrer Erstpublikation auf dem Repositorium der Hochschule veröffentlicht werden müssen. Während der Fokus von Open Access somit auf den wissenschaftlichen Beiträgen liegt, betrifft die Veröffentlichung der digitalen Lehr- und Lerninhalte ausschließlich Content, der spezifisch für Lehrveranstaltungen geschaffen wurde. Im Schutzbereich des Art. 5 Abs. 3 GG muss aber zwischen der Forschungspublikations- und der Lehrfreiheit differenziert und diese nach inhaltlichen Kriterien voneinander abgegrenzt werden.[390]

---

6. Aufl. (2020), § 43, Rn. 73; *Wandtke,* in: Wandtke/Bullinger, UrhG, 5. Aufl. (2019), § 43, Rn. 87.

[385] *Dreier,* in: Dreier/Schulze, UrhG, 6. Aufl. (2018), § 43, Rn. 35.

[386] *Schricker,* Das Urheberrecht des wissenschaftlichen Personals, in: Hartmer/Detmer, Hochschulrecht (2004), S. 419, Rn. 112.

[387] Vgl. *Hansen,* GRUR Int. 2005, 378, 379; *Hirschfelder,* MMR 2009, 444, 447; *Krujatz,* Open Access (2012), S. 322 ff.; *Link,* Open Access im Wissenschaftsbereich (2013), S. 144 ff.; *Peukert,* Ein wissenschaftliches Kommunikationssystem ohne Verlage, in: Grünberger/Leible, Die Kollision von Urheberrecht und Nutzerverhalten (2014), S. 145, 161; *Pflüger/Ertmann,* ZUM 2004, 436, 441; *Sandberger,* ZUM 2006, 818, 820; *Schmidt,* Open Access (2016), S. 81 ff.; *Sprang,* ZUM 2013, 461, 465.

[388] Zunächst muss das BVerfG darüber entscheiden, ob der Landesgesetzgeber die Ermächtigung zum Erlass einer solchen Satzung in § 44 Abs. 6 LHG BW überhaupt vorsehen durfte. Der VGH Baden-Württemberg hat das Verfahren nach Art. 100 Abs. 1 S. 1 GG ausgesetzt, da nach seiner Überzeugung die Regelung gegen die grundgesetzliche Kompetenzordnung i. S. d. Art. 71, 73 Abs. 1 Nr. 9 GG verstößt (VGH Baden-Württemberg, Beschl. v. 26.9.2017 – 9 S 2056/16, ZUM 2018, 211, Rn. 60 ff. – *Recht auf nicht kommerzielle Zweitveröffentlichung*).

[389] VGH Baden-Württemberg, Beschl. v. 26.9.2017 – 9 S 2056/16, ZUM 2018, 211 – *Recht auf nicht kommerzielle Zweitveröffentlichung.*

[390] *Maunz/Dürig/Gräditz,* GG, 93. Erg.-Lfg. (Oktober 2020), Art. 5 Abs. 3, Rn. 123 ff.

Während die Publikation der Forschungsergebnisse an Personen adressiert ist, die über eine spezifische Fachkenntnis verfügen, bezieht sich die Lehrfreiheit auf die Weitergabe eines bereits sedimentierten Wissens.[391] Open Access berührt daher die Forschungspublikationsfreiheit, während die für Lehrveranstaltungen erstellten Inhalte die Lehrfreiheit betreffen. Da die Lehrfreiheit die freie Entscheidung der Dozenten über den Inhalt und den Ablauf ihrer Lehrveranstaltungen schützt,[392] darf der Dozent selbst bestimmen, welche Lehrmaterialien er in seinen Veranstaltungen einsetzen möchten. Gegen den Willen des Dozenten eines Kurses darf die Universität deshalb Lehrmaterialien nicht im Kursbereich zugänglich machen. Dass die erstellten Inhalte aber in anderen Lehrveranstaltungen ebenfalls Verwendung finden, beeinträchtigt die Lehrfreiheit hingegen nicht.

*b) Recht auf Anerkennung der Urheberschaft*

Das Recht auf Anerkennung der Urheberschaft kann der Arbeitnehmerurheber dem Arbeitgeber oder Dienstherrn zur Ausübung überlassen oder darauf verzichten.[393] Im wissenschaftlichen Bereich ist mit dieser Annahme aber Zurückhaltung geboten, da das Urheberpersönlichkeitsrecht hier eine hohe Bedeutung hat.[394] Zudem ist aufgrund des Postulats der wissenschaftlichen Ehrlichkeit ein Interesse, das Recht auf Anerkennung der Urheberschaft einzuschränken, nicht schutzwürdig.[395] Innerbetrieblich oder innerdienstlich kann ohnehin generell nicht auf die Anerkennung der Urheberschaft verzichtet werden.[396] Auch muss kein Arbeitnehmerurheber dulden, dass der Arbeitgeber oder Dienstherr sich selbst oder einen anderen Mitarbeiter als Urheber ausgibt.[397]

---

[391] *Maunz/Dürig/Gräditz,* GG, 93. Erg.-Lfg. (Oktober 2020), Art. 5 Abs. 3, Rn. 123 ff.

[392] BVerfG, Beschl. v. 7.10.1980 – 1 BvR 1289/78, NJW 1981, 741, 743 – *Bremer Modell;* BVerfG, Beschl. v. 31.5.1995 – 1 BvR 1413/94, NVwZ 1996, 709, 710 – *Universitätsgesetz NRW;* BVerfG, Beschl. v. 20.3.2000 – 1 BvR 1834/97, JuS 2001, 180 – *Zoologische Universitätspraktika.*

[393] *V. Moltke,* Das Urheberrecht an den Werken der Wissenschaft (1992), S. 221.

[394] Den materiellen Interessen der wissenschaftlichen Urheber kommt typischerweise hingegen nur eine untergeordnete Bedeutung zu, s. Gesetzentwurf der Bundesregierung. Entwurf eines Gesetzes zur Angleichung des Urheberrechts an die Erfordernisse der Wissensgesellschaft (Urheberrechts-Wissensgesellschafts-Gesetz – UrhWissG) v. 15.5.2017, BT-Drs. 18/12329, S. 19; *Duppelfeld,* Das Urheberrecht der Bibliotheken im Informationszeitalter (2014), S. 88.

[395] *Kraßer/Schricker,* Patent- und Urheberrecht an Hochschulen (1988), S. 157.

[396] *Rojahn/Frank,* in: Schricker/Loewenheim/Leistner/Ohly, UrhG, 6. Aufl. (2020), § 43, Rn. 78.

[397] HK-*Meckel,* UrhG, 4. Aufl. (2018), § 43, Rn. 18; *v. Moltke,* Das Urheberrecht an den Werken der Wissenschaft (1992), S. 222; *Rojahn/Frank,* in: Schricker/Loewenheim/Leistner/Ohly, UrhG, 6. Aufl. (2020), § 43, Rn. 76.

### *c) Recht auf Namensnennung*

Für das Recht auf Namensnennung gilt der Grundsatz, dass der Arbeitnehmerurheber darauf weitgehend verzichten kann[398] und insbesondere für Beamte weitergehende Beschränkungen zumutbar sind.[399] Da das Namensnennungsrecht aber für den wissenschaftlichen Urheber eine herausragende Bedeutung hat,[400] ist hier ein Verzicht auf das Namensnennungsrecht – auch bei wissenschaftlichen Mitarbeitern[401] – nur ausnahmsweise zu bejahen. Bei den Inhalten des digitalen Lehrens und Lernens handelt es sich aber um eine solche Ausnahme. Bei ihnen folgt ein Verzicht auf das Namensnennungsrecht aus der Branchenübung.[402] Dies beeinträchtigt auch die ideellen Interessen des Urhebers nicht zu stark, da das eingeräumte Nutzungsrecht sich nur auf den Lehrbetrieb der Hochschule erstreckt und die Universität somit die Inhalte ausschließlich den Studierenden zugänglich machen darf. Der Veröffentlichung kommt daher nur eine geringe Relevanz für die wissenschaftliche Reputation des Urhebers zu.

### *d) Recht auf Unversehrtheit des Werks*

An die engen Grenzen des § 39 Abs. 2 UrhG muss sich der Arbeitgeber oder Dienstherr bei Änderungen nicht halten.[403] Bei Beamten gilt sogar der Grundsatz, dass der Dienstherr das Werk bis zur Grenze der Entstellung ändern darf.[404] Im Schutzbereich des Art. 5 Abs. 3 GG ist der Umfang des Änderungsrechts jedoch verringert.[405] Hier hat der Arbeitgeber oder Dienstherr aus-

---

[398] *A. Nordemann,* in: Fromm/Nordemann, UrhG, 12. Aufl. (2018), § 43, Rn. 54.

[399] *V. Moltke,* Das Urheberrecht an den Werken der Wissenschaft (1992), S. 223; *Rojahn/Frank,* in: Schricker/Loewenheim/Leistner/Ohly, UrhG, 6. Aufl. (2020), § 43, Rn. 80.

[400] *V. Moltke,* Das Urheberrecht an den Werken der Wissenschaft (1992), S. 231; ähnlich *Waiblinger,* „Plagiat“ in der Wissenschaft (2012), S. 111 f.

[401] So auch *Heermann,* GRUR 1999, 468, 474; *Leuze,* Urheberrechte der Beschäftigten im öffentlichen Dienst, 3. Aufl. (2008), S. 149; *v. Moltke,* Das Urheberrecht an den Werken der Wissenschaft (1992), S. 231; *Osenberg,* Die Unverzichtbarkeit des Urheberpersönlichkeitsrechts (1979), S. 123; zu der insoweit vergleichbaren Problematik im schweizerischen Urheberrecht *Altenpohl,* Der urheberrechtliche Schutz von Forschungsresultaten (1987), S. 268; *Effenberger,* Urheberrechte von Angehörigen öffentlicher Hochschulen (1995), S. 41; a. A. *Hubmann,* MittHV 1962, S. 144, 155; *Hubmann/Haberstumpf,* MittHV 1982, S. 211, 213; anders inzwischen *Haberstumpf,* ZUM 2001, 819, 828.

[402] Für die Zustimmung des Arbeitnehmers zur branchenüblichen Namensnennung mit Abschluss des Arbeitsvertrags s. *Rojahn/Frank,* in: Schricker/Loewenheim/Leistner/Ohly, UrhG, 6. Aufl. (2020), § 43, Rn. 81.

[403] *A. Nordemann,* in: Fromm/Nordemann, UrhG, 12. Aufl. (2018), § 43, Rn. 48.

[404] *Rojahn/Frank,* in: Schricker/Loewenheim/Leistner/Ohly, UrhG, 6. Aufl. (2020), § 43, Rn. 85.

[405] Vgl. *Leuze,* GRUR 2006, 552, 556.

schließlich in besonderen Fällen eine inhaltliche Änderungsbefugnis.[406] Kursinhalte der Professoren und wissenschaftlichen Mitarbeiter für ihre eigene Lehre dürfen deshalb nur eingeschränkt geändert werden. Zulässig sind aber Änderungen in dem für den Lehrbetrieb erforderlichen Ausmaß. So darf der Arbeitgeber oder Dienstherr etwa bei Lehrmaterialien für das Fernstudium die hierfür erforderlichen Änderungen vornehmen.[407] Dies lässt sich auf Online-Kurse an Präsenzuniversitäten übertragen, sofern sich die Inhalte nur nach einer Änderung nutzen lassen. Hierfür spricht darüber hinaus, dass – anders als für den Wissenschaftsbereich typisch – Änderungen der Kursinhalte auch die ideellen Interessen des Urhebers nicht stark beeinträchtigen, da der Arbeitgeber oder Dienstherr auf die Namensnennung des Urhebers verzichten darf.[408]

#### *e) Rückrufsrechte*

Das Rückrufsrecht des § 41 UrhG wegen Nichtausübung des Nutzungsrechts hat – wie generell im Hochschulbereich[409] – für die Kursinhalte nur eine geringe Bedeutung. So kommt das Rückrufsrecht nur bei der Einräumung ausschließlicher Nutzungsrechte in Betracht, die Universität erhält an den Kursinhalten jedoch regelmäßig nur ein einfaches Nutzungsrecht.[410] Auch wenn das Nutzungsrecht der Hochschule ausnahmsweise ein ausschließliches ist und der Anwendungsbereich des § 41 UrhG somit eröffnet ist, werden dessen Voraussetzungen nur selten erfüllt sein. Ein Rückruf nach § 41 UrhG setzt voraus, dass die Nichtausübung die berechtigten Interessen des Urhebers unzumutbar verletzt. Allein persönlichkeitsrechtliche Interessen können dabei einen Rückruf der Nutzungsrechte an den Kursinhalten begründen. Die wirtschaftlichen Interessen an einer optimalen Ausnutzung des Werks bleiben bei Arbeitnehmern außer Betracht,[411] da sie durch den Lohn dauerhaft wirtschaftlich abgesichert sind.[412] Besonders hoch sind die Anforderungen für einen Rückruf bei den Professoren an staatlichen Universitäten, da diese Beamte sind und für einen Rückruf daher sogar ein überragendes persönlichkeitsrechtliches Interesse an der Veröffentlichung des Werks haben müssen.[413] Zudem darf die Veröffentlichung die Interessen des Dienstherrn nicht berühren.[414]

---

[406] *V. Moltke,* Das Urheberrecht an den Werken der Wissenschaft (1992), S. 223.

[407] *Kraßer/Schricker,* Patent- und Urheberrecht an Hochschulen (1988), S. 161.

[408] Vgl. § 5 II. 3. c).

[409] Vgl. *Kraßer/Schricker,* Patent- und Urheberrecht an Hochschulen (1988), S. 163.

[410] Vgl. § 5 II. 1.

[411] *Rojahn/Frank,* in: Schricker/Loewenheim/Leistner/Ohly, UrhG, 6. Aufl. (2020), § 43, Rn. 88.

[412] *A. Nordemann,* in: Fromm/Nordemann, UrhG, 12. Aufl. (2018), § 43, Rn. 50.

[413] Vgl. *Rojahn/Frank,* in: Schricker/Loewenheim/Leistner/Ohly, UrhG, 6. Aufl. (2020), § 43, Rn. 90.

[414] *Rojahn/Frank,* in: Schricker/Loewenheim/Leistner/Ohly, UrhG, 6. Aufl. (2020), § 43, Rn. 90.

Welche Bedeutung einem Rückruf der Nutzungsrechte an den Kursinhalten aufgrund gewandelter Überzeugung des Urhebers i. S. d. § 42 UrhG zukommt, hängt von der Art des Inhalts ab. So ist die Unzumutbarkeit der weiteren Werkverwertung für den Urheber nur dann denkbar, wenn das Werk mit dem Namen des Urhebers verbunden ist.[415] Bei Skripten und Grafiken besteht ein Bedürfnis für einen Rückruf der Nutzungsrechte nach § 42 UrhG deshalb nicht. Da die Universität den Namen des Urhebers nicht nennen muss,[416] kann sie die Unzumutbarkeit der weiteren Werkverwertung für den Urheber dadurch verhindern, dass sie zukünftig auf die Nennung seines Namens verzichtet. Bei Podcasts und Lehrvideos besteht diese Möglichkeit hingegen nicht. Selbst ohne die Nennung des Namens ist der Urheber aufgrund seiner Stimme und bei Lehrvideos zudem aufgrund seines Aussehens erkennbar. Bei der Beurteilung der Unzumutbarkeit ist dann aber zu berücksichtigen, dass an sie in Arbeits- und Dienstverhältnissen höhere Anforderungen als sonst zu stellen sind.[417] Unzumutbar ist die weitere Verwertung der Podcasts und Lehrvideos für den Urheber deshalb nur dann, wenn sie seine ideellen Belange erheblich beschädigen würde.[418] Neben der Ausprägung der Verwertungsinteressen des Arbeitgebers oder Dienstherrn ist dabei auch die Schöpfungshöhe des Inhalts zu berücksichtigen.[419]

### *III. Anbietungspflicht bei freien Werken*

Kein Nutzungsrecht erhält die Universität an den Kursinhalten, die der Urheber als freie Werke geschaffen hat. Die Mitarbeiter können jedoch aufgrund ihrer aus dem Arbeits- oder Dienstverhältnis resultierenden Treuepflicht verpflichtet sein, die Nutzungsrechte der Universität anzubieten.[420] Dies setzt jedenfalls ein

---

[415] *A. Nordemann,* in: Fromm/Nordemann, UrhG, 12. Aufl. (2018), § 43, Rn. 50.

[416] Vgl. § 5 II. 3. c).

[417] *Dreier,* in: Dreier/Schulze, UrhG, 6. Aufl. (2018), § 43, Rn. 38; *Rojahn/Frank,* in: Schricker/Loewenheim/Leistner/Ohly, UrhG, 6. Aufl. (2020), § 43, Rn. 94.

[418] Vgl. *Rojahn/Frank,* in: Schricker/Loewenheim/Leistner/Ohly, UrhG, 6. Aufl. (2020), § 43, Rn. 94.

[419] *Dreier,* in: Dreier/Schulze, UrhG, 6. Aufl. (2018), § 43, Rn. 38; *Rojahn/Frank,* in: Schricker/Loewenheim/Leistner/Ohly, UrhG, 6. Aufl. (2020), § 43, Rn. 94.

[420] BGH, Urt. v. 27.9.1990 – I ZR 244/88, GRUR 1991, 523, 528 – *Grabungsmaterialien; Blatz,* Das Recht des Arbeitgebers an literarischen Arbeitsergebnissen (1967), S. 69 f.; HK-*Meckel,* UrhG, 4. Aufl. (2018), § 43, Rn. 8; v. *Moltke,* Das Urheberrecht an den Werken der Wissenschaft (1992), S. 215; *Westen,* JR 1967, 401, 404; zu der insoweit vergleichbaren Problematik im schweizerischen Urheberrecht *Altenpohl,* Der urheberrechtliche Schutz von Forschungsresultaten (1987), S. 263 f.; die Anbietungspflicht mit der Treuepflicht und einer analogen Anwendung der Vorschriften über Arbeitnehmererfindungen begründend *Rehbinder,* Zu den Nutzungsrechten an den Werken von Hochschulangehörigen, in: Forkel/Kraft, FS Hubmann (1985), S. 359, 361; für eine Anbietungspflicht aufgrund analoger Anwendung der Vorschriften über Arbeitnehmererfindungen *Schmieder,* GRUR 1963, 297, 299; *Vinck,* Die Rechtsstellung des Urhebers im Arbeits- und Dienstverhältnis (1972), S. 21; eine Anbietungspflicht generell verneinend *Kraßer/Schricker,* Patent- und Urheberrecht an

Arbeits- oder Dienstverhältnis mit der Universität voraus, so dass eine Anbietungspflicht bei Inhalten der Habilitanden, Doktoranden und Studierenden von vornherein ausscheidet.[421] Bei Kursinhalten von Professoren, wissenschaftlichen Mitarbeitern, wissenschaftlichen und studentischen Hilfskräften kann hingegen eine Anbietungspflicht grundsätzlich bestehen. Sie ist aber auf Ausnahmefälle beschränkt,[422] wie etwa die extrem hohe Inanspruchnahme sachlicher und personeller Mittel.[423] Auf die Erstellung der Kursinhalte wird dies nur selten zutreffen. Besteht dennoch ausnahmsweise eine Anbietungspflicht, steht dem Urheber für die Einräumung der Nutzungsrechte eine Vergütung zu.[424]

---

Hochschulen (1988), S. 106; *Schmidt,* Open Access (2016), S. 191 ff.; *Wandtke,* in: Wandtke/Bullinger, UrhG, 5. Aufl. (2019), § 43, Rn. 34.

[421] *Rehbinder,* Zu den Nutzungsrechten an den Werken von Hochschulangehörigen, in: Forkel/Kraft, FS Hubmann (1985), S. 359, 371 f.

[422] BGH, Urt. v. 27.9.1990 – I ZR 244/88, GRUR 1991, 523, 528 – *Grabungsmaterialien; Dreier,* in: Dreier/Schulze, UrhG, 6. Aufl. (2018), § 43, Rn. 26; *Klass,* GRUR 2019, 1103, 1108; *Ullmann,* GRUR 1987, 6, 9; eine Anbietungspflicht bejahend bei der Verwendung von Mitteln des Arbeitgebers *Haberstumpf,* ZUM 2001, 819, 825; *A. Nordemann,* in: Fromm/Nordemann, UrhG, 12. Aufl. (2018), § 43, Rn. 25; *Vinck,* Die Rechtsstellung des Urhebers im Arbeits- oder Dienstverhältnis (1972), S. 24; bei der Erstellung des Werks während der Arbeitszeit *A. Nordemann,* in: Fromm/Nordemann, UrhG, 12. Aufl. (2018), § 43, Rn. 25; bei der Nutzung von betrieblichen Erfahrungen *Haberstumpf,* ZUM 2001, 819, 825; der Zugehörigkeit der Werknutzung zum Arbeitsbereich des Arbeitgebers *v. Moltke,* Das Urheberrecht an den Werken der Wissenschaft (1992), S. 215; *Rehbinder,* Zu den Nutzungsrechten an den Werken von Hochschulangehörigen, in: Forkel/Kraft, FS Hubmann (1985), S. 359, 361; der Entstehung eines Konkurrenzverhältnisses *Schmidt,* Die Rechtsverhältnisse in einem Forscherteam (1998), S. 140; der ernsthaften Möglichkeit der Verwertung des Werks durch den Arbeitgeber *Schmieder,* GRUR 1963, 297, 299; der Nutzung des Werks durch den Schöpfer selbst hinsichtlich der insoweit vergleichbaren Problematik im österreichischen Recht *Schöwerling,* E-Learning und Urheberrecht an Universitäten in Österreich und Deutschland (2007), S. 107; dem offenkundigen Interesse des Arbeitgebers an der Nutzung des Werks *Westen,* JR 1967, 401, 404; eine Anbietungspflicht im Hochschulbereich generell ablehnend *Berger,* ZGE 2010, 398, 408; *Götting/Leuze,* Das Urheberrecht des wissenschaftlichen Personals, in: Hartmer/Detmer, Hochschulrecht, 2. Aufl. (2011), S. 626, Rn. 8; *Leuze,* GRUR 2006, 552, 553; *Schricker,* Das Recht des Hochschullehrers an seinen wissenschaftlichen Papieren, in: Pfister/Will, FS Lorenz (1991), S. 233, 243.

[423] BGH, Urt. v. 27.9.1990 – I ZR 244/88, GRUR 1991, 523, 528 – *Grabungsmaterialien; Ullmann,* GRUR 1987, 6, 9.

[424] *A. Nordemann,* in: Fromm/Nordemann, UrhG, 12. Aufl. (2018), § 43, Rn. 61; *Rojahn/Frank,* in: Schricker/Loewenheim/Leistner/Ohly, UrhG, 6. Aufl. (2020), § 43, Rn. 67; für Beamte *Dreier,* in: Dreier/Schulze, UrhG, 6. Aufl. (2018), § 43, Rn. 33; *Rehbinder,* Zu den Nutzungsrechten an den Werken von Hochschulangehörigen, in: Forkel/Kraft, FS Hubmann (1985), S. 359, 363; zwischen Angestellten und Beamten differenzierend und nur bei Angestellten einen Vergütungsanspruch bejahend *v. Moltke,* Das Urheberrecht an den Werken der Wissenschaft (1992), S. 217; nach den Umständen des Einzelfalls beurteilend HK-*Meckel,* UrhG, 4. Aufl. (2018), § 43, Rn. 8.

### *IV. Mehrfach geschützte Inhalte*

Die Grundsätze der Nutzungsrechtseinräumung an die Universität als Arbeitgeberin oder Dienstherrin finden neben dem Urheberrecht auch Anwendung auf das Leistungsschutzrecht der ausübenden Künstler[425] und das Leistungsschutzrecht an Lichtbildern.[426] Ausschließlich durch diese Schutzrechte sind Skripte, Grafiken, Livestreams, Fotografien und Blogs geschützt.[427] Keinen Einfluss hat das Arbeits- oder Dienstverhältnis hingegen auf die Leistungsschutzrechte des Tonträger- und Filmherstellers, da es bei ihnen an einer Vorschrift fehlt, die auf § 43 UrhG verweist. Bedeutsam ist dies für Podcasts und Lehrvideos, da ein Schutz bei ihnen nicht nur durch das Urheberrecht und das Leistungsschutzrecht der ausübenden Künstler, sondern auch durch das Leistungsschutzrecht des Tonträger- oder Filmherstellers möglich ist[428] und Tonträger- bzw. Filmhersteller auch ein Mitarbeiter sein kann.[429]

Zu differenzieren ist dabei zwischen zwei Konstellationen: Zum einen ist denkbar, dass der Mitarbeiter den Podcast oder das Lehrvideo ausschließlich selbst finanziert hat. Dies wird bei den als Pflichtwerke einzuordnenden Podcasts oder Lehrvideos jedoch nur selten zutreffen, da es sich hierfür um Lehrveranstaltungen im Rahmen des Curriculums der Hochschule handeln muss.[430] Auch dann können die Podcasts und Lehrvideos aber in diesen Lehrveranstaltungen Verwendung finden, da der Mitarbeiter sie meist hierfür geschaffen haben wird. Aufgrund seiner Investition ist zudem sein Interesse anerkennenswert, über eine darüber hinausgehende Verwendung der Inhalte frei entscheiden und diese von der Zahlung einer Vergütung abhängig machen zu können.

Zum anderen kann der Mitarbeiter auch deshalb als Film- bzw. Tonträgerhersteller einzuordnen sein, weil die Universität zwar die Mittel für die Herstellung des Podcasts oder Lehrvideos bereitgestellt hat, diese aber auf eine feste Obergrenze beschränkt hat und der Mitarbeiter selbst für darüber hinausgehende Kosten aufkommen musste bzw. gemusst hätte.[431] Eine Umgehung der ausdifferenzierten Regelungen des Urheberrechts im Arbeits- und Dienstverhältnis ist auch in dieser Konstellation jedoch nicht zu befürchten, da sich diese Podcasts oder Lehrvideos ebenfalls für digitales Lehren und Lernen verwenden lassen. Denn würde der Mitarbeiter seine Zustimmung hierzu versagen, wäre dies rechtsmissbräuchlich i. S. d. § 242 BGB, da ein solches Verhalten die Voraussetzungen eines „venire contra factum proprium" erfüllen

[425] Vgl. § 79 Abs. 2 UrhG, der ausdrücklich auf § 43 UrhG verweist.

[426] Vgl. § 72 Abs. 1 UrhG, der die entsprechende Anwendung der urheberrechtlichen Vorschriften vorsieht.

[427] Vgl. § 3 I., II., V., VI., VII.

[428] S. § 3 III., IV.

[429] Vgl. § 4 II. 3.

[430] S. § 5 I.

[431] Vgl. § 4 II. 3.

würde. Hiermit wird ein nach seinem Gesamtbild objektiv widersprüchliches Verhalten bezeichnet.[432] Ein Widerspruch kann sich dabei daraus ergeben, dass das spätere Verhalten mit einem früheren Verhalten des Rechtsinhabers oder mit einem Vertrauenstatbestand unvereinbar ist, den der Rechtsinhaber bei einem anderen geschaffen hat.[433] Letzteres setzt voraus, dass der Rechtsinhaber ein erkennbares, schutzwürdiges Vertrauen auf eine bestimmte Sach- oder Rechtslage hervorgerufen hat.[434] Ein solcher Vertrauenstatbestand ist bei der Universität gegeben, wenn sie erhebliche finanzielle Mittel für die Produktion der Podcasts und Lehrvideos aufgebracht hat. Auch ohne ausdrückliche Vereinbarung ist für den Mitarbeiter erkennbar, dass dies in der Erwartung geschieht, die erstellten Inhalte für die Lehre der Universität verwenden zu können. Nimmt ein Mitarbeiter die Mittel an, so darf die Universität daher berechtigterweise davon ausgehen, dass er mit der Nutzung des Podcasts oder Lehrvideos für den Lehrbetrieb einverstanden ist.

### *V. Zwischenergebnis*

Digitale Lehr- und Lerninhalte von Professoren, wissenschaftlichen Mitarbeitern, wissenschaftlichen und studentischen Hilfskräfte sind Pflichtwerke, wenn sie für Lehrveranstaltungen im Rahmen des Curriculums der Hochschule geschaffen wurden. Andernfalls sind sie als freie Werke einzuordnen. Bei den Inhalten von Habilitanden, Doktoranden und Studierenden handelt es sich stets um freie Werke, da ein Arbeits- oder Dienstverhältnis mit der Hochschule nicht besteht. An allen Pflichtwerken erhält die Universität ohne Zahlung einer gesonderten Vergütung ein auf ihren Lehrbetrieb begrenztes Nutzungsrecht. Dieses besteht über das Ende des Beschäftigungsverhältnisses mit dem Urheber hinaus, sofern der Betriebszweck der Universität dies erfordert. Auch das Veröffentlichungsrecht an den Inhalten kommt grundsätzlich der Universität zu. Handelt es sich um Inhalte der Professoren oder wissenschaftlichen Mitarbeiter für die eigene Lehre, kommt die negative Publikationsfreiheit aber wegen Art. 5 Abs. 3 GG den Urhebern zu. Bei allen Kursinhalten verbleibt den Urhebern zudem das Recht auf Anerkennung der Urheberschaft. Auf die Nennung des Namens des Urhebers darf die Hochschule hingegen verzichten und ebenso die für den Lehrbetrieb erforderlichen Änderungen an den Inhalten vornehmen. Ein Rückruf der eingeräumten Nutzungsrechte ist unter den Voraussetzungen der §§ 41, 42 UrhG möglich, die jedoch nur selten erfüllt sein werden. An den als freie Werke geschaffenen Kursinhalten erhält die Universität kein Nutzungsrecht. In seltenen Ausnahmefällen kann der Urheber aber verpflichtet sein, der Hochschule die Einräumung der Nutzungsrechte gegen die Zahlung

---

[432] MüKo/*Schubert,* BGB, 8. Aufl. (2019), § 242, Rn. 314.
[433] MüKo/*Schubert,* BGB, 8. Aufl. (2019), § 242, Rn. 314.
[434] *Mansel,* in: Jauernig, BGB, 18. Aufl. (2021), § 242, Rn. 48.

einer Vergütung anzubieten. Auch bei einer Einräumung der Nutzungsrechte nach § 43 UrhG benötigt die Universität jedoch die Zustimmung des Mitarbeiters zur Verwendung von Podcasts und Lehrvideos, wenn dieser der Tonträger- oder Filmhersteller ist. Hat die Hochschule für die Produktion des Podcasts oder Lehrvideos finanzielle Mittel in erheblichem Umfang bereitgestellt, ist der Mitarbeiter aber nach § 242 BGB verpflichtet, einer Verwendung für digitales Lehren und Lernen zuzustimmen.

## § 6 Nutzungsrechte der Dozenten und Teilnehmer

Neben der Universität[435] können auch Dozenten und Teilnehmer die Nutzungsrechte an den Inhalten der anderen Akteure des digitalen Lehrens und Lernens benötigen (I.). Die Einräumung der Nutzungsrechte muss dabei nicht zwingend ausdrücklich erfolgen, sondern kann auch konkludent geschehen (II.). Treten hierbei Herausforderungen auf, so ist vorranging nach vertraglichen Lösungen (III.) für diese zu suchen. Lassen sich die Herausforderungen auf vertraglicher Ebene nicht bewältigen, bedarf es eines adaptionsfähigen Urheberrechts (IV.). Andernfalls erschwert der urheberrechtliche Schutz der Inhalte ausgerechnet ihre Verwendung zu dem Zweck, für den sie geschaffen wurden.

### *I. Bedeutung der Nutzungsrechtseinräumungen an Dozenten und Teilnehmer*

Zur Verwendung geschützter Inhalte[436] anderer Akteure digitalen Lehrens und Lernens über die Grenzen gesetzlich erlaubter Nutzungen[437] hinaus benötigen Dozenten und Teilnehmer die Zustimmung der Rechtsinhaber. Ein Bedürfnis für eine Einräumung der Nutzungsrechte besteht jedoch nicht bei allen Formen des Lehrens und Lernens in gleicher Weise.

#### *1. E-Learning*

Bei E-Learning erstellen die Teilnehmer keine eigenen Inhalte.[438] Vielmehr werden alle Kursinhalte von Mitarbeitern der Universität geschaffen. Die urheberrechtlich relevanten Handlungen – wie etwa die Uploads der Inhalte in den Kursbereich[439] – erfolgen durch den Dozenten selbst, bei dem es sich regelmäßig um den Rechtsinhaber handeln wird. Zudem sind sämtliche Inhalte

---

[435] Zur Einräumung der Nutzungsrechte an die Universität als Arbeitgeberin oder Dienstherrin s. § 5.

[436] Zum Schutz der digitalen Lehr- und Lerninhalte durch das Urheberrecht und der mit ihm verwandten Schutzrechte s. § 3.

[437] S. hierzu Kapitel 1.

[438] Vgl. Einl. I. 1., III. 1.

[439] S. § 1 I. 2.

Pflichtwerke, sofern es sich bei dem E-Learning-Kurs um eine Lehrveranstaltung im Rahmen des Curriculums der Hochschule handelt.[440] Eine Nutzung der Inhalte ist daher auch dann möglich, wenn diese nicht der Dozent selbst, sondern wissenschaftliche Mitarbeiter, wissenschaftliche oder studentische Hilfskräfte erstellt haben. So kann die Einräumung der Nutzungsrechte an den Arbeitgeber oder Dienstherrn die stillschweigende Zustimmung einschließen, sie an Dritte übertragen zu dürfen. Voraussetzung ist aber, dass die Übertragung der Nutzungsrechte zum betrieblichen bzw. dienstlichen Zweck zählt.[441] Dies bedeutet, dass der Arbeitgeber oder Dienstherr für die Erfüllung seiner Aufgaben das Recht benötigen muss, die Nutzungsrechte übertragen zu dürfen.[442] Bei den Inhalten digitalen Lehrens und Lernens wird man dies für Angehörige der Universität bejahen können, während eine entgeltliche Lizenzierung der Inhalte am Markt nicht möglich ist. Schließlich umfasst der Betriebszweck der Universität die erwerbswirtschaftliche Verwertung auf dem Markt nicht.[443] Eine Übertragung der eingeräumten Nutzungsrechte an den Dozenten eines E-Learning-Kurses erfolgt jedoch im Rahmen des Lehrbetriebs der Universität und ist daher zulässig. Einer zusätzlichen Einräumung der Nutzungsrechte an Dozenten und Teilnehmer bedarf es folglich bei E-Learning nicht.

### 2. *xMOOCs*

Findet der xMOOC im Rahmen des Curriculums der Hochschule statt, erhält die Hochschule ein Nutzungsrecht an den Inhalten ihrer Mitarbeiter.[444] Hiervon umfasst ist auch die Befugnis, diese Rechte den Dozenten zu übertragen, damit sie die Inhalte im Rahmen des xMOOCs verwenden können.[445] Keine Nutzungsrechte erhält hingegen die MOOC-Plattform, da ein Arbeits- und Dienstverhältnis mit den Dozenten des Kurses typischerweise nicht besteht. Für Inhalte der Dozenten wird dies aber auch nicht benötigt, da sie den Upload der Inhalte und somit die urheberrechtlich relevante Handlung[446] selbst vornehmen. Im Gegensatz zu E-Learning verwenden xMOOCs zudem Blogs. Die Blog-Beiträge erstellen dabei überwiegend die Teilnehmer. Ein Nutzungsrecht

---

[440] Vgl. § 5 I.

[441] Vgl. *Dreier,* in: Dreier/Schulze, UrhG, 6. Aufl. (2018), § 43, Rn. 21; HK-*Meckel,* UrhG, 4. Aufl. (2018), § 43, Rn. 16; *v. Moltke,* Das Urheberrecht an den Werken der Wissenschaft (1992), S. 216; *A. Nordemann,* in: Fromm/Nordemann, UrhG, 12. Aufl. (2018), § 43, Rn. 47; *Rojahn/Frank,* in: Schricker/Loewenheim/Leistner/Ohly, UrhG, 6. Aufl. (2020), § 43, Rn. 57.

[442] BGH, Urt. v. 12.5.2010 – I ZR 209/07, GRUR 2011, 59, 60 – *Lärmschutzwand.*

[443] *Kraßer/Schricker,* Patent- und Urheberrecht an Hochschulen (1988), S. 134.

[444] Vgl. § 5 I.

[445] S. § 6 I 1.

[446] S. § 1 I. 2.

kommt der Universität an diesen Inhalten nicht zu. Handelt es sich bei den Urhebern um Studierende, sind die Blog-Beiträge schon deshalb keine Pflichtwerke, weil ein Arbeits- oder Dienstverhältnis mit der Universität nicht besteht.[447] Pflichtwerke sind die Inhalte jedoch selbst dann nicht, wenn die MOOC-Teilnehmer als wissenschaftliche Mitarbeiter, wissenschaftliche oder studentische Hilfskräfte an der Universität tätig sind. Sie nehmen an dem MOOC im Rahmen ihrer Ausbildung teil und nicht, weil sie aufgrund ihres Arbeits- oder Dienstvertrags hierzu verpflichtet wären. Nutzungsrechte müssen die anderen Akteure digitalen Lehrens und Lernens an diesen Inhalten aber ohnehin nicht innehaben, da das urheberrechtlich relevante[448] Hochladen des Blog-Beitrags durch den Urheber selbst erfolgt.

### *3. cMOOCs*

Ob Dozenten und Teilnehmer die Nutzungsrechte für die Lehr- und Lernprozesse bei cMOOCs benötigen, richtet sich insbesondere nach der Art des Inhalts. Auch bei cMOOCs werden Podcasts, Lehrvideos und Livestreams ausschließlich die Dozenten erstellen, da ihre Produktion mit einem hohen Aufwand verbunden ist. Sind diese als Pflichtwerke einzuordnen, so lassen sie sich trotz ihres Schutzes durch mehrere unterschiedliche Leistungsschutzrechte für digitales Lehren und Lernen meist bereits aufgrund dessen verwenden.[449] Auch wenn ausnahmsweise die Teilnehmer einen Podcast, ein Lehrvideo oder einen Livestream geschaffen haben, bedarf es der Einräumung der Nutzungsrechte an ihnen nicht. Die Zugänglichmachung des Inhalts erfolgt durch den Teilnehmer selbst. Andere Teilnehmer werden Inhalte dieser Art nicht in urheberrechtlich relevanter Weise nutzen, da sich Podcasts, Lehrvideos und Livestreams nur schwer verändern lassen. Dies gilt ebenso für Fotografien und Blog-Beiträge. Bei Letzteren stehen einer Veränderung zwar keine technischen Schwierigkeiten entgegen, aber dies wäre mit dem Wesen einer Anmerkung oder eines Kommentars nicht vereinbar.

Bei Skripten und Grafiken ist eine Veränderung hingegen möglich. Dabei entspricht es dem pädagogischen Konzept des Konnektivismus, auf dem die cMOOCs beruhen, dass die Teilnehmer hiervon auch Gebrauch machen.[450] Da die Voraussetzungen eines hinreichenden Abstands zumeist nicht erfüllt sein werden,[451] ist dies urheberrechtlich relevant. Hieran ändert es auch nichts, dass den Bearbeitern selbst ein urheberrechtlicher Schutz zukommen kann.[452] Es

---

[447] S. § 5 I. 4.
[448] S. § 1 I. 2.
[449] Zu den Einzelheiten s. § 5 IV.
[450] Vgl. Einl. I. 2. a).
[451] S. § 2 II. 3. b).
[452] S. § 4 I. 2.

besteht eine Abhängigkeit des Bearbeiters[453] in dem Sinne, dass er nach § 23 S. 1 UrhG die Zustimmung des Urhebers zur Veröffentlichung und Verwertung der Bearbeitung benötigt. Auf diese Weise vergrößert sich der Kreis der Personen, die einer Verwendung des Inhalts zustimmen müssen. So setzt die Nutzung des bearbeiteten Inhalts sowohl die Einwilligung des Urhebers des Originalinhalts als auch aller Bearbeiter voraus, sofern ihre Veränderung die Anforderungen an eine persönliche geistige Schöpfung erfüllt und im Inhalt noch wiedererkennbar[454] ist. Auch die Grundsätze des Arbeitnehmerurheberrechts erleichtern die Verwendung der Inhalte aus diesen offenen Produktionsprozessen nicht. Zwar erhält die Universität an den als Pflichtwerke einzuordnenden Inhalten des Dozenten ein Nutzungsrecht, aber dieses bezieht sich ausschließlich auf den Originalinhalt. Veränderungen der Teilnehmer sind hingegen ebenso wie die von ihnen neu erstellten Inhalte[455] keine Pflichtwerke, da sie diese jedenfalls nicht in Erfüllung einer Verpflichtung aus ihrem Arbeits- oder Dienstverhältnis, sondern im Rahmen ihrer Ausbildung geschaffen haben. Lehr- und Lernprozesse bei cMOOCs sind somit nur bei der Einräumung der Nutzungsrechte an die Dozenten und Teilnehmer möglich.

### *II. Konkludente Nutzungsrechtseinräumungen bei cMOOCs*

Die Einräumung von Nutzungsrechten erfordert nicht zwingend eine ausdrückliche Erklärung. Dies zeigen die stillschweigende Einräumung der Nutzungsrechte nach den Grundsätzen des Arbeitnehmerurheberrechts sowie die Auslegungsregel des § 31 Abs. 5 UrhG, die das „ob" der Nutzungsrechtseinräumung mitumfasst. Auch die unionsrechtlichen Vorgaben erfordern nicht, für die Nutzungsrechtseinräumung stets eine ausdrückliche Erklärung zu verlangen.[456] Die Einräumung von Nutzungsrechten kann sich deshalb ebenso aus dem schlüssigen Verhalten eines Berechtigten ergeben.[457] Bei den Inhalten digitalen Lehrens und Lernens könnte dieses in ihrem Upload zu sehen sein (1.). Auch dann ist die Nutzungsrechteinräumung bei Arbeitnehmern und Minderjährigen aber nur unter gewissen Voraussetzungen wirksam (2.), da sie in ihrer Verfü-

---

[453] Eine Abhängigkeit des Bearbeiterurheberrechts besteht hingegen nicht, *Bullinger,* in: Wandtke/Bullinger, UrhG, 5. Aufl. (2019), § 3, Rn. 20.

[454] S. § 2 II. 1., 2.

[455] S. auch § 6 I. 2.

[456] EuGH, Urt. v. 16.11.2016 – C-301/15, GRUR 2017, 62, Rn. 35 – *Soulier und Doke/ Premier ministre u. a.;* EuGH, Urt. v. 14.11.2019 – C-484/18, GRUR 2019, 1286, Rn. 40 – *Spedidam u. a./INA.*

[457] BGH, Urt. v. 27.11.1956 – I ZR 57/55, GRUR 1957, 291, 292 – *Morgenpost* (noch zum KUG); BGH, Urt. v. 29.3.1957 – I ZR 236/55, GRUR 1957, 391, 394 – *Ledigenheim* (noch zum KUG); BGH, Urt. v. 20.11.1970 – I ZR 50/69, GRUR 1971, 362, 363 – *Kandinsky II;* BGH, Urt. v. 29.4.2010 – I ZR 69/08, GRUR 2010, 628, Rn. 29 – *Vorschaubilder I;* OLG Frankfurt a. M., Beschl. v. 15.8.2014 – 11 W 5/14, GRUR 2015, 374, Rn. 34 – *Hessenlöwe.*

gungsbefugnis beschränkt sein können. Dies kann sich auf die Nutzungsmöglichkeiten der Inhalte für die Lehr- und Lernprozesse auswirken (3.).

### *1. Uploads als konkludente Nutzungsrechtseinräumungen*

Auch bei einer konkludenten Nutzungsrechtseinräumung muss die Erklärung den Anforderungen an dingliche Verfügungen über Rechte genügen.[458] Sie setzt daher voraus, dass ein entsprechender Wille unzweifelhaft zum Ausdruck kommt.[459] Dies ist beim Upload digitaler Lehr- und Lerninhalte in den Kursbereich eines cMOOCs zu bejahen. Für cMOOCs ist es charakteristisch, dass die Teilnehmer die Inhalte wechselseitig verändern und ergänzen. Ein Urheber, der seinen Inhalt in den Kursbereich hochlädt, muss folglich davon ausgehen, dass die anderen Teilnehmer diesen verwenden und verändern werden. Das Wissen um die Grundprinzipien der Plattform darf man dabei auch voraussetzen,[460] da schon aus Gründen der Rechtssicherheit der Inhalt der Erklärung nach ihren objektiven Umständen entscheidend sein muss. Nach diesen zielt der Upload eines Inhalts allein darauf, dass die anderen Teilnehmer ihn für den gemeinsamen Lehr- und Lernprozess nutzen können. Das nationale Recht darf nach der EuGH-Entscheidung *Spedidam u. a./INA* von der Mitwirkung an Vorbereitungen zur Nutzung des Inhalts ohne Beweis des Gegenteils auf seine Erlaubnis für die Verwertung schließen.[461] Zwar betraf die Entscheidung unmittelbar nur das Recht der ausübenden Künstler, der zugrunde liegende Grundsatz lässt sich aber auf das Urheberrecht übertragen. Kann man bereits von einer Mitwirkung des Berechtigten auf die Nutzungsrechtseinräumung schließen, muss dies erst recht dann gelten, wenn die Handlung des Urhebers die betreffende Nutzung erst ermöglicht. Auf nationaler Ebene bejahte auch das LG Frankfurt a. M. eine sich auf Verlinkung, Vorschautext und Vorschaubild beziehende konkludente Nutzungsrechtseinräumung bei der Bereitstellung eines Share-Buttons.[462] Zudem nahm das LG Berlin bei der Teilnahme an einer Fernsehtalkshow die konkludente Nutzungsrechtseinräumung für ihre Ausstrahlung im Fernsehen an.[463]

Begrenzt sind die konkludent eingeräumten Nutzungsrechte beim Upload der Inhalte aber auf die gemeinsamen Lehr- und Lernprozesse. So überträgt der

---

[458] BGH, Urt. v. 29.4.2010 – I ZR 69/08, GRUR 2010, 628, Rn. 29 – *Vorschaubilder I.*

[459] BGH, Urt. v. 29.3.1957 – I ZR 236/55, GRUR 1957, 391, 394 – *Ledigenheim;* BGH, Urt. v. 20.11.1970 – I ZR 50/69, GRUR 1971, 362, 363 – *Kandinsky II.*

[460] Vgl. auch OLG Düsseldorf, Urt. v. 15.12.2015 – I-20 U 3/15, ZUM 2016, 869, 873.

[461] EuGH, Urt. v. 14.11.2019 – C-484/18, GRUR 2019, 1286, Rn. 42 – *Spedidam u. a./ INA.*

[462] LG Frankfurt a. M., Urt. v. 17.7.2014 – 2/03 S 2/14, GRUR-RS 2014, 18217, Rn. 9 – *„Share"-Button;* krit. hierzu *Ziegler,* Urheberrechtsverletzungen durch Social Sharing (2016), S. 182.

[463] LG Berlin, Urt. v. 17.9.2013 – 15 O 524/12, ZUM 2014, 251, 253 – *Talkshow.*

Urheber nach dem zentralen Auslegungsgrundsatz des Urheberrechts[464] – dem in § 31 Abs. 5 UrhG gesetzlich normierten Zweckübertragungsgrundsatz – im Zweifel keine weitergehenden Rechte als der Zweck der Verfügung es erfordert.[465] Nutzungsrechtseinräumungen können darüber hinaus unter einer Bedingung i. S. d § 158 BGB stehen.[466] Praktische Bedeutung hat dies insbesondere für Open Source- und Creative Commons-Lizenzen. So sehen diese zum Teil vor, dass Fortentwicklungen ebenfalls unter einer solchen Lizenz anzubieten sind.[467] Eine solche sog. Copyleft-Klausel[468] ist dabei als auflösende Bedingung einzuordnen.[469] Nach dem BGH muss eine aufschiebende oder auf-

---

[464] *Ohly,* in: Schricker/Loewenheim/Leistner/Ohly, UrhG, 6. Aufl. (2020), § 31, Rn. 52.

[465] BGH, Urt. v. 21.4.1953 – I ZR 110/52, NJW 1953, 1258, 1259 – *Lied der Wildbahn I;* BGH, Urt. v. 14.6.1957 – I ZR 143/55, GRUR 1957, 611, 612 – *Bel ami;* BGH, Urt. v. 21.11.1958 – I ZR 98/57, GRUR 1959, 200, 203 – *Der Heiligenhof;* BGH, Urt. v. 12.4.1960 – I ZR 173/58, GRUR 1960, 609, 612 – *Wägen und Wagen;* BGH, Urt. v. 25.2.1966 – Ib ZR 30/64, GRUR 1966, 567, 569 f. – *GELU;* BGH, Urt. v. 15.6.1966 – Ib ZR 55/64, GRUR 1966, 691, 692 – *Schlafsäcke;* BGH, Urt. v. 5.7.1967 – Ib ZR 113/65, GRUR 1968, 152, 153 – *Angélique;* BGH, Urt. v. 26.4.1974 – I ZR 137/72, GRUR 1974, 786, 787 – *Kassettenfilm;* BGH, Urt. v. 7.11.1975 – I ZR 54/74, GRUR 1976, 382, 383 – *Kaviar;* BGH, Urt. v. 30.6.1976 – I ZR 63/75, GRUR 1977, 42, 45 – *Schmalfilmrechte;* BGH, Urt. v. 23.2.1979 – I ZR 27/77, GRUR 1979, 637, 638 f. – *White Christmas;* BGH, Urt. v. 13.5.1982 – I ZR 103/80, GRUR 1982, 727, 730 – *Altverträge;* BGH, Urt. v. 22.9.1983 – I ZR 40/81, GRUR 1984, 119, 121 – *Synchronisationssprecher;* BGH, Urt. v. 1.3.1984 – I ZR 217/81, GRUR 1984, 656, 657 – *Vorentwurf;* BGH, Urt. v. 23.2.1995 – I ZR 68/93, GRUR 1995, 673, 675 – *Mauer-Bilder;* BGH, Urt. v. 27.9.1995 – I ZR 215/93, GRUR 1996, 121, 122 – *Pauschale Rechtseinräumung;* BGH, Urt. v. 28.10.2010 – I ZR 18/09, GRUR 2011, 714, 716 – *Der Frosch mit der Maske;* BGH, Urt. v. 31.5.2012 – I ZR 73/10, GRUR 2012, 1031, Rn. 15 – *Honorarbedingungen Freie Journalisten;* BGH, Urt. v. 11.4.2013 – I ZR 151/11, ZUM-RD 2013, 314, Rn. 46 – *Online-Videorecorder;* BGH, Urt. v. 11.4.2013 – I ZR 153/11, ZUM-RD 2013, 421, Rn. 17 – *Internet-Videorecorder I;* BGH, Urt. v. 11.4.2013 – I ZR 152/11, GRUR 2013, 618, Rn. 30 – *Internet-Videorecorder II;* BGH, Urt. v. 17.10.2013 – I ZR 41/12, GRUR 2014, 556, Rn. 11 – *Rechteeinräumung Synchronsprecher;* vgl. BGH, Urt. v. 26.11.1954 – I ZR 266/52, GRUR 1955, 201, 204 – *Cosima Wagner.*

[466] BGH, Urt. v. 15.4.1958 – I ZR 31/57, GRUR 1958, 504, 507 – *Die Privatsekretärin; Ohly,* in: Schricker/Loewenheim/Leistner/Ohly, UrhG, 6. Aufl. (2020), § 31, Rn. 11; *Schulze,* in: Dreier/Schulze, UrhG, 6. Aufl. (2018), § 31, Rn. 19; vgl. BGH, Beschl. v. 11.3.2010 – I ZR 18/08, GRUR 2010, 920, Rn. 31 ff. – *Klingeltöne für Mobiltelefone II.*

[467] So etwa Nr. 8 der General Public License, Version 3 (abrufbar unter https://www.gnu.org/licenses/gpl-3.0.de.html, zuletzt abgerufen am 13.5.2021) der am Markt vorherrschenden Lizenz für Open Source Software (*Czychowski,* in: Fromm/Nordemann, UrhG, 12. Aufl. (2018), Vor §§ 69a ff., Rn. 27) und als „SA" gekennzeichnete Creative Commons-Lizenzen (vgl. https://creativecommons.org/licenses, zuletzt abgerufen am 13.5.2021).

[468] Als Bezeichnung des Spiegelbilds des Copyrights, s. *Heussen,* MMR 2004, 445, 447.

[469] Für Open Source Lizenzen OLG Hamm, Urt. v. 13.6.2017 – 4 U 72/16, MMR 2017, 767, Rn. 148; LG München I, Urt. v. 19.5.2004 – 21 O 6123/04, GRUR-RR 2004, 350, 351 – *GPL-Verstoß;* LG Frankfurt a. M., Urt. v. 6. September 2006 – 2-6 O 224/6, ZUM-

lösende Bedingung jedoch eindeutig vereinbart werden.[470] Bei konkludenten Nutzungsrechtseinräumungen wird man daher mit der Annahme einer aufschiebenden oder auflösenden Bedingung sehr zurückhaltend sein und dies bei dem Upload der Inhalte in einen cMOOC verneinen müssen. So ist jedenfalls nicht eindeutig erkennbar, dass die Nutzungsrechtseinräumung unter einer Bedingung erfolgt. Im Gegensatz zu Open Source- und Creative Commons-Lizenzen ist der Zweck, zu dem die Inhalte verwendet werden dürfen, aber ohnehin auf die gemeinsamen Lehr- und Lernprozesse begrenzt.

### *2. Inhalte verfügungsbeschränkter Akteure*

Nutzungsrechte konkludent einräumen können Urheber jedoch nur dann, wenn sie über diese verfügen können. Die Verfügungsbefugnis kommt zwar grundsätzlich dem Urheber zu,[471] ist aber in gewissen Konstellationen beschränkt. Hierzu zählen insbesondere minderjährige Urheber. Einschränkungen der Verfügungsbefugnis können sich zudem aus den Grundsätzen des Arbeitnehmerurheberrechts ergeben.

#### *a) Minderjährige*

Zwar sind minderjährige Urheber grundsätzlich eine extreme Ausnahme,[472] auf die Lehr- und Lerninhalte bei cMOOCs trifft dies aber nicht zu. Dies gilt insbesondere dann, wenn es sich bei dem cMOOC um eine Lehrveranstaltung im Rahmen eines Studiums handelt. Ein Teil der Studierenden hat in den ersten Semestern das 18. Lebensjahr noch nicht vollendet und ist somit minderjährig. Älter als 7 Jahre werden jedoch auch diese Teilnehmer sein, so dass sie nach §§ 2, 106 BGB beschränkt geschäftsfähig sind. Beschränkt geschäftsfähige Teilnehmer benötigen die Zustimmung ihrer gesetzlichen Vertreter, also in der Regel ihrer Eltern für Willenserklärungen, die nicht lediglich rechtlich vorteilhaft sind. Als Willenserklärungen sind auch Nutzungsrechtseinräumungen – zu denen auch die Einwilligung in die Veröffentlichung einer Bearbeitung zählt[473] – einzuordnen. Nach dem Trennungsprinzip ist bei ihnen zwischen

---

RD 2006, 525, 529; *Grützmacher,* in: Wandtke/Bullinger, UrhG, 5. Aufl. (2019), § 69c, Rn. 116; *Grzeszick,* MMR 2000, 412, 415; *Kreutzer,* MMR 2004, 695, 698; *Metzger/Jaeger,* GRUR Int. 1999, 839, 843; *v. Welser,* GRUR-Prax 2018, 164, 164; *Wiebe,* in: Spindler/Schuster, Recht der elektronischen Medien, 4. Aufl. (2019), § 69c UrhG, Rn. 50; für Creative Commons-Lizenzen OLG Köln, Urt. v. 31.10.2014 – 6 U 60/14, GRUR 2015, 167, Rn. 95 – *Creative-Commons-Lizenz;* LG Berlin, Beschl. v. 8.10.2010 – 16 O 458/10, MMR 2011, 763, 764 – *Wirksamkeit der Creative Commons-Lizenzen.*

[470] BGH, Urt. v. 15.4.1958 – I ZR 31/57, GRUR 1958, 504, 507 – *Die Privatsekretärin.*

[471] *J. B. Nordemann,* in: Fromm/Nordemann, UrhG, 12. Aufl. (2018), § 31, Rn. 28.

[472] *Ohly,* GRUR 2012, 983, 992.

[473] *Bullinger,* in: Wandtke/Bullinger, UrhG, 5. Aufl. (2019), § 23, Rn. 8; HK-*Dreyer,* UrhG, 4. Aufl. (2018), § 23, Rn. 33; *Loewenheim,* in: Schricker/Loewenheim/Leistner/Ohly,

Verpflichtungs- und Verfügungsgeschäft zu differenzieren.[474] Das Verpflichtungsgeschäft ist der Nutzungsvertrag zwischen Verwerter und Urheber.[475] Lediglich rechtlich vorteilhaft ist dieser nicht, da sich der Teilnehmer zur Einräumung von Nutzungsrechten verpflichtet. Auf die wirtschaftliche Vorteilhaftigkeit kommt es dabei nicht an.[476] Nicht lediglich rechtlich vorteilhaft ist auch das Verfügungsgeschäft, also die Verfügung in Erfüllung der zugrunde liegenden schuldrechtlichen Verpflichtung.[477] Hierdurch verliert der Teilnehmer einen Teil seines Ausschließlichkeitsrechts, das gegenüber jedem Dritten besteht. Die Einräumung von Nutzungsrechten ist somit eine belastende Verfügung über das Urheberrecht.[478] Unabhängig davon, ob man die Anwendbarkeit des Abstraktionsprinzips im Urheberrecht bejaht[479] oder verneint,[480] sind daher sowohl die Verpflichtungs- als auch die Verfügungsgeschäfte minderjähriger Teilnehmer nur bei Zustimmung ihrer gesetzlichen Vertreter wirksam.

*b) Arbeitnehmerurheber*

Wesentlich seltener als minderjährige Urheber werden in cMOOCs Konstellationen auftreten, in denen das Arbeitnehmerurheberrecht die Verfügungsbefugnis der Teilnehmer beschränkt. Problematisch kann dies nur dann sein, wenn der Arbeitgeber oder Dienstherr die Teilnahme am MOOC nicht erlaubt hat, da er damit die Nutzung der Inhalte im Rahmen des cMOOCs konkludent gestattet hätte.[481] Zudem muss es sich bei dem Inhalt um ein Pflichtwerk handeln, das

---

UrhG, 6. Aufl. (2020), § 23, Rn. 25; *A. Nordemann,* in: Fromm/Nordemann, UrhG, 12. Aufl. (2018), § 23/24, Rn. 13; *Schulze,* in: Dreier/Schulze, UrhG, 6. Aufl. (2018), § 23 Rn. 10; a. A. *Ahlberg,* in: Möhring/Nicolini, UrhG, 4. Aufl. (2018), § 23, Rn. 7 ff.

[474] HK-*Kotthoff,* UrhG, 4. Aufl. (2018), § 31, Rn. 20; *J. B. Nordemann,* in: Fromm/Nordemann, UrhG, 12. Aufl. (2018), § 31, Rn. 29; *Ohly,* in: Schricker/Loewenheim/Leistner/Ohly, UrhG, 6. Aufl. (2020), § 31, Rn. 13; *Soppe,* in: Möhring/Nicolini, UrhG, 4. Aufl. (2018), § 31, Rn. 78.

[475] *J. B. Nordemann,* in: Fromm/Nordemann, UrhG, 12. Aufl. (2018), § 31, Rn. 27.

[476] MüKo/*Spickhoff,* BGB, 8. Aufl. (2018), § 107, Rn. 37.

[477] *J. B. Nordemann,* in: Fromm/Nordemann, UrhG, 12. Aufl. (2018), § 31, Rn. 28.

[478] *J. B. Nordemann,* in: Fromm/Nordemann, UrhG, 12. Aufl. (2018), § 31, Rn. 25.

[479] *Berger,* in: Berger/Wündisch, Urhebervertragsrecht, 2. Aufl. (2015), § 1, Rn. 33; *Lisch,* Das Abstraktionsprinzip im deutschen Urheberrecht (2007), S. 54 ff.; *Nolden,* Das Abstraktionsprinzip im urheberrechtlichen Lizenzverkehr (2005), S. 210 f.; *Schack,* Urheber- und Urhebervertragsrecht, 9. Aufl. (2019), Rn. 589 ff.; auf Sublizenzverträge beschränkt *Srocke,* Das Abstraktionsprinzip im Urheberrecht (2008), S. 263 ff.

[480] HK-*Kotthoff,* UrhG, 4. Aufl. (2018), § 85, Rn. 20; *J. B. Nordemann,* in: Fromm/Nordemann, UrhG, 12. Aufl. (2018), § 31, Rn. 32; *Ohly,* in: Schricker/Loewenheim/Leistner/Ohly, UrhG, 6. Aufl. (2020), § 31, Rn. 17; *Rehbinder/Peukert,* Urheberrecht, 18. Aufl. (2018), Rn. 812; *Schulze,* in: Dreier/Schulze, UrhG, 6. Aufl. (2018), § 31, Rn. 18.

[481] Für die Vereinbarkeit impliziter Zustimmungen mit Art. 2 lit. a, 3 InfoSoc-RL s. EuGH, Urt. v. 16.11.2016 – C 301/15, GRUR 2017, 62, Rn. 35 – *Soulier und Doke/Premier ministre u. a.*

der Teilnehmer in Erfüllung seiner arbeits- oder dienstvertraglichen Pflichten geschaffen hat. Dies ist insbesondere dann denkbar, wenn ein Teilnehmer Inhalte in den Kurs einbringt, die er im Rahmen eines Arbeits- oder Dienst vertrags erstellt hat. Denkbar ist etwa, dass eine Werbetexterin in einem cMOOC über Marketing einen für ihren Arbeitgeber entworfenen Slogan als Beispiel heranzieht oder ein Fotograf den Text eines anderen Teilnehmers mit einem Foto illustriert, das er für eine Werbebroschüre seines Dienstherrn aufgenommen hat. Die Nutzungsrechtseinräumung an den Arbeitgeber oder Dienstherrn erfolgt dabei zeitlich zumeist vor dem Upload der Inhalte in den Kursbereich, auch wenn deren Zeitpunkt von der Literatur unterschiedlich beurteilt wird. Bereits beim Abschluss des Arbeits- oder Dienstvertrags die Nutzungsrechte erhalten soll der Arbeitgeber oder Dienstherr nach *Wandtke*[482] generell, nach *Dreier*[483] regelmäßig und nach *Rojahn/Frank*[484] zumindest in gewissen Konstellationen. Am überzeugendsten erscheint es hingegen, den Zeitpunkt nicht pauschal festzulegen, sondern ihn mit *Kotthoff*[485] nach dem Inhalt des Arbeitsverhältnisses zu bestimmen. Spätestens bei Übergabe des Werks räumt der Arbeitnehmerurheber dem Arbeitgeber oder Dienstherrn die Nutzungsrechte aber ein,[486] was regelmäßig vor dem Upload des Inhalts erfolgen wird.

Für die Wirksamkeit der Nutzungsrechtseinräumung an die anderen cMOOC-Teilnehmer ist somit entscheidend, ob der Arbeitgeber oder Dienstherr ein einfaches oder ausschließliches Nutzungsrecht innehat. So beeinträchtigt selbst eine zeitlich vorausgehende Nutzungsrechtseinräumung an den Arbeitgeber oder Dienstherrn die Wirksamkeit der Zustimmung nicht, wenn es sich nur um ein einfaches Nutzungsrecht handelt. Aufgrund des Sukzessionsschutzes des § 33 UrhG bleibt das Nutzungsrecht gegenüber später eingeräumten Nutzungsrechten zwar wirksam, sofern es tatsächlich[487] und mit dinglicher Wirkung[488] eingeräumt wurde. Dem Inhaber des früheren einfachen Nutzungsrechts steht jedoch auch dann kein Verbotsrecht zu.[489] Der Erwerber späterer Rechte kann lediglich gegen den Inhaber des früheren Rechts keine Ansprüche

---

482 *Wandtke,* in: Wandtke/Bullinger, UrhG, 5. Aufl. (2019), § 43, Rn. 51.

483 *Dreier,* in: Dreier/Schulze, UrhG, 6. Aufl. (2018), § 43, Rn. 19.

484 *Rojahn/Frank,* in: Schricker/Loewenheim/Leistner/Ohly, UrhG, 6. Aufl. (2020), § 43, Rn. 42.

485 HK-*Kotthoff,* UrhG, 4. Aufl. (2018), § 43, Rn. 13.

486 BGH, Urt. v. 22.2.1974 – I ZR 128/72, GRUR 1974, 480, 483 – *Hummelrechte; Dreier,* in: Dreier/Schulze, UrhG, 6. Aufl. (2018), § 43, Rn. 19; *Rojahn/Frank,* in: Schricker/Loewenheim/Leistner/Ohly, UrhG, 6. Aufl. (2020), § 43, Rn. 41.

487 HK-*Kotthoff,* UrhG, 4. Aufl. (2018), § 33, Rn. 4.

488 *J. B. Nordemann,* in: Fromm/Nordemann, UrhG, 12. Aufl. (2018), § 33, Rn. 4; *Schulze,* in: Dreier/Schulze, UrhG, 6. Aufl. (2018), § 33, Rn. 11.

489 *Wandtke/Grunert,* in: Wandtke/Bullinger, UrhG, 5. Aufl. (2019), § 33, Rn. 9.

geltend machen und muss die Nutzung dulden,[490] was die Verwendung der Inhalte in dem cMOOC nicht beeinträchtigt.

Unwirksam kann die Zustimmung hingegen in den Fällen sein, in denen dem Arbeitgeber oder Dienstherrn ein ausschließliches Nutzungsrecht an den Inhalten zukommt. Der Sukzessionsschutz des § 33 S. 1 UrhG greift auch dann ein, wenn der Urheber nach der Einräumung eines ausschließlichen Nutzungsrechts ein weiteres Nutzungsrecht gewährt.[491] Wurde der Sukzessionsschutz nicht ausnahmsweise vertraglich abbedungen,[492] fehlt dem Urheber dann die für die Rechteeinräumung erforderliche Verfügungsmacht.[493] So hat sich nach der Einräumung eines ausschließlichen Nutzungsrechts der Urheber seiner Verfügungsmacht hierüber begeben und kann nicht ein weiteres Mal darüber verfügen.[494] Auch ein gutgläubiger Erwerb der Nutzungsrechte ist ausgeschlossen,[495] da ein Publizitäts- und Rechtsscheinträger fehlt.[496] Kollidiert die spätere Zustimmung zur Verwendung der Inhalte im cMOOC mit der vorhergehenden Nutzungsrechtseinräumung an den Arbeitgeber oder Dienstherrn, ist sie somit unwirksam.[497]

Da die Nutzung des Inhalts im cMOOC vor allem darin besteht, ihn zu verändern, kommt dies insbesondere dann in Betracht, wenn dem Arbeitgeber oder Dienstherrn selbst ein Bearbeitungsrecht eingeräumt wurde. Dies muss nicht ausdrücklich geschehen, sondern kann sich auch aus dem Vertragszweck ergeben.[498] Über den Sukzessionsschutz hinaus muss zudem ein Dritter der

---

[490] HK-*Kotthoff,* UrhG, 4. Aufl. (2018), § 33, Rn. 3; *J. B. Nordemann,* in: Fromm/Nordemann, UrhG, 12. Aufl. (2018), § 33, Rn. 7; *Wandtke/Grunert,* in: Wandtke/Bullinger, UrhG, 5. Aufl. (2019), § 33, Rn. 8.

[491] *Ohly,* in: Schricker/Loewenheim/Leistner/Ohly, UrhG, 6. Aufl. (2020), § 33, Rn. 11.

[492] Für die vertragliche Abdingbarkeit des Sukzessionsschutzes s. HK-*Kotthoff,* UrhG, 4. Aufl. (2018), § 33, Rn. 5; *J. B. Nordemann,* in: Fromm/Nordemann, UrhG, 12. Aufl. (2018), § 33, Rn. 12; *Schulze,* in: Dreier/Schulze, UrhG, 6. Aufl. (2018), § 33, Rn. 6.

[493] HK-*Kotthoff,* UrhG, 4. Aufl. (2018), § 33, Rn. 3; *Ohly,* in: Schricker/Loewenheim/Leistner/Ohly, UrhG, 6. Aufl. (2020), § 33, Rn. 11.

[494] *Schulze,* in: Dreier/Schulze, UrhG, 6. Aufl. (2018), § 33, Rn. 8.

[495] BGH, Urt. v. 12.2.1952 – I ZR 1 15/51, GRUR 1952, 530, 531 – *Parkstraße 13;* BGH, Urt. v. 21.11.1958 – I ZR 98/57, GRUR 1959, 200, 203 – *Heiligenhof;* BGH, Urt. v. 26.3.2009 – I ZR 153/06, GRUR 2009, 946, Rn. 13 – *Reifen Progressiv;* HK-*Kotthoff,* UrhG, 4. Aufl. (2018), § 31, Rn. 37; *J. B. Nordemann,* in: Fromm/Nordemann, UrhG, 12. Aufl. (2018), § 31, Rn. 42; *Ohly,* in: Schricker/Loewenheim/Leistner/Ohly, UrhG, 6. Aufl. (2020), § 31, Rn. 25; *Schulze,* in: Dreier/Schulze, UrhG, 6. Aufl. (2018), § 31, Rn. 24; *Wandtke/Grunert,* in: Wandtke/Bullinger, UrhG, 5. Aufl. (2019), Vor §§ 31 ff., Rn. 47.

[496] *J. B. Nordemann,* in: Fromm/Nordemann, UrhG, 12. Aufl. (2018), § 31, Rn. 42; *Ohly,* in: Schricker/Loewenheim/Leistner/Ohly, UrhG, 6. Aufl. (2020), § 31, Rn. 25; *Wandtke/Grunert,* in: Wandtke/Bullinger, UrhG, 5. Aufl. (2019), Vor §§ 31 ff., Rn. 47.

[497] Vgl. HK-*Kotthoff,* UrhG, 4. Aufl. (2018), § 33, Rn. 3; *Wandtke/Grunert,* in: Wandtke/Bullinger, UrhG, 5. Aufl. (2019), § 33, Rn. 10.

[498] BGH, Urt. v. 28.11.1985 – I ZR 104/83, GRUR 1986, 458, 459 – *Oberammergauer Passionsspiele; Ahlberg,* in: Möhring/Nicolini, UrhG, 4. Aufl. (2018), § 23, Rn. 9;

Veränderung des Werks zustimmen, wenn die Bearbeitung die ihm eingeräumten Nutzungsrechte berührt.[499] Dies ist aber ebenso auf die Fälle beschränkt, in denen der Arbeitgeber oder Dienstherr ein ausschließliches Nutzungsrecht erhält und er das Werk auch verändern darf. Nur bei einem ausschließlichen Recht[500] steht dem Rechtsinhaber ein negatives Verbotsrecht zu,[501] mit dem er alle Handlungen verhindern kann, die seine Werknutzung beeinträchtigen.[502]

Im Widerspruch steht eine konkludente Nutzungsrechtseinräumung an Dozenten und Teilnehmer aber nur dann, wenn dem Arbeitgeber oder Dienstherrn das Nutzungsrecht in einem entsprechenden Umfang eingeräumt wurde. Das Verbotsrecht kann den Umfang des Nutzungsrechts zwar bei Ansprüchen gegen Dritte übersteigen, die überhaupt keine Rechte erhalten haben,[503] bei einer weiteren Einräumung von Nutzungsrechten durch den Urheber gilt dies jedoch nicht.[504] Hieran ändert es auch nichts, wenn sich der Urheber vertraglich verpflichtet hat, für dasselbe Werk keine Rechte an konkurrierenden Nutzungsarten einzuräumen. Die Wirkungen einer solchen Pflichtverletzung sollten im Interesse des Verkehrsschutzes und der Rechtsklarheit auf das Vertragsverhältnis begrenzt bleiben.[505] Denn würde der Umfang des Verbotsrechts aus vertraglichen Enthaltungspflichten folgen, ohne dass dem Verwerter entsprechende Rechte zukommen, wäre dieser für Dritte nur schwer erkennbar.[506]

### *3. Folgen für die Lehr- und Lernprozesse bei cMOOCs*

Die Gefahr, dass der Urheber über die Nutzungsrechte nicht wirksam verfügen kann, besteht bei jeder Nutzungsrechtseinräumung. Die große Anzahl originärer Schutzrechtsinhaber an cMOOC-Inhalten erhöht diese Gefahr aber über–

---

*Loewenheim,* in: Schricker/Loewenheim/Leistner/Ohly, UrhG, 6. Aufl. (2020), § 23, Rn. 26; *A. Nordemann,* in: Fromm/Nordemann, UrhG, 12. Aufl. (2018), § 23/24, Rn. 13; *Schulze,* in: Dreier/Schulze, UrhG, 6. Aufl. (2018), § 23, Rn. 11; vgl. HK-*Dreyer,* UrhG, 4. Aufl. (2018), § 23, Rn. 32.

[499] HK-*Dreyer,* UrhG, 4. Aufl. (2018), § 23, Rn. 12.

[500] Bei einem einfachen Nutzungsrecht besteht dieses nicht, *J. B. Nordemann,* in: Fromm/Nordemann, UrhG, 12. Aufl. (2018), § 31, Rn. 88; *Ohly,* in: Schricker/Loewenheim/Leistner/Ohly, UrhG, 6. Aufl. (2020), § 31, Rn. 46; *Schulze,* in: Dreier/Schulze, UrhG, 6. Aufl. (2018), § 31, Rn. 51.

[501] BGH, Urt. v. 17.6.1992 – I ZR 182/90, GRUR 1992, 697, 698 – *ALF; Ohly,* in: Schricker/Loewenheim/Leistner/Ohly, UrhG, 6. Aufl. (2020), § 31, Rn. 50; *Schulze,* in: Dreier/Schulze, UrhG, 6. Aufl. (2018), § 31, Rn. 56; *Soppe,* in: Möhring/Nicolini, UrhG, 4. Aufl. (2018), § 31, Rn. 67; *Wandtke/Grunert,* in: Wandtke/Bullinger, UrhG, 5. Aufl. (2019), § 31, Rn. 29.

[502] *Schulze,* in: Dreier/Schulze, UrhG, 5. Aufl. (2015), § 31, Rn. 56; *Soppe,* in: Möhring/Nicolini, UrhG, 4. Aufl. (2018), § 31, Rn. 67.

[503] *J. B. Nordemann,* in: Fromm/Nordemann, UrhG, 12. Aufl. (2018), § 31, Rn. 23.

[504] *Wandtke/Grunert,* in: Wandtke/Bullinger, UrhG, 5. Aufl. (2019), § 31, Rn. 30.

[505] *J. B. Nordemann,* in: Fromm/Nordemann, UrhG, 12. Aufl. (2018), § 31, Rn. 22.

[506] *J. B. Nordemann,* in: Fromm/Nordemann, UrhG, 12. Aufl. (2018), § 31, Rn. 22.

proportional. Zum einen lässt sich aufgrund des andernfalls hohen Aufwands nicht lückenlos überprüfen, ob der Urheber in seiner Verfügungsbefugnis beschränkt ist. Zum anderen kann sich die Unwirksamkeit einer Nutzungsrechtseinräumung auf zahlreiche Inhalte und somit auf eine Vielzahl von Nutzungen auswirken. Ist ein cMOOC-Inhalt etwa das Ergebnis von acht urheberrechtlich schutzfähigen Bearbeitungen und die Erlaubnis des vierten Bearbeiters unwirksam, so hätten alle nachfolgenden Bearbeiter den Inhalt nicht verändern und im Kurs zugänglich machen dürfen, sofern die Veränderung des vierten Bearbeiters noch erkennbar ist. Eine wirksame Zustimmung des unmittelbar vorausgehenden Bearbeiters genügt hierfür nicht. Nur bei einer lückenlosen Rechtskette ist die Rechteeinräumung wirksam.[507] Es besteht daher eine Unsicherheit, ob eine wirksame konkludente Nutzungsrechtseinräumung des Urhebers erfolgt ist. Da im Streitfall der Rechteerwerber die Rechteeinräumung darlegen und beweisen muss,[508] tragen das Risiko einer unwirksamen Nutzungsrechtseinräumung dabei die cMOOC-Teilnehmer als Verwender der Inhalte.

### *III. Vertragliche Nutzungsrechtseinräumungen bei cMOOCs*

Die Unsicherheit über die Wirksamkeit der Nutzungsrechtseinräumung[509] können die Akteure digitalen Lehrens und Lernens selbst beseitigen, wenn eine vertragliche Lösung für diese Herausforderung existiert. Da sich mit Open Innovation auch außerhalb des Bildungsbereichs eine offene Partizipationskultur entwickelt hat, kann man – sofern diese mit cMOOCs vergleichbar sind (1.) – hierfür die Vertragsgestaltung der Praxis bei Open Innovation bzw. bestimmten Formen von Open Innovation heranziehen (2.). Können diese vertraglichen Regelungen die Herausforderung bewältigen und sind rechtlich zulässig, ist zu prüfen, ob sich diese auf cMOOCs übertragen lassen (3.). Andernfalls ist nach einer eigenen vertraglichen Lösung für cMOOCs zu suchen (4.).

#### *1. Gemeinsamkeiten von cMOOCs und Open Innovation*

Der Begriff „Open Innovation" ist wohl weniger verbreitet als das bekannteste Beispiel[510] von Open Content, die Open Source Software, die ebenfalls zu Open Innovation zählt.[511] Die Bezeichnung „Open Innovation" geht auf *Chesbrough* zurück. Dieser versteht hierunter die zielorientierte Nutzung von internem und externem Wissen, um interne Innovationen voranzutreiben und für

---

[507] *Soppe,* in: Möhring/Nicolini, UrhG, 4. Aufl. (2018), § 31, Rn. 80.

[508] *Schulze,* in: Dreier/Schulze, UrhG, 6. Aufl. (2018), § 31, Rn. 24; *Soppe,* in: Möhring/Nicolini, UrhG, 4. Aufl. (2018), § 31, Rn. 80.

[509] Vgl. § 6 II 3.

[510] *Plaß,* GRUR 2002, 670, 671.

[511] *Teufel,* MdP 2007, 341, 350.

die Innovationen interne und externe Kanäle als Absatzwege zu wählen.[512] Hieran anknüpfende Definitionen von Open Innovation betonen dabei insbesondere den erstgenannten Aspekt. Für *Reichwald/Piller* ist Open Innovation die Einbindung externer Problemlöser in den Innovationsprozess durch einen offenen Aufruf an ein großes, undefiniertes Netzwerk von Akteuren, sich an einer Entwicklungsaufgabe zu beteiligen.[513] *Söbbing* umschreibt Open Innovation etwas allgemeiner als die Öffnung der Forschungs- und Entwicklungsaktivitäten der Unternehmen.[514] Beteiligt sind dabei an einer Open Innovation mindestens zwei Parteien: Der Seeker, der nach einer Lösung sucht, und der Solver, der eine Lösung anbietet.[515] Da die Nutzung einer eigenen Plattform des Seekers die Ausnahme ist, gibt es meist mit der Open Innovation Plattform noch eine dritte Partei, welche die Open Innovation Projekte vermittelt.[516]

Diese Grundkonstellation liegt allen Open Innovation Projekten zugrunde, jedoch mit zahlreichen Variationen: Es gibt entgeltliche und unentgeltliche Open Innovation,[517] Projekte mit und ohne Lösungsvorgaben[518] sowie von außen ins Unternehmen und vom Unternehmen nach außen gerichtete Open Innovation.[519] Unterschiede existieren zudem hinsichtlich der Anzahl der potentiellen Teilnehmer.[520] Vergleichbar sind Open Innovation Projekte unabhängig von ihren sonstigen Charakteristika mit cMOOCs aber nur dann, wenn ihre Teilnahme jedem offensteht. Eine solche Form von Open Innovation bezeichnet man als Crowdsourcing.[521] Beispiele hierfür sind etwa Wikipedia, Yahoo Answers, OpenStreetMap, InnoCentive und die unternehmenseigene Plattform von Tchibo.[522] Auch von Crowdsourcing existieren wiederum Unterformen. So wendet sich das sog. Direct Crowdsourcing unmittelbar an die potentiellen Teilnehmer, während beim sog. Indirect Crowdsourcing ein Intermediär zwischengeschaltet ist.[523] Des Weiteren gibt es Crowdsourcing-Projekte, in denen die Solver kein Entgelt erhalten und Projekte mit finanziellen

---

[512] *Chesbrough,* Open Innovation, in: Chesbrough/Vanhaverbeke/West, Open Innovation (2006), S. 1.

[513] *Reichwald/Piller,* Interaktive Wertschöpfung (2009), S. 115.

[514] *Söbbing,* ITRB 2011, 206.

[515] *Söbbing,* ITRB 2011, 206.

[516] *Söbbing,* ITRB 2011, 206.

[517] *Dahlander/Gann,* Research Policy, Vol. 39 (2010), 699, 702.

[518] *Phillips,* Open Innovation Typology, in: Sloane, A Guide to Open Innovation and Crowdsourcing (2011), S. 22, 23.

[519] *Dahlander/Gann,* Research Policy, Vol. 39 (2010), 699, 702.

[520] *Phillips,* Open Innovation Typology, in: Sloane, A Guide to Open Innovation and Crowdsourcing (2011), S. 22, 23.

[521] Vgl. die Definitionen von Crowdsourcing von *Gassmann,* Crowdsourcing, 2. Aufl. (2013), S. 6; *Hopkins,* What is Crowdsourcing?, in: Sloane, A Guide to Open Innovation and Crowdsourcing (2011), S. 15; *Witte,* ITRB 2012, S. 130, 131.

[522] *Gassmann,* Crowdsourcing, 2. Aufl. (2013), S. 7, 10, 108.

[523] *Hötte,* MMR 2014, 795.

Anreizen.[524] Die Verteilung des Entgelts hängt bei Letzteren wiederum von dem Ansatz ab, der ihnen zugrunde liegt. Bei einem wettbewerbsbasierten Ansatz konkurrieren die Crowdsourcees um den Auftrag und das Entgelt erhält nur derjenige, der das schnellste oder beste Ergebnis anbieten kann.[525] Bei einem zusammenarbeitsbasierten Ansatz lösen die Crowdsourcees die Aufgabe hingegen gemeinsam.[526]

Urheberrechtlich geschützte Inhalte können die Teilnehmer aber bei jeder Variante von Crowdsourcing erstellen. Jede Form von Crowdsourcing ist daher mit cMOOCs vergleichbar. Darüber hinaus erhalten weder der Seeker noch die Crowdsourcing-Plattform Nutzungsrechte an diesen Inhalten durch das Arbeitnehmerurheberrecht, da die Crowdsourcees nicht als Arbeitnehmer einzuordnen sind.[527] Sie müssen weder Weisungen befolgen noch vordefinierte Anforderungen erfüllen. [528] Ebenso wie die offenen Produktionsprozesse der cMOOCs hat somit auch Crowdsourcing urheberrechtliche Herausforderungen zu bewältigen.[529]

### 2. *Vertragsgestaltung bei Crowdsourcing*

Allein aufgrund der hohen Teilnehmerzahl erfolgen vertragliche Vereinbarungen bei Crowdsourcing ausschließlich in Form von Allgemeinen Geschäftsbedingungen (AGB). Diese sehen regelmäßig die Nutzungsrechtseinräumung an die Plattform und den Seeker (a) sowie die Übertragbarkeit der Nutzungsrechte an Dritte vor (b). Um eine wirksame Nutzungsrechtseinräumung sicherstellen zu können, müssen die AGB zudem eine mögliche Minderjährigkeit der Teilnehmer (c) und etwaige frühere Nutzungsrechtseinräumungen an den Arbeitgeber oder Dienstherrn der Teilnehmer (d) berücksichtigen. Wirksam sind die Nutzungsrechtseinräumungen in den AGB jedoch nur dann, wenn derartige Vereinbarungen rechtlich zulässig sind.

---

[524] *Hötte,* MMR 2014, 795.

[525] *Bourazeri,* NZA 2019, 741, 743.

[526] *Bourazeri,* NZA 2019, 741, 743.

[527] *Bourazeri,* NZA 2019, 741, 744; *Däubler,* Crowdworker – Schutz auch außerhalb des Arbeitsrechts, in: Benner, Crowdwork (2015), S. 243, 246; *Hötte,* MMR 2014, 795, 796; *Klebe/Neugebauer,* AuR 2014, 4, 5; auch arbeitnehmerähnlich sind sie nicht, da sie weder von einem bestimmten Plattformbetreiber noch von einem Unternehmen abhängig sind, *Bourazeri,* NZA 2019, 741, 744; *Däubler,* Crowdworker – Schutz auch außerhalb des Arbeitsrechts, in: Benner, Crowdwork (2015), S. 243, 246 f.

[528] *Däubler,* Crowdworker – Schutz auch außerhalb des Arbeitsrechts, in: Benner, Crowdwork (2015), S. 243, 246.

[529] S. zu den urheberrechtlichen Herausforderungen offener Produktionsprozesse innerhalb und außerhalb des Bildungsbereichs auch *Lotte,* Herausforderungen offener Partizipationskulturen an das Urheberrecht, in: Specht/Lauber-Rönsberg/Becker, Medienrecht im Medienumbruch (2017), S. 67, 67 ff.; zu den Auswirkungen von Schwarmphänomenen wie Crowdsourcing auf die Demokratie s. *Kersten,* JuS 2014, 673, 673 ff.

### a) Einräumung der Nutzungsrechte

Crowdsourcing-Plattformen lassen sich üblicherweise die Nutzungsrechte an den Inhalten einräumen.[530] Auch die AGB bei Direct Crowdsourcing[531] enthalten typischerweise die Einräumung der Nutzungsrechte an den Inhalten der Crowdsourcees, allerdings an den Seeker selbst.[532] Die Nutzungsrechtseinräumung durch AGB ist aber nicht grenzenlos zulässig, sondern muss der Einbeziehungs- und Wirksamkeitskontrolle der §§ 305 ff. BGB standhalten. Nicht wirksam sind dabei Klauseln, die eine Nutzungsrechtseinräumung an die Crowdsourcing-Plattform oder den Seeker auch an abgelehnten Arbeiten vorsehen. Eine solche Vereinbarung wird als überraschende Klausel nach § 305c Abs. 1 BGB nicht Bestandteil des Vertrags.[533] Ob eine Klausel überraschend ist, ist aus der Sicht eines redlichen Nutzers von durchschnittlicher Geschäftserfahrung, Aufmerksamkeit und Umsicht zu bestimmen.[534] Für einen redlichen Nutzer ist ein praktisches Bedürfnis des Seekers nicht erkennbar, an den abgelehnten Arbeiten die Nutzungsrechte zu erhalten. Er muss daher nicht damit rechnen, dass die Nutzungsrechte an diesen Arbeiten an den Seeker übertragen werden. Da nach § 305c Abs. 2 BGB Zweifel zu Lasten des Verwenders gehen und die kundenfeindlichste Auslegung zugrunde zu legen ist,[535] führt dies auch zur Unwirksamkeit pauschaler Nutzungsrechtseinräumungen.

Nicht überraschend ist die auf die Solution begrenzte Einräumung der Nutzungsrechte. So wird ein redlicher Nutzer davon ausgehen, dass der Seeker die ausgewählte Lösung auch praktisch einsetzen möchte und hierfür die Nutzungsrechte benötigt. Eine solche Klausel muss jedoch einer Inhaltskontrolle standhalten, sofern es sich hierbei nicht um den Hauptgegenstand des Crowdsourcingvertrags handelt. Den Hauptgegenstand eines Vertrages schließt Art. 4 Abs. 2 Klausel-RL[536] von einer Inhaltskontrolle aus, so dass § 307 Abs. 3 BGB entsprechend richtlinienkonform auszulegen ist.[537] Nach welchen Kriterien sich der Hauptgegenstand des Vertrags bestimmt, ist aber umstritten.

---

[530] *Klebe/Neugebauer,* AuR 2014, 4, 5; so auch die Empfehlung von *Witte,* ITRB 2012, 130, 132; für eine alternative Lösung der Herausforderung der Zuordnung der Nutzungsrechte bei Beendigung eines (bilateralen) Open Innovation Projekts s. *Granstrand/Holgersson,* California Management Review, Vol. 55 (2013), 184, 195 ff.

[531] Für die Unterscheidung zwischen Direct und Indirect Crowdsourcing s. § 6 III. 1.

[532] Vgl. *Söbbing,* ITRB 2011, 206.

[533] Die Unwirksamkeit einer solchen Regelung hingegen mit ihrer Unangemessenheit nach § 307 Abs. 2 BGB i. V. m. § 11 UrhG begründend *Klebe/Neugebauer,* AuR 2014, 4, 5 f.

[534] Vgl. MüKo/*Basedow,* BGB, 8. Aufl. (2019), § 305c, Rn. 6.

[535] MüKo/*Basedow,* BGB, 8. Aufl. (2019), § 305c, Rn. 51.

[536] Richtlinie 93/13/EWG des Rates vom 5. April 1993 über mißbräuchliche Klauseln in Verbraucherverträgen.

[537] MüKo/*Wurmnest,* BGB, 8. Aufl. (2019), § 307, Rn. 4.

Die Übertragungszwecklehre sollte man hierfür nicht heranziehen.[538] Bei dieser bestünde das Risiko eines Automatismus, da nahezu zwingend die als kontrollfähig ermittelten Leistungsbestimmungen auch mit dem wesentlichen Grundgedanken der gesetzlichen Regelung des § 31 Abs. 5 UrhG unvereinbar wären.[539] Zudem bestünde die Gefahr, dass umgekehrt Angemessenheitserwägungen bereits bei der Frage eines Ausschlusses der Klausel von der Inhaltskontrolle in unzulässiger Weise eine Rolle spielen würden.[540] Auch in systematischer Hinsicht ist die Anknüpfung an die Übertragungszwecklehre nicht überzeugend: So müsste hierfür zunächst der individuellen Vertragszweck ermittelt werden, obwohl in einer abstrakten AGB-Kontrolle über die Zulässigkeit der Klausel zu entscheiden ist. Darüber hinaus würde es die Rechtssicherheit verringern, den Hauptgegenstand bei Nutzungsrechtseinräumungen auf andere Weise zu bestimmen als bei sonstigen Klauseln.

Auch die Aufmerksamkeit des Kunden ist kein geeignetes Kriterium, um den Hauptgegenstand des Vertrags abzugrenzen,[541] da dies die Zulässigkeit der Inhaltskontrolle zu sehr mit der Prüfung vermischen würde, ob eine überraschende Klausel i. S. d. § 305c Abs. 1 BGB vorliegt. Einerseits wird eine Klausel, die zu stark von der Vorstellung des Vertragspartners abweicht, schon nicht Bestandteil des Vertrags. Andererseits ist das Kriterium zu weit und schließt tendenziell sehr viele Klauseln von der Inhaltskontrolle aus. Typischerweise sind einige Klauseln für die Abschlussentscheidung des Kunden entscheidend, so dass er auf sämtliche dieser Regelungen seine Aufmerksamkeit richten wird. Gerade die für den Kunden besonders relevanten Klauseln wären dann nicht kontrollfähig. Zudem steht das Kriterium der Aufmerksamkeit mit dem Sinn und Zweck der Inhaltskontrolle nicht völlig im Einklang. Die Inhaltskontrolle hat nicht nur die Funktion, eine Überrumpelung des Vertragspartners zu vermeiden, sondern auch ihn vor einer ungerechten Vertragsgestaltung aufgrund eines strukturellen Ungleichgewichts zu schützen.[542]

Entscheidend für die Bestimmung des Hauptgegenstands des Vertrags sollte daher das Kriterium der Unmittelbarkeit sein,[543] das eine sachgerechte Abgren-

---

[538] So aber *Berberich,* ZUM 2006, 205, 210; *Donle,* Die Bedeutung des § 31 Abs. 5 UrhG für das Urhebervertragsrecht (1993), S. 249 ff.; *Schulze,* in: Dreier/Schulze, UrhG, 6. Aufl. (2018), § 31, Rn. 114 ff.; *Sprave,* Die unbekannte Nutzungsart im neuen Urheberrecht (2011), S. 156; auf die Einräumung von Nutzungsrechten an Verlage bezogen *Pöppelmann,* Verbandsklagen gegen AGB-Klauseln, in: Schierholz/Melichar, FS Pfennig (2012), S. 301, 313.

[539] *Wille,* AGB-Kontrolle (2011), S. 214 f.

[540] *Wille,* AGB-Kontrolle (2011), S. 215.

[541] So aber *Wille,* AGB-Kontrolle (2011), S. 213 ff.; ähnlich *Ullrich,* Lizenzverträge und ihre Inhaltskontrolle im unternehmerischen Geschäftsverkehr (2013), S. 146 ff.

[542] *Pfeiffer,* in: Wolf/Lindacher/Pfeiffer, AGB–Recht, 7. Aufl. (2020), Einl., Rn. 4.

[543] So auch BGH, Urt. v. 31.5.2012 – I ZR 73/10, GRUR 2012, 1031, Rn. 18, 28 – *Honorarbedingungen Freie Journalisten; Grüneberg,* in: Palandt, BGB, 80. Aufl. (2021),

zung zwischen kontrollfähigen und nicht kontrollfähigen Klauseln zu gewährleisten vermag. Seine Heranziehung ist auch nicht durch die Natur des Vertrags ausgeschlossen. Zwar benötigen Verträge über das Urheberrecht tendenziell mehr Konkretisierung als Verträge über physisch greifbare Leistungen, aber dies führt nicht dazu, dass sich die einzelnen Klauseln nicht voneinander abgrenzen ließen.[544] Auch bei einem größeren Gestaltungsspielraum der Parteien kann man Vereinbarungen, die sich unmittelbar auf Leistung und Gegenleistung beziehen, von Klauseln unterscheiden, die sich lediglich mittelbar auf sie auswirken. Zudem wird das Kriterium der Unmittelbarkeit in besonderem Maße dem Gedanken gerecht, der dem Ausschluss des Hauptgegenstands des Vertrags von der Inhaltskontrolle zugrunde liegt: Die Bestimmung von Leistung und Gegenleistung soll dem Markt selbst überlassen werden.[545] Auch unter dem Gesichtspunkt der Rechtssicherheit ist das Kriterium der Unmittelbarkeit vorzugswürdig, da es von der konkreten Vertragsart unabhängig ist.

Wendet man dieses Kriterium auf Crowdsourcing an, so zählt die Nutzungsrechtseinräumung zum Hauptgegenstand des Vertrags, da sie unmittelbar die Leistung des Solvers betrifft. So besteht diese zum einen darin, eine Lösung für das Problem des Seekers zu finden und zum anderen, ihm die Nutzung dieser Lösung zu ermöglichen. Dies kann der Seeker aber nur dann, wenn er die Nutzungsrechte an der Lösung erhält. Der Inhaltskontrolle unterliegt die Nutzungsrechtseinräumung bei Crowdsourcing somit nicht.[546] Sie ist jedoch nur dann wirksam, wenn sie klar und verständlich formuliert ist, da Regelungen über den Hauptgegenstand des Vertrags ebenfalls der Transparenzkontrolle nach § 307 Abs. 1 S. 2 BGB standhalten müssen. Die Klausel muss hierfür sowohl den Inhalt, an dem der Solver die Nutzungsrechte einräumt, als auch den Umfang der Nutzungsrechtseinräumung eindeutig bezeichnen.

### *b) Weiterübertragung eingeräumter Nutzungsrechte*

Die AGB bei Crowdsourcing enthalten regelmäßig eine Klausel, dass die Nutzungsrechte ohne Zustimmung des Urhebers an Dritte übertragen werden dürfen, da nur dann der Seeker die Lösung sinnvoll nutzen kann. Erst recht ist die Weiterübertragung der Nutzungsrechte erforderlich, wenn die Plattform die Nutzungsrechte erhält. Schließlich ist der Sinn und Zweck einer entsprechen-

---

§ 307, Rn. 44; HK-*Dreyer,* UrhG, 4. Aufl. (2018), § 11, Rn. 13; *Schippan,* ZUM 2010, 782, 785.

[544] A. A. *Wille,* AGB-Kontrolle (2011), S. 213 f.

[545] *Schulte-Nölke,* in: Schulze, BGB, 10. Aufl. (2019), § 307, Rn. 5.

[546] Für einen generellen Ausschuss von Nutzungsrechtseinräumungen aus der Inhaltskontrolle (noch auf § 8 AGB-Gesetz bezogen) *Kuck,* GRUR 2000, 285, 288, mit der zweifelhaften Begründung, dass die teilweise seitenlange Aufzählung von Nutzungs- und Verwertungsrechten in AGB seit Jahrzehnten in den einzelnen Branchen genauso verbreitet sei wie die räumlich und zeitlich unbeschränkte Übertragung von Rechten.

den Vermittlung, dass der Seeker die Nutzungsrechte erhält.[547] Ein durchschnittlicher, redlicher Nutzer wird eine solche Klausel daher erwarten. Überraschend i. S. d. § 305c Abs. 1 BGB ist die Klausel deshalb nicht. Sie ist aber unwirksam, wenn sie unverständlich formuliert ist und somit dem Transparenzgebot des § 307 Abs. 1 S. 2 BGB nicht genügt. Zudem ist die Angemessenheit der Klausel zu prüfen, da keiner der Ausschlussgründe des § 307 Abs. 3 BGB vorliegt. Lediglich deklaratorisch ist eine solche Klausel nicht, da nach § 34 Abs. 1 S. 1 UrhG Nutzungsrechte nur mit Zustimmung des Urhebers übertragen werden können. Auch zum Hauptgegenstand des Vertrags zählt die formularmäßige Zustimmung zur Übertragung der Nutzungsrechte nicht. Sie modifiziert lediglich die Einräumung der Nutzungsrechte und wirkt sich daher nur mittelbar auf den Hauptgegenstand des Vertrags aus. Da die Crowdsourcees in der Regel Verbraucher sind,[548] sind zwar auch die Klauselverbote der §§ 308, 309 BGB zu beachten, die Übertragung von Nutzungsrechten an Dritte erfassen sie aber nicht.

Ob die Klausel auch i. S. d § 307 Abs. 1, 2 BGB angemessen ist, ist umstritten.[549] Gegen die generelle Unzulässigkeit eines Verzichts des Urhebers auf sein Recht, über die Weiterübertragung der Nutzungsrechte entscheiden zu können, spricht schon § 34 Abs. 5 S. 2 UrhG. Nach dieser Vorschrift ist das Zustimmungserfordernis vertraglich abdingbar, ohne dass sie einen Anhaltspunkt dafür enthält, dass dies nicht auch durch AGB erfolgen kann.[550] Zudem ergeben sich aus den gesetzlichen Vorschriften keinerlei Einschränkungen, in welcher Form eine Zustimmung des Urhebers erfolgen muss.[551] Eine pauschale Unangemessenheit des Verzichts anzunehmen würde darüber hinaus den Interessen des Urhebers zumindest dann widersprechen, wenn die Einräumung der Nutzungsrechte ohne ihre Weiterübertragung sinnlos wäre. Dies trifft etwa auf partizipatorische Netzwerke wie Crowdsourcing oder cMOOCs zu, bei denen Anbieter und Plattformen die Nutzungsrechte gerade zu dem Zweck erhalten, sie den Teilnehmern übertragen zu können.

---

[547] *Klebe/Neugebauer,* AuR 2014, 4, 5.

[548] Unternehmer sind die Crowdsourcees nur dann, wenn die Ausführung von Aufträgen ihre Haupterwerbsquelle sein soll, *Däubler,* Crowdworker – Schutz auch außerhalb des Arbeitsrechts, in: Benner, Crowdwork (2015), S. 243, 250.

[549] Als zulässig ansehend OLG Hamburg, Urt. v. 1.6.2011 – 5 U 113/09, NJOZ 2011, 1323, 1331 – *Bauer Achat; Hötte,* MMR 2014, 795, 798; *J. B. Nordemann,* NJW 2012, 3121, 3123; *ders.,* in: Fromm/Nordemann, UrhG, 12. Aufl. (2018), 34, Rn. 41 f.; als generell unzulässig einordnend *Schulze,* in: Dreier/Schulze, UrhG, 6. Aufl. (2018), § 34, Rn. 51; *Wandtke/Grunert,* in: Wandtke/Bullinger, UrhG, 5. Aufl. (2019), § 34, Rn. 40; nach der Schöpfungshöhe des Werks differenzierend *Acker/Thum,* GRUR 2008, 671, 676 f.; *Schricker,* in: Schricker, UrhG, 3. Aufl. (2006), § 34, Rn. 12; für eine Abwägung im Einzelfall *Ohly,* in: Schricker/Loewenheim/Leistner/Ohly, UrhG, 6. Aufl. (2020), § 34, Rn. 55.

[550] *Acker/Thum,* GRUR 2008, 671, 676.

[551] OLG Hamburg, Urt. v. 1.6.2011 – 5 U 113/09, NJOZ 2011, 1323, 1331 – *Bauer Achat.*

Die Zulässigkeit eines formularmäßigen Verzichts auf das Zustimmungserfordernis ist daher differenzierter zu beurteilen. Auf die Schöpfungshöhe des Werks sollte man dabei nicht abstellen.[552] Dies würde zu einer erheblichen Rechtsunsicherheit führen und auf diese Weise die mit der Standardisierung erstrebte Erleichterung des Rechtsverkehrs verhindern. Der Verwender der AGB müsste dann zunächst die Schöpfungshöhe des konkreten Werks prüfen oder zumindest eine typisierte Betrachtung vornehmen. Neben einem erheblichen Aufwand bestünde auch stets die Gefahr, dass er die Schöpfungshöhe falsch einschätzt und die Klausel unwirksam ist. Zudem würde es in der Praxis auf Schwierigkeiten stoßen, die Schöpfungshöhe des konkreten Werks im Rahmen einer abstrakten AGB-Kontrolle zu bestimmen. Die Anknüpfung an die Schöpfungshöhe des Werks ist darüber hinaus nicht sachgerecht. Schließlich hängt es nicht von der Schöpfungshöhe des Werks ab, ob eine persönliche Beziehung zwischen Urheber und Verwerter besteht.

Überzeugend ist hingegen, eine Abwägung der Interessen im Einzelfall vorzunehmen,[553] wie es § 307 Abs. 1 BGB erlaubt. Auf diese Weise lassen sich die Interessen der Urheber ausreichend schützen, ohne die Vertragsgestaltung der Parteien zu sehr einzuengen. Widerspricht eine Übertragung der Nutzungsrechte an Dritte in einer gewissen Konstellation typischerweise den Interessen des Urhebers, lässt sich dies in der Interessenabwägung berücksichtigen. Bei Crowdsourcing hat der Verwender der AGB jedoch ein berechtigtes Interesse an der Übertragung der Rechte, da er die Solution meist nicht selbst verwenden möchte. Erst recht gilt dies bei Crowdsourcing-Plattformen, die als Vermittler fungieren. Dies steht auch mit den Interessen des Urhebers im Einklang. So wird es ihm darauf ankommen, dass der Seeker die Lösung praktisch nutzen kann, was die Übertragung der Nutzungsrechte erfordern kann. Es ist somit rechtlich zulässig, bei Crowdsourcing die Übertragbarkeit der Nutzungsrechte an Dritte in den AGB vorzusehen.

#### *c) Minderjährige*

An Crowdsourcing können auch Minderjährige teilnehmen. Oftmals richten sich Aufgabenstellungen sogar an eine eher junge Zielgruppe. Die AGB bei Crowdsourcing beinhalten daher zum Teil eine Klausel, die speziell auf minderjährige Teilnehmer zugeschnitten ist. In dieser sichern die Teilnehmer zu, dass im Falle ihrer Minderjährigkeit ihr gesetzlicher Vertreter dem Crowdsourcing zugestimmt hat. Die urheberrechtlichen Herausforderungen bewältigt eine solche Klausel aber nicht. Eine solche Erklärung ist zwar rechtlich zulässig, kann aber die Sicherheit über die Wirksamkeit der Nutzungsrechtseinräumung

---

[552] So aber *Acker/Thum*, GRUR 2008, 671, 676 f.; *Schricker*, in: Schricker, UrhG, 3. Aufl. (2006), § 34, Rn. 12.

[553] *Ohly*, in: Schricker/Loewenheim/Leistner/Ohly, UrhG, 6. Aufl. (2020), § 34, Rn. 55.

nicht erhöhen. So ist die Klausel als Einwilligung des gesetzlichen Vertreters schon deshalb nicht einzuordnen, weil die minderjährigen Teilnehmer selbst und nicht ihr gesetzlicher Vertreter den AGB zustimmen. Auch können die Minderjährigen nicht auf das Zustimmungserfordernis ihrer gesetzlichen Vertreter verzichten, da die Vorschriften der §§ 104 ff. BGB zum Schutz der Minderjährigen als zwingendes Recht ausgestaltet sind.[554] Allenfalls kann eine solche Erklärung Schadensersatzansprüche auslösen, bei denen wiederum die Minderjährigkeit der Erklärenden zu berücksichtigen ist.

*d) Arbeitnehmerurheber*

Stehen Teilnehmer in einem Arbeits- oder Dienstverhältnis, kann ihrem Arbeitgeber oder Dienstherrn an den von ihnen erstellten Inhalten ein ausschließliches Nutzungsrecht zukommen. Empfehlungen, wie vertragliche Regelungen bei Crowdsourcing dies berücksichtigen können, existieren ausschließlich im Hinblick auf das Arbeitnehmerpatentrecht. *Wündisch* rät dem Patentverkäufer, über bekannte Risiken seiner Inhaberschaft aufzuklären und eine vertragliche Regelung zu treffen, die das Risiko entsprechend zuweist.[555] Insbesondere solle er den Inhalt des Schuldverhältnisses im Hinblick auf § 275 Abs. 2 BGB ausdrücklich festlegen.[556] Darüber hinaus bestehe die Möglichkeit, dass der Verkäufer das schuldrechtliche Verpflichtungs- sowie das dingliche Verfügungsgeschäft von dem Vorbehalt seiner eigenen Inhaberschaft bzw. Verfügungsbefugnis abhängig mache.[557] Die Unsicherheit über die Wirksamkeit der Nutzungsrechtseinräumungen können diese Vorschläge jedoch nicht reduzieren, da sie sich ausschließlich auf mögliche Sekundäransprüche beziehen.

Auf den Primäranspruch selbst ist hingegen der Vorschlag von *Hötte* gerichtet. Er empfiehlt, bei patentfähigen Arbeitsergebnissen die Rechtsposition des Arbeitsgebers der Crowdsourcees abzuklären und ggf. eine Übertragung zu vereinbaren.[558] Auf urheberrechtlich geschützte Inhalte lässt sich dies übertragen, da Vereinbarungen mit dem Arbeitgeber oder Dienstherrn die Wirksamkeit der Nutzungsrechtseinräumung sicherstellen können. Solche Vereinbarungen sind auch rechtlich zulässig. Teilweise kann der Arbeitgeber oder Dienstherr sogar die ihm eingeräumten Nutzungsrechte an Dritte übertragen, ohne dass der Urheber selbst zustimmen muss.[559] Auf das Recht, anderen die Verwendung des Inhalts zu verbieten, darf der Arbeitgeber oder Dienstherr aber auch in den übrigen Fällen verzichten. Praktikabel ist diese Lösung jedoch

---

[554] *Ellenberger,* in: Palandt, BGB, 80. Aufl. (2021), Einf. v. § 104, Rn. 3.
[555] *Wündisch,* GRUR 2012, 1003, 1008.
[556] *Wündisch,* GRUR 2012, 1003, 1008.
[557] *Wündisch,* GRUR 2012, 1003, 1008.
[558] *Hötte,* MMR 2014, 795, 798.
[559] Vgl. § 6 I. 1.

allenfalls dann, wenn der Seeker die Nutzungsrechte nur an einer überschaubaren Anzahl von Inhalten benötigt. Andernfalls würden die Verhandlungen mit allen Arbeitgebern oder Dienstherren einen zu großen Aufwand verursachen. Zudem entstehen bei dieser Lösung selbst dann zusätzliche Kosten, wenn nur die Nutzungsrechte an einem oder an wenigen Inhalten betroffen sind. So liegt es nahe, dass der Arbeitgeber oder Dienstherr nur gegen Zahlung eines Entgelts bereit sein wird, die Nutzungsrechte zu übertragen. Dieses Entgelt kommt zu einer Vergütung des Crowdsourcees noch hinzu, da die Vereinbarungen mit den Crowdsourcees den Arbeitgeber oder Dienstherrn nicht einschließen. Überdies kann es sein, dass der Arbeitgeber oder Dienstherr nicht zu einer Vereinbarung mit dem Seeker bereit ist. Zumindest bei einigen Arbeitgebern oder Dienstherren wird die Übertragung der Nutzungsrechte an den Seeker ihren Interessen widersprechen oder mit der Unternehmenspolitik nicht vereinbar sein.

### *3. Übertragbarkeit der Vertragsgestaltung bei Crowdsourcing auf cMOOCs*

Die vertraglichen Vereinbarungen bei Crowdsourcing gewährleisten eine Übertragung der Nutzungsrechte unabhängig davon, ob man den Upload der Inhalte als konkludente Nutzungsrechtseinräumung einordnet.[560] Übertragen lässt sich dies auf cMOOCs aber nur dann, wenn eine solche Klausel auch bei cMOOCs rechtlich zulässig wäre. Die Unsicherheit über die Wirksamkeit der Nutzungsrechtseinräumung reduziert die Vertragsgestaltung bei Crowdsourcing jedoch kaum. Bei minderjährigen Teilnehmern können die in der Praxis verwendeten Regelungen nicht die Wirksamkeit der Nutzungsrechtseinräumungen begründen.[561] Hinsichtlich der Verfügungsbeschränkungen von Arbeitnehmerurhebern ist die vertragliche Lösung bei Crowdsourcing auf gewisse Konstellationen begrenzt und von der Kooperationsbereitschaft der Arbeitgeber abhängig.[562]

#### *a) Einräumung der Nutzungsrechte*

Die Einräumung der Nutzungsrechte an den erstellten Inhalten ist bei cMOOCs nicht per se als überraschende Klausel i. S. d. § 305c BGB einzuordnen. Hiergegen spricht bereits, dass die Einräumung von Rechten an nutzergenerierten Inhalten bei Plattformen sehr weit verbreitet ist.[563] Zudem werden die Inhalte mit dem Ziel erstellt, dass die anderen Teilnehmer sie verwenden und verändern dürfen. Ein durchschnittlicher, redlicher Teilnehmer wird deshalb eine

---

[560] Vgl. § 6 II. 1.
[561] Vgl. § 6 III. 2. c).
[562] Vgl. § 6 III. 2. d).
[563] Zu der insoweit vergleichbaren Fragestellung bei Facebook *Berberich,* MMR 2010, 736, 737.

solche Regelung erwarten. Dies gilt aber nur, soweit die Nutzungsrechtseinräumung auf die Lehr- und Lernzwecke begrenzt ist. Mit einer umfassenden Einräumung der Nutzungsrechte über diese hinaus muss ein Teilnehmer hingegen nicht rechnen, da die Durchführung eines cMOOCs dies nicht erfordert. Eine pauschale Einräumung der Nutzungsrechte, die eine Verwendung der Inhalte zu beliebigen Zwecken erlaubt, wird daher nach § 305c Abs. 2 BGB bereits nicht Bestandteil des Vertrags. Unklarheiten gehen dabei nach § 305c Abs. 2 BGB zu Lasten des Verwenders.

Die auf den Lehr- und Lernprozess beschränkte Einräumung der Nutzungsrechte muss zudem klar und verständlich formuliert sein, um das Transparenzgebot des § 307 Abs. 1 S. 2 BGB zu wahren. Ob sie auch den Anforderungen einer Inhaltskontrolle genügen muss, hängt hingegen davon ab, ob sie zum Hauptgegenstand des Vertrags zählt. Dieser ist nach dem Kriterium der Unmittelbarkeit zu bestimmen.[564] Die Leistung des cMOOC-Anbieters besteht darin, den Teilnehmern Inhalte zugänglich zu machen und einen strukturierten Rahmen für ihre gemeinsamen Lehr- und Lernprozesse zur Verfügung zu stellen. Die cMOOC-Teilnehmer sind zur Zahlung eines Entgelts zumeist nicht verpflichtet, da die Teilnahme an einem cMOOC typischerweise kostenlos möglich ist.[565] Ebenso besteht keine Verpflichtung für sie, urheberrechtlich geschützte Inhalte zu erstellen. Das partizipative Konzept eines cMOOCs setzt aber nicht nur voraus, dass zumindest einige Teilnehmer aktiv an dem Kurs mitwirken, sondern insbesondere auch, dass die anderen Teilnehmer diese Inhalte nutzen und verändern dürfen. Für die Funktionsfähigkeit eines cMOOCs ist daher die Einräumung der Nutzungsrechte an den erstellten Inhalten essenziell und deshalb als Gegenleistung der Teilnehmer einzuordnen.

Die Zulässigkeit der Nutzungsrechtseinräumung hängt hiervon jedoch nicht ab. Selbst wenn man dies anders beurteilen und somit den Anwendungsbereich der Inhaltskontrolle als eröffnet ansehen würde,[566] würde dies nicht zur Unwirksamkeit der Einräumung der Nutzungsrechte für die Zwecke des Lehrens und Lernens führen. Weder stehen die Klauselverbote der §§ 308, 309 BGB einer solchen Vereinbarung entgegen, noch ist dies mit einem gesetzlichen Leitbild i. S. d. § 307 Abs. 2 Nr. 1 BGB unvereinbar. Der Zweckübertragungsgrundsatz des § 31 Abs. 5 UrhG ist nach vorzugswürdiger Ansicht kein gesetz-

---

[564] Vgl. § 6 III. 2. a).

[565] S. Einl. 2.

[566] Bei Facebook, dessen Konzept in anderer Form auch eine Weiterverwendung der Inhalte durch die Nutzer beinhaltet, hat das KG die Nutzungsrechtseinräumung als kontrollfähige Nebenabrede eingeordnet KG, Urt. v. 24.1.2014 – 5 U 42/12, GRUR-RS 2014, 03648, Rn. 123 – *Freunde-Finder;* bei sozialen Netzwerken die Anwendbarkeit der Inhaltskontrolle auf Nutzungsrechtseinräumungen bejahend zudem *Berberich*, MMR 2010, 736, 738 f.; *Solmecke/Dam*, MMR 2012, 71, 72.

liches Leitbild.[567] Hiergegen sprechen neben dem Gesetzeswortlaut auch systematische und teleologische Erwägungen.[568] So bestehen zwischen § 31 Abs. 5 UrhG und dem sonstigen dispositiven Recht grundlegende funktionale Differenzen.[569] Zum einen ist der Anwendungsbereich des § 31 Abs. 5 UrhG enger, da er als Auslegungsregel nur bei Unklarheiten über den Umfang der Rechteeinräumung Anwendung findet.[570] Zum anderen erschöpft sich die Funktion von § 31 Abs. 5 UrhG darin, bei unklaren Vereinbarungen Rechtssicherheit zu schaffen. Die Parteien sind jedoch nicht verpflichtet, sich bei vertraglichen Vereinbarungen an diesem Grundsatz zu orientieren. Vielmehr können sie auch mehr Rechte übertragen als es der Vertragszweck erfordern würde, da die Vertragsparteien selbst den Inhalt und Umfang bestimmen können, in dem sie urheberrechtliche Nutzungsrechte übertragen wollen.[571] Diese gesetzgeberische Leitentscheidung zugunsten der Privatautonomie ist auch im Rahmen der Inhaltskontrolle zu berücksichtigen.[572] Einer Eignung des § 31 Abs. 5 UrhG als gesetzliches Leitbild steht zudem sein konkret-individueller Maßstab entgegen.[573] Da die Vorschrift an den konkreten Vertragszweck anknüpft, erfordert sie eine Prüfung nach den Umständen des Einzelfalls.[574] Der

---

[567] So auch BGH, Urt. v. 17.10.2013 – I ZR 41/12, GRUR 2014, 556, Rn. 11 f. – *Rechteeinräumung Synchronsprecher;* BGH, Urt. v. 31.5.2012 – I ZR 73/10, GRUR 2012, 1031, Rn. 16 ff. – *Honorarbedingungen Freie Journalisten;* KG, Urt. v. 24.1.2014 – 5 U 42/12, GRUR-RS 2014, 03648, Rn. 123 – *Freunde-Finder; Haberstumpf,* in: Büscher/Dittmer/Schiwy, Gewerblicher Rechtsschutz, Urheberrecht, Medienrecht, 3. Aufl. (2015), Vor §§ 31 ff. UrhG, Rn. 3 (anders noch 2. Aufl. (2011), Vor §§ 31 ff. UrhG, Rn. 8); HK-*Kotthoff,* UrhG, 4. Aufl. (2018), § 31, Rn. 138; *J. B. Nordemann,* NJW 2012, 3121, 3122; a. A. *Berberich,* ZUM 2006, 205, 207; *ders.,* WRP 2012, 1055, 1057 f.; *Donle,* Die Bedeutung des § 31 Abs. 5 UrhG für das Urhebervertragsrecht (1993), S. 226: *Pöppelmann,* Verbandsklagen gegen AGB-Klauseln, in: Schierholz/Melichar, FS Pfennig (2012), S. 301, 315 ff.; *Schulze,* GRUR 2012, 993, 994; *Schwenke,* Wirksamkeit der Rechteeinräumung an Nutzerinhalten in: Taeger, IT und Internet (2012), S. 35, 42; *ders.,* WRP 2013, 37, 39.

[568] BGH, Urt. v. 31.5.2012 – I ZR 73/10, GRUR 2012, 1031, Rn. 16 – *Honorarbedingungen Freie Journalisten.*

[569] BGH, Urt. v. 31.5.2012 – I ZR 73/10, GRUR 2012, 1031, Rn. 16 ff. – *Honorarbedingungen Freie Journalisten.*

[570] BGH, Urt. v. 18.2.1982 – I ZR 81/80, GRUR 1984, 45, 49 – *Honorarbedingungen: Sendevertrag;* BGH, Urt. v. 31.5.2012 – I ZR 73/10, GRUR 2012, 1031, Rn. 17 – *Honorarbedingungen Freie Journalisten;* HK-*Kotthoff,* UrhG, 4. Aufl. (2018), § 31, Rn. 138.

[571] BGH, Urt. v. 31.5.2012 – I ZR 73/10, GRUR 2012, 1031, Rn. 17 – *Honorarbedingungen Freie Journalisten.*

[572] BGH, Urt. v. 31.5.2012 – I ZR 73/10, GRUR 2012, 1031, Rn. 18 – *Honorarbedingungen Freie Journalisten;* BGH, Urt. v. 17.10.2013 – I ZR 41/12, GRUR 2014, 556, Rn. 12 – *Rechteeinräumung Synchronsprecher.*

[573] BGH, Urt. v. 31.5.2012 – I ZR 73/10, GRUR 2012, 1031, Rn. 19 – *Honorarbedingungen Freie Journalisten; Castendyk,* ZUM 2007, 169, 174.

[574] BGH, Urt. v. 31.5.2012 – I ZR 73/10, GRUR 2012, 1031, Rn. 19 – *Honorarbedingungen Freie Journalisten;* HK-*Kotthoff,* UrhG, 4. Aufl. (2018), § 31, Rn. 138.

Maßstab der Inhaltskontrolle nach § 307 BGB ist hingegen abstrakt-generell.[575] In einer abstrakten AGB-Kontrolle lässt sich der Vertragszweck daher nicht hinreichend bestimmen.[576]

Zu beurteilen wäre die Nutzungsrechtseinräumung bei einer Anwendbarkeit der Inhaltskontrolle aber nach dem Grundsatz der angemessenen Vergütung des § 11 Abs. 2 UrhG, da die Regelung nach überzeugender Ansicht[577] als gesetzliches Leitbild einzuordnen ist. Dies entspricht dem Willen des Gesetzgebers,[578] der durch ein Zusammenspiel von § 11 S. 2 UrhG und den §§ 32, 32a UrhG einen lückenlosen Schutz sicherstellen wollte.[579] Letztere greifen ein, wenn eine Inhaltskontrolle von AGB nach § 307 Abs. 3 BGB ausscheidet.[580] Es ist daher nicht zu befürchten, dass die Regelungen der §§ 32, 32a UrhG leerlaufen.[581] Auch ein Konflikt der Vorschriften droht nicht,[582] da sie nicht vergleichbar sind.[583] So liegen den Normen unterschiedliche Zielsetzungen zugrunde.[584] Zudem erfolgt durch die §§ 307 ff. BGB eine Kontrolle der strukturellen, durch die §§ 32 ff. UrhG hingegen der individuellen Unangemessenheit.[585]

---

[575] BGH, Urt. v. 31.5.2012 – I ZR 73/10, GRUR 2012, 1031, Rn. 19 – *Honorarbedingungen Freie Journalisten;* HK-*Kotthoff,* UrhG, 4. Aufl. (2018), § 31, Rn. 138.

[576] *J. B. Nordemann,* NJW 2012, 3121, 3122.

[577] So auch BGH, Urt. v. 31.5.2012 – I ZR 73/10, GRUR 2012, 1031, Rn. 29 – *Honorarbedingungen Freie Journalisten;* OLG Hamburg, Urt. v. 1.6.2011 – 5 U 113/09, NJOZ 2011, 1323, 1328 – *Bauer Achat;* KG, Urt. v. 24.1.2014 – 5 U 42/12, GRUR-RS 2014, 03648, Rn. 128 – *Freunde-Finder;* HK-*Dreyer,* UrhG, 4. Aufl. (2018), § 11, Rn. 12; *Peifer,* AfP 2012, 510, 513; *Pöppelmann,* Verbandsklagen gegen AGB-Klauseln, in: Schierholz/Melichar, FS Pfennig (2012), S. 301, 312; *Schulze,* GRUR 2012, 993, 994; *ders.,* in: Dreier/Schulze, UrhG, 6. Aufl. (2018), § 31, Rn. 116; a. A. *Graf v. Westphalen,* AfP 2008, 21, 23 f.; *Wille,* ZUM 2011, 206, 209 ff.

[578] BGH, Urt. v. 31.5.2012 – I ZR 73/10, GRUR 2012, 1031, Rn. 29 – *Honorarbedingungen Freie Journalisten; Haberstumpf,* in: Büscher/Dittmer/Schiwy, Gewerblicher Rechtsschutz, Urheberrecht, Medienrecht, 3. Aufl. (2015), § 11 UrhG, Rn. 2; *Schulze,* GRUR 2012, 993, 994; vgl. Beschlussempfehlung und Bericht des Rechtsausschusses (6. Ausschuss) zu den Entwürfen eines Gesetzes zur Stärkung der vertraglichen Stellung von Urhebern und ausübenden Künstlern v. 23.1.2002, BT-Drs. 14/8058, S. 18.

[579] OLG Hamburg, Urt. v. 1.6.2011 – 5 U 113/09, NJOZ 2011, 1323, 1328 – *Bauer Achat.*

[580] BGH, Urt. v. 31.5.2012 – I ZR 73/10, GRUR 2012, 1031, Rn. 29 – *Honorarbedingungen Freie Journalisten; Haberstumpf,* in: Büscher/Dittmer/Schiwy, Gewerblicher Rechtsschutz, Urheberrecht, Medienrecht, 3. Aufl. (2015), § 11 UrhG, Rn. 2.

[581] A. A. hinsichtlich § 32 UrhG *Wille,* ZUM 2011, 206, 210.

[582] *Peifer,* AfP 2012, 510, 515.

[583] *Pöppelmann,* Verbandsklagen gegen AGB-Klauseln, in: Schierholz/Melichar, FS Pfennig (2012), S. 301, 313.

[584] *Pöppelmann,* Verbandsklagen gegen AGB-Klauseln, in: Schierholz/Melichar, FS Pfennig (2012), S. 301, 314.

[585] *Peifer,* AfP 2012, 510, 515.

Am Grundsatz des § 11 S. 2 UrhG ist neben der Höhe der Vergütung auch die Nutzungsrechtseinräumung selbst zu messen[586] und insbesondere zu prüfen, ob der eingeräumte Nutzungsumfang im Verhältnis zu der vereinbarten Vergütung zu umfassend ist.[587] So ist ohne adäquates Äquivalent neben dem Preis auch die Angemessenheit der Regelung selbst fragwürdig.[588] Dennoch können AGB des Vertragspartners[589] zulässig sein, die eine unentgeltliche Einräumung von Nutzungsrechten vorsehen.[590] Andernfalls wäre nicht nur die Privatautonomie zu stark eingeschränkt, sondern auch nicht kommerzielle Produktionsprozesse ungerechtfertigt benachteiligt. Um mit dem Leitbild des § 11 S. 2 UrhG vereinbar zu sein, muss eine solche Regelung jedoch gewisse Voraussetzungen erfüllen.

Das LG Nürnberg/Fürth hat die Zulässigkeit einer unentgeltlichen Nutzungsrechtseinräumung damit begründet, dass in dem Fall das betreffende Werk keinen besonderen Marktwert hatte und es schlecht denkbar war, dass der Vertragspartner hierdurch ins Gewicht fallende Summen erziele.[591] Diese Ausführungen waren auf den konkret vorliegenden Fall zugeschnitten[592] und sind daher für einen allgemeingültigen Grundsatz zu eng gefasst. Auch bei Werken mit Marktwert muss der Urheber aufgrund seiner Privatautonomie auf einen Vergütungsanspruch verzichten können. Nach dem OLG Köln kann die unentgeltliche Einräumung eines Nutzungsrechts an eine Plattform wirksam sein, wenn die Funktionsweise der Plattform letztlich dem Interesse aller Teilnehmer dient und die Inhalte zu keinen eigenständigen Einnahmen führen.[593] In die gleiche Richtung geht das KG-Urteil *Freunde-Finder*, das die unentgeltliche Nutzungsrechtseinräumung an die Social Media Plattform Facebook ohne

---

[586] *Pöppelmann,* Verbandsklagen gegen AGB-Klauseln, in: Schierholz/Melichar, FS Pfennig (2012), S. 301, 312.

[587] *Schulze,* GRUR 2012, 993, 994.

[588] *Peifer,* AfP 2012, 510, 514.

[589] Davon zu unterscheiden ist die Konstellation, dass der Urheber selbst AGB verwendet. Dies trifft etwa auf die Nutzung von Creative Commons-Lizenzen zu, da der Urheber auch dann der Verwender von AGB sein kann, wenn die Vertragsbedingungen von Dritten vorformuliert sind, vgl. Begründung des Entwurfs der Bundesregierung eines Gesetzes zur Regelung des Rechts der Allgemeinen Geschäftsbedingungen (AGB-Gesetz) v. 6.8.1975, BT-Drs. 7/3919, S. 16; MüKo/*Basedow*, BGB, 8. Aufl. (2019), § 305, Rn. 14.

[590] Vgl. OLG Köln, Urt. v. 19.12.2014 – 6 U 51/14, GRUR 2015, 880, Rn. 26 ff. – *Softairmunition;* LG Nürnberg-Fürth, Urt. v. 4.2.2011 – 4 HK O 9301/10, MMR 2011, 588, 589.

[591] LG Nürnberg-Fürth, Urt. v. 4.2.2011 – 4 HK O 9301/10, MMR 2011, 588, 589.

[592] Gegenstand der Entscheidung waren Produktbilder, die auf der Internetplattform Amazon eingestellt waren.

[593] OLG Köln, Urt. v. 19.12.2014 – 6 U 51/14, GRUR 2015, 880, Rn. 27 f. – *Softairmunition.*

Begrenzung des Verwendungszwecks für unzulässig erklärt hat.[594] Begründet hat das KG dies insbesondere damit, dass eine kommerzielle Verwendung des Inhalts kein notwendiger Bestandteil für die Nutzung des Netzwerks sei.[595] Diese Grundsätze überzeugen. Ein berechtigtes Interesse des Verwenders der AGB besteht nur insoweit, wie es die Funktionsfähigkeit der Plattform oder die gemeinsam mit dem Urheber verfolgte Tätigkeit erfordert. Bei den cMOOCs ist dies der gemeinsame Lehr- und Lernprozess. Eine Einräumung der Nutzungsrechte dürfen die AGB bei cMOOCs jedoch unabhängig von einer Inhaltskontrolle nur für den gemeinsamen Prozess des Lehrens und Lernens vorsehen, da darüber hinausgehende Regelungen als überraschende Klauseln unwirksam sind.

Eine Besonderheit besteht bei cMOOCs aber insoweit, dass über die öffentliche Zugänglichmachung und unveränderte Vervielfältigung des Inhalts hinaus auch eine Änderung der Inhalte möglich sein muss. Ob der Urheber das Bearbeitungsrecht durch AGB umfassend einräumen darf, ist umstritten.[596] Bei cMOOCs kommt es hierauf aber nicht an, da es einer ausdrücklichen Erklärung der Teilnehmer nicht bedarf. So darf nach § 39 Abs. 1 UrhG der Inhaber des Nutzungsrechts bei einer entsprechenden Vereinbarung das Werk auch ändern. Für cMOOCs ist es charakteristisch, dass die Teilnehmer wechselseitig die Inhalte ergänzen oder verbessern. Bei der Verwendung in cMOOCs folgt die Änderungsbedürftigkeit der Werke daher bereits aus der Art und Weise ihrer Verwertung. Es handelt sich somit um eine Werkverwertung mit Bearbeitungscharakter.[597] Gestattet der Urheber eine solche Art der Verwertung, schließt dies die stillschweigende[598] Einräumung des Bearbeitungs-

---

[594] KG, Urt. v. 24.1.2014 – 5 U 42/12, GRUR-RS 2014, 03648, Rn. 130 – *Freunde-Finder.*

[595] KG, Urt. v. 24.1.2014 – 5 U 42/12, GRUR-RS 2014, 03648, Rn. 130 – *Freunde-Finder;* in diese Richtung auch *Berberich,* MMR 2010, 736, 737 f.

[596] Als zulässig einordnend *A. Nordemann,* in: Fromm/Nordemann, UrhG, 12. Aufl. (2018), § 39, Rn. 16; unter der Voraussetzung, dass die Klauseln die Einschränkung „unter Wahrung der geistigen Eigenart" enthalten *Peukert,* in: Schricker/Loewenheim/Leistner/Ohly, UrhG, 6. Aufl. (2020), § 39, Rn. 15; nach dem Einzelfall beurteilend HK-*Kotthoff,* UrhG, 4. Aufl. (2018), § 39, Rn. 7; generell als unwirksam ansehend *Schulze,* in: Dreier/Schulze, UrhG, 6. Aufl. (2018), § 39, Rn. 11; *Wandtke/Grunert,* in: Wandtke/Bullinger, UrhG, 5. Aufl. (2019), § 39, Rn. 9.

[597] Vgl. *Wandtke/Grunert,* in: Wandtke/Bullinger, UrhG, 5. Aufl. (2019), § 39, Rn. 13.

[598] Die Zulässigkeit einer stillschweigenden Einräumung des Bearbeitungsrechts bejahend BGH, Urt. v. 28.11.1985 – I ZR 104/83, GRUR 1986, 458, 459 – *Oberammergauer Passionsspiele;* HK-*Kotthoff,* UrhG, 4. Aufl. (2018), § 39, Rn. 6; *A. Nordemann,* in: Fromm/Nordemann, UrhG, 12. Aufl. (2018), § 39, Rn. 16; *Schulze,* in: Dreier/Schulze, UrhG, 6. Aufl. (2018), § 39, Rn. 10; *Spautz/Götting,* in: Möhring/Nicolini, UrhG, 4. Aufl. (2018), § 39, Rn. 8; *Wandtke/Grunert,* in: Wandtke/Bullinger, UrhG, 5. Aufl. (2019), § 39, Rn. 13.

rechts ein,[599] da für den Urheber klar erkennbar ist, dass die Verwertung die Veränderung des Werks beinhaltet. Zudem lassen sich die konkreten Änderungen meist nicht im Einzelnen im Voraus festlegen.[600] Erlaubt sind jedoch nur solche Änderungen, die der konkrete Zweck erfordert.[601] Da die AGB bei cMOOCs nur die Einräumung der Nutzungsrechte für Lehr- und Lernzwecke vorsehen dürfen, schließt dies aber ohnehin nur Änderungen ein, die im Rahmen des gemeinsamen Lehr- und Lernprozesses erfolgen.

#### *b) Weiterübertragung eingeräumter Nutzungsrechte*

Klauseln, in denen der Urheber einer Weiterübertragung der Nutzungsrechte zustimmt oder auf eine solche Zustimmung im Voraus verzichtet, sind auch bei cMOOCs zulässig. Mit einem gesetzlichen Leitbild unvereinbar ist eine solche Regelung nicht.[602] Zudem benachteiligt die formularmäßige Zustimmung zur Weiterübertragung der Nutzungsrechte die Rechte der cMOOC-Teilnehmer nicht unangemessen i. S. d. § 307 Abs. 1 BGB. Es besteht ein berechtigtes Interesse des cMOOC-Anbieters, die Nutzungsrechte Dritten einräumen zu können, da nur dann die Teilnehmer – wie es für einen cMOOC typisch ist – wechselseitig ihre Inhalte verändern können. Erst recht ist ein berechtigtes Interesse zu bejahen, wenn die MOOC-Plattform die Nutzungsrechte erhält. Schließlich ist der alleinige Zweck der Nutzungsrechtseinräumung an die Plattform, die Nutzungsrechte an die Dozenten und Teilnehmer übertragen zu können.

#### *c) Arbeitnehmerurheber*

Sehen die AGB die Einräumung der Nutzungsrechte an den erstellten Inhalten vor, erhält die Plattform oder der Anbieter bereits hierdurch die Nutzungsrechte und nicht erst beim Upload der Inhalte.[603] Der Zeitpunkt der Nutzungsrechtseinräumung wird auf diese Weise vorverlagert. Hierdurch verringert sich jedoch nur die Zahl der zeitlich früheren Nutzungsrechtseinräumungen an den Arbeitgeber oder Dienstherrn etwas, ohne diese ganz auszuschließen. Vereinbarungen mit dem Arbeitgeber oder Dienstherrn des Urhebers über die Nutzungsrechte zu treffen, ist aber auch bei cMOOCs rechtlich zulässig. Einer Teilnahme ihrer Mitarbeiter an cMOOCs werden dabei insbesondere Arbeitgeber und Dienstherren im Bildungsbereich offen gegenüberstehen. Auch außer-

---

[599] *Dietz/Peukert,* in: Loewenheim, Handbuch des Urheberrechts, 2. Aufl. (2010), § 15, Rn. 19; *Peukert,* in: Schricker/Loewenheim/Leistner/Ohly, UrhG, 6. Aufl. (2020), § 39, Rn. 10.

[600] Vgl. *Schulze,* in: Dreier/Schulze, UrhG, 6. Aufl. (2018), § 39, Rn. 10.

[601] *Schulze,* in: Dreier/Schulze, UrhG, 6. Aufl. (2018), § 39, Rn. 10.

[602] Vgl. § 6 III. 2. b).

[603] So ist der Upload der Inhalte als konkludente Nutzungsrechtseinräumung einzuordnen, vgl. § 6 II. 1.

halb des Bildungsbereichs können Arbeitgeber und Dienstherren ein Interesse hieran haben, etwa wenn Mitarbeiter durch den cMOOC zusätzliche Kenntnisse erwerben, die ihnen bei ihrer Tätigkeit zugutekommen. Darüber hinaus besteht bei cMOOCs eine geringere Gefahr als bei Crowdsourcing, dass sie mit dem Angebot des Arbeitgebers oder Dienstherrn der Teilnehmer konkurrieren. Die Bereitschaft, einer Verwendung der Inhalte zuzustimmen, wird deshalb bei cMOOCs tendenziell höher sein als bei Crowdsourcing. Dennoch ist davon auszugehen, dass es auch Arbeitgeber und Dienstherren gibt, die eine solche Vereinbarung ablehnen würden. Praktisch umsetzbar ist diese Lösung bei cMOOCs ohnehin nicht. Selbst wenn ausnahmslos alle Arbeitgeber oder Dienstherren bereit wären, einer Nutzungsrechtseinräumung zuzustimmen, würde es angesichts der hohen Teilnehmerzahlen zu viel Zeit in Anspruch nehmen, diese einzeln mit den Arbeitgebern und Dienstherren auszuhandeln. Die Vereinbarung müsste bereits vor der Beteiligung des Arbeitnehmerurhebers an dem cMOOC erfolgen. So benötigen cMOOCs im Gegensatz zu Crowdsourcing die Nutzungsrechte nicht erst für die Verwertung der Ergebnisse, sondern bereits für ihre Durchführung selbst. Es würde somit eines erheblichen zeitlichen Vorlaufs für die Einschreibung in einen cMOOC bedürfen, um die Vereinbarungen noch vor Kursbeginn treffen zu können. Zudem würde dies eine zeitliche Verzögerung für die Teilnehmer bedeuten, die sich erst nach Kursbeginn in den cMOOC einschreiben.

*4. Eigene vertragliche Lösungsmöglichkeiten*

Die Übertragung der Vertragsgestaltung bei Crowdsourcing auf cMOOCs kann die Unsicherheit über die Wirksamkeit der Nutzungsrechtseinräumungen aufgrund der möglichen Teilnahme Minderjähriger und Arbeitnehmerurheber nicht reduzieren. Es ist daher zu untersuchen, ob andere vertragliche Regelungen existieren, die diese Herausforderungen bewältigen können.

*a) Minderjährige*

Das Risiko, dass Nutzungsrechtseinräumungen minderjähriger Teilnehmer unwirksam sein können, können vertragliche Regelungen nicht ausschließen. Bereits aufgrund der potentiell hohen Zahl minderjähriger Urheber ist es nicht möglich, mit ihren gesetzlichen Vertretern einzeln Kontakt aufzunehmen und deren Zustimmung einzuholen. Neben dem Aufwand für die Verhandlungen an sich würde dies auch voraussetzen, dass alle minderjährigen cMOOC-Teilnehmer identifiziert werden können. Auch dann sind die gesetzlichen Vertreter jedoch nicht verpflichtet, der Nutzung der Inhalte für den cMOOC zuzustimmen. Vertragliche Vereinbarungen mit den Teilnehmern selbst sind zwar möglich, führen aber nicht dazu, dass Nutzungsrechtseinräumungen ohne Zustimmung des gesetzlichen Vertreters wirksam sind. Da die Vorschriften des Minderjährigenschutzes zwingend sind, unterliegen sie nicht der Disposition der Parteien und können durch vertragliche Vereinbarungen nicht abbedungen werden.

### *b) Arbeitnehmerurheber*

Eine vertragliche Regelung, die eine wirksame Nutzungsrechtseinräumung der Arbeitnehmerurheber gewährleisten kann, existiert nicht. Unabhängig von ihrem Inhalt sind vertragliche Vereinbarungen mit den Arbeitgebern oder Dienstherren in der Praxis nicht möglich, da aufgrund der hohen Anzahl an Teilnehmern bereits der Vertragsschluss selbst einen zu hohen Aufwand verursachen würde. Regelungen können somit allein mit den cMOOC-Teilnehmern selbst getroffen werden. Diese können jedoch nicht darüber entscheiden, ob der Arbeitgeber oder Dienstherr der Nutzungsrechtseinräumung für den cMOOC zustimmt. Eine solche Vereinbarung wäre als Vertrag zu Lasten Dritter einzuordnen, der im Widerspruch zur Privatautonomie steht und deshalb unwirksam wäre.[604]

## *IV. Adaptionsmöglichkeiten des Urheberrechts an cMOOCs*

Da vertragliche Vereinbarungen die Herausforderung der Unsicherheit über die Wirksamkeit der Nutzungsrechtseinräumungen nicht bewältigen können,[605] kommt nur eine Lösung auf der Normkonkretisierungsebene[606] in Betracht. Gewissheit, dass die Nutzungsrechtseinräumungen wirksam sind, bestünde zum einen dann, wenn kein Teilnehmer in seiner Verfügungsbefugnis beschränkt wäre. Dies würde eine entsprechende Auslegung des § 107 BGB für minderjährige Teilnehmer sowie des § 43 UrhG für Arbeitnehmerurheber voraussetzen. Eine Unsicherheit würde zum anderen dann nicht existieren, wenn die Lehr- und Lernprozesse bei cMOOCs nicht urheberrechtlich relevant wären. Urheberrechtliche Relevanz kommt der Verwendung der Inhalte insbesondere im Hinblick auf das Bearbeitungsrecht des § 23 UrhG zu, da die Teilnehmer die Inhalte anderer Nutzer verändern. Um dieses Ziel zu erreichen, wäre § 23 UrhG so auszulegen, dass sein Anwendungsbereich diese Konstellationen nicht erfasst. Voraussetzung für eine Adaption des Urheberrechts ist aber, dass Wortlaut, Systematik und Zweck der Vorschriften eine entsprechende Auslegung überhaupt zulassen und diese zudem mit den Vorgaben des Unionsrechts im Einklang steht.

---

[604] *Grüneberg,* in: Palandt, BGB 80. Aufl. (2021), Einf. v. § 328, Rn. 10.

[605] Vgl. § 6 III.

[606] Zum Begriff der Normkonkretisierung s. *Müller/Christensen,* Juristische Methodik, Bd. 1, 11. Aufl. (2013), Rn. 248 ff.

### *1. Quantitative Bestimmung des rechtlichen Vorteils bei § 107 BGB*

Willenserklärungen Minderjähriger sind nach § 107 BGB auch ohne Zustimmung ihres gesetzlichen Vertreters wirksam, wenn sie hierdurch lediglich einen rechtlichen Vorteil erlangen. Nach der gegenwärtigen Auslegung ist dies bereits dann zu verneinen, wenn dem Minderjährigen durch seine Willenserklärung nur ein einziger rechtlicher Nachteil entsteht. Bei der Nutzungsrechtseinräumung an den cMOOC-Inhalten ist dies stets der Fall. Das schuldrechtliche Geschäft verpflichtet ihn, die Nutzungsrechte zu übertragen, und durch das Verfügungsgeschäft verliert er einen Teil der ihm zustehenden Rechte.[607] Andererseits erhält der minderjährige Teilnehmer – zumindest mittelbar – wiederum die Nutzungsrechte an den Inhalten der übrigen Teilnehmer. Als rechtlich vorteilhaft könnte man die Nutzungsrechtseinräumung an den cMOOC-Inhalten daher allenfalls dann ansehen, wenn ein Überwiegen der rechtlichen Vorteile genügen würde.

Eine solche Auslegung würde jedoch zu einer hohen Rechtsunsicherheit führen. Da sämtliche Umstände des Einzelfalls berücksichtigt werden müssten, wäre nur schwer vorhersehbar, in welchen Fällen die Einwilligung des gesetzlichen Vertreters erforderlich ist. Zudem müsste zunächst konkretisiert werden, wann die rechtlichen Vorteile tatsächlich überwiegen. Eine rein quantitative Betrachtung erscheint nicht angemessen, da auch eine einzige rechtliche Verpflichtung schwerer wiegen kann als zahlreiche rechtliche Vorteile. Bestimmt man dies qualitativ, so würde dies letztlich die rechtliche Vorteilhaftigkeit mit einer wirtschaftlichen Betrachtungsweise vermischen. In beiden Varianten bestünde darüber hinaus die Gefahr, Minderjährige im Rechtsverkehr nicht ausreichend zu schützen. Insbesondere steht einer solchen Auslegung ohnehin bereits der eindeutige Wortlaut des § 107 BGB entgegen. Die Vorschrift verlangt ausdrücklich, dass der Minderjährige „lediglich" einen rechtlichen Vorteil erlangt. Unabhängig von der Zahl ihrer Vorteile schließt dies aus, dass die Willenserklärung auch nur einen einzigen rechtlichen Nachteil für den Minderjährigen haben darf. 2. Teleologische Reduktion des § 43 UrhG

Ist der Inhalt eines Arbeitnehmerurhebers ein Pflichtwerk, erhält sein Arbeitgeber oder Dienstherr ein ausschließliches Nutzungsrecht an ihm, wenn und soweit es der Betriebszweck erfordert.[608] Da dies meist früher erfolgt als die Nutzungsrechtseinräumung an den cMOOC-Anbieter oder die MOOC-Plattform, fehlt den Arbeitnehmerurhebern insoweit die Verfügungsbefugnis und die Übertragung der Nutzungsrechte ist unwirksam.[609] Welche cMOOC-Inhalte als Pflichtwerke einzuordnen sind, bestimmt sich nach den arbeits- oder dienstvertraglichen Pflichten der Teilnehmer. Es wäre aber ausgeschlossen,

[607] Vgl. § 6 II. 2. a).
[608] S. § 5 II. 1.
[609] Vgl. § 6 II. 2. b).

dass dem Arbeitgeber oder Dienstherr an den cMOOC-Inhalten ausschließliche Nutzungsrechte zustehen, wenn § 43 UrhG auf cMOOCs keine Anwendung finden würde. Dogmatisch wäre dies eine teleologische Reduktion des weit formulierten § 43 UrhG. Eine teleologische Reduktion ist die sinngemäße Einschränkung einer Norm.[610] Sie setzt voraus, dass eine Norm nach ihrem Wortlaut auf Sachverhalte anwendbar ist, die sie aufgrund ihres Zwecks nicht erfassen sollte.[611] Eine teleologische Reduktion des § 43 UrhG wäre somit nur möglich, wenn der Sinn und Zweck der Vorschrift bei cMOOCs nicht erfüllt wäre. Dies ist jedoch nicht der Fall. § 43 UrhG beruht auf dem Gedanken, dass dem Arbeitgeber die schöpferische Leistung des Arbeitnehmers zukommen soll,[612] da der angestellte Urheber den vereinbarten Lohn erhält und vom wirtschaftlichen Risiko der Verwertung des Werks freigestellt ist.[613] Insofern unterscheiden sich cMOOC-Inhalte jedoch nicht von anderen Inhalten. Die Voraussetzungen für eine teleologische Reduktion liegen daher nicht vor, so dass ein Ausschluss der cMOOCs vom Anwendungsbereich des § 43 UrhG nicht möglich ist.

### *3. Zweck der Bearbeitung als maßgebliches Kriterium bei § 23 UrhG*

Eine Unsicherheit würde auch dann nicht bestehen, wenn die Nutzung der Inhalte in einem cMOOC nicht urheberrechtlich relevant wäre. Dies würde voraussetzen, dass die Veränderung der Inhalte durch die Teilnehmer entgegen dem Status quo nicht als Bearbeitung eingeordnet wird, die eine Einwilligung des Urhebers erfordert. Da § 23 S. 1 UrhG nur Verwertungshandlungen in Verbindung mit einer Veröffentlichung erfasst,[614] müsste man hierfür die Nutzung des Werks im cMOOC der Privatsphäre zurechnen können. An cMOOCs kann eine unbegrenzte Anzahl von Nutzern teilnehmen, so dass zumindest theoretisch für eine beliebige Anzahl von Personen das veränderte Werk zugänglich ist. Der Privatsphäre lässt sich die Nutzung somit nur dann zuordnen, wenn hierfür der Zweck der Bearbeitung als entscheidend angesehen werden würde, da Lernen klassischerweise zum privaten Bereich zählt. Ein derartiges Verständnis wäre aber mit dem Sinn und Zweck des Einwilligungserfordernisses

---

610 *Danwerth,* ZfPW 2017, 230, 234.

611 *Danwerth,* ZfPW 2017, 230, 233; vgl. *Larenz,* Methodenlehre der Rechtswissenschaft, 6. Aufl. (1991), S. 391 ff.

612 *Rojahn/Frank,* in: Schricker/Loewenheim/Leistner/Ohly, UrhG, 6. Aufl. (2020), § 43, Rn. 38.

613 *Haberstumpf,* ZUM 2001, 819, 825.

614 *Ahlberg,* in: Möhring/Nicolini, UrhG, 4. Aufl. (2018), § 23, Rn. 12; vgl. auch die Gesetzesbegründung zu § 23 S. 2 UrhG, die das Erfordernis der Einwilligung des Urhebers für Verfilmungen damit begründet, dass sie anders als sonstige Umgestaltungen nicht dem privaten Bereich zuzurechnen seien, Entwurf eines Gesetzes über Urheberrecht und verwandte Schutzrechte (Urheberrechtsgesetz) der Bundesregierung v. 23.3.1962, BT-Drs IV/270, S. 51.

nicht zu vereinbaren. Bei Bearbeitungen in der Privatsphäre ist eine Zustimmung des Urhebers entbehrlich, da von ihnen nur sehr wenige Personen Kenntnis nehmen können. Bei einem so kleinen Personenkreis besteht weder die Gefahr, dass die Bearbeitung mit dem Original konkurriert noch berührt dies in nennenswertem Umfang ideelle Interessen des Urhebers. Der Zweck der Bearbeitung hat hingegen hierauf keinen Einfluss. Darüber hinaus wäre eine solche Konkretisierung des § 23 UrhG mit dem Unionsrecht nicht vereinbar. Unionsrechtlich sind auch veränderte Inhalte als Vervielfältigung einzuordnen, so dass die gesetzlich erlaubten Nutzungen über die in der InfoSoc-RL und der DSM-RL abschließend aufgezählten Schranken nicht hinausgehen dürfen.[615] Deren Grenzen wären aber überschritten, wenn die Verwendung veränderter Inhalte zu jeglichem als privat einzuordnenden Zweck erlaubt wäre.

### *V. Ergebnis*

Der Einräumung der Nutzungsrechte an Dozenten und Teilnehmer bedarf es bei E-Learning und xMOOCs nicht. Die Durchführung eines cMOOCs setzt diese hingegen voraus, da für cMOOCs die gegenseitige Veränderung und Verwendung der Inhalte typisch ist. Dies ist urheberrechtlich relevant und erfordert daher die Zustimmung der Urheber, die nicht bereits durch die Grundsätze des Arbeitnehmerurheberrechts gewährleistet wird, da die Universität die Nutzungsrechte an den Inhalten der Teilnehmer nicht erhält. Zwar ist der Upload der Inhalte in den Kursbereich als konkludente Nutzungsrechtseinräumung einzuordnen, aber diese ist bei minderjährigen Teilnehmern nur dann wirksam, wenn ihr gesetzlicher Vertreter zustimmt. Unwirksam sein können zudem auch Nutzungsrechtseinräumungen von Teilnehmern, die in einem Arbeits- oder Dienstverhältnis stehen und deren Arbeitgeber oder Dienstherr an den Inhalten ein ausschließliches Nutzungsrecht innehat, das mit der Nutzungsrechtseinräumung in Konflikt steht. Im Einzelfall überprüfen lässt sich dies aufgrund der hohen Anzahl der potentiellen Urheber nicht. Es besteht somit eine Unsicherheit über die Wirksamkeit der Nutzungsrechtseinräumung.

Auch außerhalb des Bildungsbereichs begegnen Inhalte aus offenen Produktionsprozessen diesen Herausforderungen. Bei der Suche nach einer vertrag lichen Lösung für cMOOCs kann man sich deshalb an der Vertragspraxis bei Crowdsourcing, der cMOOCs ähnlichsten Form von Open Innovation, orientieren. Die AGB bei Crowdsourcing sehen typischerweise eine Nutzungsrechtseinräumung vor, die eine Zustimmung zur Weiterübertragung der Nutzungsrechte einschließt. Dies lässt sich auf cMOOCs übertragen, bei denen die formularmäßig eingeräumten Nutzungsrechte auch ohne ausdrückliche Vereinbarung die Befugnis beinhalten, die Inhalte ändern zu dürfen. Bei einer Beschränkung der Verfügungsbefugnis der Teilnehmer kann die Nutzungsrechts-

---

[615] Vgl. § 2 II. 2.

einräumung jedoch unwirksam sein. Vertragliche Vereinbarungen, die eine höhere Sicherheit für die Wirksamkeit der Nutzungsrechtseinräumungen der minderjährigen Teilnehmer gewährleisten können, fehlen bei Crowdsourcing aber völlig. Ebenso können die vertraglichen Regelungen bei Crowdsourcing die Ungewissheit, die durch mögliche Verfügungsbeschränkungen durch das Arbeitnehmerurheberrecht hervorgerufen wird, nur sehr begrenzt verringern. Auf cMOOCs lässt sich diese Vertragsgestaltung ohnehin nicht übertragen, da sie aufgrund der potentiell hohen Anzahl originärer Schutzrechtsinhaber nicht praktikabel ist. Eine andere vertragliche Regelung, die bei cMOOCs eine wirksame Nutzungsrechtseinräumung sicherstellen könnte, existiert dabei ebenfalls nicht. Auch eine entsprechende Auslegung der § 107 BGB, § 43 UrhG und § 23 UrhG ist nicht möglich, so dass sich das Urheberrecht als nicht adaptionsfähig erweist. Eine wirksame Einräumung der für die Lehr- und Lernprozesse bei cMOOCs erforderlichen Nutzungsrechte an Dozenten und Teilnehmer lässt sich daher nach dem Urheberrecht *de lege lata* nicht gewährleisten.

Kapitel 3

# Anpassung des Urheberrechts an die neuen Kommunikationsformen des Lehrens und Lernens

Das Urheberrecht *de lege lata* wird den Anforderungen der Praxis nicht völlig gerecht, da es an die neuen Kommunikationsformen des Lehrens und Lernens nur begrenzt adaptionsfähig ist. So ist die Verwendung von geschützten Inhalten Dritter bei MOOCs auf externen Plattformen ohne Bezug zu einer Hochschule nur in sehr eingeschränktem Umfang möglich. Selbst bei einer kommunikationsformoffenen Auslegung schließt der Wortlaut des § 60a UrhG aus, dies als „Lehre an einer Bildungseinrichtung" einzuordnen.[1] Die gesetzlich erlaubten Nutzungen sind daher *de lege ferenda* so auszugestalten, dass sie Unterricht und Lehre außerhalb klassischer Bildungseinrichtungen erfassen können (§ 7). An die Kommunikationspraxis seiner Umwelt anzupassen ist das Urheberrecht auch hinsichtlich der Veränderung fremder geschützter Inhalte für digitales Lehren und Lernen (§ 8). Zwar ließen sich diese durch einen weit verstandenen Pastiche-Begriff erfassen, aber auch dann verbliebe eine Rechtsunsicherheit, ob und unter welchen Voraussetzungen sich veränderte Inhalte Dritter für Lehr- und Lernprozesse verwenden lassen.[2] Es bedarf deshalb einer Regelung, die spezifisch für die Bedürfnisse des Lehrens und Lernens konzipiert ist.

Der größte Bedarf einer Anpassung des Urheberrechts besteht jedoch bei den eigenen Inhalten der Akteure digitalen Lehrens und Lernens (§ 9). Die Durchführung eines cMOOCs ist nur dann möglich, wenn sich die Dozenten und Teilnehmer wechselseitig die Nutzungsrechte an ihren Inhalten einräumen.[3] Zwar geschieht dies konkludent durch den Upload der Inhalte[4] und auch die Einräumung der Nutzungsrechte durch AGB ist zulässig,[5] kann aber bei minderjährigen Teilnehmern und Arbeitnehmerurhebern unwirksam sein.[6] Eine wirksame Nutzungsrechtseinräumung können dabei weder vertragliche Vereinbarungen gewährleisten[7] noch ist das Urheberrecht zur Adaption an die

[1] Vgl. § 1 II. 3. b).

[2] Vgl. § 2 III.

[3] Vgl. § 6 I. 3.

[4] Vgl. § 6 II. 1.

[5] Vgl. § 6 III. 3. a).

[6] Vgl. § 6 II. 3.

[7] Vgl. § 6 III.

offenen Produktionsprozesse im Bildungsbereich fähig.[8] Der urheberrechtliche Schutz der digitalen Lehr- und Lerninhalte kann so ihre Nutzung in cMOOCs verhindern, obwohl dies häufig sogar der Zweck ist, für den die Inhalte eigens geschaffen wurden.

## § 7 Unterricht und Lehre außerhalb klassischer Bildungseinrichtungen

Die Anwendung des § 60a UrhG auf MOOCs auf externen Plattformen führt zu Reibungspunkten. So besteht bei ihnen eine Unsicherheit, welche Voraussetzungen ihr Bezug zu einer Hochschule oder einer anderen klassischen Bildungseinrichtung erfüllen muss, damit es sich um „Unterricht oder Lehre an einer Bildungseinrichtung" handelt. Sogar gänzlich ausgeschlossen ist die Anwendung der Schranke bei MOOCs, die von klassischen Bildungseinrichtungen völlig unabhängig sind.[9] Ausgehend von der Ursache für die Verarbeitungsprobleme des Urheberrechts (I.) ist daher nach einer Möglichkeit zu suchen, wie sich die Reibungspunkte des Urheberrechts bei seiner Anwendung auf die neuen Kommunikationsformen des Lehrens und Lernens auflösen lassen (II.). Ist dies mit den Vorgaben des höherrangigen Rechts vereinbar (III.), lässt sich unter besonderer Berücksichtigung der Anforderungen der DSM-RL[10] eine Neufassung des § 60a UrhG entwickeln (IV.), die alle Formen digitalen Lehrens und Lernens erfassen kann.

### *I. Ursache der Verarbeitungsprobleme des Urheberrechts*

Mit MOOCs entstanden nicht nur neue digitale Lehr- und Lernformate an Hochschulen, sondern diese führten auch zu einer stärkeren Individualisierung des klassisch institutionalisierten Lehr- und Lernprozesses, da die Nutzer theoretisch für jeden einzelnen Kurs einen anderen Anbieter wählen können. Dies hatte zur Folge, dass sich neuartige Kooperationen der klassischen Bildungseinrichtungen sowohl untereinander als auch mit externen Anbietern entwickelten.[11] Im Gegensatz zu diesem mannigfaltigen Spektrum der möglichen Rahmenbedingungen digitalen Lehrens und Lernens in der Praxis sind die gesetzlich erlaubten Nutzungen für Unterricht und Lehre auf klassische Bildungseinrichtungen beschränkt, die § 60a Abs. 4 UrhG abschließend aufzählt. Hierdurch ist ein Teil der neuen Kommunikationsformen des Lehrens und

---

[8] Vgl. § 6 IV.
[9] Vgl. § 1 II. 2. b), d).
[10] Vgl. § 1 II. 1. b).
[11] Vgl. I.

Lernens von der Privilegierung gänzlich ausgeschlossen, bei anderen bestehen zumindest Unsicherheiten.[12]

Damit Regelungen in der Praxis des Lehrens und Lernens ihre Wirkung auch entfalten können, müssen sie klar und verständlich formuliert sein. Die Annahme, dass die Begünstigten der urheberrechtlichen Schranke institutionelle Nutzer sind, die das Urheberrecht sachgerecht und zutreffend anwenden können,[13] entspricht meist nicht der Realität. Innerhalb und außerhalb des institutionellen Rahmens klassischer Bildungseinrichtungen treffen die Dozenten selbst die Entscheidung, welche Inhalte sie verwenden möchten. Einen zu starken Einfluss der Institution schließt bereits die nach Art. 5 Abs. 3 GG geschützte Freiheit der Lehre aus. Das Bewusstsein und das Verständnis der Dozenten für den urheberrechtlichen Regelungsrahmen sind jedoch typischerweise schwach ausgeprägt.[14] Auch können sie nicht für jeden Einzelfall auf die Hilfe der Einrichtung zurückgreifen, da dies angesichts der zahlreichen Entscheidungen das Maß an verfügbaren Ressourcen übersteigen würde. Die Verarbeitungsprobleme des Urheberrechts beruhen daher auf der Begrenzung des Anwendungsbereichs des § 60a UrhG auf den institutionellen Rahmen klassischer Bildungseinrichtungen, den die neuen Kommunikationsformen des Lehrens und Lernens zumindest teilweise verlassen.

### *II. Lösungsmöglichkeiten*

Eine Öffnung des § 60a UrhG für digitales Lehren und Lernen außerhalb der klassischen Bildungseinrichtungen lässt sich nur bei einer Änderung des § 60a Abs. 4 UrhG erreichen, der die privilegierten Bildungseinrichtungen abschließend aufzählt. Bereits vor Einführung des § 60a UrhG wurde in der Literatur darüber diskutiert, wie die gesetzlich erlaubten Nutzungen für Unterricht und Lehre insoweit ausgestaltet werden sollten. Die Vorschläge lassen sich dabei grob in zwei Kategorien einteilen: Eine abschließende Aufzählung der privilegierten Einrichtungen einerseits und die Einführung einer Generalklausel andererseits. Darüber hinaus existiert mit dem vollständigen Verzicht auf die Verknüpfung der Privilegierung mit Bildungseinrichtungen aber noch eine dritte Möglichkeit.

---

[12] Vgl. § 1 II. 2. b), d).

[13] So aber *Jani,* ZUM 2016, 481, 483.

[14] Vgl. die Ergebnisse einer europaweiten Befragung von 2.700 Lehrenden und Lernenden, Directorate-General for Education, Youth, Sport and Culture (European Commission), Public Policy and Management Institute (Hrsg.), Assessment of the impact of the European copyright framework on digitally supported education and training practices (2016), S. 37, Abb. 8.

### *1. Erweiterung der abschließenden Aufzählung der Bildungseinrichtungen*

Die gegenwärtige Fassung des § 60a UrhG sieht eine abschließende Aufzählung der privilegierten Einrichtungen vor. Auf deren Erweiterung zielt der Vorschlag von *Schack* ab, nach dem die Vorschrift auch Nutzungen an Einrichtungen der Erwachsenenbildung umfassen soll.[15] Ob die Schranke dann auch hochschulunabhängige MOOCs erfassen würde, ist aber unklar. Schließlich nimmt an MOOCs auch eine nicht unerhebliche Zahl Minderjähriger teil.[16] Überdies könnte eine solche Erweiterung der Regelung aufgrund der entstehenden Rechtsunsicherheit die Verarbeitungsprobleme des Urheberrechts nicht vollständig lösen, da es unklar bliebe, welche Voraussetzung eine Einrichtung erfüllen muss, um zur Erwachsenenbildung zu zählen. Der Vorschlag führt sie neben Hochschulen auf, die sich jedoch vorrangig ebenfalls an Erwachsene richten. Der vorgeschlagenen Ergänzung der Schranke sind daher Abgrenzungsschwierigkeiten immanent. Unabhängig von ihrer konkreten Ausgestaltung kann eine abschließende Aufzählung ohnehin nie offen für die Entwicklung neuer Kommunikationsformen sein. Ergänzt man etwa § 60a Abs. 4 UrhG um MOOC-Plattformen, könnten sich schon bald neue Formen entwickeln, die von der Vorschrift dann wiederum nicht erfasst wären. Der Gesetzgebungsprozess würde so zwangsläufig den immer rasanteren Entwicklungen der Praxis hinterherhinken.

### *2. Generalklausel*

Gegenstand der Vorschläge von *Pflüger* und dem *Aktionsbündnis „Urheberrecht für Bildung und Wissenschaft“* ist die Einführung einer Generalklausel. *Pflüger* schlägt eine Schranke vor, die sich auf alle öffentlichen Einrichtungen bezieht, denen Aufgaben in Bildung, Wissenschaft und Kultur übertragen sind.[17] Die Vorschrift des § 60a UrhG wäre dann auch auf MOOCs auf externen Plattformen anwendbar, die sich durch öffentliche Mittel finanzieren. MOOCs auf anderen Plattformen wären hingegen nicht erfasst. Der Regelungsvorschlag ist deshalb zu eng formuliert, um den Anforderungen der neuen Kommunikationsformen des Lehrens und Lernens gerecht zu werden.

Nach dem Vorschlag des *Aktionsbündnis „Urheberrecht für Bildung und Wissenschaft“* ist auf eine nähere Eingrenzung des Begriffs der Bildungseinrichtung gänzlich zu verzichten.[18] Eine solche Regelung ist aber nur scheinbar offen für die Entwicklung neuer Kommunikationsformen, da allein die Ver-

---

[15] *Schack,* ZUM 2016, 266, 281.

[16] Zu den daraus resultierenden Herausforderungen für die Verwendung der eigenen Inhalte der Akteure digitalen Lehrens und Lernens s. § 6 II. 2. a), 3.

[17] *Pflüger,* ZUM 2010, 938, 944.

[18] *Aktionsbündnis „Urheberrecht für Bildung und Wissenschaft“,* Vorschlag einer „Allgemeinen Bildungs- und Wissenschaftsklausel“ (2015).

knüpfung mit einer Bildungseinrichtung eine irgendwie geartete Definition dieses Begriffs erfordert.[19] Dies birgt die Gefahr, gewisse Formen des Lehrens und Lernens auszuschließen und kann nicht verhindern, dass zumindest in gewissen Konstellationen eine Rechtsunsicherheit besteht.

### *3. Aufgabe der institutionsorientierten Betrachtung des Lehrens und Lernens*

Da die Verarbeitungsprobleme des Urheberrechts auf der Begrenzung der Vorschrift auf Bildungseinrichtungen beruhen, ließen sie sich durch den Verzicht auf diese Voraussetzung lösen. Allein dies würde zudem der gesetzgeberischen Zielsetzung gerecht werden. Bereits die Vorgängervorschrift § 52a UrhG a. F. sollte die Verwendung „moderner Kommunikationsformen" im Unterricht[20] ermöglichen und § 60a UrhG sogar ausdrücklich die Nutzung der Inhalte für MOOCs erlauben.[21] Eine uferlose Ausdehnung der Vorschrift ist hierdurch nicht zu befürchten. So darf eine Zugänglichmachung der Inhalte nach § 60a Abs. 1 Nr. 1 UrhG ohnehin nur für die Teilnehmer und Dozenten eines Kurses erfolgen. Zwar setzt § 60a Abs. 1 Nr. 2 UrhG einen Anknüpfungspunkt voraus, um die gemeinsame Zugehörigkeit der Lehrenden und Prüfer näher zu definieren, aber hierbei muss es sich nicht zwingend um Bildungseinrichtungen handeln. Vielmehr lässt sich der Zweck einer Eingrenzung des Personenkreises auch dann erreichen, wenn die Vorschrift Unterricht und Lehre außerhalb von Bildungseinrichtungen einschließt.

## *III. Vereinbarkeit einer institutionsoffenen Privilegierung mit höherrangigem Recht*

Auf die Voraussetzung einer Bildungseinrichtung völlig verzichten darf das nationale Recht nur dann, wenn es sich hierbei nicht um eine zwingende Vorgabe des höherrangigen Rechts handelt.

### *1. Unionsrechtliche Vorgaben*

Eine Schranke für die Verwendung geschützter Inhalte für Unterricht und Lehre muss das nationale Recht aufgrund Art. 5 DSM-RL zwingend vorsehen. Mitgliedstaatliche Schrankenregelungen, die unionsrechtliche Bestimmungen

---

[19] Auf die fehlende Eindeutigkeit des Begriffs der Bildungseinrichtung hinweisend *Hoeren,* IWRZ 2018, 120, 122.

[20] Gesetzentwurf der Bundesregierung. Entwurf eines Gesetzes zur Regelung des Urheberrechts in der Informationsgesellschaft v. 6.11.2002, BT-Drs. 15/38, S. 20; *Hoeren,* ZUM 2011, 369, 370.

[21] Gesetzentwurf der Bundesregierung. Entwurf eines Gesetzes zur Angleichung des Urheberrechts an die Erfordernisse der Wissensgesellschaft (Urheberrechts-Wissensgesellschafts-Gesetz – UrhWissG) v. 15.5.2017, BT-Drs. 18/12329, S. 36.

umsetzen, müssen sämtliche ihrer Voraussetzungen enthalten.[22] Art. 5 Abs. 1 lit. a DSM-RL privilegiert jedoch nur Nutzungen unter der Verantwortung einer Bildungseinrichtung. Gemäß Art. 25 DSM-RL dürfen die Mitgliedstaaten aber umfassendere Bestimmungen erlassen oder aufrechterhalten, sofern dies mit einer in der InfoSoc-RL vorgesehenen Ausnahme oder Beschränkung vereinbar ist. Zudem sollen nach Erwägungsgrund 5 S. 5 DSM-RL die im Unionsrecht festgelegten Ausnahmen und Beschränkungen für die Bildung ausdrücklich nach wie vor gelten, sofern dadurch der Geltungsbereich der verbindlichen Ausnahmen und Beschränkungen der DSM-RL nicht beschränkt wird. Die DSM-RL gibt folglich einen Mindestrahmen für die nationalen Schrankenregelungen vor, den die Mitgliedstaaten überschreiten dürfen, sofern die Ausnahmen und Beschränkungen der InfoSoc-RL es zulassen.[23] Dies schließt Art. 5 Abs. 3 lit. a InfoSoc-RL ein, der den Mitgliedstaaten erlaubt, eine Schranke zugunsten von Nutzungen zur Veranschaulichung des[24] Unterrichts im nationalen Recht vorzusehen. Die Existenz einer Bildungseinrichtung setzt der Wortlaut des Art. 5 Abs. 3 lit. a InfoSoc-RL nicht voraus. Auch die Erwägungsgründe der InfoSoc-RL enthalten keine Anhaltspunkte dafür, dass sich die Schranke nur auf Bildungseinrichtungen beziehen soll. Vielmehr ist nach Erwägungsgrund 42 InfoSoc-RL sogar die Verfolgung kommerzieller Zwecke nicht institutionsbezogen, sondern nach der Tätigkeit selbst zu beurteilen.

Zu einer Begrenzung des § 60a UrhG auf Bildungseinrichtungen zwingen auch nicht die übrigen Anforderungen, die der EuGH für die mitgliedstaatliche Umsetzung einer unionsrechtlichen Ausnahme oder Beschränkung aufgestellt hat. Diese darf die Ziele der InfoSoc-RL, ein hohes Schutzniveau für die Urheber und das reibungslose Funktionieren des Binnenmarkts zu gewährleisten, nicht gefährden.[25] Dabei haben die Mitgliedstaaten die praktische Wirk-

---

[22] EuGH, Urt. v. 29.7.2019 – C-469/17, GRUR 2019, 934, Rn. 47 – *Funke Medien;* EuGH, Urt. v. 29.7.2019 – C-516/17, GRUR 2019, 940, Rn. 33 – *Spiegel Online;* vgl. EuGH, Urt. v. 27.2.2014 – C-351/12, GRUR 2014, 473, Rn. 39 – *OSA/Léčebné lázně;* EuGH, Gutachten 3/15 v. 14.12.2017, GRUR Int. 2017, 438, Rn. 125 – *Vertrag von Marrakesch.*

[23] *Dreier,* ZUM 2019, 384, 386; *Stieper,* GRUR 2020, 1, 3 f.

[24] An Nutzungen zur Veranschaulichung „im" Unterricht knüpfte hingegen sowohl die deutsche Fassung von Art. 5 Abs. 3 lit. a InfoSoc-RL als auch der ursprüngliche Richtlinienentwurf der Kommission (Vorschlag der Kommission für eine Richtlinie des Europäischen Parlaments und des Rates über das Urheberrecht im digitalen Binnenmarkt (COM(2016) 593 final)) an. Diese Formulierung war jedoch etwas missverständlich (s. *Hilty/Lotte,* Digital and Cross-Border Teaching Activities, in: Hilty/Moscon, Modernisation of the EU Copyright Rules (2017), S. 35, 40) und wurde durch Art. 24 Abs. 2 lit. b DSM-RL entsprechend geändert.

[25] EuGH, Urt. v. 1.12.2011 – C-145/10, GRUR 2012, 166, Rn. 107 – *Painer/Standard;* EuGH, Gutachten 3/15 v. 14.12.2017, GRUR Int. 2017, 438, Rn. 124 – *Vertrag von Marrakesch;* EuGH, Urt. v. 29.7.2019 – C-469/17, GRUR 2019, 934, Rn. 50 – *Funke Medien;* EuGH, Urt. v. 29.7.2019 – C-516/17, GRUR 2019, 940, Rn. 35 – *Spiegel Online.*

samkeit der Ausnahmen und Beschränkungen zu wahren und ihre Zielsetzung zu berücksichtigen.[26] Einem so angestrebten angemessenen Rechts- und Interessenausgleich zwischen Rechtsinhabern und Nutzern[27] entspricht es aber gerade, die gesetzlich erlaubten Nutzungen nicht an Bildungseinrichtungen zu knüpfen. Kann die Schranke auch neue Kommunikationsformen des Lehrens und Lernens erfassen, dient dies gerade ihrer praktischen Wirksamkeit, ohne dass damit eine Absenkung des allgemeinen Schutzniveaus der Urheber verbunden wäre. Der unionsrechtliche Drei-Stufen-Test, dessen Anforderungen die Mitgliedstaaten bei der Umsetzung des Unionsrechts zu erfüllen haben,[28] erfordert ebenfalls nicht die Beschränkung der Vorschrift auf Bildungseinrichtungen. Auch bei einer Anwendung der Schranke außerhalb klassischer Bildungseinrichtungen ist sie insbesondere dadurch begrenzt, dass die Nutzungen erstens nur für einen abgegrenzten Personenkreis erfolgen dürfen und zweitens nicht kommerziellen Zwecken dienen müssen. Unabhängig von einer Anknüpfung an Bildungseinrichtungen ist daher gewährleistet, dass die Privilegierung nur in bestimmten Sonderfällen anwendbar ist, in denen die normale Verwertung des Werks nicht beeinträchtigt wird und die berechtigten Interessen des Rechtsinhabers nicht ungebührlich verletzt werden.

### *2. Verfassungsrechtliche Vorgaben*

Schrankenregelungen sind so auszugestalten, dass sie einen verfassungsgemäßen Ausgleich der kollidierenden Grundrechte erlauben.[29] Da dem Gesetzgeber hinsichtlich der Ausgestaltung der gesetzlich erlaubten Nutzungen für Unterricht und Lehre ein Gestaltungsspielraum zukommt,[30] sind primär die nationalen Grundrechte anzuwenden.[31] Konkrete und hinreichende Anhaltspunkte dafür, dass es vorliegend einer weitergehenden Prüfung anhand der Grundrechte-

---

[26] EuGH, Urt. v. 4.10.2011 – C-403/08, C-429/08, GRUR 2012, 164 – *Football Association Premier League u. Murphy;* EuGH, Urt. v. 3.9.2014 – C-201/13, GRUR 2014, 972, Rn. 26 – *Deckmyn;* EuGH, Urt. v. 29.7.2019 – C-469/17, GRUR 2019, 934, Rn. 51 – *Funke Medien;* EuGH, Urt. v. 29.7.2019 – C-516/17, GRUR 2019, 940, Rn. 35 – *Spiegel Online.*

[27] EuGH, Urt. v. 29.7.2019 – C-469/17, GRUR 2019, 934, Rn. 51 – *Funke Medien;* EuGH, Urt. v. 29.7.2019 – C-516/17, GRUR 2019, 940, Rn. 35 – *Spiegel Online.*

[28] EuGH, Urt. v. 1.12.2011 – C-145/10, GRUR 2012, 166, Rn. 110 – *Painer/Standard;* EuGH, Urt. v. 10.4.2014 – C-435/12, GRUR 2014, 546, Rn. 24 – *ACI Adam/Thuiskopie;* EuGH, Gutachten 3/15 v. 14.12.2017, GRUR Int. 2017, 438, Rn. 125 – *Vertrag von Marrakesch;* EuGH, Urt. v. 29.7.2019 – C-469/17, GRUR 2019, 934, Rn. 52 – *Funke Medien;* EuGH, Urt. v. 29.7.2019 – C-516/17, GRUR 2019, 940, Rn. 37 – *Spiegel Online;* den Drei-Stufen-Test daher als Harmonisierungsinstrument bezeichnend *Grünberger,* ZUM 2015, 273, 288 f.

[29] Vgl. BVerfG, Urt. v. 31.5.2016 – 1 BvR 1585/13, GRUR 2016, 690, Rn. 76 – *Sampling.*

[30] Vgl. § 7 III. 1.

[31] Vgl. BVerfG, Beschl. v. 6.11.2019 – 1 BvR 16/13, GRUR 2020, 74, Rn. 41 ff. – *Recht auf Vergessen I.*

charta bedürfte, existieren dabei nicht.[32] Grundrechtlich geschützt ist das Urheberrecht auf nationaler Ebene durch Art. 14 Abs. 1 GG.[33] Es obliegt aber dem Gesetzgeber, im Rahmen der inhaltlichen Ausgestaltung nach Art. 14 Abs. 1 S. 2 GG sachgerechte Maßstäbe festzulegen, die eine der Natur und der sozialen Bedeutung des Rechts entsprechende Nutzung und angemessene Verwertung gewährleisten.[34]

Dem Gesetzgeber steht hierfür ein weiter Beurteilungs-[35] und Gestaltungsspielraum[36] zu. Diesen überschreitet die Ausdehnung des Anwendungsbereichs der gesetzlich erlaubten Nutzungen auf Unterricht und Lehre außerhalb klassischer Bildungseinrichtungen nicht. Auch dann ist die Grundrechtsposition des Urhebers nicht derart ungeordnet, dass ein angemessener Ausgleich nicht mehr gegeben wäre,[37] sondern ihm verbleibt unter dem Strich ein

---

[32] Zu den Konstellationen, in denen eine weitergehende Prüfung anhand der Grundrechtecharta erforderlich ist, s. BVerfG, Beschl. v. 6.11.2019 – 1 BvR 16/13, GRUR 2020, 74, Rn. 63 ff. – *Recht auf Vergessen I.*

[33] BVerfG, Beschl. v. 7.7.1971 – 1 BvR 765/66, GRUR 1972, 481, 483 – *Kirchen- und Schulgebrauch;* BVerfG, Beschl. v. 7.7.1971 – 1 BvR 765/66, GRUR 1972, 485, 486 – *Bibliotheksgroschen;* BVerfG, Beschl. v. 7.7.1971 – 1 BvR 276/71, GRUR 1972, 487, 487 – *Schulfunksendungen;* BVerfG, Beschl. v. 8.7.1971 – 1 BvR 766/66, GRUR 1972, 491, 493 – *Schallplatten;* BVerfG, Beschl. v. 25.10.1978 – 1 BvR 352/17, GRUR 1980, 44, 46 – *Kirchenmusik;* BVerfG, Beschl. v. 11.10.1988 – 1 BvR 743/86 u. a., GRUR 1989, 193, 196 – *Vollzugsanstalten;* BVerfG, Beschl. v. 19.7.2011 – BvR 1916/09, GRUR 2012, 53, Rn. 83 – *Le-Corbusier-Möbel;* BVerfG, Urt. v. 31.5.2016 – 1 BvR 1585/13, GRUR 2016, 690, Rn. 69 – *Sampling.*

[34] BVerfG, Beschl. v. 7.7.1971 – 1 BvR 765/66, GRUR 1972, 481, 483 – *Kirchen- und Schulgebrauch;* BVerfG, Beschl. v. 25.10.1978 – 1 BvR 352/17, GRUR 1980, 44, 46 – *Kirchenmusik;* BVerfG, Beschl. v. 24.11.2009 – 1 BvR 213/08, GRUR 2010, 332, Rn. 59 – *Filmurheberrecht;* BVerfG, Beschl. v. 20.1.2010 – 1 BvR 2062/09, GRUR 2010, 416, Rn. 22 – *Fotoarchiv;* BVerfG, Beschl. v. 21.12.2010 – 1 BvR 2760/08, GRUR 2011, 223, Rn. 15 – *Drucker und Plotter;* BVerfG, Beschl. v. 19.7.2011 – BvR 1916/09, GRUR 2012, 53, Rn. 85 – *Le-Corbusier-Möbel;* BVerfG, Beschl. v. 15.12.2011 – 1 BvR 1248/11, GRUR 2012, 390, Rn. 21 – *AnyDVD;* BVerfG, Urt. v. 31.5.2016 – 1 BvR 1585/13, GRUR 2016, 690, Rn. 72 – *Sampling.*

[35] BVerfG, Urt. v. 31.5.2016 – 1 BvR 1585/13, GRUR 2016, 690, Rn. 72 – *Sampling;* vgl. BVerfG, Beschl. v. 23.10.2013 – 1 BvR 1842/11, 1 BvR 1843/11, GRUR 2014, 169 Rn. 70 – *Übersetzerhonorare.*

[36] BVerfG, Beschl. v. 19.7.2011 – BvR 1916/09, GRUR 2012, 53, Rn. 85 – *Le-Corbusier-Möbel;* BVerfG, Urt. v. 31.5.2016 – 1 BvR 1585/13, GRUR 2016, 690, Rn. 72 – *Sampling;* vgl. BVerfG, Beschl. v. 11.10.1988 – 1 BvR 743/86 u. a., GRUR 1989, 193, 196 – *Vollzugsanstalten;* BVerfG, Beschl. v. 23.10.2013 – 1 BvR 1842/11, 1 BvR 1843/11, GRUR 2014, 169 Rn. 70 – *Übersetzerhonorare.*

[37] Vgl. BVerfG, Beschl. v. 27.1.1998 – 1 BvL 15-87, NJW 1998, 1475, 1476 – *Kleinbetriebsklausel;* BVerfG, Beschl. v. 23.10.2013 – 1 BvR 1842/11, 1 BvR 1843/11, GRUR 2014, 169 Rn. 70 – *Übersetzerhonorare;* BVerfG, Urt. v. 31.5.2016 – 1 BvR 1585/13, GRUR 2016, 690, Rn. 71 – *Sampling.*

angemessenes Entgelt für seine Leistung.[38] Insbesondere für wissenschaftliche Urheber kann eine vergütungspflichtige Schranke sogar gegenüber einer Verwertung am freien Markt vorteilhaft sein.[39] Denn bei Letzterer profitieren von einer Nutzung der Inhalte regelmäßig ausschließlich die Verleger, während die Urheber selbst an der Vermarktung ihrer Inhalte nicht finanziell beteiligt sind. Bei einer Vergütungspflicht erfolgt hingegen eine Zahlung an die zuständige Verwertungsgesellschaft, die auch den wissenschaftlichen Urhebern zugutekommt.

### *IV. Regelungsvorschlag*

Um neue Kommunikationsformen nicht von den gesetzlich erlaubten Nutzungen für Unterricht und Lehre auszuschließen, ist die Begrenzung des § 60a UrhG auf Bildungseinrichtungen aufzugeben und die entsprechende Voraussetzung in § 60a Abs. 1 UrhG zu streichen. § 60a Abs. 1 Nr. 2 UrhG setzt aber dennoch einen Bezugspunkt voraus, um die gemeinsame Zugehörigkeit der Lehrenden und Prüfer definieren zu können. Dieser ist offen zu formulieren, um eine flexible Anwendung der Schranke zu ermöglichen und Abgrenzungsschwierigkeiten zu vermeiden. Der bisherige Anknüpfungspunkt an Bildungseinrichtungen ist daher auf andere Einrichtungen zu erweitern. Zu berücksichtigen ist zudem, dass bei digitalem Lehren und Lernen eine Einrichtung nach ihrem gewöhnlichen Sprachgebrauch häufig nicht existieren wird. Eine Eingrenzung des Kreises der Lehrenden und Prüfer kann insoweit jedoch über den Begriff der Plattform erfolgen.

Keiner Erweiterung zugänglich ist hingegen die Fiktion des Handlungs- und Erfolgsorts des Art. 5 Abs. 3 DSM-RL. Die Vorschrift fingiert bei grenzüberschreitenden Nutzungen über gesicherte elektronische Umgebungen unter der Verantwortung einer Bildungseinrichtung, dass sie allein in dem jeweiligen Mitgliedstaat erfolgen, in dem die Bildungseinrichtung ihren Sitz hat. Auch im nationalen Recht ist die Fiktion dabei zwingend auf Bildungseinrichtungen zu begrenzen. Ihrer Ausdehnung auf andere Einrichtungen oder Plattformen steht der klare Wortlaut des Art. 5 Abs. 3 DSM-RL entgegen. Die InfoSoc-RL, die eine Anwendung der gesetzlich erlaubten Nutzungen für Unterricht und Lehre außerhalb von Bildungseinrichtungen ermöglicht, sieht eine solche Fiktion

---

[38] Für diese Voraussetzung BVerfG, Beschl. v. 11.10.1988 – 1 BvR 743/86 u. a., GRUR 1989, 193, 196 – *Vollzugsanstalten;* auf den Tonträgerhersteller bezogen BVerfG, Urt. v. 31.5.2016 – 1 BvR 1585/13, GRUR 2016, 690, Rn. 74 – *Sampling.*

[39] *Duppelfeld,* Das Urheberrecht der Bibliotheken im Informationszeitalter (2014), S. 90; *Hilty/Lotte,* Digital and Cross-Border Teaching Activities, in: Hilty/Moscon, Modernisation of the EU Copyright Rules, S. 35, Rn. 26; für Kreative generell *Hilty,* GRUR 2005, 819, 819 ff.; das Fehlen belastbarer Erkenntnisse über Nachteile der Urheber bzw. Rechtsinhaber durch die Schrankenregelungen darlegend *Pflüger,* ZUM 2010, 938, 944; die Anreizwirkung von privilegierten Nutzungen betonend auch *Pflüger/Heeg,* ZUM 2008, 649, 655.

nicht vor. Eine analoge Anwendung der Regelung auf andere Einrichtungen oder Plattformen scheidet jedenfalls mangels einer vergleichbaren Interessenlage aus. Die Fiktion ist nur dann sinnvoll, wenn die nationalen Rechtsordnungen aller Mitgliedstaaten derartige Nutzungen in einem gewissen Mindestumfang gesetzlich erlauben. Für Bildungseinrichtungen gewährleistet dies aufgrund seiner Ausgestaltung als zwingende Schranke Art. 5 Abs. 1 DSM-RL, während die nur fakultative Regelung des Art. 5 Abs. 3 lit. a InfoSoc-RL dieses Ziel für Nutzungen außerhalb von Bildungseinrichtungen nicht erreichen kann.

Aufgrund der Anknüpfung der Fiktion an Bildungseinrichtungen kann das nationale Recht auf deren Definition somit nicht völlig verzichten. Eine Begrenzung auf bestimmte Bildungseinrichtungen gebieten die Vorgaben der DSM-RL aber nicht, da hierunter nach Erwägungsgrund 20 DSM-RL alle in einem Mitgliedstaat anerkannten Bildungseinrichtungen zu verstehen sein sollen. Auch das nationale Recht sollte daher den Begriff der Bildungseinrichtung im Gegensatz zum Urheberrecht *de lege lata* nicht mehr abschließend definieren. Eine beispielhafte Aufzählung ist dabei gegenüber einer reinen Generalklausel vorzugswürdig, da sie ein höheres Maß an Rechtssicherheit bietet.[40] Hierfür ist der Aufzählung bestimmter Bildungseinrichtungen das Wort „insbesondere" voranzustellen.

Erweitert man den Anwendungsbereich des § 60a UrhG auf digitales Lehren und Lernen außerhalb traditioneller Bildungseinrichtungen unter Berücksichtigung der Vorgaben der DSM-RL, lässt sich § 60a UrhG n.F. etwa wie folgt formulieren:

§ 60a UrhG Unterricht und Lehre

(1) Zur Veranschaulichung des Unterrichts und der Lehre dürfen zu nicht kommerziellen Zwecken bis zu 15 Prozent eines veröffentlichen Werkes vervielfältigt, verbreitet, öffentlich zugänglich gemacht und in sonstiger Weise öffentlich wiedergegeben werden

1. für Lehrende und Teilnehmer der jeweiligen Veranstaltung,
2. für Lehrende und Prüfer *an derselben Einrichtung oder auf derselben Plattform,*
3. für Dritte, soweit dies der Präsentation des Unterrichts, von Unterrichts- oder Lernergebnissen dient.

(2) Abbildungen, einzelne Beiträge aus derselben Fachzeitschrift oder wissenschaftlichen Zeitschrift, sonstige Werke geringen Umfangs und vergriffene Werke dürfen abweichend von Absatz 1 vollständig genutzt werden.

(3) Nicht nach den Absätzen 1 und 2 erlaubt sind folgende Nutzungen:

1. Vervielfältigung durch Aufnahme auf Bild- oder Tonträger und öffentliche Wiedergabe eines Werkes, während es öffentlich vorgetragen, aufgeführt oder vorgeführt wird,

[40] *De la Durantaye,* Allgemeine Bildungs- und Wissenschaftsschranke (2014), S. 211.

2. Vervielfältigung, Verbreitung und öffentliche Wiedergabe eines Werkes, das ausschließlich für den Unterricht an Schulen geeignet, bestimmt und entsprechend gekennzeichnet ist, an Schulen sowie
3. Vervielfältigung von grafischen Aufzeichnungen von Werken der Musik, soweit sie nicht für die öffentliche Zugänglichmachung nach den Absätzen 1 oder 2 erforderlich ist.

Satz 1 ist nur anzuwenden, wenn Lizenzen für diese Nutzungen leicht verfügbar und auffindbar sind, den Bedürfnissen und Besonderheiten von Bildungseinrichtungen entsprechen und Nutzungen nach Satz 1 Nummer 1 bis 3 erlauben.

(4) Werden Werke in gesicherten elektronischen Umgebungen für die in Absatz 1 Nummer 1 und 2 sowie Absatz 2 genannten Zwecke in Mitgliedstaaten der Europäischen Union und Vertragsstaaten des Abkommens über den Europäischen Wirtschaftsraum genutzt, so gilt diese Nutzung nur als in demjenigen Mitgliedstaat oder Vertragsstaat erfolgt, in dem die Bildungseinrichtung ihren Sitz hat. Bildungseinrichtungen sind *insbesondere* frühkindliche Bildungseinrichtungen, Schulen, Hochschulen sowie Einrichtungen der Berufsbildung oder der sonstigen Aus- und Weiterbildung.

# § 8 Veränderung fremder Inhalte für Unterricht und Lehre

Rechtssicherheit bei der Veränderung fremder Inhalte für Unterricht und Lehre lässt sich nur dann erreichen, wenn eine gesetzliche Regelung existiert, die den Bedürfnissen der Lehrenden und Lernenden gerecht wird. Diese ist so auszugestalten, dass sie die Interessen der Nutzer und Rechtsinhaber in Einklang bringt (I.). Von mindestens gleicher Bedeutung wie ihre Voraussetzungen ist für die Urheber und Nutzer dabei die Frage, ob die Privilegierung vergütungspflichtig ist (II.). Schließlich entscheidet dies, ob auch die Urheber von der Schranke profitieren und welche finanziellen Konsequenzen ihre Inanspruchnahme für die Nutzer hat. Sind die Anforderungen des Unions- und Verfassungsrechts (III.) erfüllt, lässt sich abschließend auf Grundlage der so ermittelten Ergebnisse ein konkreter Regelungsvorschlag (IV.) entwerfen.

## *I. Ausgestaltung einer Privilegierung*

Die Ausgestaltung einer Schranke zugunsten der Verwendung veränderter Inhalte für Lehr- und Lernprozesse kann sich an § 60a UrhG anlehnen, da beide Regelungen die Nutzung geschützter Inhalte für Unterricht und Lehre bezwecken. Eine Übertragung der quantitativen Begrenzung der Privilegierung des § 60a UrhG würde jedoch zu Schwierigkeiten führen. Während sich bei der unveränderten Verwendung der Inhalte so eine zu intensive oder umfassende Nutzung verhindern lässt, ist eine starre Beschränkung bei einer Veränderung der Inhalte nicht sachgerecht. Zum einen berührt die Nutzung veränderter Inhalte neben den wirtschaftlichen Interessen auch die ideellen Interessen des Urhebers. Zum anderen lässt sich bei einer Veränderung der Inhalte wesentlich schwieriger bestimmen, welcher Anteil des Inhalts verwendet wird. Der erlaubte Umfang der Nutzung veränderter Inhalte ist daher flexibler auszugestalten. Orientieren kann man sich hierfür an der Privilegierung für Karikaturen, Parodien und Pastiches, denen mit den Inhalten des digitalen Lehrens und Lernens die Notwendigkeit der Erkennbarkeit des Originalinhalts gemeinsam ist.[41] Bei Karikaturen, Parodien und Pastiches entscheidet über die Zulässigkeit der Verwendung eines geschützten Inhalts insbesondere eine Interessenabwägung. Auch bei den Inhalten des digitalen Lehrens und Lernens lässt sich so der Umfang der erlaubten Nutzung flexibel und anhand der Besonderheiten des Einzelfalls bestimmen. Dabei erlaubt eine Interessenabwägung zudem den Ausschluss von Nutzungen, die eine normale Verwertung des Werks beeinträchtigen. Nicht im Rahmen der Interessenabwägung berücksichtigt werden sollte hingegen eine leichte Verfügbarkeit und Auffindbarkeit von Lizenzen. Vielmehr ist es als transparentere und klarere Regelung vorzugswürdig, einen auf bestimmte Inhalte begrenzten Lizenzvorrang entsprechend § 60a Abs. 3 UrhG n.F. vorzusehen.

### *II. Vergütungspflicht*

Dass überwiegend die Kursteilnehmer die veränderten Inhalte verwenden, mag eine Vergütungsfreiheit allein nicht rechtfertigen. Die wirtschaftlichen Folgen für die Urheber verringert dies nicht. Eine Vergütungspflicht sieht deshalb auch die einzige ausdrücklich für User Generated Content geschaffene Schranke im kanadischen Recht vor.[42] Der Anwendungsbereich der Schranke sollte ohnehin nicht auf die Inhalte der Nutzer beschränkt werden, sondern auf die Handlungen der Dozenten ebenfalls Anwendung finden. Andernfalls wäre nicht nur eine Rechtsunsicherheit zu befürchten, sondern dies würde auch den Bedürfnissen der Lehrenden und Lernenden widersprechen. Darüber hinaus ist zu berücksichtigen, dass die Vorschrift insbesondere auf die Nutzung geschützter Inhalte Dritter abzielt, während es aufgrund der unterschiedlichen Interessenlage einer speziellen Regelung für die eigenen Inhalte der Akteure digitalen Lehrens und Lernens bedarf.[43] Die Verwendung veränderter Inhalte in Lehr- und Lernprozessen ist daher insoweit mit der Vorschrift des § 60a UrhG vergleichbar. Ein Gleichlauf mit § 60a UrhG ist dabei aus drei Gründen vorteilhaft: Erstens lassen sich so Abgrenzungsschwierigkeiten vermeiden, ob eine Veränderung vorliegt und die Nutzung somit vergütungsfrei wäre. Zweitens würde dies andernfalls einen Anreiz schaffen, geschützte Inhalte zur Vermeidung der Vergütungspflicht zu verändern. Die wirtschaftlichen Interessen der Urheber sind aber unabhängig von einer Veränderung der

---

[41] Vgl. § 2 II. 4.

[42] Vgl. Sec. 29.21 Copyright Modernization Act, (S.C.2012, c.20) 29.6.2012, abrufbar unter https://laws-lois.justice.gc.ca/eng/annualstatutes/2012_20/fulltext.html, zuletzt abgerufen am 13.5.2021.

[43] S. hierzu § 9.

Inhalte betroffen. Für einen Gleichklang mit der Vergütungspflicht bei § 60a UrhG spricht somit drittens die vergleichbare Interessenlage. Ebenso wie § 60a UrhG sollte die Nutzung veränderter Werke für Unterricht und Lehre folglich grundsätzlich vergütungspflichtig sein, die öffentliche Wiedergabe – abgesehen von der öffentlichen Zugänglichmachung – für Angehörige von Bildungseinrichtung und deren Familien von der Vergütungspflicht jedoch ausgenommen sein.

### *III. Vorgaben des höherrangigen Rechts*

Die Nutzung veränderter Inhalte für Unterricht und Lehre darf das nationale Recht nur insoweit privilegieren, wie eine solche Schranke mit den Vorgaben des höherrangigen Rechts im Einklang stehen würde. Zu berücksichtigen ist zum einen der unionsrechtliche Regelungsrahmen (1.) und zum anderen das Verfassungsrecht (2.).

#### *1. Unionsrecht*

Eine allgemeine Schranke für kreative Umgestaltungen fehlt im Unionsrecht[44] ebenso wie eine Doktrin freier Benutzung.[45] Weder die Veränderung der Inhalte an sich noch ihre Erstellung durch die Nutzer kann deshalb eine Beschränkung des Urheberrechts rechtfertigen. Jedoch gelten die Ausnahmen und Beschränkungen des Vervielfältigungsrechts auch für Bearbeitungen.[46] Hierfür spricht schon, dass nach dem Verständnis des EuGH das Vervielfältigungsrecht die Nutzung veränderter Inhalte umfasst.[47] Zudem sieht etwa Art. 5 Abs. 3 lit. k InfoSoc-RL die Privilegierung von Nutzungen zum Zwecke von Karikaturen, Parodien oder Pastiches vor, denen eine Veränderung der Werke immanent ist. Die Privilegierung der Verwendung veränderter Inhalte für Unterricht und Lehre – auch außerhalb klassischer Bildungseinrichtungen[48] – kann sich daher auf Art. 5 Abs. 3 lit. a InfoSoc-RL stützen. Das Unionsrecht erlaubt aber nicht nur, eine solche Schranke im nationalen Recht vorzusehen, sondern gebietet dies hinsichtlich des Unterrichts und der Lehre an Bildungseinrichtungen sogar, da die Mitgliedstaaten den Mindestrahmen des Art. 5 DSM-RL nicht unterschreiten dürfen.[49] Dabei ergibt sich weder aus dem Wortlaut noch aus der Entstehungsgeschichte der Vorschrift, dass sie sich – die Fiktion des Handlungs- und Erfolgsorts des Art. 5 Abs. 3 DSM-RL eingeschlossen – allein auf die Nutzung unveränderter Inhalte beziehen würde.

---

[44] *Grünberger,* ZUM 2019, 281, 286; *Ohly,* GRUR 2017, 964, 968.

[45] *Leistner,* GRUR 2014, 1145, 1148.

[46] HK-*Dreyer,* UrhG, 4. Aufl. (2018), § 23, Rn. 5.

[47] Vgl. § 2 II. 2.

[48] Vgl. § 7 III. 1.

[49] Vgl. § 1 II. 1. b).

Sowohl Art. 5 Abs. 1 lit. b DSM-RL als auch Art. 5 Abs. 3 lit. a InfoSoc-RL erfordern aber, dass die Quelle angegeben wird und die Nutzungen nicht kommerziellen Zwecken dienen. Da die mitgliedstaatlichen Regelungen alle Voraussetzungen der unionsrechtlichen Ausnahme oder Beschränkung enthalten müssen,[50] hat das nationale Recht die Privilegierung ebenfalls an die Quellenangabe zu knüpfen und sie auf die Verfolgung nicht kommerzieller Zwecke zu begrenzen. Auch die übrigen Anforderungen an die Umsetzung einer Beschränkung oder Ausnahme ins nationale Recht[51] sind dann erfüllt. Die Anwendung der Schranke erlaubt einen angemessenen Ausgleich zwischen den Rechten der Schutzrechtsinhaber und der Nutzer, da der privilegierte Umfang anhand einer Interessenabwägung zu bestimmen ist. Ebenso lässt sich im Rahmen der Interessenabwägung sicherstellen, dass die Vorgaben des unionsrechtlichen Drei-Stufen-Tests des Art. 5 Abs. 5 InfoSoc-RL gewahrt sind.

### 2. *Verfassungsrecht*

Bei der Umsetzung des Art. 5 Abs. 3 lit. a InfoSoc-RL ins nationale Recht besteht ein Spielraum des nationalen Gesetzgebers, den dieser verfassungskonform auszufüllen hat.[52] Die vorgeschlagene Schranke erfüllt dabei die Voraussetzung, dass bei ihrer Anwendung ein verfassungsgemäßer Ausgleich der kollidierenden Grundrechte möglich ist,[53] da sich diese im Rahmen der Interessenabwägung berücksichtigen lassen. Hinsichtlich der weiteren Anforderungen an die Verfassungsmäßigkeit der neu einzuführenden Regelung ist zwischen den vergütungspflichtigen und den vergütungsfreien Nutzungen zu differenzieren. Bei den vergütungspflichtigen Privilegierungen handelt es sich lediglich um Beschränkungen des Verfügungsrechts,[54] die bereits Gründe des Gemeinwohls rechtfertigen können.[55] Nicht jeder Vorteil einer Regelung dient jedoch dem Gemeinwohl. Bei einer Privilegierung der Nutzungen für Lehr- und Lernprozesse lässt sich hierfür aber sowohl die Freiheit der Lehre nach Art. 5 Abs. 3 GG als auch der staatliche Erziehungsauftrag nach Art. 7 GG anführen.[56]

---

[50] EuGH, Urt. v. 29.7.2019 – C-469/17, GRUR 2019, 934, Rn. 47 – *Funke Medien;* EuGH, Urt. v. 29.7.2019 – C-516/17, GRUR 2019, 940, Rn. 33 – *Spiegel Online;* vgl. EuGH, Urt. v. 27.2.2014 – C-351/12, GRUR 2014, 473, Rn. 39 – *OSA/Léčebné lázně;* EuGH, Gutachten 3/15 v. 14.12.2017, GRUR Int. 2017, 438, Rn. 125 – *Vertrag von Marrakesch.*

[51] S. § 7 III. 1.

[52] Vgl. § 7 III. 2.

[53] Vgl. BVerfG, Urt. v. 31.5.2016 – 1 BvR 1585/13, GRUR 2016, 690, Rn. 76 – *Sampling.*

[54] BVerfG, Beschl. v. 11.10.1988 – 1 BvR 743/86 u. a., GRUR 1989, 193, 196 – *Vollzugsanstalten;* BVerfG, Urt. v. 31.5.2016 – 1 BvR 1585/13, GRUR 2016, 690, Rn. 73 – *Sampling.*

[55] BVerfG, Urt. v. 31.5.2016 – 1 BvR 1585/13, GRUR 2016, 690, Rn. 73 – *Sampling.*

[56] Auf § 60a UrhG bezogen *Grünberger,* GRUR 2017, 1, 7.

Vergütungsfreie Nutzungen sind nur zugunsten gesteigerter öffentlicher Interessen möglich.[57] Hinsichtlich der – mit Ausnahme der öffentlichen Zugänglichmachung – vergütungsfreien öffentlichen Wiedergabe für die Angehörigen der Bildungseinrichtungen und deren Familien liegt ein gesteigerter Gemeinwohlbezug vor. Dieser kann ein gesteigertes öffentliches Interesse begründen.[58] Auch eine unzumutbare Entwertung des Verwertungsrechts ist mit den vergütungsfreien Nutzungen nicht verbunden.[59] Ein Leerlaufen des Verwertungsrechts ist bei der Schranke insbesondere deshalb nicht zu befürchten, da sie die öffentliche Zugänglichmachung von der Vergütungsfreiheit ausnimmt. Letztere wird für die Einnahmenerzielung des Urhebers die weitaus gewichtigere Bedeutung als andere Formen der öffentlichen Wiedergabe haben, da die Nutzer bei ihr örtlich und zeitlich unbeschränkt auf die geschützten Inhalte zugreifen können. Für die Verfassungsmäßigkeit spricht darüber hinaus, dass die Schranke für einen Teil der von ihr erfassten Nutzungen der öffentlichen Wiedergabe eine Vergütung vorsieht.[60]

### *IV. Regelungsvorschlag*

Bei der Formulierung der Schranke zugunsten der Nutzung veränderter Inhalte für Unterricht und Lehre kann man sich überwiegend an § 60a UrhG orientieren und dessen Voraussetzungen auf die neu zu schaffende Privilegierung übertragen. Schon zur Vermeidung von Abgrenzungsschwierigkeiten sollte die Vorschrift zudem sowohl den auf bestimmte Bereiche beschränkten Lizenzvorrang als auch die Fiktion des Handlungs- und Erfolgsorts von § 60a UrhG übernehmen. Im Gegensatz zu der Verwendung unveränderter Werke sollte der Umfang der erlaubten Nutzung veränderter Inhalte aber nicht auf einen festen Prozentsatz eines Werks begrenzt sein. Die Vorschrift sollte daher ermöglichen, die Grenze der privilegierten Nutzungen anhand einer Interessenabwägung zu bestimmen. Ähnlichkeiten hat dies mit der Zitatschranke, da der erlaubte Umfang einer Nutzung zum Zwecke des Zitats ebenfalls anhand einer einzelfallorientierten Abwägung zu bestimmen ist.[61] Die Formulierung kann

---

[57] Vgl. BVerfG, Beschl. v. 7.7. 1971 – 1 BvR 765/66, GRUR 1972, 481, 484 – *Kirchen- und Schulgebrauch;* BVerfG, Beschl. v. 25.10.1978 – 1 BvR 352/17, GRUR 1980, 44, 48 – *Kirchenmusik;* BVerfG, Beschl. v. 11.10.1988 – 1 BvR 743/86 u. a., GRUR 1989, 193, 196 – *Vollzugsanstalten;* BVerfG, Beschl. v. 21.12.2010 – 1 BvR 2760/08, GRUR 2011, 223, Rn. 60 – *Drucker und Plotter;* BVerfG, Beschl. v. 17.11.2011 – 1 BvR 1145/11, GRUR 2012, 389, Rn. 9 – *Kunstausstellung im Online-Archiv.*

[58] Vgl. BVerfG, Beschl. v. 11.10.1988 – 1 BvR 743/86 u. a., GRUR 1989, 193, 196 – *Vollzugsanstalten.*

[59] Dies für die Verfassungsmäßigkeit einer Schranke fordernd BVerfG, Beschl. v. 11.10.1988 – 1 BvR 743/86 u. a., GRUR 1989, 193, 197 – *Vollzugsanstalten.*

[60] BVerfG, Beschl. v. 11.10.1988 – 1 BvR 743/86 u. a., GRUR 1989, 193, 197 – *Vollzugsanstalten.*

[61] S. § 1 II. 1. a).

sich deshalb insoweit an § 51 UrhG und Art. 5 Abs. 3 lit. d InfoSoc-RL anlehnen.

Systematisch lässt sich die Privilegierung einerseits in einer separaten Schranke verankern, andererseits ist auch eine entsprechende Ausdehnung des § 60a UrhG möglich. Letzteres ist dabei vorzugswürdig. Erstens stimmt die neu zu schaffende Regelung – abgesehen vom Umfang der erlaubten Nutzungen – mit der Vorschrift des § 60a UrhG überein. Auch hinsichtlich der Vergütungspflicht besteht ein Gleichlauf beider Vorschriften. Gemeinsam ist der Nutzung veränderter und unveränderter Inhalte darüber hinaus, dass Art. 5 Abs. 3 lit. a InfoSoc-RL ihre Privilegierung im mitgliedstaatlichen Recht erlaubt und Art. 5 DSM-RL bezüglich der Nutzungen an Bildungseinrichtungen sogar verlangt.[62] Zweitens ist eine entsprechende Erweiterung des § 60a UrhG im Hinblick auf die Rechtssicherheit vorteilhaft, da sämtliche privilegierte Nutzungen geschützter Inhalte zur Veranschaulichung von Unterricht und Lehre dann in einer einzigen Vorschrift enthalten wären. Auch der Gesetzgeber hat etwa durch das Urheberrechts-Wissensgesellschafts-Gesetz die gesetzlich erlaubten Nutzungen für Unterricht, Wissenschaft und Institutionen mit den §§ 60a ff. UrhG in einem Abschnitt zusammengefasst. Zudem entspricht dies dem unionsrechtlichen Verständnis, dem eine strikte Differenzierung zwischen der Verwendung veränderter und unveränderter Inhalte ohnehin fremd ist.

In die Normsphäre lassen sich diese Anforderungen etwa dadurch umsetzen, indem die Vorschrift des § 60a UrhG um einen entsprechenden Abs. 1a ergänzt wird. Zur Klarstellung ist dann der Aufzählung der privilegierten Nutzungshandlungen in § 60a Abs. 1 UrhG das Wort „unverändert" hinzuzufügen. Darüber hinaus ist das Änderungsverbot des § 62 UrhG entsprechend anzupassen. Eine Neufassung des § 60a UrhG, die sowohl digitales Lehren und Lernen außerhalb klassischer Bildungseinrichtungen als auch die Verwendung veränderter Inhalte einbezieht, könnte lauten:

§ 60a UrhG Unterricht und Lehre

(1) Zur Veranschaulichung des Unterrichts und der Lehre dürfen zu nicht kommerziellen Zwecken bis zu 15 Prozent eines veröffentlichen Werkes *unverändert* vervielfältigt, verbreitet, öffentlich zugänglich gemacht und in sonstiger Weise öffentlich wiedergegeben werden

1. für Lehrende und Teilnehmer der jeweiligen Veranstaltung,
2. für Lehrende und Prüfer *an derselben Einrichtung oder auf derselben Plattform,*
3. für Dritte, soweit dies der Präsentation des Unterrichts, von Unterrichts- oder Lernergebnissen dient.

*(1a) Bei der Veränderung von Werken gilt Abs. 1 entsprechend mit der Maßgabe, dass die Nutzung in ihrem Umfang zur Veranschaulichung des Unterrichts und der Lehre gerechtfertigt sein muss.*

[62] S. auch § 7 III. 1.

(2) Abbildungen, einzelne Beiträge aus derselben Fachzeitschrift oder wissenschaftlichen Zeitschrift, sonstige Werke geringen Umfangs und vergriffene Werke dürfen abweichend von Absatz 1 *und 1a* vollständig genutzt werden.

(3) Nicht nach den Absätzen 1, *1a* und 2 erlaubt sind folgende Nutzungen:

1. Vervielfältigung durch Aufnahme auf Bild- oder Tonträger und öffentliche Wiedergabe eines Werkes, während es öffentlich vorgetragen, aufgeführt oder vorgeführt wird,
2. Vervielfältigung, Verbreitung und öffentliche Wiedergabe eines Werkes, das ausschließlich für den Unterricht an Schulen geeignet, bestimmt und entsprechend gekennzeichnet ist, an Schulen sowie
3. Vervielfältigung von grafischen Aufzeichnungen von Werken der Musik, soweit sie nicht für die öffentliche Zugänglichmachung nach den Absätzen 1 oder 2 erforderlich ist.

Satz 1 ist nur anzuwenden, wenn Lizenzen für diese Nutzungen leicht verfügbar und auffindbar sind, den Bedürfnissen und Besonderheiten von Bildungseinrichtungen entsprechen und Nutzungen nach Satz 1 Nummer 1 bis 3 erlauben.

(4) Werden Werke in gesicherten elektronischen Umgebungen für die in Absatz 1 Nummer 1 und 2 sowie Absatz 2 genannten Zwecke in Mitgliedstaaten der Europäischen Union und Vertragsstaaten des Abkommens über den Europäischen Wirtschaftsraum genutzt, so gilt diese Nutzung nur als in demjenigen Mitgliedstaat oder Vertragsstaat erfolgt, in dem die Bildungseinrichtung ihren Sitz hat. Bildungseinrichtungen sind *insbesondere* frühkindliche Bildungseinrichtungen, Schulen, Hochschulen sowie Einrichtungen der Berufsbildung oder der sonstigen Aus- und Weiterbildung.

# § 9 Offene Produktionsprozesse innerhalb und außerhalb des Bildungsbereichs

Im Gegensatz zu der Verwendung geschützter Inhalte Dritter[63] lassen sich die Verarbeitungsprobleme des Urheberrechts bei der Erstellung von Inhalten in offenen Produktionsprozessen nicht auf eine konkrete Norm zurückführen. Die mögliche Unwirksamkeit der Nutzungsrechtseinräumungen folgt vielmehr aus einem Zusammenspiel von § 23 UrhG, § 107 BGB und § 43 UrhG und ist nicht auf digitales Lehren und Lernen begrenzt. Auch außerhalb des Bildungsbereichs haben offene Produktionsprozesse etwa bei Crowdsourcing diese Herausforderung zu bewältigen. Eine ausschließlich auf cMOOCs fokussierte Anpassung des Urheberrechts – etwa eine Erweiterung des § 112 BGB auf das Studium oder die Nichtanwendbarkeit des § 43 UrhG für den Bildungsbereich – würde daher zu kurz greifen. Vielmehr ist anknüpfend an die Ursache der Verarbeitungsprobleme des Urheberrechts (I.) eine Regelung zu entwickeln, die offene Produktionsprozesse innerhalb und außerhalb des Bildungsbereichs erfasst (II.). Das nationale Urheberrecht um eine solche Vorschrift ergänzen darf man aber nur dann, wenn dies der unionsrechtliche Regelungsrahmen erlaubt (III.). Andernfalls ist zu untersuchen, ob eine Umsetzung der Regelung

---

[63] S. hierzu §§ 7, 8.

auf unionsrechtlicher Ebene erfolgen kann und wie diese auszugestalten ist (IV.).

### *I. Ursache der Verarbeitungsprobleme des Urheberrechts*

Unwirksam sein können Nutzungsrechtseinräumungen sowohl bei offenen als auch bei geschlossenen Produktionsprozessen. Dass die bloße Möglichkeit der Unwirksamkeit von Nutzungsrechtseinräumungen bei Inhalten aus offenen Produktionsprozessen sogar ihre Verwendung verhindern kann, beruht letztlich darauf, dass die Zahl der Urheber hier sehr hoch sein kann. Dies verhindert, dass sich bei ihnen – im Gegensatz zu Inhalten aus geschlossenen Produktionsprozessen – die Wirksamkeit der Nutzungsrechtseinräumungen überprüfen lässt. Der Grund für die potentielle Zuordnung der originären Schutzrechtsinhaberschaft an eine hohe Anzahl von Personen ist die Art des Entstehungsprozesses. So sind die Inhalte typischerweise das Ergebnis zahlreicher Beiträge der verschiedenen Akteure. Das Zusammenwirken mehrerer Personen bei der Erstellung von Inhalten ist dem Urheberrecht aber nicht fremd. Vielmehr enthält es Regelungen über die Miturheberschaft, die Bearbeitung und die Werkverbindung.

Die Entstehung von Inhalten in offenen Produktionsprozessen ist dabei als Bearbeitung einzuordnen.[64] Dem klassischen Verständnis einer Bearbeitung entsprechen sie jedoch nicht. Der Ersteller eines Inhalts erwartet, dass die anderen Teilnehmer diesen ergänzen und verändern. Er hat daher typischerweise nicht den Anspruch, dass er ein bereits vollendetes Werk geschaffen hat. Die Vorschriften der §§ 3, 23 UrhG verdeutlichen hingegen, dass für eine Bearbeitung zwar der Einfluss des Originalwerks auf sie charakteristisch ist, nicht aber, dass sich umgekehrt die Möglichkeit einer späteren Bearbeitung auf die Schaffung des Originalwerks auswirkt. Vielmehr sind die Ergänzungsbedürftigkeit eines Beitrags und das Bewusstsein, dass die Fertigstellung des Werks noch die Mitwirkung anderer Personen erfordert, Kennzeichen der Miturheberschaft. Diese Mischung von Elementen der Bearbeitung und Miturheberschaft spiegelt sich auch bei den mitwirkenden Personen wider. Weder ist deren Kreis wie bei der Miturheberschaft konkret festgelegt noch wie bei Bearbeitungen völlig unbestimmt, sondern mit den anderen Teilnehmern des offenen Produktionsprozesses grob umgrenzt. Gemeinsam ist allen Veränderungen zudem der Zweck, für den sie erfolgen. Bei cMOOCs ist dies der gemeinsame Lehr- und Lernprozess, bei Crowdsourcing die Suche nach einer Lösung für das Problem des Seekers. Auch dies lässt sich weder einer Bearbeitung noch einer Miturheberschaft klar zuordnen. Während das mit der Bearbeitung verfolgte Ziel beliebig sein kann, existiert bei der Miturheberschaft ein gemeinsamer Gesamtplan. Bei offenen Produktionsprozessen handelt es sich folglich um

---

[64] Vgl. § 4 I 2.

eine Mischung aus Miturheberschaft und Bearbeitung. Da eine Zusammenarbeit aber zwingend einer einzigen Kategorie zugeordnet werden muss, kann das Urheberrecht *de lege lata* solche Mischformen nicht abbilden.[65] Die Verarbeitungsprobleme des Urheberrechts beruhen somit auf dem Fehlen einer Regelung für miturheberschaftliche Bearbeitungen.

### *II. Regelung für miturheberschaftliche Bearbeitungen als Lösung der Verarbeitungsprobleme des Urheberrechts*

Die Ausgestaltung einer Regelung für miturheberschaftliche Bearbeitungen muss sich an dem Entstehungsprozess der Inhalte selbst orientieren. Die von der Literatur vorgeschlagenen Schrankenregelungen zugunsten von User Generated Content lassen sich hierfür nicht heranziehen, da diese nicht spezifisch auf Inhalte aus offenen Produktionsprozessen zugeschnitten sind. Sie erfassen deshalb erstens auch Inhalte Dritter und knüpfen zweitens ihre Anwendung an weitere Voraussetzungen, wie das Aufweisen eigenschöpferischer Züge des Inhalts,[66] seine Erstellung zum Zwecke der persönlichen Identitätsbildung oder sozialen Beziehungspflege in einem öffentlichen Netzwerk,[67] seine Üblichkeit in sozialen Netzwerken,[68] oder seine Einordnung als transformative[69] bzw. transformativ-kreative[70] Nutzung. Den Interessen der Teilnehmer offener Produktionsprozesse wird dies aber weder als Nutzer noch als Urheber der Inhalte gerecht. Einerseits sind diese Regelungen zu eng, weil sie den Teilnehmern nicht ermöglichen, die speziell für den gemeinsamen Zweck erstellten Inhalte uneingeschränkt zu verwenden. Andererseits sind sie zu weit formuliert und erlauben so die Nutzung der Inhalte auch in anderen Situationen.

Um die Verarbeitungsprobleme des Urheberrechts zu lösen, darf die Regelung daher nicht an den Inhalt und somit an das Ergebnis der Prozesse anknüpfen, sondern an den Prozess selbst. Hierfür ist zunächst herauszuarbeiten, welche Merkmale eine miturheberschaftliche Bearbeitung charakterisieren (1.), da der Anwendungsbereich der Regelung hiermit übereinstimmen muss. Den Status quo verbessern kann die Vorschrift dabei nur dann, wenn sie die Herausforderungen bewältigt, denen die Verwendung von Inhalten aus miturheberschaftlichen Bearbeitungen gegenwärtig begegnet. Die Rechtsfolgen der Norm sind deshalb so auszugestalten, dass bei miturheberschaftlichen Bearbei-

---

[65] Die Beziehungen offener Gruppen von Werkschöpfern im digitalen Umfeld generell als unzureichend abgebildet ansehend *Dreier/Leistner,* GRUR-Beilage 2014, 13, 17.

[66] *Senftleben,* ZUM 2019, 369, 373 f.

[67] *Bauer,* User Generated Content (2011), S. 407.

[68] *Gerpott,* MMR 2019, 420, 424; *Hilty/Bauer,* Use of Protected Content on Online Platforms, in: Hilty/Moscon, Modernisation of the EU Copyright Rules (2017), S. 99, 109.

[69] *Kreutzer,* Verbraucherschutz im Urheberrecht (2011), S. 10.

[70] *Pötzlberger,* Kreatives Remixing (2018), S. 398 ff.

tungen eine Unsicherheit über die Wirksamkeit der Nutzungsrechtseinräumungen nicht mehr besteht (2.). Zu berücksichtigen sind zudem die Interessen der Urheber, deren Schutz unabhängig vom Entstehungsprozess der Inhalte gewährleistet sein muss. Sind die Voraussetzungen und Rechtsfolgen einer Regelung für miturheberschaftliche Bearbeitungen identifiziert, lassen sich diese in die Normsphäre umsetzen (3.).

### *1. Anwendungsbereich*

Kennzeichnend für eine miturheberschaftliche Bearbeitung ist, dass sie Elemente der Miturheberschaft und der Bearbeitung in sich vereint. Mit der Bearbeitung ist ihr gemeinsam, dass die Mitwirkenden die Werke des Urhebers ohne einen gemeinsamen Gesamtplan verändern. An die Miturheberschaft erinnert hingegen, dass sowohl der Personenkreis der Bearbeiter als auch der Zweck der Veränderung zumindest grob umgrenzt ist. So erfolgen alle Veränderungen für einen gemeinsamen Zweck und ausschließlich durch Personen, die diesen Zweck verfolgen.[71] Diese Merkmale sollten sich auch in der urheberrechtlichen Norm widerspiegeln. Eine Regelung für miturheberschaftliche Bearbeitungen muss daher dreierlei voraussetzen: Die wechselseitige Veränderung der erstellten Inhalte erstens, die zweitens ausschließlich für einen gemeinsamen Zwecks und drittens von allen Personen, die ebenfalls diesen Zweck verfolgen, vorgenommen werden darf.

Die Verfolgung eines gemeinsamen Zwecks lässt sich einerseits subjektiv verstehen, indem der tatsächliche oder rechtsgeschäftliche Wille des Urhebers als maßgeblich angesehen wird. Eine andere Möglichkeit ist, dieses Merkmal objektiv zu bestimmen. Letzteres ist dabei vorzugswürdig, da die Norm bei einer Anknüpfung an den rechtsgeschäftlichen Willen bei Minderjährigen ihr Ziel nicht erreichen könnte, eine Unsicherheit aufgrund möglicher Verfügungsbeschränkungen zu vermeiden. Auch der Minderjährigenschutz erfordert es nicht, einen rechtsgeschäftlichen Willen des Urhebers für die Verfolgung des gemeinsamen Zwecks zu verlangen. Vielmehr ist auch bei den gegenwärtigen urheberrechtlichen Regelungen das Alter einer Person für den Schaffensprozess des Werks unerheblich und eine etwaige Minderjährigkeit nur bei vertraglichen Vereinbarungen zu berücksichtigen. So setzt zwar das Vorliegen einer Werkverbindung nach § 9 UrhG einen rechtsgeschäftlichen Willen voraus[72] und die Vorschriften der §§ 107 ff. BGB sind bei der Einräumung von Nutzungsrechten anwendbar, aber die Urheberschaft selbst wird durch einen

---

[71] Vgl. § 9 I.

[72] *Thum,* in: Wandtke/Bullinger, UrhG, 5. Aufl. (2019), § 9, Rn. 11; a. A. die Verbindung von Werken als Realakt einordnend und die rechtsgeschäftliche Natur nur für die Einwilligung zur gemeinsamen Veröffentlichung, Verwertung und Änderung bejahend, *Ahlberg,* in: Möhring/Nicolini, UrhG, 4. Aufl. (2018), § 9, Rn. 14 f., was jedoch einen einheitlichen Prozess künstlich aufspaltet.

Realakt begründet,[73] so dass Minderjährige Urheber sein können. Auch bei einer Bearbeitung ist eine etwaige Minderjährigkeit irrelevant und bei der Miturheberschaft ebenfalls nur der natürliche Handlungswille[74] entscheidend. Da die miturheberschaftliche Bearbeitung den Schaffensprozess des Werks betrifft, steht es mit der urheberrechtlichen Systematik im Einklang, dass eine etwaige Minderjährigkeit des Urhebers hierauf keinen Einfluss hat.

Bei einem subjektiven Verständnis des Merkmals würde eine Rechtsunsicherheit jedoch selbst bei einer Anknüpfung an den tatsächlichen Willen des Urhebers bestehen, da dieser nur schwierig nachzuweisen ist. Da die Regelung aber insbesondere darauf abzielt, die Rechtssicherheit zu erhöhen, ist die Verfolgung eines gemeinsamen Zwecks nach objektiven Kriterien zu beurteilen. Entscheidend hierfür sind die tatsächlichen Umstände des konkreten Falls. Aus der Teilnahme an einem gemeinschaftlichen Projekt oder einem Online-Kurs wie einem cMOOC darf man dabei darauf schließen, dass der Urheber unabhängig von seinem tatsächlichen oder rechtsgeschäftlichen Willen im konkreten Einzelfall den gemeinsamen Zweck verfolgt.

### 2. *Rechtsfolge*

Einen rechtssicheren Rahmen für die Verwendung miturheberschaftlicher Bearbeitungen schafft die Norm nur dann, wenn ihre Rechtsfolge so ausgestaltet ist, dass sie die von den Urhebern gewünschte Verwendung ihrer Inhalte ermöglicht. Dass hierfür konkludente oder in AGB vorgesehene Nutzungsrechtseinräumungen der Akteure offener Produktionsprozesse nicht genügen,[75] beruht darauf, dass einige Urheber in ihrer Verfügungsbefugnis beschränkt sein können. Auf die Verfügungsbefugnis kommt es aber nur bei vertraglichen Vereinbarungen an, so dass Verfügungsbeschränkungen auf gesetzliche Nutzungsrechtseinräumungen keinen Einfluss haben. Erlaubt die Regelung für miturheberschaftliche Bearbeitungen eine Veränderung der Werke, gefährden Verfügungsbeschränkungen somit nicht die Wirksamkeit der Nutzungsrechtseinräumung. Ausnahmen von dieser Rechtsfolge darf die Vorschrift dabei nicht vorsehen. So kann bei offenen Produktionsprozessen nicht nur die Urheberschaft an einem Inhalt zahlreichen Personen zukommen, sondern typischerweise wirken zumindest einige Personen auch an einer Vielzahl von Inhalten mit. Eine nur wenige Personen betreffende Ausnahme kann deshalb Folgen für zahlreiche Inhalte haben, da sich die Beiträge der einzelnen Personen in der Regel vor einer Verwendung der Inhalte nicht oder nur mit einem erheblichen Aufwand entfernen lassen. Zudem würde auch dann wiederum eine Unsicher-

---

[73] *Schulze,* in: Dreier/Schulze, UrhG, 6. Aufl. (2018), § 7, Rn. 3.

[74] BGH, Urt. v. 3.3.2005 – I ZR 111/02, GRUR 2005, 860, 862 – *Fash 2000;* HK-*Dreyer,* UrhG, 4. Aufl. (2018), § 39, Rn. 19; *Loewenheim/Peifer,* in: Schricker/Loewenheim/Leistner/Ohly, UrhG, 6. Aufl. (2020), § 8, Rn. 8.

[75] Vgl. § 6 II., III.

heit bestehen, ob die Ausnahme eingreift oder die Inhalte verwendet werden dürfen.

Dennoch muss die Regelung nicht nur die Funktionsfähigkeit eines als miturheberschaftliche Bearbeitung einzuordnenden Schaffensprozesses gewährleisten, sondern die Interessen der Urheber ebenfalls schützen. Könnten so entstandene Inhalte unbegrenzt genutzt und verändert werden, würde dies de facto den Urhebern den Schutz versagen. Die Urheber haben jedoch ein anerkennenswertes Interesse daran, ihre Inhalte außerhalb des gemeinsamen Zwecks verwerten zu können, da sie jedenfalls zum Teil für die Erstellung der Inhalte viel Zeit und Mühe aufwenden. Die unbegrenzte Verwendungsmöglichkeit der Inhalte ist aber auch nicht erforderlich, um die urheberrechtlichen Herausforderungen miturheberschaftlicher Bearbeitungen zu bewältigen. Vielmehr genügt es, wenn die Vorschrift die Verwendung der Inhalte für den Zweck ermöglicht, den die Urheber gemeinsam verfolgen. Als Rechtsfolge sollte die Regelung für miturheberschaftliche Bearbeitungen somit die Veränderung der Inhalte ausschließlich für den gemeinsam verfolgten Zweck gestatten.

### *3. Regelungsvorschlag*

Die Regelung für miturheberschaftliche Bearbeitungen soll anwendbar sein, wenn die folgenden drei Merkmale miturheberschaftlicher Bearbeitungen erfüllt sind: Erstens eine wechselseitige Veränderung von Inhalten, die zweitens für einen gemeinsamen Zweck erfolgt und drittens allen Personen möglich ist, die diesen Zweck miteinander verfolgen.[76] Fasst man dies als Voraussetzungen für eine gesetzliche Regelung zusammen, so lässt sich diese Bedingung umschreiben als „verändert ein Personenkreis wechselseitig seine Werke zur Verfolgung eines gemeinsamen Zwecks". Bei der Formulierung der Rechtsfolge der Norm ist zu berücksichtigen, dass sie erstens die Veränderung und Nutzung der erstellten Werke gestatten und gleichzeitig zweitens auf die Verwendung der Inhalte im Rahmen des gemeinsamen Zwecks begrenzt sein muss.[77] Dies lässt sich dadurch erreichen, dass die Vorschrift eine Veröffentlichung und Verwertung der Werke erlaubt, „soweit der gemeinsame Zweck dies erfordert". Eine Regelung für miturheberschaftliche Bearbeitungen lässt sich daher wie folgt formulieren:

*Miturheberschaftliche Bearbeitungen*
*Verändert ein Personenkreis wechselseitig seine Werke zur Verfolgung eines gemeinsamen Zwecks, ist die Veröffentlichung und Verwertung dieser Werke zulässig, soweit der gemeinsame Zweck dies erfordert.*

---

[76] Vgl. § 9 II. 1.
[77] Vgl. § 9 II. 2.

### *III. Ergänzung des deutschen Urheberrechts*

Eine Regelung für miturheberschaftliche Bearbeitung darf das nationale Urheberrecht nur dann vorsehen, wenn die unionsrechtlichen Vorgaben dies erlauben. Ob ein entsprechender Gestaltungsspielraum für den nationalen Gesetzgeber besteht, hängt von der funktionalen Einordnung der vorgeschlagenen Norm ab.

#### 1. *Funktionale Einordnung der vorgeschlagenen Norm*

Die vorgeschlagene Regelung erlaubt die Veröffentlichung und Verwertung der Inhalte für einen gemeinsamen Zweck. Der Urheber kann deshalb insoweit die Nutzung seiner Werke nicht verbieten. Weder ist aber der urheberrechtliche Schutz dieser Inhalte geringer noch hat der Urheber weniger Rechte als bei Werken, die auf andere Weise entstanden sind. Lediglich das Verbotsrecht des Urhebers ist hinsichtlich der Verwendung der Werke für den gemeinsamen Zweck ausgeschlossen. Eine Regelung über den Schutzgegenstand ist die vorgeschlagene Norm daher nicht.

Ob sie als Regelung über die Rechtsinhaberschaft oder die Schutzgrenze einzuordnen ist, hängt hingegen davon ab, ob ihre Rechtsfolge auf dem Willen des Urhebers beruht. Die Rechtsfolge der Vorschrift knüpft an die wechselseitige Veränderung von Werken zur Verfolgung eines gemeinsamen Zwecks an und setzt somit ein tatsächliches Verhalten des Urhebers voraus. Die Zulässigkeit einer Nutzung aus einem tatsächlichen Verhalten des Urhebers abgeleitet hat auch der BGH in seinen Entscheidungen *Vorschaubilder I* und *II* und dies als Einwilligung angesehen.[78] In den entschiedenen Fällen bestand aber tatsächlich ein entgegenstehender Wille des Rechtsinhabers, den dieser bei der Entscheidung *Vorschaubilder I* sogar gegenüber dem Suchmaschinenbetreiber ausdrücklich geäußert hatte. Den Vorrang der Handlung des Rechtsinhabers vor seiner Willensäußerung[79] begründete der BGH dann mit einer allgemeinen Interessenabwägung verbunden mit dem Kriterium, welcher Akteur am einfachsten und kostengünstigsten die Zuordnung von Rechten klären und damit

[78] BGH, Urt. v. 29.4.2010 – I ZR 69/08, GRUR 2010, 628, Rn. 33 ff. – *Vorschaubilder I;* BGH, Urt. v. 19.10.2011 – I ZR 140/10, GRUR 2012, 602, Rn. 25 ff. – *Vorschaubilder II;* zu den aus dieser Einordnung folgenden Problematiken unter dem Aspekt des Minderjährigenschutzes *Hüsch,* CR 2010, 452, 456; *Klass,* ZUM 2013, 1, 6; der Vergütungsfreiheit *Klass,* ZUM 2013, 1, 7 f.; *Leistner,* IIC 2011, 417, 431; des Schutzes der Selbstbestimmung in Irrtumsfällen *Klass,* ZUM 2013, 1, 6; der Berücksichtigung persönlichkeitsrechtlicher Erwägungen *Tinnefeld,* Die Einwilligung in urheberrechtliche Nutzungen im Internet (2012), S. 96, der daher vorschlägt, die Wahrung des Urheberpersönlichkeitsrechts für das Vorliegen einer Einwilligung vorauszusetzen.

[79] Krit. *Klass,* ZUM 2013, 1, 6.

technisch umgehen kann.[80] Eine objektive Interessenabwägung kann jedoch niemals eine Einwilligung begründen.[81] Dies zeigt vielmehr, dass der BGH die Teilnahme des Urhebers an einem Kommunikationssystem mit bestimmten Regeln zum Anlass nimmt, einen entsprechenden Willen zu fingieren, um die Funktionsfähigkeit dieses Systems zu ermöglichen.

Die Anknüpfung an ein tatsächliches Handeln des Urhebers bedeutet daher nicht zwingend, dass die Rechtsfolge vom Willen des Urhebers abhängt. Die vorgeschlagene Regelung ist insoweit auch nicht mit der Konstellation vergleichbar, die der EuGH-Entscheidung *Spedidam u. a./INA*[82] zugrunde lag. Gegenstand dieser Entscheidung war eine Rechtsvorschrift, die bei der Mitwirkung eines ausübenden Künstlers an einer zur Ausstrahlung bestimmten Aufnahme eines audiovisuellen Werks seine Erlaubnis zur Aufzeichnung und Verwertung seiner Darbietung vermutete.[83] Der EuGH hat dies nicht als Ausnahme oder Beschränkung des Urheberrechts angesehen, sondern als Ausgestaltung der Zustimmung des Urhebers behandelt.[84] Entscheidend hierfür war, dass die Regelung dem ausübenden Künstler den Nachweis des Gegenteils erlaubte, so dass die Vermutung widerlegbar war.[85] Die vorgeschlagene Regelung sieht dies hingegen nicht vor, da sie ihren Zweck nur dann erreichen kann, wenn ihre Rechtsfolge auf alle Inhalte Anwendung findet.[86] Von klassischen Schranken unterscheidet sich der Regelungsvorschlag dennoch: Letztere dienen insbesondere den Interessen der Allgemeinheit,[87] die Regelung für miturheberschaftliche Bearbeitungen auch den Interessen der Urheber. Mit klassischen Schranken gemeinsam ist der vorgeschlagenen Norm jedoch ihre Funktion einer Begrenzung des Urheberrechts. Sie ist somit funktional als Regelung über die Schutzgrenze des Urheberrechts einzuordnen.

---

[80] Auf die Entscheidung *Vorschaubilder I* bezogen *Spindler,* GRUR 2010, 785, 790; vgl. BGH, Urt. v. 29.4.2010 – I ZR 69/08, GRUR 2010, 628, Rn. 37 ff. – *Vorschaubilder I;* BGH, Urt. v. 19.10.2011 – I ZR 140/10, GRUR 2012, 602, Rn. 28 – *Vorschaubilder II.*

[81] *Ohly,* GRUR 2012, 983, 985.

[82] EuGH, Urt. v. 14.11.2019 – C-484/18, GRUR 2019, 1286 ff. – *Spedidam u. a./INA.*

[83] EuGH, Urt. v. 14.11.2019 – C-484/18, GRUR 2019, 1286, Rn. 34 – *Spedidam u. a./INA.*

[84] EuGH, Urt. v. 14.11.2019 – C-484/18, GRUR 2019, 1286, Rn. 40 ff. – *Spedidam u. a./INA.*

[85] Vgl. EuGH, Urt. v. 14.11.2019 – C-484/18, GRUR 2019, 1286, Rn. 43 – *Spedidam u. a./INA.*

[86] S. § 9 II. 2.

[87] Vgl. Entwurf eines Gesetzes über Urheberrecht und verwandte Schutzrechte (Urheberrechtsgesetz) der Bundesregierung v. 23.3.1962, BT-Drs. IV/270, S. 30; *Lüft,* in: Wandtke/Bullinger, UrhG, 5. Aufl. (2019), Vor §§ 44a ff., Rn. 1; *Schulze,* in: Dreier/Schulze, UrhG, 6. Aufl. (2018), Vor § 44a ff., Rn. 1.

### 2. Vereinbarkeit mit Unionsrecht

Regelungen über die Schutzgrenze des Urheberrechts – die Nutzung veränderter Inhalte einschließend[88] – darf das nationale Recht nur vorsehen, wenn sie zu den in der InfoSoc-RL und DSM-RL erschöpfend[89] aufgeführten Ausnahmen und Beschränkungen zählen. Auf die vorgeschlagene Regelung für miturheberschaftliche Bearbeitungen trifft dies nicht zu. Sie erfasst zwar etwa mit cMOOCs auch Konstellationen, deren Privilegierung Art. 5 Abs. 3 lit. a InfoSoc-RL erlaubt, ihr Anwendungsbereich ist aber nicht hierauf begrenzt. Über die in der InfoSoc-RL aufgeführten Tatbestände darf der nationale Gesetzgeber jedoch nicht hinausgehen, da sie jedenfalls einen unionsrechtlichen Maximalrahmen[90] für die Einführung von Ausnahmen und Beschränkungen festlegen. Auch die Unionsgrundrechte können die Zulässigkeit der Schranke zugunsten miturheberschaftlicher Bearbeitungen nicht begründen, da sie keine über die InfoSoc-RL hinausgehenden Ausnahmen und Beschränkungen rechtfertigen können.[91] Die Einführung einer Regelung für miturheberschaftliche Bearbeitungen auf nationaler Ebene wäre daher mit dem Unionsrecht *de lege lata* nicht vereinbar.

## IV. Anpassung des Unionsrechts

Eine Anpassung des Unionsrechts ermöglicht, die urheberrechtlichen Herausforderungen offener Produktionsprozesse auch bei grenzüberschreitenden Nutzungen zu bewältigen. Dies wäre darüber hinaus ein Schritt in Richtung der Harmonisierung des Urheberpersönlichkeitsrechts, da die Veränderung von Inhalten neben wirtschaftlichen auch urheberpersönlichkeitsrechtliche Interessen berührt. Insbesondere im digitalen Umfeld ist ein einheitlicher Schutz des Urheberpersönlichkeitsrechts wichtig.[92] Hier ist nicht nur seine Verwundbarkeit größer,[93] sondern dem Reputationsschutz kommt zudem eine besonders große Bedeutung zu.[94] Ungeachtet dieser Vorteile, die eine Einführung der vorgeschlagenen Norm auf Unionsebene hätte, setzt dies aber ihre Vereinbarkeit mit höherrangigem Recht voraus.

---

[88] Vgl. § 2 II. 2.

[89] EuGH, Urt. v. 16.11.2016 – C-301/15, GRUR 2017, 62, Rn. 4 – *Soulier und Doke/Premier ministre u. a.;* EuGH, Urt. v. 14.11.2019 – C-484/18, GRUR 2019, 1286, Rn. 38 – *Spedidam u. a./INA.*

[90] Strengere Maßstäbe dürfen die Mitgliedstaaten nach *Pötzlberger,* ZUM 2019, 250, 253 jedoch vorsehen.

[91] Im Hinblick auf die Informations- und Pressefreiheit EuGH, Urt. v. 29.7.2019 – C-469/17, GRUR 2019, 934, Rn. 56 ff. – *Funke Medien;* EuGH, Urt. v. 29.7.2019 – C-516/17, GRUR 2019, 940, Rn. 41 ff. – *Spiegel Online.*

[92] *Klass,* ZUM 2015, 290, 299.

[93] *Klass,* ZUM 2015, 290, 299.

[94] *Klass,* ZUM 2015, 290, 303; *Sundara Rajan,* Moral Rights (2011), S. 25 f.

Die nationalen Grundrechte zählen hierzu nicht, da sie kein Prüfungsmaßstab für unionsrechtliche Vorgaben sind.[95] Der Anwendungsvorrang[96] des Unionsrechts schließt die nationalen Grundrechte ein, solange auf europäischer Ebene ein ausreichender Grundrechtsschutz gewährleistet ist.[97] Zu berücksichtigen sind hingegen die Vorgaben internationaler Verträge. Die Union ist TRIPS[98] und WCT[99] beigetreten. Zudem muss sie als Vertragspartnerin des WCT auch die Artikel 1 bis 21 RBÜ[100] beachten.[101] Da die vorgeschlagene Norm den Regelungen über die Schutzgrenze des Urheberrechts zuzuordnen ist,[102] muss sie dabei insbesondere den Anforderungen des Drei-Stufen-Tests genügen (1.). Als Sekundärrecht der EU muss die Regelung darüber hinaus im Einklang mit der Grundrechtecharta stehen (2.), der nach Art. 6 Abs. 1 UA 1 EUV rechtlich der gleiche Rang wie den Verträgen zukommt. Erfüllt die vorgeschlagene Norm diese Anforderungen, ist zu untersuchen, wie eine unionsrechtliche Regelung für miturheberschaftliche Bearbeitungen konkret auszugestalten ist (3.).

---

[95] Vgl. BVerfG, Beschl. v. 11.3.2008 – 1 BvR 256/08, NVwZ 2008, 543, Rn. 135 – *Vorratsspeicherung;* BVerfG, Urt. v. 2.3.2010 – 1 BvR 256/08 u. a., NJW 2010, 833, Rn. 181 – *Vorratsdatenspeicherung;* BVerfG, Beschl. v. 4.10.2011 – 1 BvL 3/08, NJW 2012, 45, Rn. 45 – *Investitionszulagengesetz;* BVerfG, Beschl. v. 19.7.2011 – BvR 1916/09, GRUR 2012, 53, Rn. 53 – *Le-Corbusier-Möbel;* BVerfG, Beschl. v. 24.1.2012 – 1 BvR 1299/05, NJW 2012, 1419, Rn. 105 – *TKG;* BVerfG, Urt. v. 31.5.2016 – 1 BvR 1585/13, GRUR 2016, 690, Rn. 115 – *Sampling;* BVerfG, Beschl. v. 21.9.2016 – 2 BvL 1/15, NJW 2016, 3648, Rn. 32 – *Rindfleischetikettierung;* BVerfG, Beschl. v. 18.5.2016 – 1 BvR 895/16, NVwZ 2016, 1171, Rn. 29 – *Tabakerzeugnisgesetz.*

[96] Zu Umfang und Grenzen des Anwendungsvorrangs BVerfG, Beschl. v. 6.7.2010 – 2 BvR 2661/06, NJW 2010, 3422, Rn. 53 ff. – *Honeywell;* BVerfG, Beschl. v. 15.12.2015 – 2 BvR 2735/14, NJW 2016, 1149, Rn. 42 f. – *Schuldgrundsatz;* BVerfG, Beschl. v. 21.6.2016 – 2 BvR 2728/13 u. a., NJW 2016, 2473, Rn. 136 ff. – *OMT-Programm;* BVerfG, Urt. v. 30.7.2019 – 2 BvR 1685/14, 2 BvR 2631/14 – *Europäische Bankenunion;* GRUR 2020, 88, Rn. 46 – *Recht auf Vergessen II.*

[97] BVerfG, Beschl. v. 22.10.1986 – 2 BvR 197/83, NJW 1987, 577, 582 – *Solange II;* BVerfG, Beschl. v. 7.6.2000 – 2 BvL 1/97, NJW 2000, 3124, 3124 f. – *Bananenmarktordnung;* BVerfG, Beschl. v. 13.3.2007 – 1 BvF 1/05, NVwZ 2007, 937, 938 – *Treibhausgas-Emissionshandel;* BVerfG, Beschl. v. 19.7.2011 – BvR 1916/09, GRUR 2012, 53, Rn. 83 – *Le-Corbusier-Möbel;* BVerfG, Beschl. v. 4.10.2011 – 1 BvL 3/08, NJW 2012, 45, Rn. 46 – *Investitionszulagengesetz.*

[98] Übereinkommen über handelsbezogene Aspekte der Rechte des geistigen Eigentums vom 15. April 1994.

[99] WIPO-Urheberrechtsvertrag vom 20. Dezember 1996.

[100] Berner Übereinkunft zum Schutz von Werken der Literatur und Kunst vom 9. September 1886.

[101] EuGH, Urt. v. 9.2.2012 – C-277/10, GRUR 2012, 489, Rn. 59 – *Luksan/van der Let.*

[102] Vgl. § 9 III. 1.

### *1. Drei-Stufen-Test*

Der in Art. 9 Abs. 2 RBÜ, Art. 13 TRIPS sowie Art. 10 Abs. 1 WCT normierte Drei-Stufen-Test setzt Folgendes kumulativ[103] voraus: Die Ausnahme muss auf gewisse Sonderfälle beschränkt sein (1. Stufe) und darf weder die normale Auswertung des Werks beeinträchtigen (2. Stufe) noch die berechtigten Interessen des Urhebers unzumutbar verletzen (3. Stufe).

#### *a) Bestimmter Sonderfall (Erste Stufe)*

Ein Sonderfall bezeichnet eine Konstellation, die vom Normalfall der Werknutzung abweicht.[104] Dies ist nicht nach quantitativen, sondern nach qualitativen Kriterien zu bestimmen.[105] So sind quantitative Kriterien zu starr, um der besonderen Bedeutung bestimmter, den Schöpfungsprozess fördernder Beschränkungen Rechnung tragen zu können.[106] Zudem würde die quantitative Bestimmung eines Sonderfalls im digitalen Umfeld Schwierigkeiten bereiten. Diese verlangt, dass die Schrankenbestimmung nach einer groben Schätzung lediglich eine begrenzte Zahl von Nutzungshandlungen privilegiert.[107] Da digitale Vervielfältigungen aufgrund der kaum merklichen Grenzkosten nahezu unbegrenzt erfolgen können, lässt sich die Zahl der möglichen Nutzungen in diesem Bereich jedoch kaum abschätzen. Ist eine Abschätzung unmöglich, ziehen aber auch die Befürworter quantitativer Kriterien den hinter der Schranke stehenden rechtspolitischen Zweck heran, um den Umfang der Schranke zu bemessen.[108] Für die Bestimmung des Sonderfalls nach qualitativen Kriterien spricht auch, dass dies im Gleichklang mit dem unionsrechtlichen Drei-Stufen-Test des Art. 5 Abs. 5 InfoSoc-RL steht. Nach qualitativen Kriterien ist ein Sonderfall zu bejahen, wenn die Schranke einem schützenswerten

---

[103] *Ricketson,* Berne Convention (1987), S. 482; *Senftleben,* Schranken in der Informationsgesellschaft, in: Hilty/Peukert, Interessenausgleich im Urheberrecht (2004), S. 159, 173.

[104] *Reschke,* verfassungs- und dreistufentestkonforme Auslegung des § 52b UrhG (2010), S. 88.

[105] So auch *Haesemann,* Die Auslegung des § 51 S. 1 UrhG n.F. (2011), S. 84; *Lutz,* Zugang zu wissenschaftlichen Informationen in der digitalen Welt (2012), S. 13; *Reschke,* verfassungs- und dreistufentestkonforme Auslegung des § 52b UrhG (2010), S. 88 f.; *Senftleben,* Copyright, Limitations and the Three-Step Test (2004), S. 140 ff.; *ders.,* Schranken in der Informationsgesellschaft, in: Hilty/Peukert, Interessenausgleich im Urheberrecht (2004), S. 159, 178; *ders.,* GRUR Int. 2004, 200, 207; a. A. *Bengeser,* Der Dreistufentest im internationalen, europäischen und deutschen Urheberrecht (2015), S. 61 ff.

[106] *Senftleben,* Schranken in der Informationsgesellschaft, in: Hilty/Peukert, Interessenausgleich im Urheberrecht (2004), S. 159, 178.

[107] *Bengeser,* Der Dreistufentest im internationalen, europäischen und deutschen Urheberrecht (2015), S. 64.

[108] Vgl. *Bengeser,* Der Dreistufentest im internationalen, europäischen und deutschen Urheberrecht (2015), S. 64.

Zweck dient,[109] der ein in der Nutzung selbst liegender außergewöhnlicher Umstand ist.[110] Zudem muss eine plausible Begründung für die Schranke existieren,[111] so dass es nachvollziehbar ist, dass der Zweck mittels dieser Vorschrift verfolgt wird.[112] Diese Voraussetzungen erfüllt die vorgeschlagene Regelung für miturheberschaftliche Bearbeitungen. Da sie die Funktionsfähigkeit von offenen Produktionsprozessen wie cMOOCs und Crowdsourcing sicherstellt, liegt ihr ein legitimer Zweck zugrunde. Darüber hinaus erlaubt sie eine Veränderung der Werke ausschließlich für den gemeinsamen Zweck und ist daher auf einen außergewöhnlichen Umstand begrenzt.

Nach Art. 9 Abs. 2 RBÜ muss es sich überdies um „gewisse" Sonderfälle handeln. Aufgrund des eindeutigen Wortlauts der Norm überzeugt es dabei nicht, dieser Voraussetzung mit Hinweis auf die Entstehungsgeschichte eine Bedeutung völlig abzusprechen.[113] Das Bestimmtheitsgebot ist aber auch nicht dahingehend zu verstehen, dass Schranken keine unbestimmten Rechtsbegriffe aufweisen[114] oder nicht offen formuliert sein dürfen.[115] Auch würde es zu weit gehen, hieraus abzuleiten, dass die Nutzungen einem ganz konkreten Zweck dienen müssen[116] oder der Umfang und Anwendungsbereich der Ausnahmen eng sein muss.[117] Vielmehr erfüllt eine Regelung das Bestimmtheitsgebot, wenn ihr besonderer Zweck deutlich wird,[118] klar abgrenzbar ist[119] und die privilegierten Handlungen aus der Regelung selbst hervorgehen.[120] Diesen Anfor-

---

[109] *Reschke,* verfassungs- und dreistufentestkonforme Auslegung des § 52b UrhG (2010), S. 88.

[110] *Ricketson,* Berne Convention (1987), S. 482 (dieses Erfordernis ausdrücklich aufgebend aber *ders.,* The three-step test (2002), S. 31); zust. *Ficsor,* The Law of Copyright and the Internet (2002), S. 284.

[111] *Senftleben,* Copyright, Limitations and the Three-Step Test (2004), S. 152; *ders.,* Schranken in der Informationsgesellschaft, in: Hilty/Peukert, Interessenausgleich im Urheberrecht (2004), S. 159, 178.

[112] *Haesemann,* Die Auslegung des § 51 S. 1 UrhG n.F. (2011), S. 84; *Senftleben,* Schranken in der Informationsgesellschaft, in: Hilty/Peukert, Interessenausgleich im Urheberrecht (2004), S. 159, 178.

[113] So aber *Poeppel,* Die Neuordnung der urheberrechtlichen Schranken im digitalen Umfeld (2005), S. 112 ff.

[114] *Haesemann,* Die Auslegung des § 51 S. 1 UrhG n.F. (2011), S. 84.

[115] *Senftleben,* Schranken in der Informationsgesellschaft, in: Hilty/Peukert, Interessenausgleich im Urheberrecht (2004), S. 159, 177.

[116] So aber *Ricketson,* Berne Convention (1987), S. 482; *Ficsor,* The Law of Copyright and the Internet (2002), S. 284.

[117] So aber *Ricketson,* The three-step test (2002), S. 29.

[118] *Senftleben,* Schranken in der Informationsgesellschaft, in: Hilty/Peukert, Interessenausgleich im Urheberrecht (2004), S. 159, 177.

[119] *Haesemann,* Die Auslegung des § 51 S. 1 UrhG n.F. (2011), S. 84.

[120] *Reschke,* verfassungs- und dreistufentestkonforme Auslegung des § 52b UrhG (2010), S. 88; *Senftleben,* Copyright, Limitations and the Three-Step Test (2004), S. 137; *ders.,* GRUR Int. 2004, 200, 207.

derungen wird der Regelungsvorschlag gerecht. Bereits der Wortlaut der Norm verdeutlicht, dass sie die Funktionsfähigkeit von Prozessen gewährleisten soll, die sich als miturheberschaftliche Bearbeitungen umschreiben lassen. Zudem ist aus der Norm selbst ersichtlich, dass es sich bei den privilegierten Nutzungen um die Veränderung und Nutzung der Inhalte für den gemeinsamen Zweck handelt.

*b) Keine Beeinträchtigung der normalen Werkverwertung (Zweite Stufe)*

Die zweite Stufe des Drei-Stufen-Tests verlangt, dass Schrankenregelungen die normale Werkverwertung nicht beeinträchtigen. Dies ist nicht mit allen Verwertungen gleichzusetzen, die Rechtsinhaber für gewöhnlich nur gegen Zahlung einer Vergütung erlauben.[121] So gibt es nicht zuletzt aufgrund der Existenz technischer Maßnahmen wie Digital Rights Management[122] nur wenige Bereiche, in denen Rechtsinhaber keine Vergütung erzielen können und diese oftmals auch fordern werden. Nur ein geringer Raum für Schrankenregelungen verbliebe auch dann, wenn man die normale Werkverwertung mit einer ökonomischen Konkurrenz mit den Rechtsinhabern gleichsetzen würde.[123] Vorzugswürdig ist es deshalb, die normale Werkverwertung auf Marktbereiche von erheblicher Bedeutung zu beschränken,[124] die für den Rechtsinhaber eine nicht unbeachtliche Einnahmequelle sind.[125] Die vorgeschlagene Regelung betrifft solche Marktsegmente nicht, da sie eine Nutzung der Werke ausschließlich für den gemeinsamen Zweck erlaubt. Auch bei einer Einbeziehung der zukünftig potentiell in Betracht kommenden Verwertungsmöglichkeiten[126] entzieht sie daher dem Urheber den ökonomischen Kern des Urheberrechts nicht.[127]

---

[121] So aber *Ricketson,* Berne Convention (1987), S. 483; *ders.,* The three-step test (2002), S. 32.

[122] Eine weitere Zunahme dieser technischen Schutzmaßnahmen nach der EuGH-Entscheidung *UsedSoft* prognostizierend *Dreyer,* DRM 2.0: Renaissance technischer Schutzmaßnahmen nach UsedSoft?, in: Grünberger/Leible, Die Kollision von Urheberrecht und Nutzerverhalten (2014), S. 132 ff.

[123] So aber *Ficsor,* The Law of Copyright and the Internet (2002), S. 285.

[124] *Lutz,* Zugang zu wissenschaftlichen Informationen in der digitalen Welt (2012), S. 16.

[125] *Bengeser,* Der Dreistufentest im internationalen, europäischen und deutschen Urheberrecht (2015), S. 71 f.; noch großzügiger auf den „Löwenanteil" der Einkünfte beschränkend *Senftleben,* Schranken in der Informationsgesellschaft, in: Hilty/Peukert, Interessenausgleich im Urheberrecht (2004), S. 159, 182.

[126] *Bengeser,* Der Dreistufentest im internationalen, europäischen und deutschen Urheberrecht (2015), S. 71 f.; *Ricketson,* The three-step test (2002), S. 33; a. A. *Lutz,* Zugang zu wissenschaftlichen Informationen in der digitalen Welt (2012), S. 16.

[127] Dies für die Wahrung des Drei-Stufen-Tests voraussetzend *Senftleben,* Schranken in der Informationsgesellschaft, in: Hilty/Peukert, Interessenausgleich im Urheberrecht (2004), S. 159, 182.

### *c) Keine unzumutbare Beeinträchtigung der berechtigten Interessen des Urhebers (Dritte Stufe)*

Die vorgeschlagene Regelung für miturheberschaftliche Bearbeitungen berührt das wirtschaftliche Interesse des Urhebers, durch die Verwertung seines Werks Einnahmen erzielen zu können, indem sie die Verwendung seiner Werke für den gemeinsam verfolgten Zweck erlaubt. Zudem betrifft die Vorschrift das ideelle Interesse des Urhebers an der Integrität seiner Werke, da sie deren Veränderung bzw. deren Nutzung in veränderter Form ermöglicht. Beide Interessen zählen dabei zu den berechtigten Interessen des Urhebers. Nur völlig außerhalb der Konzeption des Urheberrechts liegende Interessen bleiben außer Betracht,[128] so dass im Rahmen des Drei-Stufen-Testes – abgesehen von Art. 13 TRIPS[129] – auch urheberpersönlichkeitsrechtliche Interessen zu berücksichtigen sind.[130]

Die Grenze der Zumutbarkeit übersteigen diese Beeinträchtigungen der Interessen des Urhebers aber nicht. Unzumutbar sind Beeinträchtigungen, die außer Verhältnis zu dem Zweck stehen, den die Schrankenregelung verfolgt.[131] Dies ist nicht bereits dann zu bejahen, wenn die Vorschrift nicht das mildeste Mittel zur Erreichung des Ziels ist,[132] da der Drei-Stufen-Test dem nationalen Gesetzgeber viel Freiraum lassen soll,[133] den diese Anforderung zu sehr einengen würde. Auch der EuGH prüft dies bei den unionsrechtlich normierten Drei-Stufen-Tests nicht.[134] Die Norm muss jedoch zur Erreichung eines legitimen

[128] Vgl. *Ficsor,* The Law of Copyright and the Internet (2002), S. 286 ff.

[129] *Bengeser,* Der Dreistufentest im internationalen, europäischen und deutschen Urheberrecht (2015), S. 74; *Senftleben,* Copyright, Limitations and the Three-Step Test (2004), S. 223 ff.; *ders.,* GRUR Int. 2004, 200, 209; vgl. *Füller/Langeloh,* in: Busche/Stoll/Wiebe, TRIPS, 2. Aufl. (2013), Art. 13, Rn. 14; *Malbon/Lawson/Davison,* The WTO Agreement on Trade-related Aspects of Intellectual Property Rights (2014), S. 264; *Ricketson,* The three-step test (2002), S. 38.

[130] *Reschke,* verfassungs- und dreistufentestkonforme Auslegung des § 52b UrhG (2010), S. 93; *Ricketson,* The three-step test (2002), S. 39; *Senftleben,* Copyright, Limitations and the Three-Step Test (2004), S. 221 ff.; vgl. *Frotz,* zum Vervielfältigungsrecht des Urhebers und zu den konventionskonformen nationalen Beschränkungen, in: Dittrich, FS 50 Jahre Urheberrechtsgesetz (1986), S. 119, 127.

[131] *Bengeser,* Der Dreistufentest im internationalen, europäischen und deutschen Urheberrecht (2015), S. 85.

[132] A. A. *Bengeser,* Der Dreistufentest im internationalen, europäischen und deutschen Urheberrecht (2015), S. 85; *Senftleben,* Copyright, Limitations and the Three-Step Test (2004), S. 236; *ders.,* GRUR Int. 2004, 200, 211.

[133] *Senftleben,* GRUR Int. 2004, 200, 210.

[134] Vgl. EuGH, Urt. v. 5.6.2014 – C-360/13, GRUR 2014, 654, Rn. 56 ff. – *Public Relations Consultants Association/Newspaper Licensing Agency* (auf Art. 5 Abs. 5 InfoSoc-RL bezogen); EuGH, Urt. v. 15.3.2012 – C-162/10, GRUR 2012, 597, Rn. 76 – *Phonographic Performance (Irland)* (auf Art. 10 Abs. 3 Vermiet- und Verleih-RL bezogen).

Zwecks geeignet[135] und angemessen sein. Diese Voraussetzungen erfüllt die vorgeschlagene Regelung. Sie vermeidet, dass die Möglichkeit unwirksamer Nutzungseinräumung der Verwendung von Inhalten aus offenen Produktionsprozessen entgegensteht und ist daher geeignet, ihren Zweck – die Funktionsfähigkeit offener Produktionsprozesse – zu erreichen.

Bei einer klassischen Schranke erfolgt die Prüfung der Angemessenheit der Regelung dergestalt, dass das Interesse der Allgemeinheit an der Funktionsfähigkeit offener Produktionsprozesse gegen die Beeinträchtigung der Interessen des Urhebers abgewogen wird. Dem Drei-Stufen-Test kommt auf diese Weise bei ihnen die Funktion einer Schranken-Schranke zu, um den Interessenkonflikt zwischen Rechtsinhabern und den Zugangsinteressen einzelner Nutzer sowie der Allgemeinheit zu lösen.[136] Die vorgeschlagene Regelung unterscheidet sich von klassischen Schranken jedoch durch ihre Anknüpfung an eine aktive Handlung des Urhebers. Nimmt der Urheber an offenen Produktionsprozessen teil, hat er selbst ein Interesse daran, dass diese funktionsfähig sind und er die Werke der anderen Teilnehmer nutzen kann. Ob dies die Beeinträchtigung seines wirtschaftlichen und ideellen Interesses überwiegt, muss nicht allgemeingültig festgelegt werden, da der Urheber selbst erst durch seine Handlung die Anwendung der Schranke herbeiführt: Nimmt er an offenen Produktionsprozessen nicht teil, greift die Schranke auch nicht ein. Die Interessen-abwägung verlagert sich somit von der Gesetzgebungsebene auf den Urheber.

Keinen Unterschied zu klassischen Schranken weist die vorgeschlagene Norm hingegen für derivative Rechtsinhaber auf, deren Interessen – auch bei Art. 9 Abs. 2 RBÜ[137] – ebenfalls zu berücksichtigen sind. Sie beeinträchtigt dabei das berechtigte Interesse der derivativen Rechtsinhaber, durch die Verwertung der Werke Einnahmen erzielen zu können. Diesem steht das Interesse der Allgemeinheit an der Funktionsfähigkeit offener Produktionsprozesse gegenüber. Andernfalls würde die Erwartung der Nutzer enttäuscht werden, dass eine technisch mögliche Art der gewollten Zusammenarbeit auch rechtlich durchführbar ist.[138] Zudem ist eine Verwertung der Inhalte in offenen Produktionsprozessen durch derivative Rechtsinhaber schwer vorstellbar, wenn diese

---

[135] Vgl. *Bengeser,* Der Dreistufentest im internationalen, europäischen und deutschen Urheberrecht (2015), S. 85; *Senftleben,* Copyright, Limitations and the Three-Step Test (2004), S. 236; *ders.,* GRUR Int. 2004, 200, 211.

[136] Vgl. *Grünberger,* ZUM 2015, 273, 288.

[137] *Ficsor,* The Law of Copyright and the Internet (2002), S. 302; *Frotz,* Zum Vervielfältigungsrecht des Urhebers und zu den konventionskonformen nationalen Beschränkungen, in: Dittrich, FS 50 Jahre Urheberrechtsgesetz (1986), S. 119, 127; *Ricketson,* The three-step test (2002), S. 39; a. A. *Bengeser,* Der Dreistufentest im internationalen, europäischen und deutschen Urheberrecht (2015), S. 74; *Senftleben,* GRUR Int. 2004, 200, 209.

[138] Vgl. *Grünberger,* Aspekte eines umweltsensiblen Urheberrechts, in: Grünberger/ Leible, Die Kollision von Urheberrecht und Nutzerverhalten (2014), S. 1, 2.

nicht funktionsfähig sind. Da die Regelung die Verwendung der Inhalte ausschließlich in diesem Rahmen privilegiert, beeinträchtigt sie somit auch die Interessen der derivativen Rechtsinhaber nicht unzumutbar.

### 2. *Grundrechtecharta*

Mit den unionsrechtlichen Grundrechten sind Vorschriften vereinbar, die dem Gemeinwohl dienen[139] und ein angemessenes Gleichgewicht zwischen den verschiedenen Grundrechten gewährleisten.[140] Diesen Anforderungen wird die Regelung für miturheberschaftliche Bearbeitungen gerecht. So liegt ihr Zweck – die Sicherstellung der Funktionsfähigkeit offener Produktionsprozesse – im Interesse der Allgemeinheit. Zudem überschreitet die Norm nicht den großen Umsetzungsspielraum, den der Gesetzgeber bei der Ausgestaltung eines Ausgleichs der widerstreitenden grundrechtlich geschützten Interessen hat.[141] Einerseits beeinträchtigt die Regelung die nach Art. 17 Abs. 1, 2 GrCh geschützten wirtschaftlichen Interessen der Urheber und derivativen Rechtsinhaber sowie die urheberpersönlichkeitsrechtlichen Interessen. Andererseits dient die Regelung auch dem Schutz grundrechtlich geschützter Interessen. Welche dies sind, richtet sich insbesondere nach dem Zweck, den der Personenkreis gemeinsam verfolgt. Im Falle der offenen Produktionsprozesse bei cMOOCs ist dies etwa das Recht auf Bildung nach Art. 14 Abs. 1 GrCh. Unabhängig von dem betroffenen Grundrecht im konkreten Fall ist ein angemessenes Gleichgewicht zwischen den verschiedenen Grundrechten aber bereits aus dem Grund gegeben, dass der Urheber selbst durch seine Teilnahme an einem als miturheberschaftliche Bearbeitung einzuordnenden Prozess die Anwendung der Vorschrift bewirkt.

---

[139] EuGH, Urt. v. 28.4.1998 – C-200/96, GRUR Int. 1998, 596, Rn. 23 – *Metronome Musik/Music Point Hohenkamp GmbH.*

[140] Vgl. EuGH, Urt. v. 29.1.2008 – C-275/06, GRUR 2008, 241, Rn. 65 ff. – *Promusicae/Telefónica;* EUGH, Urt. v. 24.11.2011 – C-70/10, GRUR 2012, 265, Rn. 45 – *Scarlet Extended/SABAM;* EuGH, Urt. v. 16.2.2012 – C-360/10, GRUR 2012, 382, Rn. 43 – *SABAM/Netlog;* EuGH, Urt. v. 19.4.2012 – C-461/10, GRUR 2012, 703, Rn. 56 – *Bonnier Audio/Perfect Communication Sweden;* EUGH, Urt. v. 27.3.2014 – C-314/12, GRUR 2014, 468, Rn. 46 – *UPC Telekabel Wien GmbH/Constantin Film Verleih GmbH u. a.;* EuGH, Urt. v. 16.7.2015 – C-580/13, GRUR 2015, 894, Rn. 41 – *Coty Germany GmbH/Sparkasse Magdeburg;* EuGH, Urt. v. 15.9.2016 – C-484/14, GRUR 2016, 1146, Rn. 89 – *McFadden/Sony Music;* EuGH, Urt. v. 18.10.2018 – C-149/17, GRUR 2018, 1234, Rn. 45 – *Bastei Lübbe/Strotzer.*

[141] Vgl. EuGH, Urt. v. 28.4.1998 – C-200/96, GRUR Int. 1998, 596, Rn. 21 ff. – *Metronome Musik/Music Point Hohenkamp GmbH;* EuGH, Urt. v. 12.9.2006 – C-479/04, GRUR Int. 2007, 237, Rn. 60 ff. – *Laserdisken.*

### *3. Ausgestaltung der unionsrechtlichen Regelung*

Die Einführung einer Regelung für miturheberschaftliche Bearbeitungen in das Unionsrecht kann als fakultative oder zwingende Schranke erfolgen. Dies wirkt sich insbesondere auf ihren Harmonisierungsgrad aus. Von Bedeutung für Rechtsinhaber und Nutzer ist zudem, ob die unionsrechtliche Regelung für ihre Inanspruchnahme eine Vergütung vorsieht.

#### *a) Fakultative oder zwingende Schranke?*

Bei einer nur fakultativen Schranke bestünde die Gefahr erheblicher Unterschiede zwischen den mitgliedstaatlichen Rechtsordnungen, die grenzüberschreitende Nutzungen erschweren können. Dass diesen aus Sicht des europäischen Gesetzgebers aber eine große Bedeutung zukommt, zeigt die Existenz des Art. 5 Abs. 3 DSM-RL, bei der es sich um eine speziell für grenzüberschreitende Nutzungen im Rahmen des Lehrens und Lernens konzipierte Vorschrift handelt. Darüber hinaus verwirklicht nur eine zwingende Schranke das Ziel des europäischen Gesetzgebers, die Nutzung geschützter Inhalte zu erhöhen.[142] Sämtliche in der DSM-RL aufgeführten Ausnahmen und Beschränkungen sind daher für die Mitgliedstaaten verpflichtend. Gegen die Ausgestaltung der vorgeschlagenen Regelung als fakultative Schranke spricht überdies, dass die Kombination aus einer weitgehenden Harmonisierung der Verwertungsrechte einerseits und der nur optionalen Schrankenregelungen andererseits in der InfoSoc-RL unbefriedigend ist[143] und fakultative Schranken das Funktionieren des Binnenmarkts beeinträchtigen können. Eine Ausgestaltung der Regelung als zwingende Schranke ist somit vorzugswürdig.

#### *b) Vergütungspflicht*

Eine Vergütungspflicht begründen kann nicht der unionsrechtliche Drei-Stufen-Test,[144] sondern nur das Vorliegen eines Schadens.[145] So soll eine Ver-

---

[142] Vgl. Erwägungsgründe 23 und 24 DSM-RL.

[143] *Dreier,* JIPITEC 2010, 50, 52; *ders.,* GRUR Int. 2015, 648, 649; *Grünberger,* ZUM 2015, 273, 284 f.; *ders.,* GRUR 2017, 1, 3; *GRUR-Fachausschuss für Urheber- und Verlagsrecht,* GRUR 2009, 135, 136; *Guibault,* JIPITEC 2010, 55, 57 f.; *Hilty,* GRUR 2005, 819, 819; zu den Problemen einer Umsetzung der Schranken in nur einem Teil der Mitgliedstaaten s. auch *Stieper,* GRUR 2015, 1145, 1148.

[144] In Bezug auf Art. 4 des Vorschlags der Kommission für eine Richtlinie des Europäischen Parlaments und des Rates über das Urheberrecht im digitalen Binnenmarkt (COM(2016) 593 final) *Grünberger,* GRUR 2017, 1, 7; a. A. *M. Walter,* in: Walter, Europäisches Urheberrecht (2001), IV., Rn. 97.

[145] EuGH, Urt. v. 9.6.2016 – C-470/14, GRUR 2016, 687, Rn. 19 – *EGEDA u. a./Administración del Estado u. a.;* EuGH, Urt. v. 22.9.2016 – C-110/15, GRUR 2017, 155, Rn. 26 – *Microsoft Mobile Sales International Oy;* vgl. EuGH, Urt. v. 21.10.2010 – C-467/08, GRUR 2011, 50, Rn. 57 – *Padawan/SGAE.*

gütung nach Erwägungsgrund 38 InfoSoc-RL Nachteile ausgleichen, die dem Rechtsinhaber durch die erlaubten Nutzungen entstehen. Trotz des Wortlauts kommt es dabei ausschließlich auf die Urheber selbst an. So hielt es der EuGH in der Entscheidung *Hewlett-Packard/Reprobel* für unzulässig, dass die Verleger an dem gerechten Ausgleich partizipieren ohne zugleich verpflichtet zu sein, den Urhebern zumindest indirekt den vorenthaltenen Teil des Ausgleichs zugutekommen zu lassen.[146] Die Begründung der zu Art. 5 Abs. 2 lit. a, b InfoSoc-RL ergangenen Entscheidung, dass die Verleger nicht die Inhaber des Vervielfältigungsrechts seien und ihnen daher kein Nachteil entstehe,[147] lässt sich auf andere Schranken übertragen. Hieran ändert es auch nichts, dass aufgrund Art. 16 DSM-RL die Mitgliedstaaten nun (wieder) vorsehen dürfen, dass den Verlegern unter gewissen Voraussetzungen ein Anteil am gerechten Ausgleich zukommt.[148] Vielmehr verdeutlicht die Existenz dieser Vorschrift, dass der gerechte Ausgleich auf die Urheber begrenzt ist. Denn würden die Verleger ohnehin als derivative Rechtsinhaber am gerechten Ausgleich teilhaben, hätte es einer solchen Regelung nicht bedurft.

Die Urheber haben durch die Schranke jedoch keinen oder allenfalls einen geringfügigen Nachteil. Die Regelung kommt nur dann zur Anwendung, wenn der Urheber selbst an den offenen Produktionsprozessen teilnimmt. Dann aber hat nicht nur der Urheber die Anwendbarkeit der Regelung erst herbeigeführt, sondern sie kommt auch ihm selbst zugute. Zum einen ermöglicht sie erst die Funktionsfähigkeit dieses Produktionsprozesses und zum anderen kann der Urheber selbst die Inhalte der anderen Teilnehmer nutzen. Privilegiert sind zudem lediglich Nutzungen für den gemeinsamen Zweck und damit Verwertungshandlungen in einem eng umgrenzten Bereich.

Da der gerechte Ausgleich die Gegenleistung für den Schaden des Urhebers ist,[149] darf im Umkehrschluss ein Ausgleich nicht vorgesehen werden, wenn es

---

[146] EuGH, Urt. v. 12.11.2015 – C-572/13, GRUR 2016, 55, Rn. 49 – *Hewlett-Packard/Reprobel;* einen zumindest mittelbaren Vorteil durch den Ausgleich für die Rechtsinhaber fordernd bereits EuGH, Urt. v. 11.7.2013 – C-521/11, GRUR 2013, 1025, Rn. 53 – *Amazon/Austro-Mechana;* den Urheber als unmittelbar und originär Berechtigten des Ausgleichsanspruchs einordnend auch EuGH, Urt. v. 9.2.2012 – C-277/10, GRUR 2012, 489, Rn. 95 – *Luksan/van der Let.*

[147] EuGH, Urt. v. 12.11.2015 – C-572/13, GRUR 2016, 55, Rn. 49 – *Hewlett-Packard/Reprobel.*

[148] Hiervon hat der deutsche Gesetzgeber auch Gebrauch gemacht und eine Beteiligung der Verleger in § 63a Abs. 2 UrhG vorgesehen; für die Regelungsmöglichkeiten des nationalen Gesetzgebers durch Art. 16 DSM-RL s. *Döring,* ZUM 2020, 109, 111 ff.; *de la Durantaye,* ZUM 2020, 88, 90 ff.; *dies.,* ZUM 2020, 161, 161 ff.; *Herweg,* ZUM 2020, 95, 96 ff.; *Hey,* ZUM 2020, 107, 108 f.; *Pahlow,* ZUM 2020, 163, 163 f.; *Peifer,* GRUR 2020, 14, 21 ff.; *Schulze,* GRUR 2019, 682, 682 f.; *Staats,* ZUM 2020, 101, 103 ff.

[149] EuGH, Urt. v. 30.6.2011 – C-271/10, GRUR 2011, 913, Rn. 28 – *VEWA;* vgl. EuGH, Urt. v. 12.11.2015 – C-572/13, GRUR 2016, 55, Rn. 36 – *Hewlett-Packard/Reprobel;* auf die Ausnahme für Privatkopien bezogen EuGH, Urt. v. 21.10.2010 – C-467/08, GRUR 2011,

tatsächlich an einem Schaden fehlt. Eine den gerechten Ausgleich übersteigende Vergütung ist nicht zulässig,[150] da dies dem in Erwägungsgrund 31 InfoSoc-RL geforderten angemessenen Ausgleich zwischen Rechtsinhabern und Nutzern widersprechen würde.[151] Auch wenn man einen geringfügigen Nachteil für die Urheber durch die Regelung für miturheberschaftliche Bearbeitungen bejahen würde, würde dieser nicht genügen, um eine Vergütungspflicht zu begründen. Selbst bei einer unionsrechtlich zwingend vorgeschriebenen Vergütungspflicht dürfen die Mitgliedstaaten hiervon absehen, wenn die Nachteile nur geringfügig sind.[152] Gegen eine Vergütungspflicht spricht zudem, dass sie zu dem paradoxen Ergebnis führen würde, dass die Vergütung gerade die Urheber entrichten müssten, die ihnen zugutekommen soll. So sind die Teilnehmer der offenen Produktionsprozesse nicht nur die potentiellen Urheber der Inhalte, sondern auch die Begünstigten der vorgeschlagenen Schranke. Da ihre Handlungen den Schaden verursachen, wären sie zugleich die Schuldner des Vergütungsanspruchs.[153] Hieran ändert es auch nichts, dass die Mitgliedstaaten aufgrund der praktischen Schwierigkeiten, die eine Forderung der Vergütung von den einzelnen Teilnehmern verursachen würde, die Anbieter der offenen Produktionsprozesse als Schuldner heran-

---

50, Rn. 40 – *Padawan/SGAE;* EuGH, Urt. v. 16.6.2011 – C-462/09, GRUR 2011, 909, Rn. 26 – *Stichting/Opus;* EuGH, Urt. v. 11.7.2013 – C-521/11, GRUR 2013, 1025, Rn. 47 – *Amazon/Austro-Mechana;* EuGH, Urt. v. 10.4.2014 – C-435/12, GRUR 2014, 546, Rn. 50 – *ACI Adam/Thuiskopie.*

[150] Vgl. EuGH, Urt. v. 10.4.2014 – C-435/12, GRUR 2014, 546, Rn. 56 – *ACI Adam/Thuiskopie;* EuGH, Urt. v. 12.11.2015 – C-572/13, GRUR 2016, 55, Rn. 85 f. – *Hewlett-Packard/Reprobel;* EuGH, Urt. v. 22.9.2016 – C-110/15, GRUR 2017, 155, Rn. 54 – *Microsoft Mobile Sales International Oy; Koch/Druschel,* GRUR 2015, 957, 967 f.; a. A. *Reinbothe,* GRUR-Prax 2015, 454, 455 f.

[151] EuGH, Urt. v. 12.11.2015 – C-572/13, GRUR 2016, 55, Rn. 86 – *Hewlett-Packard/Reprobel;* EuGH, Urt. v. 22.9.2016 – C-110/15, GRUR 2017, 155, Rn. 54 – *Microsoft Mobile Sales International Oy;* vgl. EuGH, Urt. v. 10.4.2014 – C-435/12, GRUR 2014, 546, Rn. 57 – *ACI Adam/Thuiskopie.*

[152] EuGH, Urt. v. 5.3.2015 – C-463/12, GRUR 2015, 478, Rn. 28 – *Copydan/Nokia* (auf Art. 5 lit. b InfoSoc-RL bezogen).

[153] Vgl. (auf Art. 5 lit. b InfoSoc-RL bezogen) EuGH, Urt. v. 21.10.2010 – C-467/08, GRUR 2011, 50, Rn. 45 – *Padawan/SGAE;* EuGH, Urt. v. 16.6.2011 – C-462/09, GRUR 2011, 909, Rn. 26 – *Stichting/Opus;* EuGH, Urt. v. 27.6.2013 – C-457/11, C- 458/11, C-459/11, GRUR 2013, 812, Rn. 75 – *VG Wort/Kyocera;* EuGH, Urt. v. 11.7.2013 – C-521/11, GRUR 2013, 1025, Rn. 23 – *Amazon/Austro-Mechana;* EuGH, Urt. v. 10.4.2014 – C-435/12, GRUR 2014, 546, Rn. 51 – *ACI Adam/Thuiskopie;* EuGH, Urt. v. 5.3.2015 – C-463/12, GRUR 2015, 478, Rn. 22 – *Copydan/Nokia;* EuGH, Urt. v. 12.11.2015 – C-572/13, GRUR 2016, 55, Rn. 69 – *Hewlett-Packard/Reprobel;* EuGH, Urt. v. 9.6.2016 – C-470/14, GRUR 2016, 687, Rn. 27 – *EGEDA u. a./Administración del Estado u. a.;* EuGH, Urt. v. 21.4.2016 – C-572/14, GRUR 2016, 927, Rn. 21 – *Austro-Mechana/Amazon;* EuGH, Urt. v. 22.9.2016 – C-110/15, GRUR 2017, 155, Rn. 30 – *Microsoft Mobile Sales International Oy.*

ziehen dürften.[154] Tragen müssen den Ausgleich letztlich diejenigen, die den Schaden durch ihre Handlungen verursacht haben.[155] Die unionsrechtliche Schranke für miturheberschaftliche Bearbeitungen sollte daher weder zwingend noch fakultativ einen Ausgleich vorsehen. Vielmehr sollte in den Erwägungsgründen empfohlen werden, dass die Mitgliedstaaten die Inanspruchnahme der Schranke nicht an einen Ausgleich für die Urheber knüpfen.[156]

[154] Vgl. (auf Art. 5 lit. b InfoSoc-RL bezogen) EuGH, Urt. v. 21.10.2010 – C-467/08, GRUR 2011, 50, Rn. 46 – *Padawan/SGAE;* EuGH, Urt. v. 16.6.2011 – C-462/09, GRUR 2011, 909, Rn. 27 – *Stichting/Opus;* EuGH, Urt. v. 27.6.2013 – C-457/11, C- 458/11, C-459/11, GRUR 2013, 812, Rn. 76 – *VG Wort/Kyocera;* EuGH, Urt. v. 11.7.2013 – C-521/11, GRUR 2013, 1025, Rn. 23 – *Amazon/Austro-Mechana;* EuGH, Urt. v. 10.4.2014 – C-435/12, GRUR 2014, 546, Rn. 52 – *ACI Adam/Thuiskopie;* EuGH, Urt. v. 5.3.2015 – C-463/12, GRUR 2015, 478, Rn. 21 – *Copydan/Nokia;* EuGH, Urt. v. 12.11.2015 – C-572/13, GRUR 2016, 55, Rn. 70 – *Hewlett-Packard/Reprobel;* EuGH, Urt. v. 9.6.2016 – C-470/14, GRUR 2016, 687, Rn. 33 – *EGEDA u. a./Administración del Estado u. a.;* EuGH, Urt. v. 21.4.2016 – C-572/14, GRUR 2016, 927, Rn. 21 – *Austro-Mechana/Amazon;* EuGH, Urt. v. 22.9.2016 – C-110/15, GRUR 2017, 155, Rn. 31 – *Microsoft Mobile Sales International Oy.*

[155] (Auf Art. 5 lit. b InfoSoc-RL bezogen) EuGH, Urt. v. 21.10.2010 – C-467/08, GRUR 2011, 50, Rn. 49 – *Padawan/SGAE;* EuGH, Urt. v. 9.6.2016 – C-470/14, GRUR 2016, 687, Rn. 34 ff. – *EGEDA u. a./Administración del Estado u. a.*

[156] Eine solche Empfehlung enthält auch Erwägungsgrund 17 DSM-RL bezüglich der Schranke für Text und Data Mining.

# Fazit

Die Verlagerung der Wissensvermittlung in den digitalen Bereich stellt nicht nur Lehrende und Lernende vor technische und pädagogische Herausforderungen, sondern beeinflusst auch die rechtlichen Rahmenbedingungen der Lehr- und Lernprozesse. Großen Einfluss auf die Möglichkeiten digitalen Lehrens und Lernens hat dabei das Urheberrecht. Umso bedeutsamer ist es deshalb, die Herausforderungen zu erkennen und zu bewältigen, denen Lehrende und Lernende hierbei begegnen (I.). Zudem zeigt das Beispiel digitalen Lehrens und Lernens, dass ein bisher so nicht wahrgenommener Zusammenhang zwischen Kommunikationsstruktur und urheberrechtlicher Bewertung besteht (II.). Die Interessen der Rechtsinhaber schützen ohne die Entwicklung neuer Kommunikationskulturen in der Praxis zu beeinträchtigen, kann daher nur ein kommunikationsformoffenes Urheberrecht. Aus der urheberrechtlichen Analyse des digitalen Lehrens und Lernens lassen sich dabei Implikationen ableiten, wie sich dieses auch über den Bildungsbereich hinaus schaffen lässt (III.).

## *I. Möglichkeiten der Bewältigung urheberrechtlicher Herausforderungen digitalen Lehrens und Lernens*

Digitale Lehr- und Lernprozesse sind eng mit dem Urheberrecht verzahnt, da sie regelmäßig urheberrechtlich relevante Handlungen beinhalten. Die Ausschließlichkeitsrechte der Schutzrechtsinhaber berühren insbesondere der Upload von Inhalten und zumindest in gewissen Konstellationen Verlinkungen. Der urheberrechtliche Status quo wird den Anforderungen der neuen Kommunikationsformen des Lehrens und Lernens aber nicht völlig gerecht, da diese bei der Verwendung geschützter Inhalte – sowohl Dritter als auch ihrer Akteure – Herausforderungen und Unsicherheiten zu bewältigen haben. So greift etwa die Zitatschranke in ihrer gegenwärtigen Konkretisierung nicht ein, wenn ein cMOOC-Teilnehmer einen Inhalt hochlädt, damit andere Nutzer sich mit ihm auseinandersetzen. Auflösen lassen sich die Reibungspunkte jedoch durch eine lehrspezifische Auslegung des § 51 UrhG, nach der eine Verwendung zum Zwecke des Zitats auch dann vorliegt, wenn hierdurch eine fremde geistige Auseinandersetzung mit dem Inhalt ermöglicht werden soll. Unsicherheiten entstehen ebenfalls bei der Anwendung des speziell für die Online-Lehre – einschließlich MOOCs – konzipierten § 60a UrhG. So knüpft die gegenwärtige Konkretisierung des Merkmals „zur Veranschaulichung des Unterrichts und der Lehre“ an den Lehrstoff an, der sich bei cMOOCs nicht eindeutig definieren lässt. Die Vorschrift ist jedoch insoweit einer kommunikationsformoffenen Auslegung zugänglich, da sich diese Voraussetzung als die Nutzung der Inhalte „zu Lehrzwecken“ verstehen lässt, die sich bei cMOOCs ebenfalls von anderen Zwecken abgrenzen lassen. Vollkommen adaptionsfähig an die neuen Kommunikationsformen des Lehrens und Lernens ist § 60a UrhG aber nicht, da sein Wortlaut MOOCs ausschließt, die keinen Bezug zu einer klassischen Bildungseinrichtung aufweisen. Weder das Unions- noch das Verfassungsrecht zwingen jedoch dazu, die Vorschrift auf den Unterricht und die Lehre an Bildungseinrichtungen zu begrenzen. § 60a UrhG darf und sollte somit auch Lehr- und Lernformate erfassen, die den institutionellen Rahmen klassischer Bildungseinrichtungen verlassen.

Auch die Verwendung geschützter Inhalte Dritter mit mehr als geringfügigen Veränderungen ist nach dem urheberrechtlichen Status quo nur unter strengen Voraussetzungen möglich und erfordert, dass der Originalinhalt nicht mehr erkennbar ist. Diese Voraussetzung erfüllen die cMOOC-Inhalte nur selten, da ihr Zweck – etwa das Aufzeigen von Schwächen oder eine kritische Auseinandersetzung – sich regelmäßig nur bei einer Erkennbarkeit des ursprünglichen Inhalts erreichen lässt. Das Bedürfnis nach einer Erkennbarkeit des Inhalts kennzeichnet ebenso Karikaturen, Parodien und Pastiches. Die Inhalte der Lehrenden und Lernenden lassen sich deshalb unter einen weit verstandenen Pastiche-Begriff fassen, so dass die Schranke für Karikaturen, Parodien und Pastiches auf die nutzergenerierten Inhalte im Bildungsbereich Anwendung finden könnte. Auch dann bestünde für die Lehrenden und Lernenden aber eine Rechtsunsicherheit, ob und unter welchen Voraussetzungen sie im Rahmen ihrer Lehr- und Lernprozesse Inhalte Dritter verändern dürfen. Vorzugswürdig ist daher eine spezifisch auf die Bedürfnisse des Lehrens und Lernens zugeschnittene Regelung. Diese stünde zudem im Einklang mit den Vorgaben des Unionsrechts, dem eine strikte Differenzierung zwischen der Verwendung veränderter und unveränderter Inhalte ohnehin fremd ist. An § 60a UrhG kann sich dabei nicht nur die Ausgestaltung des Anwendungsbereichs der Schranke orientieren. Vielmehr ist hinsichtlich der für die Inanspruchnahme vorzusehenden Vergütung ein Gleichlauf mit § 60a UrhG ebenfalls vorteilhaft. Darüber hinaus sollte die neu zu schaffende Privilegierung zur besseren Auffindbarkeit in § 60a UrhG verankert werden. Im Gegensatz zu der Verwendung unveränderter Inhalte sollte der Umfang der Nutzung veränderter Inhalte jedoch nicht auf einen festen Prozentsatz begrenzt sein, sondern anhand einer Interessenabwägung bestimmt werden.

Herausforderungen begegnen cMOOCs nicht nur bei der Einbeziehung geschützter Inhalte Dritter, sondern auch bei der Verwendung eigener Inhalte ihrer Akteure. Bei allen Arten digitaler Lehr- und Lerninhalte ist ein Schutz durch das Urheberrecht und der mit ihm verwandten Schutzrechte möglich. Neben der Art des Inhalts beeinflusst die Zuordnung der originären Schutzrechtsinhaberschaft auch, ob der Inhalt in offenen oder geschlossenen Produktionsprozessen entstanden ist. Bei offenen Produktionsprozessen – die etwa in cMOOCs stattfinden – können zahlreiche Personen originäre Schutzrechtsinhaber sein. Dass die Universität als Arbeitgeberin oder Dienstherrin unter bestimmten Voraussetzungen nach den Grundsätzen des Arbeitnehmerurheberrechts ein Nutzungsrecht an den Inhalten ihrer Mitarbeiter erhält, hat auf offene Produktionsprozesse bei cMOOCs dabei kaum Einfluss. Zwar kommen der Universität die Nutzungsrechte an den Inhalten zu, die Professoren, wissenschaftliche Mitarbeiter, wissenschaftliche und studentische Hilfskräfte für ihre eigene Lehre oder die Lehre der Professoren erstellen, sofern es sich um eine Lehrveranstaltung im Rahmen des Curriculums der Hochschule handelt. Nutzungsrechte an den Inhalten der Teilnehmer hat die Universität aber nicht inne. Häufig wird mit diesen bereits kein Arbeits- oder Dienstverhältnis bestehen und selbst dann erschaffen die Teilnehmer auch dann die Inhalte nicht in Erfüllung ihrer Pflichten aus einem Arbeits- oder Dienstverhältnis.

Möglich sind die Lehr- und Lernprozesse bei cMOOCs daher nur, wenn die Dozenten und Teilnehmer die Nutzungsrechte erhalten. Zwar ist der Upload der Inhalte in den Kurs als (konkludente) Nutzungsrechtseinräumung einzuordnen, aber diese kann unwirksam sein, wenn der Urheber minderjährig ist oder den Inhalt im Rahmen eines Arbeits- oder Dienstverhältnisses erstellt hat. Diese Unsicherheit besteht auch bei offenen Produktionsprozessen außerhalb des Bildungsbereichs wie Crowdsourcing, so dass sich cMOOCs bei ihrer Vertragsgestaltung an diesen orientieren können. Die AGB bei Crowdsourcing sehen typischerweise die ausdrückliche Einräumung der Nutzungsrechte an den Seeker oder die Crowdsourcing-Plattform sowie deren Übertragbarkeit an Dritte vor. Auch bei cMOOCs ist dies zulässig, sofern die Verwendung der Inhalte auf die Lehr- und Lernprozesse begrenzt wird. Die Wirksamkeit der Nutzungsrechtseinräumungen verfügungsbeschränkter Urheber sicherstellen können vertragliche Vereinbarungen jedoch nicht. Ebenso ist eine Adaption des Urheberrechts, die dieses Ziel erreichen würde, nicht möglich. Auf diese Weise erschwert der Schutz der Inhalte durch das Urheberrecht und der mit ihm verwandten Schutzrechte die Verwendung der Inhalte für den Zweck, für den sie oftmals eigens geschaffen wurden.

Diese Verarbeitungsprobleme des Urheberrechts beruhen darauf, dass das Urheberrecht *de lege lata* offene Produktionsprozesse nicht abbilden kann, die gleichzeitig sowohl Elemente der Miturheberschaft als auch der Bearbeitung aufweisen. Es bedarf somit einer Regelung für eine derartige Mischform, die sich als miturheberschaftliche Bearbeitung umschreiben lässt. Anknüpfen sollte die Regelung dabei an die Teilnahme des Urhebers an einem solchen Prozess und die Verwendung der Inhalte für diesen Zweck dann gesetzlich erlauben. Funktional ist eine solche Norm als Regelung über die Schutzgrenze des Urheberrechts einzuordnen. Da sie über die in der InfoSoc-RL und DSM-RL abschließend aufgezählten Ausnahmen und Beschränkungen hinausgeht, überschreitet dies den Gestaltungsspielraum des Gesetzgebers. Das Unionsrecht ist daher um eine möglichst zwingend ausgestaltete Schranke zu ergänzen, deren Inanspruchnahme vergütungsfrei sein sollte. Eine Anpassung des Unionsrechts ist aber ohnehin vorteilhaft, da digitales Lehren und Lernen häufig grenzüberschreitend stattfindet. Es erfordert folglich ein Zusammenwirken von Rechtsanwendern, nationalem und europäischem Gesetzgeber, um die Entwicklung digitalen Lehrens und Lernens in seiner vielfältigen Gestalt nicht zu behindern.

### *II. Der Einfluss der Kommunikationsstruktur auf den urheberrechtlichen Regelungsrahmen*

Alle Formen von MOOCs haben urheberrechtliche Herausforderungen zu bewältigen. Bei cMOOCs sind diese jedoch nicht nur zahlreicher als bei xMOOCs, sondern wirken sich auch stärker auf die Lehr- und Lernprozesse aus. So ist ausschließlich bei cMOOCs der Anwendungsbereich der Zitatschranke nach ihrer gegenwärtigen Konkretisierung begrenzt und unsicher, unter welchen Voraussetzungen Inhalte zur Veranschaulichung der Lehre i. S. d. § 60a UrhG verwendet werden dürfen. Darüber hinaus hat es auf cMOOCs größeren Einfluss, dass die Veränderung von Inhalten nur unter strengen Anforderungen erlaubt ist, die bei ihnen zudem seltener erfüllt sein werden. Noch deutlicher ist der Unterschied zwischen xMOOCs und cMOOCs sogar bei den eigenen Inhalten der Akteure. Während sich diese bei xMOOCs ohne erhebliche Schwierigkeiten verwenden lassen, besteht bei cMOOCs eine Unsicherheit, ob Dozenten und Teilnehmer über die erforderlichen Nutzungsrechte an ihnen verfügen. Dies führt dazu, dass cMOOCs selbst die oftmals speziell für diesen Zweck erstellten Inhalte der Teilnehmer nicht ohne Inkaufnahme einer gewissen Rechtsunsicherheit in der Weise nutzen können, wie es ihrem pädagogischen Konzept entsprechen würde.

Beiden Formen digitalen Lehrens und Lernens liegt aber nicht nur die gleiche Technologie zugrunde, sondern ihnen ist auch gemeinsam, dass sie die Inhalte einem potentiell unbegrenzten Personenkreis zugänglich machen. Ein erheblicher Unterschied zwischen xMOOCs und cMOOCs besteht hingegen hinsichtlich ihrer Kommunikationsstruktur. Während xMOOCs typischerweise traditionellen Lehrformaten ähneln und die Kommunikation des Lehrens und Lernens somit bei ihnen geschlossen ist, öffnet sich diese bei cMOOCs und verlässt die dem Urheberrecht zugrunde liegende Konzeption einer klaren Zuordnung der schöpferischen Tätigkeit bei der Entstehung von Schutzgegenständen zugunsten einer offenen Partizipationskultur. Dass technischer Fortschritt unsere Art zu kommunizieren verändert, ist dabei – wie etwa Crowdsourcing zeigt – kein auf den Bildungsbereich begrenztes Phänomen. Innerhalb und außerhalb des Bildungsbereichs bedarf es daher eines Urheberrechts, das die Entwicklung neuer Kommunikationsformen auch zulässt.

### *III. Implikationen für die Ausgestaltung eines kommunikationsformoffenen Urheberrechts*

Die Interessen der Rechtsinhaber schützen ohne die Entwicklung neuer Kommunikationskulturen in der Praxis zu beeinträchtigen, kann nur ein kommunikationsformoffenes Urheberrecht. Die Adaptions- und Anpassungsmöglichkeiten des Urheberrechts an die neuen Kommunikationsformen des Lehrens und Lernens lassen dabei drei Schlussfolgerungen zu, wie sich dieses auch über den Bildungsbereich hinaus schaffen lässt. Erstens verdeutlicht das Beispiel des digitalen Lehrens und Lernens, dass aufgrund der Zunahme der urheberrechtlich relevanten Handlungen die Bedeutung gesetzlich erlaubter Nutzungen zu stärken ist. Schrankenregelungen sind daher nicht als rechtfertigungsbedürftige Ausnahmen der dem Schutzrechtsinhaber zugewiesenen Ausschließlichkeitsrechte zu verstehen, sondern vielmehr als ihre für eine ausgewogene Konturierung des Schutzbereichs notwendigen Pendants.[1] Schranken sind somit weder restriktiv auszulegen[2] noch prinzipiell eng zu fassen, sondern so, dass sie einen angemessenen Ausgleich zwischen den verschiedenen Grundrechten gewährleisten können.[3]

In einer sich rasant verändernden Umwelt können sie dieses Ziel jedoch nur dann erreichen, wenn sie neue Entwicklungen berücksichtigen und auch auf diese Anwendung finden können. Ein kommunikationsformoffenes Urheberrecht setzt deshalb zweitens eine Flexibilisierung der bestehenden gesetzlich erlaubten Nutzungen voraus.[4] Orientieren kann sich diese an der Rechtsprechung des EuGH, der eine flexible Anwendung der Schrankenregelungen etwa dadurch erreicht, dass er dem Kriterium der Interessenabwägung eine besondere Bedeutung zumisst.[5]

Dass dies allein aber nicht genügt, zeigen die digitalen Lehr- und Lernprozesse. Vielmehr ist der gegenwärtig allein auf die Nutzer gerichtete Fokus zu

---

[1] Die Gleichrangigkeit von Nutzungsfreiheit und Ausschlussprinzip betonend auch *Wielsch,* Relationales Urheberrecht, in: Grünberger/Leible, Die Kollision von Urheberrecht und Nutzerverhalten (2014), S. 61, 92.

[2] So auch *Dreier,* ZUM 2019, 384, 384; *Grünberger,* ZUM 2021, 257, 268; *Hofmann,* GRUR 2018, 21, 21; *Rehbinder/Peukert,* Urheberrecht, 18. Aufl. (2018), Rn. 483; *Stieper,* ZUM 2019, 713, 715; *ders.,* in: Schricker/Loewenheim/Leistner/Ohly, UrhG, 6. Aufl. (2020), Vor §§ 44 ff., Rn. 36 ff.; *Wielsch,* Relationales Urheberrecht, in: Grünberger/Leible, Die Kollision von Urheberrecht und Nutzerverhalten (2014), S. 61, 88.

[3] Dies auch für die Auslegung der in Art. 5 Abs. 2 und 3 InfoSoc-RL aufgeführten Ausnahmen und Beschränkungen fordernd EuGH, Urt. v. 29.7.2019 – C-469/17, GRUR 2019, 934, Rn. 53 – *Funke Medien;* EuGH, Urt. v. 29.7.2019 – C-516/17, GRUR 2019, 940, Rn. 38 – *Spiegel Online.*

[4] In diese Richtung auch *Leistner,* Anforderungen an ein umweltsensibles Urheberrecht, in: Grünberger/Leible, Die Kollision von Urheberrecht und Nutzerverhalten (2014), S. 211, 225.

[5] So etwa EuGH, Urt. v. 3.9.2014 – C-201/13, GRUR 2014, 972, Rn. 26 ff. – *Deckmyn.*

erweitern. Eine Verlagerung des Anknüpfungspunkts für die Zulässigkeit von Verwertungshandlungen von den Leistungen der Nutzer weg zu den Handlungen der Rechtsinhaber hin ist auch außerhalb des Bildungsbereichs zu beobachten. So setzt nach der Rechtsprechung des EuGH weder die Einordnung eines Inhalts als Parodie[6] noch die Anwendung der Zitatschranke[7] voraus, dass eine persönliche geistige Schöpfung vorliegt. Zudem hat der EuGH nationale Regelungen für unionsrechtskonform erachtet, nach denen in bestimmten Konstellationen die Zustimmung des Rechtsinhabers vermutet wird, wenn er von einer Widerspruchmöglichkeit keinen Gebrauch macht.[8] Eine solche Opt-Out-Lösung[9] sieht auch Art. 8 Abs. 4 DSM-RL für vergriffene Werke vor. Wie die offenen Produktionsprozesse bei cMOOCs verdeutlichen, ist eine Anknüpfung allein an den Willen der Rechtsinhaber jedoch problematisch, da diese in ihrer Verfügungsbefugnis beschränkt sein können. In solchen Konstellationen können die Herausforderungen daher nur Regelungen bewältigen, die eine Verwendung der Inhalte gesetzlich erlauben. Ein kommunikationsformoffenes Urheberrecht benötigt daher drittens gesetzlich erlaubte Nutzungen, die an Handlungen der Urheber anknüpfen. Die Schaffung eines kommunikationsformoffenen Urheberrechts erfordert aber mehr als eine singuläre Anpassung des Rechts. Aufgrund der stetigen Entwicklung neuer Kommunikationsformen muss sich auch die urheberrechtliche Normsetzung und -konkretisierung fortwährend aktualisieren. Nur wenn sich das Urheberrecht als ebenso wandlungsfähig erweist wie die Kommunikation seiner Umwelt, kann es die Anforderungen der Kommunikationskulturen der Praxis mit den Interessen der Schutzrechtsinhaber dauerhaft in Einklang bringen.

---

[6] Vgl. EuGH, Urt. v. 3.9.2014 – C-201/13, GRUR 2014, 972, Rn. 18 ff. – *Deckmyn.*

[7] Vgl. EuGH, Urt. v. 29.7.2019 – C-516/17, GRUR 2019, 940, Rn. 75 ff. – *Spiegel Online.*

[8] Vgl. EuGH, Urt. v. 16.11.2016 – C-301/15, GRUR 2017, 62, Rn. 35 ff. – *Soulier und Doke/Premier ministre u. a.;* EuGH, Urt. v. 14.11.2019 – C-484/18, GRUR 2019, 1286, Rn. 34 ff. – *Spedidam u. a./INA.*

[9] *Grünberger,* ZUM 2020, 50, 53; *ders.,* ZUM 2020, 175, 207 f.

# Literaturverzeichnis

*Abrar, Sascha:* Anmerkung zu EuGH, Urteil vom 8.9.2016 – C-160/15 – GS Media/Sanoma Media Netherlands BV, GRUR-Prax 2016, 450.

*Acker, Ludwig/Thum, Kai:* Zulässigkeit der Vereinbarung der freien Weiterübertragbarkeit von urheberrechtlichen Nutzungsrechten durch AGB, GRUR 2008, 671–678.

*Aktionsbündnis „Urheberrecht für Bildung und Wissenschaft“:* Vorschlag einer „Allgemeinen Bildungs- und Wissenschaftsklausel“, 2015, abrufbar unter http://www.urheberrechtsbuendnis.de/abws-text.html.de, zuletzt abgerufen am 13.5.2021.

*Alman, Susan W./Jumba, Jennifer* (Hrsg.): MOOCs Now. Everything You Need to Know to Design, Set Up, and Run a Massive Open Online Course (2017), Oxford 2017.

*Altenpohl, Martina:* Der urheberrechtliche Schutz von Forschungsresultaten, Bern 1987.

*Apel, Simon:* Der ausübende Musiker im Recht Deutschlands und der USA, Tübingen 2011.

–: Anmerkung zu GA Szpunar, Schlussanträge vom 12.12.2018 – Rs. C-476/17 – Pelham/Hütter, MMR 2019, 97–99.

–: Anmerkung zu EuGH, Urteil vom 29.7.2019 – C-476/17 – Pelham/Hütter, MMR 2019, 601–603.

*Bajon, Benjamin:* Interessenausgleich im Wissenschaftsurheberrecht, Münster 2010.

*Bauer, Christian Alexander:* User Generated Content. Urheberrechtliche Zulässigkeit nutzergenerierter Medieninhalte, Berlin u. a. 2011.

*Baur, Stephan:* Der Filmherstellerbegriff im Urheber-, Filmförderungs- und Steuerrecht, UFITA 3 (2004), 665–858.

*Becker, Matthias/Rojas, Raúl:* MOOCs statt Hörsaal. Der Unterricht im Zeitalter seiner technischen Reproduzierbarkeit, Hannover 2014.

*Becker, Maximilian:* Automatisierte Rechtsdurchsetzung im Umsetzungsentwurf zu Art. 17 DSM-RL. Kommentar zum Diskussionsentwurf des BMJV v. 24.6.2020 zu einem Zweiten Gesetz zur Anpassung des Urheberrechts an die Erfordernisse des digitalen Binnenmarkts, ZUM 2020, 681–691.

*Bengeser, Nicole:* Der Dreistufentest im internationalen, europäischen und deutschen Urheberrecht, Aachen 2015.

*Berberich, Matthias:* Die Doppelfunktion der Zweckübertragungslehre bei der AGB-Kontrolle, ZUM 2006, 205–210.

–: Der Content „gehört“ nicht Facebook! AGB-Kontrolle der Rechteeinräumung an nutzergenerierten Inhalten, MMR 2010, 736–741.

*Berger, Christian:* Die öffentliche Zugänglichmachung urheberrechtlicher Werke für Zwecke der akademischen Lehre – Zur Reichweite des § 52a I Nr. 1 UrhG, GRUR 2010, 1058–1064.

–: Urheberrechtliche Nutzungsrechte der Universität an Werken der bei ihr beschäftigten Wissenschaftler, ZGE 2010, 398–412.

–: Aktuelle Entwicklungen im Urheberrecht – Der EuGH bestimmt die Richtung, ZUM 2012, 353–361.

–: Urheberrecht in der Wissensgesellschaft, GRUR 2017, 953–964.

*Berger, Christian/Wündisch, Sebastian* (Hrsg.): Urhebervertragsrecht. Handbuch, 2. Aufl., Baden-Baden 2015.

*Berking, Christina:* Die Unterscheidung von Inhalt und Form im Urheberrecht, Baden-Baden 2002.

*Bernhardt, Thomas/Kirchner, Marcel:* E-Learning 2.0 im Einsatz, Boizenburg 2007.

*Bershadskyy, Dmitri/Bremer, Claudia/Gaus, Olaf:* Bildungsfreiheit als Geschäftsmodell: MOOCs fordern die Hochschulen heraus, in: Bremer, Claudia/Krömker, Detlef (Hrsg.), E-Learning zwischen Vision und Alltag, Münster 2013, 33–44.

*Bisges, Marcel:* Der europäische Werkbegriff und sein Einfluss auf die deutsche Urheberrechtsentwicklung, ZUM 2015, 357–361.

*Blatz, Rolf:* Das Recht des Arbeitgebers an literarischen Arbeitsergebnissen, Köln 1967.

*Bonk, Curtis J./Lee, Mimi M. /Reeves, Thomas C./Reynolds, Thomas H.:* MOOCs and Open Education Around The World, New York u. a. 2015.

*Borgwardt, Angela:* Grundlagen des E-Learnings, in: Borgwardt, Angela (Hrsg.), Von Moodle bis MOOC: Digitale Bildungsrevolution durch E-Learning?, Berlin 2014, 19–25.

–: E-Learning an Hochschulen, in: Borgwardt, Angela (Hrsg.), Von Moodle bis MOOC: Digitale Bildungsrevolution durch E-Learning?, Berlin 2014, 27–43.

*Botta, Jonas:* Datenschutz bei E-Learning-Plattformen. Rechtliche Herausforderungen digitaler Hochschulbildung am Beispiel der Massive Open Online Courses (MOOCs), Baden-Baden 2020.

*Bourazeri, Konstantina:* Neue Beschäftigungsformen in der digitalen Wirtschaft am Beispiel soloselbständiger Crowdworker, NZA 2019, 741–746.

*Bremer, Claudia:* Open Online Courses als Kursformat? Konzept und Ergebnisse des Kurses „Zukunft des Lernens 2011“, in: Apostolopoulos, Nicolas/Mußmann, Ulrike/Coy, Wolfgang/Schwill, Andreas (Hrsg.), Grundfragen Multimedialen Lehrens und Lernens. Von der Innovation zur Nachhaltigkeit, Münster 2012, 18–33.

*Bremer, Claudia/Thillosen, Anne:* Der deutschsprachige Open Online Course OPCO12, in: Bremer, Claudia/Krömker, Detlef (Hrsg.), E-Learning zwischen Vision und Alltag, Münster 2013, 15–27.

*Busche, Jan/Stoll, Peter-Tobias/Wiebe, Andreas:* TRIPS. Internationales und europäisches Recht des geistigen Eigentums. Kommentar, 2. Aufl., Köln 2013.

*Büscher, Wolfgang/Dittmer, Stefan/Schiwy, Peter* (Hrsg.): Gewerblicher Rechtsschutz, Urheberrecht, Medienrecht. Kommentar, 2. Aufl., Köln 2011.

–: Gewerblicher Rechtsschutz, Urheberrecht, Medienrecht. Kommentar, 3. Aufl., Köln 2015.

*Butler, Brandon:* Massive Open Online Courses: Legal and Policy Issues for Research Libraries, 2012, abrufbar unter https://www.arl.org/wp-content/uploads/2012/10/issue-brief-mooc-22oct12.pdf, zuletzt abgerufen am 13.5.2021.

*Calise, Mauro/Delgado Kloos, Carlos/Reich, Justin/Ruiperez-Valiente, Jose A./Wirsing, Martin* (Hrsg.): Digital Education: At the MOOC Crossroads Where the Interests of Academia and Business Converge: 6th European Stakeholders Summit, EMOOCs 2019, Naples, Italy, May 20–22, 2019, Proceedings, Cham 2019.

*Castendyk, Oliver:* Lizenzverträge und AGB-Recht, ZUM 2007, 169–178.

*Chesbrough, Henry William:* Open Innovation: A New Paradigm for Understanding Industrial Innovation, in: Chesbrough, Henry/Vanhaverbeke, Wim/West, Joel (Hrsg.), Open Innovation. Researching a New Paradigm, Oxford u. a. 2006, 1–12.

–: Open Innovation Results: Going Beyond the Hype and Getting Down to Business, Oxford 2021.

*Chesbrough, Henry/Vanhaverbeke, Wim/West, Joel (Hrsg.):* Open Innovation. Researching a New Paradigm, Oxford u. a. 2006, 1–12.

*Cheverie, Joan:* Copyright Challenges in a MOOC Environment, EDUCAUSE brief 2013, abrufbar unter https://library.educause.edu/-/media/files/library/2013/7/pub9014-pdf.pdf, zuletzt abgerufen am 13.5.2021.

*Cleuvers, Birgitt A.:* Bestandsanalyse der eLearning-Angebote der Hochschulen, in: Dohmen, Dieter/Michel, Lutz P. (Hrsg.), Marktpotenziale und Geschäftsmodelle für eLearning-Angebote deutscher Hochschulen, Bielefeld 2003, 29–92.

*Colbran, Stephen/Gilding, Anthony:* MOOCs and the Rise of Online Legal Education, Journal of Legal Education, Vol. 63, No. 3 (2014), 405–428.

*Corte, Erik de/Engwall, Lars/Teichler, Ulrich* (Hrsg.): From Books to MOOCs? Emerging Models of Learning and Teaching in Higher Education. Proceedings from a symposium held in Stockholm, 23 May 2015, London 2016.

*Courtney, Kyle K.:* MOOCs and Libraries, Lanham u. a. 2015.

*Dahlander, Linus/Gann, David M.:* How open is innovation?, in: Research Policy, Vol. 39 (2010), 699–709.

*Danwerth, Christopher:* Analogie und teleologische Reduktion – zum Verhältnis zweier scheinbar ungleicher Schwestern, ZfPW 2017, 230–249.

*Däubler, Wolfgang:* Crowdworker – Schutz auch außerhalb des Arbeitsrechts?, in: Benner, Christiane (Hrsg.), Crowdwork – zurück in die Zukunft?, Frankfurt a. M. 2015, 243–274.

*Decker, Glenna L.:* MOOCology 1.0, in: Krause, Steven D./Lowe, Charles (Hrsg.), Invasion of the MOOCs. The Promise and Perils of Massive Open Online Courses, South Carolina 2014, 3–13.

*Deimann, Markus/Friedl, Christian:* Machen MOOCs Karriere? Eine praxisnahe Reflexion über Erfahrungen von Unternehmen, Berlin u. a. 2020.

*Denninger, Erhard* (Hrsg.): Hochschulrahmengesetz. Kommentar, München 1984.

*Dierkes, Sven:* Die Verletzung der Leistungsschutzrechte des Tonträgerherstellers. Rechtsfolgen und prozessuale Durchsetzung, Baden-Baden 2000.

*Dietrich, Nils/Szalai, Stephan:* Mit dem Geburtstagszug zum Urheberrechtsschutz – Das Urteil des BGH vom 13.11.2013 – I ZR 143/12 und seine Folgen, DZWIR 2014, 158–172.

*Directorate-General for Education, Youth, Sport and Culture (European Commission), Public Policy and Management Institute* (Hrsg.): Assessment of the impact of the European copyright framework on digitally supported education and training practices. Final Report, Luxemburg 2016.

*Döhl, Frédéric:* Das neue Bearbeitungsrechtsregime, kunstspezifisch betrachtet. Kommentar zum Diskussionsentwurf des BMJV v. 24.6.2020 zu einem Zweiten Gesetz zur Anpassung des Urheberrechts an die Erfordernisse des digitalen Binnenmarkts, ZUM 2020, 740–750.

*Donle, Christian:* Die Bedeutung des § 31 Abs. 5 UrhG für das Urhebervertragsrecht, München 1993.

*Döring, Valentin:* Reform der Verlegerbeteiligung – Die Sicht der Autor*innen und Übersetzer*innen belletristischer Werke, ZUM 2020, 109–117.

*Dreier, Thomas:* Limitations: The Centerpiece of Copyright in Distress. An Introduction, JIPITEC 2010, 50–54.

–: Der Schrankenkatalog: Adäquate Zugangsregeln für die Wissensgesellschaft?, ZUM 2019, 384–393.

–: Die Schlacht ist geschlagen – ein Überblick. Zum Ergebnis des Copyright Package der EU-Kommission, GRUR 2019, 771–779.

*Dreier, Thomas/Leistner, Matthias:* Urheberrecht im Internet: die Forschungsherausforderungen, GRUR-Beilage 2014, 13–28.

*Dreier, Thomas/Schulze, Gernot* (Hrsg.): UrhG. Urheberrechtsgesetz, Urheberrechtswahrnehmungsgesetz, Kunsturhebergesetz. Kommentar, 6. Aufl., München 2018.

*Dreyer, Gunda:* DRM 2.0: Renaissance technischer Schutzmaßnahmen nach UsedSoft?, in: Grünberger, Michael/Leible, Stefan (Hrsg.), Die Kollision von Urheberrecht und Nutzerverhalten, Tübingen 2014, 131–144.

*Duhanic, Ines:* Copy this Sound! The Cultural Importance of Sampling for Hip Hop Music in Copyright Law – A Copyright Law Analysis of the Sampling Decision of the German Federal Constitutional Court, GRUR Int. 2016, 1007–1017.

*Dünnwald, Dirk:* Der Urheber im öffentlichen Dienst, Baden-Baden 1999.

*Dünnwald, Rolf:* Zum Leistungsschutz an Tonträgern und Bildtonträgern, UFITA 76 (1976), 165–194.

*Duppelfeld, Monika:* Das Urheberrecht der Bibliotheken im Informationszeitalter, Tübingen 2014.

*Durantaye, Katharina de la:* Allgemeine Bildungs- und Wissenschaftsschranke, Münster 2014.

–: Reform der Verlegerbeteiligung – Ein Prototyp mit Potenzial. Kommentar zum Diskussionsentwurf des BMJV v. 15.1.2020 zur Umsetzung der DSM-RL, ZUM 2020, 161–162.

–: Regulierungsmöglichkeiten der Verlegerbeteiligung aus juristischer Sicht, ZUM 2020, 88–95.

*Dyer, Richard:* Pastiche, New-York 2007.

*Effenberger, Julius:* Urheberrechte von Angehörigen öffentlicher Hochschulen am Beispiel der ETH Zürich, unter besonderer Berücksichtigung der Computerprogramme, Basel 1995.

*Engel, Friedrich-Wilhelm:* Persönlichkeitsrechtlicher Schutz für wissenschaftliche Arbeiten und Forschungsergebnisse, GRUR 1982, 705–714.

*Enquete Kommission „Zukunft der Medien in Wirtschaft und Gesellschaft – Deutschlands Weg in die Informationsgesellschaft" des Deutschen Bundestages* (Hrsg.): Neue Medien und Urheberrecht, Bonn 1997.

*Erdmann, Willi:* Die Relativität des Werkbegriffs, in: Erdmann, Willi/Leistner, Matthias/Rüffer, Wilfried/Schulte-Beckhausen, Thomas (Hrsg.): Festschrift für Michael Loschelder zum 65. Geburtstag, Köln 2010, 61–73.

*Europäische Kommission/EACEA/Eurydice* (Hrsg.): Modernisierung der Hochschulbildung in Europa: Zugang, Studienerfolg und Beschäftigungsfähigkeit 2014. Eurydice-Bericht, Luxemburg 2014.

*Fahse, Hermann:* Artikel 5 GG und das Urheberrecht der Architektur-Professoren, GRUR 1996, 331–338.

*Ficsor, Mihály:* The Law of Copyright and the Internet, Oxford u. a. 2002.

*Fromm, Friedrich Karl* (Begr.)*/Nordemann, Axel/Nordemann, Jan Bernd* (Hrsg.): Urheberrecht. Kommentar zum Urheberrechtsgesetz, Verlagsgesetz, Urheberrechtswahrnehmungsgesetz, 11. Aufl., Stuttgart 2014.

–: Urheberrecht. Kommentar zum Urheberrechtsgesetz, Verlagsgesetz, Einigungsvertrag (Urheberrecht), neu: zur EU-Portabilitätsverordnung, 12. Aufl., Stuttgart 2018.

*Frotz, Gerhard:* Zum Vervielfältigungsrecht des Urhebers und zu den konventionskonformen nationalen Beschränkungen – Ein Beitrag zur Fortentwicklung des UrhG, in: Dittrich, Robert (Hrsg.), Festschrift 50 Jahre Urheberrechtsgesetz, Wien 1986, 119–139.

*Fuchs, Thomas:* Arbeitnehmer-Urhebervertragsrecht, Baden-Baden 2005.

*Fuhr, Ernst:* Der Anspruch des Sendeunternehmens nach §§ 94, 54 UrhG bei Auftragsproduktionen, in: Scheuermann, Andreas/Strittmatter, Angelika (Hrsg.), Urheberrechtliche Probleme der Gegenwart. Festschrift für Ernst Reichardt zum 70. Geburtstag, Baden-Baden 1990, 29–38.

*Gamm, Otto-Friedrich von:* Urheberrechtsgesetz. Kommentar, München 1968.

*Garrigos-Simon, Fernando J./Gil-Pechuán/Estelles-Miguel, Sofia* (Hrsg.): Advances in Crowdsourcing, Cham u. a. 2015.

*Gassmann, Oliver:* Crowdsourcing. Innovationsmanagement mit Schwarmintelligenz, 2. Aufl., München 2013.

*Georgy, Ursula* (Hrsg.): Crowdsourcing. Ein Leitfaden für Bibliotheken, Wiesbaden 2015.

*Gerpott, Thorsten J.:* Artikel 17 der neuen EU-Urheberrechtsrichtlinie: Fluch oder Segen? Einordnung des Streits um „Upload-Filter“ auf Online-Sharing-Plattformen, MMR 2019, 420–426.

*Ghiron, Mario:* Grundsätzliche Betrachtungen über die Urheberrechte, übersetzt von Smoschewer, Franz, UFITA 5 (1932), 34–62.

*Gielen, Nico/Tiessen, Marten:* Die neue Plattformhaftung nach der Richtlinie über das Urheberrecht im digitalen Binnenmarkt, EuZW 2019, 638–646.

*Goldhammer, Michael:* Anmerkung zur Entscheidung des BVerfG, Urteil vom 31.05.2016 (1 BvR 1585/13) – Zum Urheberrecht und Zurückhaltung bei der Konstitutionalisierung des Urheberrechts, JZ 2016, 904–908.

–: Realitäten europäischer Kommunikationsgrundrechte und der lange Arm des Urhebers. Anmerkung zu EuGH, Urteil vom 29.7.2019 – C-516/16 – Spiegel Online/Beck (ZUM 2019, 759), ZUM 2019, 727–731.

*Götting, Horst-Peter:* Der Schutz wissenschaftlicher Werke, in: Loewenheim, Ulrich (Hrsg.), Urheberrecht im Informationszeitalter. Festschrift für Wilhelm Nordemann zum 70. Geburtstag am 8. Januar 2004, München 2004, 7–23.

*Götting, Horst-Peter/Leuze, Dieter:* Das Urheberrecht des wissenschaftlichen Personals, in: Hartmer, Michael/Detmer, Hubert (Hrsg.): Hochschulrecht. Ein Handbuch für die Praxis, 2. Aufl., Heidelberg 2011, 626–673.

*Granstrand, Ove/Holgersson, Marcus:* Managing the Intellectual Property Disassembly Problem, California Management Review, Vol. 55 (2013), 184–210.

*Gregor, Nikolas:* Der Produzent und die Rechte am Filmwerk, Köln 2010.

*Grisse, Karina:* Facetten der Vermittlerhaftung: Öffentliche Wiedergabe, Sekundärhaftung, Haftungsprivilegien, Störerhaftung, Schadensersatz. Zugleich Anmerkung zu GA *Saugmandsgaard Øe*, Schlussanträge vom 16.7.2020 – C-682/19 (Peterson/YouTube u. a.) und C-683/18 (Elsevier/Cyando), ZUM 2020, 819–832.

*Grisse, Karina/Kaiser, Carola:* Freiheit ab Unkenntlichkeit? – Die Bedeutung der (fehlenden) Wiedererkennbarkeit für das urheberrechtliche Vervielfältigungsrecht, ZUM 2021, 401–415.

*Grobe-Einsler, Michael:* User-Generated Content, Jena 2016.

*Große Ruse-Khan, Henning/Klass, Nadine/Lewinski, Silke von* (Hrsg.): Nutzergenerierte Inhalte als Gegenstand des Privatrechts, Berlin u. a. 2010.

*Grünberger, Michael:* Aspekte eines umweltsensiblen Urheberrechts. Eine Einleitung, in: Grünberger, Michael/Leible, Stefan (Hrsg.), Die Kollision von Urheberrecht und Nutzerverhalten, Tübingen 2014, 1–21.

–: Bedarf es einer Harmonisierung der Verwertungsrechte und Schranken? Ein Beitrag zur Entwicklung dogmatischer Bausteine eines umweltsensiblen Urheberrechts, ZUM 2015, 273–290.
–: Einheit und Vielfalt im Recht der öffentlichen Wiedergabe. Zugleich Besprechung von EuGH „Reha Training/GEMA" und BGH „Königshof", GRUR 2016, 977–983.
–: Zugangsregeln bei Verlinkungen auf rechtswidrig zugänglich gemachte Werke, ZUM 2016, 905–919.
–: Die Entwicklung des Urheberrechts im Jahr 2016 – Teil I, ZUM 2017, 324–338.
–: Internetplattformen – Aktuelle Herausforderungen der digitalen Ökonomie an das Urheber- und Medienrecht, ZUM 2017, 89–92.
–: Vergütungspflicht und Lizenzvorrang in der neuen EU-Bildungsschranke. Ein Plädoyer für wissenschaftsspezifische Zugangsregeln, GRUR 2017, 1–11.
–: Die Entwicklung des Urheberrechts im Jahr 2017 – Teil I, ZUM 2018, 271–285.
–: Die Entwicklung des Urheberrechts im Jahr 2018, ZUM 2019, 281–308.
–: Öffentliche Wiedergabe bei der Verlinkung (Framing) und der Einsatz von technischen Schutzmaßnahmen – Unsicherheiten in Karlsruhe. Zugleich Anmerkung zu BGH, Beschluss vom 25.4.2019 – I ZR 113/18 – Deutsche Digitale Bibliothek (ZUM 2019, 581), ZUM 2019, 573–580.
–: Die Entwicklung des Urheberrechts im Jahr 2019, ZUM 2020, 175–212.
–: Prozeduralisierung im Urheberrecht – Anmerkung zu EuGH, Urteil vom 14.11.2019 – C-484/18 – Spedidam u. a./INA (ZUM 2020, 46), ZUM 2020, 50–53.
–: Die Entwicklung des Urheberrechts im Jahr 2020, ZUM 2021, 257–288.
–: Medienspezifische Zugangsregeln im Internet: Framing/Embedding. Zugleich Besprechung von EuGH, Urteil vom 9.3.2021 – C-392/19 – VG Bild-Kunst/Stiftung Preußischer Kulturbesitz (ZUM 2021, 434), ZUM 2021, 395–400.
*Grünberger, Michael/Podszun, Rupprecht:* Die Entwicklung des Immaterialgüterrechts im Recht der Europäischen Union 2013/2014 – Teil 1, GPR 2015, 11–25.
*Grünewald, Franka/Meinel, Christoph/Totschnig, Michael/Willems, Christian:* Designing MOOCs for the Support of Multiple Learning Styles, in: Hernández-Leo, Davinia/Ley, Tobias/Klamma, Ralf/Harrer, Andreas (Hrsg.), Scaling up Learning for Sustained Impact. 8th European Conference on Technology Enhanced Learning, EC-TEL 2013, Paphos, Cyprus, September 17–21, 2013, Proceedings, Berlin u. a. 2013, 371–382.
*GRUR-Fachausschuss für Urheber- und Verlagsrecht*: Stellungnahme der GRUR durch den Fachausschuss für Urheber- und Verlagsrecht zum Grünbuch „Urheberrechte in der wissensbestimmten Wirtschaft KOM (2008) 466 endg.", GRUR 2009, 135–141.
*Grzeszick, Bernd:* Freie Software: Eine Widerlegung der Urheberrechtstheorie, MMR 2000, 412–417.
*Guibault, Lucie*: Why Cherry-Picking Never Leads to Harmonisation. The Case of the Limitations on Copyright under Directive 2001/29/EC, JIPITEC 2010, 55–66.
*Haberstumpf, Helmut:* Gedanken zum Urheberrechtsschutz wissenschaftlicher Werke, UFITA 96 (1983), 41–54.
–: Wem gehören Forschungsergebnisse? Zum Urheberrecht an Hochschulen, ZUM 2001, 819–828.
*Haedicke, Maximilian:* Beschränkung der Parodiefreiheit durch europäisches Urheberrecht?, GRUR Int. 2015, 664–670.
*Haesemann, Johanna:* Die Auslegung des § 51 UrhG n.F. in der Informationsgesellschaft am Beispiel der „Google-Bildersuche", Köln 2011.
*Hammon, Larissa Viola:* Crowdsourcing – Eine Analyse der Antriebskräfte innerhalb der Crowd, Hamburg 2013.

*Handig, Christian:* Durch „freie kreative Entscheidungen“ zum europäischen urheberrechtlichen Werkbegriff, GRUR Int. 2012, 973–979.

*Handke, Jürgen/Franke, Peter:* xMOOCs im Virtual Linguistics Campus. Inhalte, Assessment und Mehrwert, in: Schulmeister, Rolf (Hrsg.), MOOCs – Massive Open Online Courses. Offene Bildung oder Geschäftsmodell?, Münster u. a. 2013, 101–125.

*Handle, Marco:* Der urheberrechtliche Schutz der Idee, Bern 2013.

*Hansen, Gerd:* Zugang zu wissenschaftlicher Information – alternative urheberrechtliche Ansätze, GRUR Int. 2005, 378–388.

*Hartlieb, Holger von/Schwarz, Mathias:* Handbuch des Film-, Fernseh- und Videorechts, 5. Aufl., München 2011.

*Hauck, Ronny:* „Scherz, Ironie und tiefere Bedeutung“: Die §§ 23 und 51a im Referentenentwurf zur Neufassung des UrhG, GRUR-Prax 2020, 542–544.

*Haug, Simone/Wedekind, Joachim:* cMOOC – ein alternatives Lehr-/Lernszenarium?, in: Schulmeister, Rolf (Hrsg.), MOOCs – Massive Open Online Courses. Offene Bildung oder Geschäftsmodell?, Münster u. a. 2013, 161–206.

*Haupt, Stefan:* Die EG-Richtlinie »Urheberrecht in der Informationsgesellschaft« und Konsequenzen für die Nutzung von Werken im Schulunterricht gemäß § 52a UrhG, ZUM 2004, 104–112.

*Head, Karen J.*: Disrupt This! MOOCs and the Promises of Technology, Lebanon (NL) 2017.

*Heckmann, Jörn/Weber, Marc Philipp:* Open Access in der Informationsgesellschaft – § 38 UrhG de lege ferenda, GRUR Int. 2006, 995–1000.

*Heermann, Peter:* Der Schutzumfang von Sprachwerken der Wissenschaft und die urheberrechtliche Stellung von Hochschulangehörigen, GRUR 1999, 468–479.

*Heidelberger Kommentar zum Urheberrecht. Urheberrechtsgesetz, Verwertungsgesellschaftengesetz, Kunsturhebergesetz,* hrsg. v. Dreyer, Gunda/Kotthoff, Jost/Meckel, Astrid, 3. Aufl., Heidelberg u. a. 2013 (zit.: HK-*Bearbeiter*).

–, hrsg. v. Dreyer, Gunda/Kotthoff, Jost/Meckel, Astrid/Hensch, Christian-Henner, 4. Aufl., Heidelberg 2018 (zit.: HK-*Bearbeiter*).

*Heinze, Christian:* Urheberrecht als »technische Maßnahme« i. S. d. Richtlinien 98/34/EG und (EU) 2015/1535? – Anmerkung zu EuGH, Urteil vom 12.9.2019 – C-299/17 – VG Media/Google (ZUM 2019, 838), ZUM 2019, 843–845.

*Henning, Peter A.*: eLearning 2015. Stand der Technik und neueste Trends, HMD Praxis der Wirtschaftsinformatik 2015, 132–143.

*Herweg, Fabian:* Regulierungsmöglichkeiten der Verlegerbeteiligung aus ökonomischer Sicht, ZUM 2020, 95–101.

*Heussen, Benno:* Rechtliche Verantwortungsebenen und dingliche Verfügungen bei der Überlassung von Open Source Software, MMR 2004, 445–450.

*Hey, Felix:* Reform der Verlegerbeteiligung – Die Sicht der Wissenschaftsverlage, ZUM 2020, 107–109.

*Hieber, Thomas:* „Metall auf Metall“ – doch ein Ende ohne Schrecken? – Anmerkung zu EuGH, Urteil vom 29.7.2019 – C-476/17 – Pelham u. a./Hütter u. a. (ZUM 2019, 738), ZUM 2019, 746–748.

*Hilty, Reto M.:* Vergütungssystem und Schrankenregelungen. Neue Herausforderungen an den Gesetzgeber, GRUR 2005, 819–828.

*Hilty, Reto M./Bauer, Andrea:* Use of Protected Content on Online Platforms (Article 13 COM (2016) 593 final), in: Hilty, Reto/Moscon, Valentina (Hrsg.), Modernisation of the EU Copyright Rules. Position Statement of the Max Planck Institute for Innovation and

Competition, 2017, 99–112, abrufbar unter https://pure.mpg.de/rest/items/item_2470998_12/component/file_2479390/content, zuletzt abgerufen am 13.5.2021.

*Hilty, Reto M./Lotte, Ricarda:* Digital and Cross-Border Teaching Activities (Article 4 COM (2016) 593 final), in: Hilty, Reto/Moscon, Valentina (Hrsg.), Modernisation of the EU Copyright Rules. Position Statement of the Max Planck Institute for Innovation and Competition, 2017, 35–44, abrufbar unter https://pure.mpg.de/rest/items/item_2470998_12/component/file_2479390/content, zuletzt abgerufen am 13.5.2021.

*Hirschfelder, Marcus:* Open Access – Zweitveröffentlichungsrecht und Anbietungspflicht als europarechtlich unzulässige Schrankenregelungen? §§ 38 und 43 UrhG de lege ferenda im Lichte der RL 2001/29/EG, MMR 2009, 444–448.

*Hochschulrektorenkonferenz* (Hrsg.): Potenziale und Probleme von MOOCs. Eine Einordnung im Kontext der digitalen Lehre. Beiträge zur Hochschulpolitik 2/2014, Bonn 2014, abrufbar unter http://www.hrk.de/uploads/media/2014-07-17_Endversion_MOOCs.pdf, zuletzt abgerufen am 13.5.2021.

*Hoeren, Thomas:* Anmerkung zu BGH, Urteil vom 20.11.2008 – I ZR 112/06 – Metall auf Metall I, MMR 2009, 257–258.

–: Kleine Werke – Zur Reichweite von § 52a UrhG, ZUM 2011, 369–375.

–: Anmerkung zu BVerfG, Urteil vom 31.5.2016 – 1 BvR 1585/13 – Sampling, MMR 2016, 469–469.

–: Das Urheberrechts-Wissensgesellschafts-Gesetz. Ein richtiger Schritt für das Urheberrecht in Bildung und Forschung?, IWRZ 2018, 120–125.

*Hoffmann-Riem, Wolfgang:* Innovation, Recht und öffentliche Kommunikation – zur Einführung, in: Eifert, Martin/Hoffmann-Riem, Wolfgang (Hrsg.), Innovation, Recht und öffentliche Kommunikation, Berlin 2011, 9–24.

*Hofmann, Franz:* Kontrolle oder nachlaufender Rechtsschutz – wohin bewegt sich das Urheberrecht? Rechtsdurchsetzung in der EU zwischen Kompensation und Bestrafung, GRUR 2018, 21–29.

–: Die Plattformverantwortlichkeit nach dem neuen europäischen Urheberrecht – „Much Ado About Nothing"?, ZUM 2019, 617–627.

–: Fünfzehn Thesen zur Plattformhaftung nach Art. 17 DSM-RL, GRUR 2019, 1219–1229.

–: Aktuelle Entwicklungen der Rechtsprechung zum europäischen Urheberrecht von Mai 2018 bis April 2020, EuZW 2020, 397–403.

*Hollands, Fiona M./Tirthali, Devayani:* MOOCs in Higher Education. Institutional Goals and Path Forward, New York 2015.

*Holten, Roland/Nittel, Dieter:* Einleitung der Herausgeber: Auf dem Weg zu einer interdisziplinären Forschungskultur?, in: Holten, Roland/Nittel, Dieter (Hrsg.), E-Learning in Hochschule und Weiterbildung. Einsatzchancen und Erfahrungen, Bielefeld 2010, 9–17.

*Homar, Philipp:* Enge Handlungsspielräume für das Sampling. Anmerkung zu EuGH, Urteil vom 29.7.2019 – C-476/17 – Pelham u. a./Hütter u. a. (ZUM 2019, 738), ZUM 2019, 731–737.

*Hopkins, Renee:* What is Crowdsourcing?, in: Sloane, Paul (Hrsg.), A Guide to Open Innovation and Crowdsourcing. Advice from Leading Experts, London u. a. 2011, 15–21.

*Horn, Janine:* Urheberrecht beim Einsatz neuer Medien in der Hochschullehre, Edewecht 2007.

*Hötte, Daniel Antonius:* Crowdsourcing. Rechtliche Risiken eines neuen Phänomens, MMR 2014, 795–798.

*Hubmann, Heinrich:* Das Urheberrecht des wissenschaftlichen Assistenten MittHV 1962, 144–159.

–: Das Persönlichkeitsrecht, Köln u. a. 1967.

–: Urheberrechtsprinzipien für das Verhältnis zwischen Professoren und Mitarbeitern in: AG Fortbildung im Sprecherkreis der Hochschulkanzler (Hrsg.), Patent- und Urheberrecht, Arbeitnehmererfindungs- und Veröffentlichungsrecht. Referate gehalten in Kurs III/10 des Fortbildungsprogramms für die Wissenschaftsverwaltung (Projekt im Rahmen des OECD-Hochschulverwaltungsprogramms) vom 27.–28.3.1985 in München, Essen 1985, 47–73.

–: Der Schutz wissenschaftlicher Werke und der wissenschaftlichen Leistung durch das Urheberrecht nach der Rechtsprechung des deutschen Bundesgerichtshofs, in: Schweizerische Vereinigung für Urheberrecht (Hrsg.), Urheberrecht und kulturelle Entwicklung. Festschrift zum 60. Geburtstag von Ulrich Uchtenhagen, Baden-Baden 1987, 175–187.

–: Urheber- und Verlagsrecht, 6. Aufl., München 1987.

*Hubmann, Heinrich/Haberstumpf, Helmut:* Das Recht zur Publikation von Forschungsergebnissen, MittHV 1982, 211–214.

*Hüsch, Moritz:* Thumbnails in Bildersuchmaschinen. Zur rechtfertigenden Einwilligung in die Nutzung von Thumbnails – zugleich eine Besprechung von BGH, Urt. v. 29.4.2010 – I ZR 69/08, CR 2010, 452–457.

*ICEF Monitor*: MOOC enrolment surpassed 35 million in 2015, 2016, abrufbar unter http://monitor.icef.com/2016/01/mooc-enrolment-surpassed-35-million-in-2015, zuletzt abgerufen am 13.5.2021.

*Ionica, Lavinia:* 700 Universitäten weltweit bieten MOOCs an, 2017, abrufbar unter https://blog.llz.uni-halle.de/2017/08/700-universitaeten-weltweit-bieten-moocs-an, zuletzt abgerufen am 13.5.2021.

*Jani, Ole:* Die Bildungs- und Wissenschaftsschranke – Der Gesetzgeber muss erklären, was das Ziel einer solchen Schranke sein soll, ZUM 2016, 481–484.

–: Das europäische Leistungsschutzrecht für Presseverleger, ZUM 2019, 674–684.

*Jani, Ole/Leenen, Frederik:* Paradigmenwechsel bei Links und Framings, NJW 2016, 3135–3138.

*Jauernig, Othmar* (Begr.): Bürgerliches Gesetzbuch mit Rom-I, Rom-II, ROM-III-VO, EG-UntVO/HUntProt und EUErbVO. Kommentar, 18. Aufl., München 2021.

*Jemni, Mohamed/Kinshuk/Khribi, Mohamed Koutheair* (Hrsg.): Open Education: from OERS to MOOCs, Berlin 2017.

*Johnson, L./Adams Becker, S./Cummins, M./Estrada, V./Freeman, A./Hall, C.:* NMC Horizon Report: 2016 Higher Education Edition, 2016, abrufbar unter https://www.mmkh.de/file-admin/dokumente/publikationen/horizon_reports/2016-nmc-horizon-report-he-DE.pdf, zuletzt abgerufen am 13.5.2021.

*Kaushik, Anna:* Library and information science in the age of MOOCs, Hershey (PA) 2018.

*Kerres, Michael/Stratmann, Jörg/Ojstersek, Nadine/Preußler, Annabell:* Digitale Lernwelten in der Hochschule, in: Hugger, Kai-Uwe/Walber, Markus (Hrsg.), Digitale Lernwelten. Konzepte, Beispiele und Perspektiven, Wiesbaden 2010, 141–156.

*Kersten, Jens:* Schwarmdemokratie. Veränderungen des Demokratieverständnisses durch Soziale Medien, JuS 2014, 673–681.

*Klass, Nadine:* Neue Internettechnologien und das Urheberrecht: Die schlichte Einwilligung als Rettungsanker? Zugleich Besprechung der Vorschaubilder I und II-Entscheidungen des BGH, ZUM 2013, 1–10.

–: Werkgenuss und Werknutzung in der digitalen Welt: Bedarf es einer Harmonisierung des Urheberpersönlichkeitsrechts?, ZUM 2015, 290–208.

–: Das Urheberrecht in Arbeits- und Dienstverhältnissen. Eine Analyse der deutschen Rechtslage im Vergleich mit Systemen angloamerikanischer Prägung, GRUR 2019, 1103–1114.

*Klebe, Thomas/Neugebauer, Julia:* Crowdsourcing: Für eine handvoll Dollar oder Workers of the crowd unite?, AuR 2014, 4–7.

*Kleimann, Bernd/Özkilic, Murat/Göcks, Marc:* Studieren im Web 2.0. Studienbezogene Web- und E-Learning-Dienste, 2008, abrufbar unter http://www.hisbus.de/about/pdf/2008_07_hisbus_web2.0.pdf, zuletzt abgerufen am 13.5.2021.

*Kleimann, Bernd/Wannemacher, Klaus:* E-Learning an deutschen Hochschulen. Von der Projektentwicklung zur nachhaltigen Implementierung, Hannover 2004.

*Knies, Bernhard:* Die Rechte des Tonträgerherstellers in internationaler und rechtsvergleichender Sicht, München 1999.

*Koch, Benjamin/Druschel, Johannes:* Entspricht die Bestimmung der angemessenen Vergütung nach §§ 54, 54a UrhG dem unionsrechtlichen Konzept des gerechten Ausgleichs?, GRUR 2015, 957–968.

*Koch, Frank A.:* Der Content bleibt im Netz – gesicherte Werkverwertung durch Streaming-Verfahren, GRUR 2010, 574–578.

*Koch-Krumrei, Marina:* Der urheberrechtliche Schutz wissenschaftlicher Werke in Deutschland und Frankreich. Eine rechtsvergleichende Untersuchung, München 1991.

*Konertz, Roman:* Die Sondervergütung des Urhebers im Arbeitsverhältnis. Unter Berücksichtigung der Auswirkungen der DSM-RL und ihrer nationalen Umsetzung, ZUM 2020, 929–938.

*König, Andreas:* Unvorhergesehene Nutzung von neuen Lehr-Lernmedien: neue Bildungsmedien als Teil eines lebendigen Systems, in: Bergamin, Per (Hrsg.), Offene Bildungsinhalte (OER): Teilen von Wissen oder Gratisbildungskultur?, Bern 2009, 73–100.

*König, Eva-Marie:* Der Werkbegriff in Europa. Eine rechtsvergleichende Untersuchung des britischen, französischen und deutschen Urheberrechts, Tübingen 2015.

*Kopp, Lisa:* Die Freiheit der Idee und der Schutz von Schriftwerken, Tübingen 2014.

*Korn, Melissa/Levitz, Jennifer:* Online Courses Look for a Business Model, The Wall Street Journal v. 1.1.2013, abrufbar unter https://www.wsj.com/articles/SB10001424127887324339204578173421673664106, zuletzt abgerufen am 13.5.2021.

*Kraßer, Rudolf/Schricker, Gerhard:* Patent- und Urheberrecht an Hochschulen. Die Verwertung von Erfindungen und urheberrechtlich geschützten Werken an Hochschulen wissenschaftlich Tätiger, Baden-Baden 1988.

*Kreidl, Christian:* Akzeptanz und Nutzung von E-Learning-Elementen an Hochschulen. Gründe für die Einführung und die Kriterien der Anwendung von E-Learning, Münster 2011.

*Kreutzer, Till:* Anmerkung zu LG München I, Urt. v. 19.5.2004 – 21 O 6123/04, MMR 2004, 695–698.

–: Verbraucherschutz im Urheberrecht. Vorschläge für eine Neuordnung bestimmter Aspekte des geltenden Urheberrechts auf Basis einer Analyse aus verbraucherschutzrechtlicher Sicht, Berlin 2011.

*Kreutzer, Till/Hirche, Tom:* Rechtsfragen zur Digitalisierung in der Lehre. Praxisleitfaden zum Recht bei E-Learning, OER und Open Content, Hamburg 2017.

*Kriesel, Kathrin-Lena:* Einheitlicher europäischer Werkbegriff und Herabsenkung der Anforderungen an die Gestaltungshöhe bei Werken der angewandten Kunst, Frankfurt a. M. 2014.

*Krujatz, Sebastian:* Open Access. Der offene Zugang zu wissenschaftlichen Informationen und die ökonomische Bedeutung urheberrechtlicher Ausschlussmacht für die wissenschaftliche Informationsversorgung, Tübingen 2012.

*Kuck, Katja:* Kontrolle von Musterverträgen im Urheberrecht, GRUR 2000, 285–289.

*Kuhlen, Rainer/Brüning, Jochen:* Potenziale von Creative Commons-Lizenzen für Open Innovation, in: Stempfhuber, Maximilian (Hrsg.), In die Zukunft publizieren, Bonn 2006, 21–28.

*Larenz, Karl:* Methodenlehre der Rechtswissenschaft, 6. Aufl., Berlin u. a. 1999.

*Lauber-Rönsberg, Anne:* Parodien urheberrechtlich geschützter Werke. Eine Bestandsaufnahme nach der >>Deckmyn<<-Entscheidung des EUGH, ZUM 2015, 658–666.

–: Reform des Bearbeitungsrechts und neue Schrankenregelung für Parodien, Karikaturen und Pastiches. Kommentar zum Diskussionsentwurf des BMJV v. 24.6.2020 zu einem Zweiten Gesetz zur Anpassung des Urheberrechts an die Erfordernisse des digitalen Binnenmarktes, ZUM 2020, 733–740.

*Lauber-Rönsberg, Anne/Kempfert, Kamila:* Das öffentliche Zugänglichmachen von Sprachwerken in der Hochschullehre: Rahmenbedingungen und aktuelle Entwicklungen, GRUR-Prax 2016, 234–236.

*Lehmann, Burkhard:* MOOCs – Versuch einer Annäherung, in: Schulmeister, Rolf (Hrsg.), MOOCs – Massive Open Online Courses. Offene Bildung oder Geschäftsmodell?, Münster u. a. 2013, 209–237.

*Leistner, Matthias:* The German Federal Supreme Court's Judgment on Google's Image Search – A Topical Example of the "Limitations" of the European Approach to Exceptions and Limitations, IIC 2011, 417–442.

–: Der europäische Werkbegriff, ZGE 2013, 4–45.

–: Anforderungen an ein umweltsensibles Urheberrecht, in: Grünberger, Michael/Leible, Stefan (Hrsg.), Die Kollision von Urheberrecht und Nutzerverhalten, Tübingen 2014, 211–225.

–: Urheberrecht an der Schnittstelle zwischen Unionsrecht und nationalem Recht. Werkbegriff und Recht der öffentlichen Wiedergabe, GRUR 2014, 1145–1155.

–: Die „Metall auf Metall"-Entscheidung des BVerfG. Oder: Warum das Urheberrecht in Karlsruhe in guten Händen ist, GRUR 2016, 772–777.

–: Die „The Pirate Bay"-Entscheidung des EuGH: ein Gerichtshof als Ersatzgesetzgeber, GRUR 2017, 755–760.

–: „Ende gut, alles gut" ... oder „Vorhang zu und alle Fragen offen"? Das salomonische Urteil des EuGH in Sachen „Pelham [Metall auf Metall], GRUR 2019, 1008–1015.

–: Der Referentenentwurf zur Umsetzung der DSM-RL und die Theorie vom Sui-generis-Charakter des Art. 17 DSM-RL, ZUM 2020, 897–912.

*Leopold, Justus:* Open Innovation und Crowdsourcing: neue Perspektiven des Innovationsmanagements, München u. a. 2015.

*Leuze, Dieter:* Die Urheberrechte der wissenschaftlichen Mitarbeiter, GRUR 2006, 552–560.

–: Urheberrechte der Beschäftigten im öffentlichen Dienst. Öffentliche Verwaltung – Hochschulen – außeruniversitäre Forschungseinrichtungen – Schulen, 3. Aufl., Berlin 2008.

*Lewin, Tamar:* Instruction for Masses Knocks Down Campus Walls, The New York Times v. 4.3.2012, abrufbar unter http://www.nytimes.com/2012/03/05/education/moocs-large-courses-open-to-all-topple-campus-walls.html, zuletzt abgerufen am 13.5.2021.

*Lindthorst, Hermann:* Anmerkung zu BGH, Urteil vom 20.11.2008 – I ZR 112/06 – Metall auf Metall I, GRUR 2009, 406–407.

*Link, Michael:* Open Access im Wissenschaftsbereich, Frankfurt a. M. 2013.

*Lisch, Karsten:* Das Abstraktionsprinzip im Urheberrecht, Frankfurt a. M. 2007.

*Littlejohn, Allison/Hood, Nina:* Reconceptualising Learning in the Digital Age. The [Un]democratising Potential of MOOCs, Singapore 2018.

*Loewenheim, Ulrich* (Hrsg.): Handbuch des Urheberrechts, 3. Aufl., München 2021.

*Losh, Elizabeth:* MOOCs and Their Afterlives. Experiments in Scale and Access in Higher Education, Chicago 2017.

*Lotte, Ricarda:* Anmerkung zu BGH, Urteil vom 28. Juli 2016 – I ZR 9/15 – auf fett getrimmt, ZUM 2016, 991–993.

–: Herausforderungen offener Partizipationskulturen an das Urheberrecht, in: Specht, Louisa/Lauber-Rönsberg, Anne/Becker, Maximilian (Hrsg.), Medienrecht im Medienumbruch. Junge Wissenschaft zum Gewerblichen Rechtsschutz, Urheber- und Medienrecht: 1. Assistententagung Grüner Bereich, Köln 2016, Baden-Baden 2017, 67–91.

*Lüken, Andreas:* Der Arbeitnehmer als Schöpfer von Werken geistigen Eigentums, Hamburg 2008.

*Lutz, Alexander:* Zugang zu wissenschaftlichen Informationen in der digitalen Welt. Ein urheberrechtlicher Beitrag zu den Wissenschaftsschranken und zu einem zwingenden Zweitveröffentlichungsrecht, Tübingen 2012.

*Malbon, Justin/Lawson, Charles/Davison, Mark:* The WTO Agreement on Trade-Related Aspects of Intellectual Property Rights. A Commentary, Cheltenham 2014.

*Maunz, Theodor/Dürig, Günter* (Begr.): Grundgesetz. Kommentar, 90. Erg.-Lfg. (Oktober 2020), München 2020.

*McKay, Elspeth/Lenarcic, John:* Macro Level Learning through Massive Open Online Courses (MOOCs). Strategies and Predictions for the Future, Hershey (PA) 2015.

*Medienpädagogischer Forschungsverband Südwest* (Hrsg.): JIM-Studie 2017. Jugend, Information, (Multi-) Media. Basisstudie zum Medienumgang 12- bis 19-Jähriger in Deutschland, Stuttgart 2017.

*Meinel, Christoph/Willems, Christian:* openHPI. Das MOOC-Angebot des Hasso-Plattner-Instituts, Potsdam 2013.

*Mendoza-Gonzalez, Ricardo* (Hrsg,): User-Centered Design Strategies for Massive Open Online Courses (MOOCs), Hershey (PA) 2016.

*Metzger, Axel:* Der Einfluss des EuGH auf die gegenwärtige Entwicklung des Urheberrechts, GRUR 2012, 118–126.

–: Rechtsfortbildung im Richtlinienrecht. Zur judikativen Rechtsangleichung durch den EuGH im Urheberrecht, ZEuP 2017, 836–862.

*Metzger, Axel/Jaeger, Till:* Open Source Software und deutsches Urheberrecht, GRUR Int. 1999, 839–848

*Mezger, Lukas:* Die Schutzschwelle für Werke der angewandten Kunst nach deutschem und europäischem Recht, Göttingen 2017.

*Möhring, Philipp/Nicolini, Käte* (Begr.): Urheberrecht. UrhG – KUG – UrhWahrnG, VerlG, Kommentar, 3. Aufl., München 2014.

–: Urheberrecht. UrhG – KUG – VerlG – VGG. Kommentar, 4. Aufl., München 2018.

*Moltke, Bertram von:* Das Urheberrecht an den Werken der Wissenschaft, Baden-Baden 1992.

*Monske, Elizabeth A./Blair, Kristine L.* (Hrsg.): Handbook of research on writing and composing in the age of MOOCs, Hershey (PA) 2017.

*Movsessian, Vera:* Urheberrecht und Leistungsschutzrechte an Filmwerken, UFITA 79 (1977), 213–239.

*Müller, Friedrich/Christensen, Ralph:* Juristische Methodik, Band 1, Grundlegung für die Arbeitsmethoden der Rechtspraxis, 11. Aufl., Berlin 2013.

*Münchener Kommentar zum Bürgerlichen Gesetzbuch,* hrsg. v. Säcker, Franz Jürgen/Rixecker, Roland/Oetker, Hartmut/Limpberg, Bettina, Bd. 1, 8. Aufl., München 2018 (zit.: MüKo/*Bearbeiter*).

–: Bd. 2, 8. Aufl., München 2019 (zit.: MüKo/*Bearbeiter*).

*Neubauer, Arne/Soppe, Martin:* Anmerkung zu EuGH, Urteil vom 26.4.2017 – C-527/15 – Stichting Brein/Wullems, GRUR 2017, 615–616.

*Nolden, Christoph:* Das Abstraktionsprinzip im urheberrechtlichen Lizenzverkehr, Göttingen 2005.

*Nordemann, Jan Bernd:* AGB-Kontrolle von Nutzungsrechtseinräumungen durch den Urheber, NJW 2012, 3121–3125.

*Nordemann, Jan Bernd/Czychowski, Christian:* Aktuelle Gesetzgebung und höchstrichterliche Rechtsprechung im Urheberrecht, NJW 2019, 725–731.

*Nordemann, Jan Bernd/Waiblinger, Julian:* Aktuelle Gesetzgebung und höchstrichterliche Rechtsprechung im Urheberrecht, NJW 2020, 737–743.

–: Art. 17 DSM-RL – Spannungsverhältnis zum bisherigen Recht? Zur systematischen Einordnung von Art. 17 DSM-RL, GRUR 2020, 569–576.

*Nordemann, Wilhelm:* Urheberrecht an Lehrmitteln, NJW 1970, 881–885.

–: Lichtbildschutz für fotografisch hergestellte Vervielfältigungen?, GRUR 1987, 15–18.

*Obergfell, Eva Inés:* Abschied von der „Silberdistel“: Zum urheberrechtlichen Schutz von Werken der angewandten Kunst, GRUR 2014, 621–627.

*Oehler, Class:* Anmerkung zu EuGH, Urteil vom 23.1.2014 – C-355/12 – Nintendo u. a./PC Box Srl u. a., MMR 2014, 403–405.

*Ohly, Ansgar:* Zwölf Thesen zur Einwilligung im Internet. Zugleich Besprechung zu BGH, Urt. v. 19.10.2011 – I ZR 140/10 – Vorschaubilder II, GRUR 2012, 983–992.

–: Der weite Täterbegriff des EuGH in den Urteilen »GS Media«, »Filmspieler« und »The Pirate Bay«: Abenddämmerung für die Störerhaftung?, ZUM 2017, 793–802.

–: Hip Hop und die Zukunft der „freien Benutzung“ im EU-Urheberrecht. Anmerkungen zum Vorlagebeschluss des BGH „Metall auf Metall III“, GRUR 2017, 964–969.

–: Unmittelbare Verletzung des Rechts der öffentlichen Wiedergabe nach dem „Córdoba“-Urteil des EuGH, GRUR 2018, 996–1004.

–: Anmerkung zu BGH, Beschluss v. 13.9.2018 – I ZR 140/15 – YouTube, GRUR 2018, 1139–1141.

–: Anmerkung zu BGH, Urteil v. 30.4.2020 – I ZR 115/16 – Metall auf Metall IV, GRUR 2020, 851–852.

–: Anmerkung zu EuGH, Urteil v. 9.3.2021 – C-392/19 – VG Bild-Kunst/Stiftung Preußischer Kulturbesitz, GRUR 2021, 710–711.

*Osenberg, Ralph:* Die Unverzichtbarkeit des Urheberpersönlichkeitsrechts, Berlin 1979.

*Paasi, Jaakko/Rantala, Tuija/Valkokari, Katri/Lee, Nari:* Knowledge and Intellectual Property in Customer-Supplier Relations, International Journal of Innovation Management, Vol. 14 (2010), 629–654.

*Pahlow, Louis:* Reform der Verlegerbeteiligung – Pauschale Quoten sind nur eine kurzfristige Lösung, ZUM 2020, 163–164.

*Palandt, Otto* (Begr.): Bürgerliches Gesetzbuch, 80. Aufl., München 2021.

*Pappano, Laura:* The Year of the MOOC, The New York Times v. 2.11.2012, abrufbar unter https://www.nytimes.com/2012/11/04/education/edlife/massive-open-online-courses-are-multiplying-at-a-rapid-pace.html, zuletzt abgerufen am 13.5.2021.

*Pauschenwein, Jutta:* Sensemaking in a MOOC (Massive Open Online Course), in: Csanyi, Gottfried/Reichl, Franz/Steiner, Andreas (Hrsg.), Digitale Medien – Werkzeuge für exzellente Forschung und Lehre, Münster u. a. 2012, 75–86.

*Peifer, Karl-Nikolaus:* Die AGB-Kontrolle von Urheberverträgen – Götterdämmerung für das Leitbild der Durchsetzung einer angemessenen Vergütung?, AfP 2012, 510–516.

–: "Individualität" or Originality? Core concepts in German copyright law, GRUR Int. 2014, 1100–1104.
–: Anpassungsbedarf durch die neue Urheberrechtsrichtlinie. Das neue Urhebervertragsrecht und die Verlegerbeteiligung, GRUR 2020, 14–23.
*Pense, Andreas:* Der urheberrechtliche Filmherstellerbegriff des § 94 UrhG, ZUM 1999, 121–126.
*Peukert, Alexander:* Das Urheberrecht und die zwei Kulturen der Online-Kommunikation, GRUR-Beilage 2014, 77–93.
–: Ein wissenschaftliches Kommunikationssystem ohne Verlage. Zur rechtlichen Implementierung von Open Access als Goldstandard wissenschaftlichen Publizierens, in: Grünberger, Michael/Leible, Stefan (Hrsg.), Die Kollision von Urheberrecht und Nutzerverhalten, Tübingen 2014, 145–172.
*Pflüger, Thomas:* Positionen der Kultusministerkonferenz zum Dritten Gesetz zur Regelung des Urheberrechts in der Informationsgesellschaft – „Dritter Korb", ZUM 2010, 938–945.
*Pflüger, Thomas/Ertmann, Dietmar:* E-Publishing und Open Access – Konsequenzen für das Urheberrecht im Hochschulbereich, ZUM 2004, 436–443.
*Pflüger, Thomas/Heeg, Jürgen:* Die Vergütungspflicht nichtkommerzieller Nutzung urheberrechtlich geschützter Werke in öffentlichen Bildungs-, Kultur- und Wissenschaftseinrichtungen – ein Plädoyer für einen einheitlichen Vergütungstatbestand, ZUM 2008, 649–656.
*Phillips, Jeffrey:* Open Innovation Typology, in: Sloane, Paul (Hrsg.), A Guide to Open Innovation and Crowdsourcing. Advice from Leading Experts, London u. a. 2011, 22–37.
*Plander, Harro:* Wissenschaftliche Erkenntnisse und Urheberrecht an wissenschaftlichen Werken. Ein Beitrag zum urheberrechtlichen Ideenschutz, UFITA 76 (1976), 25–73.
*Plaß, Gunda:* Open Contents im deutschen Urheberrecht, GRUR 2002, 670–682.
*Podszun, Rupprecht:* Postmoderne Kreativität im Konflikt mit dem Urheberrecht und die Annäherung an „fair use". Besprechung zu BVerfG ZUM 2016, 626 – Sampling, ZUM 2016, 606–612.
*Poeppel, Jan:* Die Neuordnung der urheberrechtlichen Schranken im digitalen Umfeld, Göttingen 2005.
*Pomerol, Jean-Charles/Epelboin, Yves/Thoury, Claire* (Hrsg.): MOOCs: Design Use and Business Models, London 2015.
*Pöppelmann, Benno H.:* Verbandsklagen gegen AGB-Klauseln. Ausgewählte Fragen zur Rechtsprechung über Verlagsverträge von Tageszeitungen und Zeitschriften, in: Schierholz, Anke/Melichar, Ferdinand (Hrsg.), Kunst, Recht und Geld. Festschrift für Gerhard Pfennig zum 65. Geburtstag, München 2012, 301–318.
*Porter, Sarah:* To MOOC or Not to MOOC. How can online learning help to build the future of higher education?, Waltham 2015.
*Pötzlberger, Florian:* Kreatives Remixing. Musik im Spannungsfeld von Urheberrecht und Kunstfreiheit, Baden-Baden 2018.
–: Pastiche 2.0: Remixing im Lichte des Unionsrechts. Zu § 24 UrhG und Art. 5 III Buchst. k InfoSoc-RL im Kontext der „Metall auf Metall"-Rechtsprechung, GRUR 2018, 675–681.
–: „Metall auf Metall" im Loop: Erneuter Wendepunkt im Sampling-Streit? – Anmerkung zu GA Maciej Szpunar, Schlussanträge vom 12.12.2018 – C-476/17 (ZUM 2019, 237), ZUM 2019, 250–253.
*Raue, Benjamin:* Das Urheberrecht der digitalen Wissen(schaft)sgesellschaft, GRUR 2017, 11–19.

*Rauer, Nils/Bibi, Alexander:* Das Leistungsschutzrecht des Art. 15 DSM-RL: Neu gemacht = neu gedacht?, GRUR-Prax 2020, 19–21.

*Rauer, Nils/Ettig, Diana:* Urheberrechtsschutz für Werke angewandter Kunst – BGH gibt ständige Rechtsprechung auf, WRP 2014, 135–140.

*Reber, Ulrich:* Die Rechte der Tonträgerhersteller im Internationalen Privatrecht, München 2004.

*Rehbinder, Manfred:* Zu den Nutzungsrechten an Werken von Hochschulangehörigen, in: Forkel, Hans/Kraft, Alfons (Hrsg.), Beiträge zum Schutz der Persönlichkeit und ihrer schöpferischen Leistungen. Festschrift für Heinrich Hubmann zum 70. Geburtstag, Frankfurt a. M. 1985, 359–372.

*Rehbinder, Manfred/Peukert, Alexander:* Urheberrecht und verwandte Schutzrechte. Ein Studienbuch, 18. Aufl., München 2018.

*Reichwald, Ralf/Piller, Frank:* Interaktive Wertschöpfung. Open Innovation, Individualisierung und neue Formen der Arbeitsteilung, Wiesbaden 2009.

*Reimer, Dietrich:* Zum Urheberrechtsschutz von Darstellungen wissenschaftlicher oder technischer Art, GRUR 1980, 572 –582.

*Reinbothe, Jörg:* „Angemessene Vergütung" oder (nur noch) „gerechter Ausgleich"?, GRUR-Prax 2015, 454–456.

*Reinemann, Susanne/Remmertz, Frank:* Urheberrechte an User-generated Content, ZUM 2012, 216–227.

*Reuter, Alexander:* Digitale Bild- und Filmbearbeitung im Licht des Urheberrechts, GRUR 1997, 23–33.

*Reschke, Johannes:* Die verfassungs- und dreistufentestkonforme Auslegung der Schranken des Urheberrechts – zugleich eine Überprüfung von § 52b UrhG, Göttingen 2010.

*Richter, Heiko:* Neues zum Werkbegriff und zur Erstveröffentlichung? Das Zusammenspiel zwischen Urheber- und Informationszugangsrecht vor dem BVerwG, GRUR 2020, 358–361.

*Ricketson, Sam:* The Berne Convention for the Protection of Literary and Artistic Works: 1886–1986, London 1987.

–: The three-step test, deemed quantities, libraries and closed exceptions. A study of the three-step test in article 9(2) of the Berne Convention, article 13 of the TRIPS Agreement and article 10 of the WIPO Copyright Treaty, with particular respect to its application to the quantitative test in subsection 40(3) of the fair dealing provisions, library and educational copying, the library provisions generally and proposals for an open fair dealing exception, Redfern 2002.

*Riesenhuber, Karl:* Anmerkung zu EuGH, Urteil vom 3.9.2014 – C-201/13 – Deckmyn, LMK 2014, 363019.

*Robes, Jochen:* Massive Open Online Courses: Das Potenzial des offenen und vernetzten Lernens, in: Hohenstein, Andreas/Wilbers, Karl (Hrsg.), Handbuch E-Learning. Expertenwissen aus Wissenschaft und Praxis, 42. Erg.-Lfg. (Juni 2012), Köln 2012, Beitrag 7.2.1.

–: Offenes und selbstorganisiertes Lernen im Netz – Ein Erfahrungsbericht über den Open-Course 2011 "Zukunft des Lernens", in: Blaschitz, Edith/Brandhofer, Gerhard/Nosko, Christian/Schwed, Gerhard (Hrsg.), Zukunft des Lernens, Glücksstadt 2012.

*Röhl, Christoph:* Die urheberrechtliche Zulässigkeit des Tonträger-Sampling. Zugleich Kommentar zu BGH, Urteil vom 20.11.2008 – I ZR 112/06, K&R 2009, 177 ff., K&R 2009, 172–175.

*Rohr, Nicole:* Lernstrategien im Fernstudium. Die Entwicklung von Selbstregulationskompetenzen und die Potentiale von e-Learning, Hamburg 2014.

*Sandberger, Georg:* Behindert das Urheberrecht den Zugang zu wissenschaftlichen Publikationen?, ZUM 2006, 818–828.

*Sattler, Susen:* Der Status quo der urheberrechtlichen Schranken für Bildung und Wissenschaft. Eine Untersuchung anhand der konventions- und europarechtlichen sowie der verfassungsrechtlichen Vorgaben, Baden-Baden 2009.

*Schack, Haimo:* Neue Techniken und Geistiges Eigentum, JZ 1998, 753–763.

–: Anmerkung zu BGH, Urteil vom 20.11.2009 – I ZR 112/06 – Metall auf Metall I, JZ 2009, 475–477.

–: Urheberrechtliche Schranken für Bildung und Wissenschaft, ZUM 2016, 266–284.

–: Das neue UrhWissG – Schranken für Unterricht, Wissenschaft und Institutionen, ZUM 2017, 802–808.

–: Anmerkung zu EuGH, Urteil vom 13.11.2018 – C-310/17 – Levola/Smilde, GRUR 2019, 75.

–: Urheber- und Urhebervertragsrecht, 9. Aufl., Tübingen 2019.

*Schippan, Martin:* Auf dem Prüfstand: Die Honorar- und Nutzungsrechtsregelungen zwischen Zeitungs- und Zeitschriftenverlagen und ihren freien Mitarbeitern, ZUM 2010, 782–791.

*Schmidt, Anette:* Die Rechtsverhältnisse in einem Forscherteam. Rechtsprobleme des Werkschaffens in der Gruppe, Baden-Baden 1998.

*Schmidt, Nicole:* Open Access. Hochschulrechtliche Veröffentlichungs- und urheberrechtliche Anbietungspflichten des Hochschulprofessors. Baden-Baden 2016.

*Schmieder, Hans-Heinrich:* Die Rechtsstellung der Urheber und künstlerischen Werkmittler im privaten und öffentlichen Dienst, GRUR 1963, 297–303.

*Schonhofen, Sven:* Sechs Urteile über zwei Sekunden, und kein Ende in Sicht: Die „Sampling"-Entscheidung des BVerfG, GRUR-Prax 2016, 277–279.

–: Die unendliche Geschichte um „Metall auf Metall": Urheberrechtliche Zulässigkeit von Sampling vor dem EuGH, GRUR-Prax 2019, 432–434.

*Schöwerling, Helena:* E-Learning und Urheberrecht an Universitäten in Österreich und Deutschland, Wien u. a. 2007.

*Schrag, Philip G.:* MOOCs and Legal Education: Valuable Innovation or Looming Disaster?, Villanova Law Review, Vol. 59 (2014), 83–134.

*Schricker, Gerhard:* Das Recht des Hochschullehrers an seinen wissenschaftlichen Papieren, in: Pfister, Bernhard/Will, Michael R. (Hrsg.), Festschrift für Werner Lorenz zum siebzigsten Geburtstag, Tübingen 1991, 233–244.

–: Hundert Jahre Urheberrechtsentwicklung, in: Beier, Friedrich-Karl/Kraft, Alfons/ Schricker, Gerhard/Wadle, Elmar (Hrsg.), Gewerblicher Rechtsschutz und Urheberrecht in Deutschland. Festschrift zum hundertjährigen Bestehen der Deutschen Vereinigung für gewerblichen Rechtsschutz und Urheberrecht und ihrer Zeitschrift, Band II, Weinheim 1991, 1095–1124.

–: Das Urheberrecht des wissenschaftlichen Personals, in: Hartmer, Michael/Detmer, Hubert (Hrsg.): Hochschulrecht. Ein Handbuch für die Praxis, Heidelberg 2004, 419–450.

– (Hrsg.): Urheberrecht. Kommentar, 3. Aufl., München 2006.

*Schricker, Gerhard* (Begr.)/*Loewenheim, Ulrich/Leistner, Matthias/Ohly, Ansgar* (Hrsg.): Urheberrecht. UrhG – KUG (Auszug) – UrhWG. Kommentar, 5. Aufl., München 2017.

–: Urheberrecht. UrhG – KUG (Auszug) – VGG. Kommentar, 6. Aufl., München 2020.

*Schubert, Tobias:* Anmerkung zu BGH, Beschl. v. 25.4.2019 – I ZR 113/18, Deutsche Digitale Bibliothek, MMR 2019, 438–440.

*Schulmeister, Rolf*: Der Beginn und das Ende von Open. Chronologie der MOOC-Entwicklung, in: Schulmeister, Rolf (Hrsg.), MOOCs – Massive Open Online Courses. Offene Bildung oder Geschäftsmodell?, Münster u. a. 2013, 17–59.

– (Hrsg.): MOOCs – Massive Open Online Courses. Offene Bildung oder Geschäftsmodell?, Münster u. a. 2013.

*Schulze, Gernot:* Urheber und Leistungsschutzrechte des Kameramanns, GRUR 1994, 855–871.

–: Urheberrecht und neue Musiktechnologien, ZUM 1994, 15–24.

–: Schleichende Harmonisierung des urheberrechtlichen Werkbegriffs? Anmerkung zu EuGH „Infopaq/DDF", GRUR 2009, 1019–1022.

–: Die Übertragungszwecklehre – Auslegungsregel und Inhaltsnorm? Zugleich Besprechung zu BGH, Urt. v. 31.5.2012 – I ZR 73/10 – Honorarbedingungen Freie Journalisten, GRUR 2012, 993–996.

–: Das Urhebervertragsrecht nach Erlass der EU-Richtlinie über das Urheberrecht im digitalen Binnenmarkt, GRUR 2019, 682–686.

–: Urheberrechtsschutz für den Geschmack von Lebensmitteln? Anmerkung zu EuGH, Urteil vom 13.11.2018 – C-310/17 – Levola Hengelo, ZUM 2019, 157–160.

–: Die freie Benutzung im Lichte des EuGH-Urteils „Pelham", GRUR 2020, 128–133.

*Schulze, Marcel:* Materialien zum Urheberrechtsgesetz. Texte – Begriffe – Begründungen, 2. Aufl., Bd. 1, Weinheim 1997.

*Schulze, Reiner* (Schriftleitung): Bürgerliches Gesetzbuch. Handkommentar, 10. Aufl., Baden-Baden 2019.

*Schwenke, Thomas:* Wirksamkeit der Rechteeinräumung an Nutzerinhalten in Nutzungsbedingungen von sozialen Netzwerken und Onlineplattformen, in: Taeger, Jürgen (Hrsg.), IT und Internet – mit Recht gestalten. Tagungsband Herbstakademie 2012, Edewecht 2012, 35–48.

*Senftleben, Martin:* Copyright, Limitations and the Three-Step Test. An Analysis of the Three-Step Test in International and EC Copyright Law, The Hague 2004.

–: Die Bedeutung der Schranken des Urheberrechts in der Informationsgesellschaft und ihre Begrenzung durch den Dreistufentest, in: Hilty, Reto M./Peukert, Alexander (Hrsg.), Interessenausgleich im Urheberrecht, Baden-Baden 2004, 159 –186.

–: Grundprobleme des urheberrechtlichen Dreistufentests, GRUR Int. 2004, 200–211.

–: Filterverpflichtungen nach der Reform des europäischen Urheberrechts – Das Ende der freien Netzkultur?, ZUM 2019, 369–374.

*Sesing, Andreas:* Digitaler Binnenmarkt zwischen Urheber- und Telemedienrecht. Vorschlag zur Umsetzung von Art. 17 Urh-RL in deutsches Recht, MMR 2019, 788–793.

*Shaw, Dhawal/Pickard, Laurie:* Massive List of MOOC Providers Around The World, 2021, abrufbar unter https://www.classcentral.com/report/mooc-providers-list, zuletzt abgerufen am 13.5.2021.

*Sieber, Ulrich:* Urheberrechtlicher Reformbedarf im Bildungsbereich, MMR 2004, 715–719.

*Siemens, George:* Connectivism: A Learning Theory for the Digital Age, International Journal of Instructional Technology and Distance Learning, Vol. 2, No. 1, abrufbar unter http://itdl.org/Journal/Jan_05/article01.htm, zuletzt abgerufen am 13.5.2021.

*Söbbing, Thomas:* Open Innovation und Crowdsourcing. Rechtliche Fragen offener Innovationsprozesse, ITRB 2011, 206–208.

*Solmecke, Christian/Dam, Angelika:* Wirksamkeit der Nutzungsbedingungen sozialer Netzwerke. Rechtskonforme Lösung nach dem AGB- und dem Urheberrecht, MMR 2012, 71–74.

*Spindler, Gerald:* Bildersuchmaschinen, Schranken und konkludente Einwilligung im Urheberrecht. Besprechung der BGH-Entscheidung „Vorschaubilder“, GRUR 2010, 785 –792.

–: Die Reform des Urheberrechts, NJW 2014, 2550–2554.

*Spindler, Gerald/Schuster, Fabian* (Hrsg.): Recht der elektronischen Medien. Kommentar, 4. Aufl., München 2019.

*Spoun, Sascha/Keller, Holm/Grünberg-Bochard, Jutta:* Global Learning in Teams: „Think Tank Ideal City“. Zur Entwicklung eines Studienkonzepts für digitales Lernen, in: Schulmeister, Rolf (Hrsg.), MOOCs – Massive Open Online Courses. Offene Bildung oder Geschäftsmodell?, Münster u. a. 2013, 127–145.

*Sprang, Christian:* Zweitveröffentlichungsrecht – ein Plädoyer gegen § 38 Abs. 4 UrhG-E, ZUM 2013, 461–466.

*Sprave, Katharina:* Die unbekannte Nutzungsart im neuen Urheberrecht. Eine Untersuchung über den Interessenausgleich im Urhebervertragsrecht, Hamburg 2011.

*Srocke, Marc-Oliver:* Das Abstraktionsprinzip im Urheberrecht, Frankfurt a. M. 2008.

*Staats, Robert:* Reform der Verlegerbeteiligung – Die Sicht der Verwertungsgesellschaften, ZUM 2020, 101–107.

*Steinbeck, Anja:* Die Entwicklung des europäischen Urheberrechts in den Jahren 2012–2013, EuZW 2014, 329–336.

*Stender-Vorwachs, Jutta/Steege, Hans:* Anmerkung zu EuGH, Urteil vom 26.4.2017 – Stichting Brein/Wullems, MMR 2017, 465–466.

*Stieper, Malte:* Anmerkung zu BGH, Urteil vom 20.11.2008 – I ZR 112/06 – Metall auf Metall I, ZUM 2009, 223–225.

–: Rezeptiver Werkgenuss als rechtmäßige Nutzung. Urheberrechtliche Bewertung des Streaming vor dem Hintergrund des EuGH-Urteils in Sachen FAPL/Murphy, MMR 2012, 12–17.

–: Anmerkung zu BGH, Urteil vom 28. November 2013 – I ZR 76/12 – Meilensteine der Psychologie, ZUM 2014, 532–534.

–: Fan-Fiction als moderne Form der Pastiche, AfP 2015, 301–305.

–: Grenzüberschreitender Zugang zu digitalen Inhalten – oder Reform des europäischen Urheberrechts?, GRUR 2015, 1145–1151.

–: Anmerkung zu BVerfG, Urteil vom 31. Mai 2016 – 1 BvR 1585/13, ZUM 2016, 637–639.

–: Der Leistungsschutz für Presseverleger zwischen Anwendungsverbot und Richtlinienumsetzung. Zugleich Anmerkung zu EuGH „VG Media/Google“, GRUR 2019, 1264–1269.

–: Der Trans Europa Express ist aus Luxemburg zurück – auf dem Weg zu einer Vollharmonisierung der urheberrechtlichen Schranken. Zugleich Anmerkung zu EuGH, Urteile vom 29.7.2019 – C-469/17, C-476/17, C-516/17 (ZUM 2019, 751 – Funke Medien NRW/Deutschland, ZUM 2019, 738 – Pelham u. a./Hütter u. a. und EuGH 2019, 759 – Spiegel Online/Beck), ZUM 2019, 713–720.

–: Das Verhältnis der verpflichtenden Schranken der DSM-RL zu den optionalen Schranken der InfoSoc-RL, GRUR 2020, 1–7.

*Strömholm, Stig:* Was bleibt vom Erbe übrig? Überlegungen zur Entwicklung des heutigen Urheberrechts, GRUR Int. 1989, 15–23.

*Sucker, Reinhard:* Der digitale Werkgenuss im Urheberrecht, Tübingen 2014.

*Summerer, Claudia:* »Illegale Fans«. Die urheberrechtliche Zulässigkeit von Fan Art, Berlin u. a. 2015.

*Sundara Rajan, Mira T.:* Moral Rights. Principles, Practice and New Technology, Oxford u. a. 2011.

*Suttorp, Anke:* Die öffentliche Zugänglichmachung für Unterricht und Forschung (§ 52a UrhG), Münster 2005.
*Taeger, Jürgen/Horn, Janine:* Rechtsfragen des E-Learning, Oldenburg 2004.
–: Rechtsfragen der Nutzung neuer Medien und des Internets an Hochschulen, Edewecht 2008.
*Teufel, Fritz:* Freie Software, Offene Innovation und Schutzrechte, MdP 2007, 341–388.
*Thieme, Werner:* Deutsches Hochschulrecht. Das Recht der Universitäten sowie der künstlerischen und Fachhochschulen in der Bundesrepublik Deutschland, 3. Aufl., Köln u. a. 2004.
*Thum, Dorothee:* Was darf man abmalen? – Zur Reichweite von fotografischem Urheber- und Leistungsschutz einer Pressefotografie – Anmerkung zu LG Hamburg, Urteil vom 22.5.2020 – 308 S 6/18 (ZUM-RD 2020, 479), ZUM-RD 2020, 482–487.
*Tinnefeld, Robert:* Die Einwilligung in urheberrechtliche Nutzungen im Internet, Tübingen 2012.
*Tolkmitt, Jan:* Gestaltungsfreiheit und Gestaltungshöhe, GRUR 2021, 383–387.
*Toth, Christian T.:* Massive Open Online Courses im Kontext von Persönlichkeit und Prokrastination, Wiesbaden 2020.
*Troller, Alois:* Urheberrecht und Ontologie, UFITA 50 (1967), 385–418.
*Uden, Lorna/Sinclair, Jane/Tao, Yu-Hui/Liberona, Dario* (Hrsg.): Learning Technology for Education in Cloud. MOOC and Big Data. Third International Workshop, LTEC 2014 Santiago, Chile, September 2–5, 2014. Proceedings, Cham 2014.
*Ullmann, Elke:* Das urheberrechtlich geschützte Arbeitsergebnis – Verwertungsrecht und Vergütungspflicht, GRUR 1987, 6–14.
*Ullrich, Roman:* Lizenzverträge und ihre Inhaltskontrolle im unternehmerischen Geschäftsverkehr, Frankfurt a. M. 2013.
*Ulmer, Eugen:* Urheber- und Verlagsrecht, 3. Aufl., Berlin u. a. 1980.
*Ungern-Sternberg, Joachim von:* Urheberrechtliche Verwertungsrechte im Lichte des Unionsrechts, GRUR 2012, 1198–1205.
–: Verwendungen des Werks in veränderter Gestalt im Lichte des Unionsrechts, GRUR 2015, 533–539.
–: Die Rechtsprechung des EuGH und des BGH zum Urheberrecht und zu den verwandten Schutzrechten im Jahr 2016, GRUR 2017, 217–235.
–: Die Rechtsprechung des EuGH und des BGH zum Urheberrecht und zu den verwandten Schutzrechten im Jahr 2018, GRUR 2019, 1–11.
–: Die Rechtsprechung des EuGH und des BGH zum Urheberrecht und zu den verwandten Schutzrechten im Jahr 2019, GRUR 2020, 113–127.
–: Die Rechtsprechung des EuGH und des BGH zum Urheberrecht und zu den verwandten Schutzrechten im Jahr 2020, GRUR 2021, 1–18.
*Unseld, Christopher:* Anmerkung zu EuGH, Urteil vom 3.9.2014 – C-201/13 – Deckmyn, EuZW 2014, 914–915.
*Uvalić-Trumbić, Stamenka/Daniel, John:* Making Sense of MOOCs: The Evolution of Online Learning in Higher Education, in: Hernández-Leo, Davinia/Ley, Tobias/Klamma, Ralf/Harrer, Andreas (Hrsg.), Scaling up Learning for Sustained Impact. 8th European Conference on Technology Enhanced Learning, EC-TEL 2013, Paphos, Cyprus, September 17–21, 2013, Proceedings, Berlin u. a. 2013, 1–4.
*Veddern, Michael:* Multimediarecht für die Hochschulpraxis. Ratgeber zum Urheberrecht, Patentrecht und Onlinerecht mit Verträgen, Verwertungsmodellen und Rechtemanagement, 2. Aufl., Hagen 2004.
*Vinck, Kai:* Die Rechtsstellung des Urhebers im Arbeits- und Dienstverhältnis, Berlin 1972.

*Wagner, Kristina:* Sampling als Kunstform und die Interessen der Tonträgerhersteller. Auswirkungen der BVerfG-Rechtsprechung auf die Kunstfreiheit, MMR 2016, 513–518.

*Waiblinger, Julian:* „Plagiat" in der Wissenschaft. Zum Schutz wissenschaftlicher Schriftwerke im Urheber- und Wissenschaftsrecht, Baden-Baden 2011.

*Waks, Leonard J.*: Evolution and Evaluation of Massive Open Online Courses. MOOCs in Motion, New York 2016.

*Walter, Franz:* Anmerkung zum Urteil des BVerfG vom 31.05.2016 (1 BvR 1585/13) – Zum rechtfertigten Eingriff in Urheberrechte durch Verwendung von Samples, DVBl 2016, 977–980.

*Walter, Michael M.* (Hrsg.): Europäisches Urheberrecht. Kommentar, Wien 2001.

*Wandtke, Artur-Axel*: Schrankenlose Bildung und Wissenschaft im Lichte des Urheberrechts, GRUR 2015, 221–227.

–: Grundsätze der Richtlinie über das Urheberrecht im digitalen Binnenmarkt, NJW 2019, 1841–1847.

*Wandtke, Artur-Axel/Bullinger, Winfried* (Hrsg.): Praxiskommentar zum Urheberrecht. UrhG, VVG, InsO, UKlaG, KUG, EVtr, InfoSoc-RL, 5. Aufl., München 2019.

*Wandtke, Artur-Axel/Hauck, Ronny:* Art. 17 DSM-Richtlinie – Ein neues Haftungssystem im Urheberrecht, ZUM 2019, 627–636.

*Weber, Annette:* Die urheberrechtliche Stellung des unabhängigen Film- und Fernsehproduzenten. Eine Untersuchung der deutschen Rechtslage sowie ein vergleichender Blick auf die Rechtslage in Frankreich und Großbritannien, Baden-Baden 2007.

*Wegmann, Kathrin:* Der Rechtsgedanke der freien Benutzung des § 24 UrhG und die verwandten Schutzrechte, Bonn 2013.

*Wehler, Philipp:* Die freie Benutzung im digitalen Zeitalter. Neue Herausforderungen für § 24 UrhG unter besonderer Berücksichtigung des Abklammerns von Vorlagen unter urheberrechtlichem Leistungsschutz, Hamburg 2012.

*Welser, Marcus von:* Kampf um Linux: Ist die Freiheit der Open-Source-Software bedroht?, GRUR-Prax 2018, 164–166.

*Westen, Klaus:* Zur urheberrechtlichen Stellung des Wissenschaftlers im Arbeits- oder Dienstverhältnis nach deutschem Recht, JR 1967, 401–408.

*Westphalen, Friedrich Graf von:* Die angemessene Vergütung nach § 32 Abs. 2 S. 2 UrhG und die richterliche Inhaltskontrolle, AfP 2008, 21–26.

*Wielsch, Dan:* Zugangsregeln. Die Rechtsverfassung der Wissensteilung, Tübingen 2008.

–: Relationales Urheberrecht. Die vielen Umwelten des Urheberrechts, in: Grünberger, Michael/Leible, Stefan (Hrsg.), Die Kollision von Urheberrecht und Nutzerverhalten, Tübingen 2014, 61–99.

*Wille, Stefan:* Die neue Leitbilddiskussion im Urhebervertragsrecht. Zugleich Anmerkung zu LG München I ZUM 2010, 825, ZUM 2011, 206–211.

–: Urheberrechtliche Verträge über unbekannte Nutzungsarten und ihre AGB-Kontrolle, Göttingen 2011.

*Willige, Janka:* Auslandsmobilität und Digitale Medien. Arbeitspapier Nr. 23. Berlin: Hochschulforum Digitalisierung, 2016, abrufbar unter https://hochschulforum-digitalisierung.de/sites/default/files/dateien/HFD_AP_Nr23_Digitale_Medien_und_Mobilitaet.pdf, zuletzt abgerufen am 13.5.2021.

*Witte, Andreas:* Grundlagen des Crowdsourcing und Crowdfunding. Rechtsfragen bei der Ressourcenbeschaffung über die Internetöffentlichkeit, ITRB 2012, 130–133.

*Wolf, Manfred* (Begr.)/*Lindacher, Walter F./Pfeiffer, Thomas* (Hrsg.): AGB-Recht. Kommentar, 7. Aufl., München 2020.

*Wündisch, Sebastian:* Leerverkäufe – nicht nur ein Thema für Finanzmärkte, GRUR 2012, 1003–1008.

*Würtenberger, Gert/Freischem, Stephan:* Stellungnahme des GRUR-Fachausschusses für Urheber- und Verlagsrecht zur Umsetzung der EU-RL im Urheberrecht (DSM-RL [EU] 2019/790 und Online-SatCab-RL [EU] 2019/789), GRUR 2019, 1140–1166.

*Yen, Min-Whe:* Aufbau und Attraktivität einer virtuellen Universität, Göttingen 2008.

*Zech, Herbert:* Urheberrecht und Technik. Zugleich Anmerkung zu EuGH, Urteil vom 11.6.2020 – C-833/18 – Brompton/Get2Get, ZUM 2020, 801–805.

*Ziegler, Katharina:* Urheberrechtsverletzungen durch Social Sharing, Tübingen 2016.

*Zöllner, Wolfgang:* Die Reichweite des Urheberrechts im Arbeitsverhältnis untypischer Urheber, in: Forkel, Hans/Kraft, Alfons (Hrsg.), Beiträge zum Schutz der Persönlichkeit und ihrer schöpferischen Leistungen. Festschrift für Heinrich Hubmann zum 70. Geburtstag, Frankfurt a. M. 1985, 523–539.

# Sachregister

# Geistiges Eigentum und Wettbewerbsrecht

herausgegeben von
Peter Heermann, Diethelm Klippel,
Ansgar Ohly und Olaf Sosnitza

Im Informationszeitalter hat das geistige Eigentum, insbesondere die Patent-, Urheber- und Kennzeichenrechte, erheblich an Bedeutung gewonnen. Zugleich wird die Rechtspraxis mit zahlreichen neuen Fragen konfrontiert. Die Rechtswissenschaft konnte mit dieser stürmischen Entwicklung kaum Schritt halten. Nach wie vor wird die Literatur von vorwiegend praxisorientierten Darstellungen dominiert, in denen wissenschaftliche Grundfragen häufig zu kurz kommen. Nachdem die allgemeine Zivilrechtswissenschaft zunächst nur das Sachenrecht als natürliches Betätigungsfeld ansah, nimmt sie zunehmend auch die Bedeutung des Immaterialgüterrechts in den Blick. Die Reihe legt deshalb besonderes Augenmerk auf Schriften, die sich Grundlagenfragen des Rechts des geistigen Eigentums einschließlich der historischen, philosophischen und ökonomischen Bezüge widmen und so zur Entwicklung eines „Allgemeinen Teils des Geistigen Eigentums" beitragen, den es bisher nicht als gesetzliche Regelung gibt. Da die europäische Rechtsangleichung im Immaterialgüter- und Wettbewerbsrecht besonders weit fortgeschritten ist und zudem zahlreiche internationale Übereinkommen diese Rechtsgebiete prägen, werden auch die internationalen Bezüge in der Reihe berücksichtigt.

ISSN: 1860-7306
Zitiervorschlag: GEuWR

Alle lieferbaren Bände finden Sie unter *www.mohrsiebeck.com/geuwr*

Mohr Siebeck
www.mohrsiebeck.com